日本近代漁業經濟史

上　巻

羽 原 又 吉 著

岩 波 書 店

九十九里の漁民大漁祭之圖

九十九里片貝荒引の多代納屋の圖

序

この著は別著「日本古代漁業經濟史」に對して、ここに日本近代漁業經濟史を取扱ったものである。然しその前半に屬する部分はこれまた別著「日本漁業經濟史」のうちに收めたから、この著ではその後半である明治維新史的事象に筆を起し主として重點を明治時代の漁業經濟史におきその後にも論及した。

惟うに明治時代の漁業社會經濟史は明治維新が近代的新日本を創成したと全く同様の形式と内容をもつ日本の近代的新漁業への要石（キイ・ストーン）であって、斯業に見られる現代の劃期的發展も過去の封建的支配の解放も、所詮はこの明治時代漁業の暴風激動（スツルム・ウント・ドランク）の啓蒙的過渡段階なしには實現し得なかったであろう。私はそういう意味において封建末期から明治、大正、昭和にかけての近代日本漁業の全過程は實にこの明治時代に創造され明治時代に收斂するものだといって必しも誇張の言とは考えていない。

つぎにこの小著の刊行に際し岩波書店は進んで出版を快諾せられたことをここに記して衷心より厚くお禮を申上げなくてはならない。

昭和三十一年十一月二十三日

羽原又吉

本書復刊にあたり、引用史料を中心に、初刷の誤りを訂正した。ただし著者はすでに逝去されておられるため、明白な誤りと確認しえたかぎりにおいて訂正するにとどめた。この作業については田島佳也氏を煩わせた。

一九八二年一一月

編集部

目次

下巻目次

日本近代漁業經濟史

上卷

第一章　幕末以降明治時代の水産業

第一節　緒　言

明治維新史のもつ社會經濟史的意義はいかにも廣汎かつ複雜なものであり、從ってその本質を把握することは甚だ困難な仕事であろうが、しかしその間に伏起した色々の事實、ことに社會經濟上の具體的現象を或る程度に蒐集し分析することによって多少ともこの問題に對する何等かの解明を與えることは必しも不可能なことではあるまい。私はかような立場から水產業乃至漁村社會なる特殊部面を通してこの問題の解明を試みた。しかし研究の對象がかような特殊領域であるため、その結果がともすれば局部に偏った一方的見方に墮した場合も多かったことと考えるが、もともと研究の結果が一般的であるか特殊的であるかは對象の問題よりも寧ろそれを取扱う方法や態度の如何に重大な關係をもつものであると考えるので、出來るだけこの點を注意した。少くも私はかような見方に立って筆を進めたとはいえ、研究の對象が漁業史という社會經濟史構成の重要な要素であるに拘らず、これまで實際上にも學問上にも可なり輕視され、從ってこの面を通しての史的研究などは餘りに貧弱であったからこの研究の成果も從來のそれと或は一致していない點がないとは限らないが、何れにしても私は私の道を歩むことを許してもらいたい。

第二節　維新直後の漁業

ここで直後というのは幕末から明治二十年前後までの間をいったものであるが、記事の性質上、ときにこの範圍をこえる場合もあろうかと考える。いうまでもなくこの期間は社會の凡ゆる方面に劃期的な變革を與えた時機とはいえ、最も根本的なものは舊來の封建的專制政治を廢して萬機公論による立憲政治を樹立せんとしたことである。かくして國民の政治的經濟的活動は四民平等の原則に基いて全く自由の舞臺が開幕されるに至ったのである。

ところでこの種の自由企業自由經濟を原則とする國民經濟の舞臺に於て、當時の日本漁民が果してどの程度に、またどの範圍にこの大勢に棹し得たか、大都市近緣の一部漁民を除けば、多くの浦々の生活は大體に於て舊幕時代のそれと大差なかったにも拘らず、自由と民權の流行語は漁業及び漁村生活に於けるいわゆる良俗美風を犯し、一に私利私欲を生活の本道と誤り考える結果は種々の弊害を釀し出すに至ったことは後に見る通りである。

ともあれ、かような社會的環境の下に新發足した日本の漁業界に對し、維新政府が眞先に考えた漁業政策の根本は、一方に於て斯業に對する啓蒙的な施設をなすと共に、他方に於て極端な保護政策を採用したのは一おう當然なことであろう。その最も代表的なものは多少後年になるが北海道拓植計畫であって、中にも水產業の開發に對する助成金による保護奬勵策は、或る意味に於て必しも不成功ではなかったが、極端な保護政策に伴う弊害も大なるものがあった。

以上は明治初期政府の漁政の大綱であったが、然らばこれに對應する日本の漁業それ自らの現狀乃至反應はどうであったかまたその後の變遷はどんな過程を辿ったか、以下この問題を吟味する。さて舊慣打破と自由經濟の生活、職業自由の原則は生產（濱方）流通（市場）の封建的連鎖を打破し、從來の株または座という如きギルド乃至ツンフト的組合制は産業の自由制によって代位せらるるに至ったから、一方に於て同業者間の慣行規約は廢棄せられ、しかも他方に於ける新慣習は未だ成立せず、斯業に於ける生産流通二つながら混亂の狀態に陷入れられたのである。

いまこの間に於ける二、三の事例を説明すると、例えば舊幕時代の東京內灣はその周縁に西四十浦、東四十浦の農、漁村聚落があって、或は純漁村（浦方）として或は磯付農村たる半農半漁村（地方）としてそれぞれ一定の制限の下に、農漁業が行われ得たのであるが、幕末に近づくに從い慣行は次第に紊れ文化年間にいわゆる灣內漁業三十八職制が公認せられるに至った。（舊幕封建期における江戸灣漁業と維新後の發展―日本漁業經濟史、中巻二、第二十一章―羽原又吉）然るに維新後はその制も全く破れ、これまで禁止漁網であった小晒網の使用は公然となり漁民の一大紛争を引き起すに至った。また千葉縣房州天津浦は維新前までは約二百艘の漁船があって盛に漁業に從事したが、近年は殆ど漁業をなすものなく、また同縣下の一地方では、今は彼等の漁場が天保時代よりも二、三十浬も沖合に移動したといわれている。

かくして有害の漁具使用と稚魚の漁獲とは水族の減少となり、酷漁濫獲は魚道漁場の變遷となって、沿岸漁業の衰頽は漸く顯著となってきた。

つぎに流通取引の市場關係を見ると、生産方面と同樣に舊慣行は全く破れて各問屋は自由勝手に魚類の買集めを行い、漁民もまた自己の欲するままの取引先を選定して送荷するという有樣となったから、これまでの封建的仕込關係は全く崩壞し、從って舊來からの取引關係が持續する場合でも、一時は單なる荷主對問屋の商的取引關係に過ぎざるものと變質した。

そういう事情であったから、例えば日本橋市場でも同業者の競争は一層劇しくなり、維新前に見たような大抵午前中に取引を終り午後は和歌俳句の如きいわゆる床屋もすなる平民文學を樂んだなどの安閑とした營業振りはもはや見られなくなった。こういう狀態であったから某問屋の如きは舊來の濱方對問屋關係を維持せんとして金二萬圓を濱方へ投資したが、社會の大勢には抗し得なかったと見え一敗他業に轉じたという。（我國三大魚市場の研究　羽原又吉）　これから見てもほぼ當時の狀勢がいかなるものであったかを察知し得るであろう。

さてかような生産流通の混亂は實際上にどんな結果を出現したかというに、先ずこれを魚市場について見ると、初めの頃は日本橋魚市場（京阪魚市場も同一方向をとった）への入荷數量は舊幕時代のそれに比して三倍の多きに達し、なお年毎に增加の徵候さえ示すに至ったとはいえ、明治十四年末から十五年にかけ俄かに衰徵の域に達したことは、つぎに詳說する通りである。

先ず維新後に於ける入荷高の順序によりその供給圏を示すと、第一　房總、第二　北海道、第三　三陸、磐城、常陸、第四　武、相、豆、駿、遠、第五　播磨、阿波、讃岐、伊豫、土佐、備前、備中、備後、安藝、周防、長門、薩摩及びその他の順序であるが、生鮮品と加工品とに區別すれば、前者では、第一　房州、第二　武相、第三　常磐及びその他となる。後者のうち魚介類は、第一　北海道、房總、第二　相、豆、駿、遠、第三　常陸、第四　三陸及びその他となり、乾魚介類は、第一　北海道、第二　肥前　第三　武、相、豆、房、總、三陸及びその他である。ただここで以前と異る點は、交通機關の發達により生鮮、鹽干の總入荷數が兩者共に增大したが增加の割合は鹽干の入荷增加率は鮮魚のそれに及ばない。恐らくこれは交通機關の發達により鹽干魚の製造の一部を鮮魚のまま送荷するようになったものであろう。

參考のため當時の入荷高を示すと、

年度	場所	販賣高
従　明治十年七月 至　明治十一年六月	魚河岸（生鮮品） 四日市（加工品）	一、三一二、八三五、七四五 圓 六八五、〇五〇、〇〇〇

從同十一年七月 至同十二年六月	同上	一、六二九、八七六、八三〇 七二九、六二〇、〇〇〇
從同十二年七月 至同十三年六月	同上	一、六三八、二六八、一五〇 七〇八、九九〇、〇〇〇
從同十三年七月 至同十四年六月	同上	一、六四五、二八〇、〇〇〇 八四二、六九八、〇〇〇
從同十四年七月 至同十五年六月	同上	一、六〇五、五五〇、〇〇〇 六五五、二三六、〇〇〇
販賣總高	同上	七、八三一、八一〇、〇〇〇 三、六二一、五九四、〇〇〇

いま五ヵ年平均をとれば一ヵ年二百二十九萬圓餘となるが、ここで最も注意すべき點は從明治十三年七月至同十四年六月一ヵ年を最高限として前後に遞降せること、換言すれば十三年後半から十四年前半までは入荷數量（この場合においては金額の多少と數量の多少とは凡そ對應していたと考えて大差なしと信ずる）が逐次增大してきたが、その後は次第に減退し十四年から十五年にかけ舊幕以後當市場に嘗て見ない最衰時代に突入したことを示すものであった。（羽原前掲論文參照）

さてこの問題の正しい解答は二つの角度から吟味せられなければならないと考える。すなわち一つは漁業生産自體の面から、他は一般社會經濟狀勢の上からである。そこで先ず前者から始めると、

前文した明治維新後の産業政策は日本の漁業をして、一旦は向上線の方向をとらしめ、日本橋市場の入荷も三倍に達するの盛況を見たが、この增況は眞の生産力增進の結果でなくして無謀な自由競爭による酷漁濫獲という量的漁獲力の增大に基くものであって生産機構の質的改善の結果より來た生産力の增進ではなかった。また販賣市場に於ても當業者

數の増加は競争をして一層激烈ならしめたから營業は漸く困難となり、濱方との取引も以前に増して不信用不誠實によるものが多くなった。そうなると舊幕當時とは違って濱方でも自由に他の市場へ或は需要者へ直接に轉送するようになった。當時の朝野新聞の報ずるところによると、「府下ニ於テ魚類ヲ輸送スルノ最モ多キハ銚子港ニシテ其ノ他尙數十ヶ所ナリ舊幕ノ頃ヨリ明治三、四年ノ比迄ハ各浦各港漁スル所ノ魚介ノ十分ノ七ハ東京ヘ送リ三分ハ之ヲ濱方近傍ノ地ニ販賣スル例ナリ然ルニ近來漸ク弊風ヲ生ジ各港各浦ノ元方ヲバ酷ニ叩キツケ市中ヘ賣ルニ利ノ多カランコトノミ謀ル故ニ漁人モ其ノ貪婪ニ驚キ漸々輸送ノ數ヲ減ジ今日ニ於テ東京ヘ送ル者十分ノ三近村ヘ賣ル者十分ノ七トナレリ」とあるのは全くこの間の消息を表現するものと見てよかろう。つぎに後者すなわち一般社會經濟現象から檢討して見ると、

元來日本の貨幣制度は舊幕時代より財政上の必要から、度々の整理の結果として金銀の比價は金一銀六内外の狀態にあったから、開港と共に海外の銀貨——當時海外の金銀比價は金一銀十六——は非常な勢で日本に流入し、ここにグレシャム法則は遺憾なく實現せられたから金貨は殆どその影を市場に留めないようになり、日本は將に洋銀本位國化せられんとする狀態に立至り、物價は俄然騰貴して、經濟社會に一大變動を出現せしめんとする狀勢に立至った。明治政府は實にかような後を承けて出發したのであったが、財政の必要から紙幣增發の結果、ともすれば金紙の開きを生じ易く金融恐慌の段階に達したが、その後、國立銀行の創立などによって金融も漸く開け市況も活潑に事業も勃興の氣運に向ってきた。これが明治二、三年以降六年まで繼續した第一回起業勃興時代を出現したが、同七年からは反動を顯わし十年西南役まで不景氣を繼續した。これが第一回不景氣時代であろう。

然るに西南戰役に軍資として增發した紙幣は戰後景氣を出現し、また國立銀行條例改正による銀行券の發行はさらに物價騰貴の原因となって、一時起業の勃興を促し十三年まで繼續し、これが第二回景氣勃興時代となったが、十四年以後に政府は斷然紙幣の銷却を決定し、極力その回收を計ったから物價下落し十四年を限界として世は甚しき不景氣に陷

入り、ここに第二回不景氣時代を出現した。

さてここで以上二つの現象を比較検討して見ると、第一回ことに第二回景氣勃興時代は十年以降十三年前半期にかけての向上線と結合してその繁昌時代を出現したが、やがて、これを頂點として十四年後半期から十五年前半期を底點とする遞降線へと移りいったものと考えられる。

しかし何れにしても明治維新後に於ける新日本の明治水產業の發足は、實にかような政治的經濟的混亂の過程と表裏してきたものであるから、先ず初めに一おうこの點に注意を拂う必要がある。（市場關係の史料は「日本橋魚市場沿革紀要」「日本橋魚市場、大日本水產會報第六十五—六號」等による）

さて維新後先ず注意に上るものは明治元年達に(1)「諸國稅法其土風ヲ辨セスシテ新法ヲ施行スルトキハ民情ニ戾ルニヨリ一兩年ハ姑ク舊慣ニ仍ルヘシ、若シ苛法弊習等止ムヲ得サル事故アラハ會計官ニ稟問シテ處置スヘシ」、また四年の廢藩置縣――私はこの政治的移變を政治史の上から重大視する一人であるが――と同時に(2)「今般藩ヲ廢シ縣ヲ置キシニヨリ、租稅ハ一般ノ法則ニ改ムヘシト雖モ、因襲ノ久シキ、一時ニ改正セハ却テ民情ニ悖ラン、因テ本年ハ悉皆舊慣ニ仍ルヘシ」とある。卽ち國家及び國民の生活に最も重大な關係をもつ稅法の原則に就て政府は先ず宣言して、諸政一新ではあるが、舊習久しきものの急變は避けねばならぬ、しかし人情に悖った惡風は用捨なく改むべしとの趣旨であろう。

例えば、(3)

「從前土地ノ風俗ニ因リ舊慣ヲ私法トナシ候類間々有之祖先ノ代々召仕候者ヘ地所ヲ付與致シ候分其子孫ニ至ル迄家抱抔ト唱ヘ家來同樣ノ扱ヒニ致シ一村ノ者同輩ニ見做サス或ハ他ヨリ入村スル者ハ水呑ト唱ヘ是亦同輩ノ交リ不致等ノ類間々有之人民協和交際ノ道ニ相反キ候間右等舊慣ヲ以家格相立候儀堅ク可令禁止事

古來荒蕪ノ地ヲ拓キ一村ヲ取立候者之ヲ草分ケト號ケ舊家タルノ故ヲ以テ他人ヲ輕蔑致シ往々非義ノ擧動致シ候者有之趣最祖先ノ功績ニ誇リ今日ニ至リ他人ヲ凌ク可キノ理無之候間自今右等ノ唱令禁止暴慢ノ所業致ス可カラサル事

農業ノ傍商業ヲ相營ミ候儀禁止致シ候向モ有之候處自今勝手タルヘキ事（以下四項略）
不定地年季ヲ定メ割替致シ來候向ハ向後持主相定可申立事
田畑勝手作ノ儀既ニ去辛未八月御差許シ有之儀ニテ漸々米作ヲ減シ桑茶漆楮土地ニ相應スル物品或ハ牛馬羊豕ノ牧畜等常々心掛充分物産繁殖ノ方法可相立事
　但追々外國ヨリ草木禽獸類勸農寮ヘ相集候上分配試驗可致筈ニ付有志ノ者ハ其筋ヘ可願出事」

等々の如き明らかに人格の平等と産業の自由制を高唱したものであり、國民の社會生活はこれによって全く封建的社會機構と絶縁せられたものと見なければならない。だが現實はそう簡單にゆくものではあるまい。

ギュスターヴ・ルボンは名著 "Lois psychologiques de l'évolution des peuples" の中で「制度は如何にして國民の魂に胚胎するか」の條で、先ず外見的變化の下に於ける實際の不變性を述べて、「間斷なく我國の制度を變改しつつあっても逝ける者の大聲は常に吾人を導き吾人を驅りて、單に名稱と外觀のみを變改せしむるに過ぎず云々」といっている點は、よくよく翫味すべき表現であろう。

かように、人間の創造した現實の生活というものは、そう容易に一片の法令や觀念で取り換えられるものではない。いま着眼を水産界に局限して見るとき一層このことが明瞭になってくる。明治四年の廢藩置縣と同時に漁業制度は一おう大なる飛躍を見た。すなわち藩廳により許可された各種の漁業特權は廢藩と同時に喪失せるものであるとの見解——それがどの程度に合法的であるか否かはいま問題でない——は當時漁村部落の現實生活の上に屢々考えられた觀念であって、例えば京都府伊根浦、廣島灣内諸浦の如き明らかにその實例を示している。殊に後者の場合では各浦の私用養蠣地を一旦官に沒收し改めてこれを浦内一般の營業地となし、使用せんとするものには新に借用を出願せしめた。[4] だがこれと全く反對に維新の變革と殆ど沒交渉に舊幕時代そのままの漁業生産關係をズット今日まで持續している漁村もある。だがそれは海面使用の平等行使が名實ともに行われていた漁村である。

翻って舊漁業（場）關係に對する中央政府の見解を一わたり紹介すると――詳細は後に述べる――當時の內務省では從來の漁場使用權は明治八年の太政官布告第二十三號で消滅し從って漁業をなさんとするものは新に出願せねばならないというにある。何れにするも當時は歸一する規準がなかったから地方廳では暫定的な取締規則を發令して當面の事務を處理した。いまこの問題を一例としてその要點を示すと、(5)

○諸漁網代場ノ義追テ一般ノ制度可相立候得共管內限リ當分左ノ通相定候條以來舊習ヲ固守シ爭端ヲ開キ候等ノ義無之樣屹度可相守事

第一條　各浦ニ屬スル海面陸ヲ距ル一里以內隣界ハ從來ノ浦界ヨリ見通シヲ以テ本浦ノ持場トシ（略）他浦ノ者（略）入込曳網等不相成候云々

第二條　右持場外ハ從來ノ網代タリトモ諸魚都テ可爲入會事

第三條　（上略）區域相立カタキ場所ハ舊格ヲ不論關係ノ浦ハ入會タルヘキ事（以下省略）

明治六年七月廿四日

なおこの外にもこの種の例は多數にある。然るに明治八年に至り次の三法令が發布せられた。

○布告（明治八年二月二十日太政大臣三條實美署第二十三號）

從來雜稅ト稱スルハ舊慣ニ因リ區々ノ收稅ニテ輕重有無不平均ニ付別紙稅目ノ分本年一月一日ヨリ相廢シ候尤右ノ內追テ一般ニ課稅スヘキ分モ可有之候得共差向收稅無之テハ營業取締差支候類ハ當分地方ニ於テ改テ收稅ノ筈ニ候條此旨布告候事

但從前官有地借用右代料トシテ米金相納候分ハ是迄ノ通可相心得事（稅目省略）

○捕魚採藻ノタメ海面借用望ノ者願出方（太政官布告第百九十五號 明治八年十二月十九日）

一、從來人民ニ於テ海面ヲ區劃シ、捕魚採藻等ノ爲所用致居候者モ有之候處右ハ固ヨリ官有ニシテ本年二月第二十三號布告以後ハ所用ノ權無之候條從前ノ通所用致度者ハ前文布告但書ニ準シ借用ノ儀其管轄廳へ可願出此旨布告候事

○太政官達第二百十五號（同年同月）

一、捕魚採藻ノ爲海面所用ノ儀ニ付今般第百九十五號ヲ以テ布告候ニ付テハ右借用願出候者ハ調査ノ上差許シ其都度内務省へ可屆出此旨相達候事

但是迄當分ノ收税致來候分ハ其税額ヲ以借用料ニ引直シ可申事

この三法令は先に述べた内務省の海面官有説の見解に基いたものであるが、この趣旨の下に「水中借區條例」の制定を提唱し、その理由とするところは、

「往昔海高の名義を以て小物高と同じく其處の漁獵或は海草採取を營業とするもの、收獲を精算し年々米金にて上納せしめたりしが、中古に至り海面を田畑と同一視するの不條理なるを以て海高を廢し爾後冥加或は役、永運上等と唱へ收税するの習慣を爲したりしより、終に海面を區劃し各自持場と唱へ永く所用の權を占有し或は典賣するあり又漁場境界等より紛議を生じ官の裁判を受けたるが如き例あり、然れども皆是收税の爲め海面を區劃し權利を得るものなれども、明治八年第二十三號布告を以て一般雜税廢止の上は隨て人民の海面を區劃し所用するの權利も消滅したる筋合なれども、因襲の久しき陸地と同じく從來所用したる縁故に依り所用の權を得るものと思惟し或は永遠所有せんことを出願するものあるに依り内務省は從來人民に於て海中を區劃し工業を施し（卽ち海草等採取の爲め海中へ粗朶等樹立するの類）營業せる者は勿論、工業を施さざる者たりとて捕魚採藻の爲め海面を所用せんとする者は差支なか

らしめんことを太政官に提議し明治八年十二月第百九十五號布告及第二百十五號達を發せられたり。然るに同達第二百十五號但書は『從來の雜稅を以て借用料に引直す』の趣旨にして當初内務省の趣旨たる從來人民の舊習は海面の性質何たるを辨ぜず所用の權を主張し經界を爭ふの弊を除かんとするに在り、借用料なるものは曲江海灣に於て場所を區劃し專用するの權利を與ふるより其義務を盡さしむるにも拘らず、從來の收稅を直に借用料に引直すときは公の入會を以てする稅も借用料と爲り且收稅なき場所に於ては借用すること能はざるものとなり專用と入會との區別せざれば衡平を失すべきを以て、第二百十五號達の但書を削り水中借區條例を發布せんことを提議す」である。これに對し大藏省の見解は海面公有說で前の三法令に對し次の異議を提出した。

（一）海面を官有とし借用するにあらざれば所有の權斷絕すとなすは第二十三號布告中「差向營業差支あるものは地方に於て適宜收稅せしむる」の趣旨と矛盾し稅法施行上支障少くない。（二）「海面を官有とし渺茫たる水面を區劃し其の或方面を借用占有せしむるときは他の亂入を拒み或は通船の便宜を妨ぐるも制すべからず、且借用せざるの水面には猥りに舟楫を入るゝ能はざることゝなり」穩當ならず。（以上二引用「司法研究」第十七輯四二―四四頁）

かくて後者の見地からは、官有地としての海面使用者の出願に對する借用料を取立てるよりも、漁業稅として賦課し從來の慣行に因る漁業權を認めんとするものである故に前提第百九十五號布告第二百十五號を取消されんことを太政官に具申するに至った。

然らば當時の漁村の實狀はどうであったかこれは最も大切な問題である。三法令發令の結果は新に漁業をなさんとするものは勿論のこと從來より營業していたものも相競うて海面使用を出願しその特權を維持せねばならぬから、このところ一まず舊慣は排除され生產關係は將に一轉機を劃せんとした危機に達した。先きに掲げた地方廳の暫定的取締規則といえども相當の範圍に舊慣に捉われざる新規定を設けた場合も多々あったのである。かような狀態であったから、或者は一時的にもせよこのために自己の保有した漁業上の私有財産的特權を消失したものもあるべく、また或者はこの機會にその範圍を擴張したり新に特權を得たものもあったようで、事實はこれを證明している。從ってこの期間は我國の各浦各濱に於て紛爭續出し相當重大な社會問題を惹起せんとするまでに發展した。尤もその間にも全くこの問題と沒交渉の例外的な漁村のあったことは留意すべき點である。ところが明治九年に左の法令が發せられた、それによると、

捕魚採藻者ニ府縣税ヲ賦シ營業取締ノ件（明治九年七月十八日太政官達第七十四號）

一、明治八年十二月第二百十五號ヲ以捕魚採藻ノタメ海面所用ノ儀ニ付相達置候處詮議ノ次第有之右但書取消シ候條以來各地方ニ於テ適宜府縣税ヲ賦シ營業取締リハ可成從來ノ慣習ニ從ヒ處分可致此旨相達候事

かくてこの結果として海面借區出願これに伴う使用料上納という仕方が止められ、これに代って漁業者には府縣税が賦課され、營業取締上出願の形は採るがそれは可成從來の慣習によることとなった。そして文句は「可成」とあるが實際の取扱では舊漁業者を先ず保護しその營業を持續せしめんとしたことは事實である。それ故に結果からいえば幕末期に於ける封建的漁業の生産機構は先ずそのまま繼承したと見てよいのである。しかしこの事實と同時に他の一面に於てとにかく「可成」の辭句を用い必しも舊慣に捉われざることを示してあると共に、また地方廳の取締規則を通覽してもどこかに新生氣の表現せられていることは、當時の漁村生活の實相を語るもので、この閃光はいま述べた封建的生活の遺産と共に今後の斯業を語る上に最も注意すべき保守、革新のイデオロギー的對立の端的な表現と見るべきであろう。

ともかくこれにて一おうの標準を得た譯で、從ってその後の出願に對する手續は大體一致した次の如きものであった。例えば「右出願ニ付從來ノ慣行及收獲等篤ト取調候處聊相違無之ニ付奥書調印仕候也(6)」とか「(前略)私共儀從來採藻營業罷在候處(中略)右者從前之通リ採藻營業仕度候云々(7)」にて、これを見てもそれ以後の趨勢を知ることが出來る。この實例は他にも澤山に見受けられるものなることを附記しておく。

以上の變遷に伴う當然の結果ではあるが各地方廳の「漁業取締規則」には殆ど普遍的に「漁場ノ區域、入會、專用ハ舊來ノ慣行ニ依ル」の明文を見るのである。例えば神奈川、長崎、新潟、三重、靜岡、福島、靑森、山形、秋田、鳥取、廣島、香川、愛媛、鹿兒島等の諸縣はその適例である。然るに明治九年にはこれと同一趣旨が次の如く河川湖沼にも適用せらるることになった。

一、捕魚採藻ノタメ湖川及池沼所用差許方（明治九年十月三日内務省達乙第百十六號）

捕魚採藻ノ爲メ海面所用之儀ニ付本年第七十四號ヲ以沿海府縣ヘ公達ノ旨モ有之付テハ湖川ト雖モ總テ海面ニ準シ處分可致其他官有ニ屬スル池沼ハ人民ノ願ニ因リ他ニ無障碍分ハ明治七年當省乙第五十五號達ニ照準各種ノ名儀ヲ以借用料收入所用可差許積相心得當省ヘ可申出此旨相達候事

かくて明治十年前後を一期として漁業制度も一まず落ちついたと見てよいのであるが、この問題の基本的解決はそう簡單なものではなかった。なぜなれば漁場の專用、入會、區域の問題は漁業生產上缺くことの出來ない、農業でいえば田畑に比すべき、最も基本的な生產手段であるからだ。從ってこの種の漁業制度の根本的解決は未だ何等の解決を見ず將來の問題として殘されていたのである。こゝで當時の一般狀勢を知るために、例えば、(8)

「（前略）九年七月第七十四號ヲ以テ右借地ノ名目ヲ廢セラレ各地方ニ於テ適宜府縣稅ヲ賦シ其營業ハ可成從來ノ慣習ニ從ヒ處分可致旨達セラレタリ是ヨリ前當縣ニ於テハ詮議ノ次第アルヲ以テ先舊慣ニ依ル可キ旨ヲ布達ニ及ヘリ然ルニ一村浦或ハ各人民海面ヲ專用セル依然トシテ封建制度土地專有ノ景狀ヲ爲シ此間又甲乙葛藤ヲ生シ目下ニ抛擲シ置キ難キモノアリ云々」

或はまた勸業會傍聽略記に、(9)

「岡山縣一等屬野崎萬三郎曰、漁業取締ノ儀ハ明治九年ノ達ニヨレハ專ラ舊慣ニヨル云々之レニ付キ樣々ノ論アリ舊時ハ同シ沿海ニモ漁村ニ非ル村アリ漁村ニハ舟役等アリ自今自ラ其例解ケ入會ノ別ヲ失フ地方税ヲ以テ之ヲ許ス故ニ專農ノ村方モ漁事ヲ營ムニ至ル如斯ナルヲ以テ先祖傳來ノ農ヲ捨テ漁事ニ從事スルモノアリ是ニ於テ從來ノ漁民ハ充分ノ業ヲ營ム能ハス交互競走ノ姿ヲ免レサレハ或ハ期ニ先立チ或ハ群魚散逸ノ度ヲ失ハシメ大ニ害ヲ爲スナリ之レ全ク舊制ノ解弛ニヨル卽チ縣下ノ有様ナリ而シテ之等ノ害ヲ擧レハウタセ漁敷網等ノ害ハ素ヨリアリト雖モ農家恣ニ漁事ヲ爲スニヨリ全ク水産業上ノ障碍トナルヲ信ス故ニ條例ノ制定アランコトヲ望ム若シ然ラサレハ海面ノ取締ハ舊慣ニヨリ專ラ縣廳ニ放任アリタシ云々」

また、

「十八番滋賀縣一等屬高谷光雄曰、水産取締法ノ概略ヲ述フヘシ舊時ハ沿海ニ充分ノ取締法アリテ海手米永金等ノ租税アリシモ明治六年（八年の誤か—著者）ノ頃雜税ヲ廢シ冥加ノ緣切レタリ之レカ爲メ地方ニ錯亂ヲ生シタリ又曰目今不幸ノ民ハ士族ト漁民等ナリ舊時ハ漁場ヲ所有セシモノニシテ賣買其持主ノ自由タリ卽チ山林ト同様ノ性質ナリ目今ノ急務ハ水産上ニ取締ヲ設クルヲ以テ第一着トス云々」

卽ちこれ等によっても當時の漁業上に於ける混亂狀態を推察せられ得る。とくに岡山縣地方では營業自由制の結果、農民が農を捨て海に向て進出し在來の漁民と競爭の位置に立ち舊慣を一層錯雜せしめたるを語り、また滋賀縣の如きは目今一番悲慘の生活者は士族と漁民なりといえる如き最も參考するに足る發言だというべきである。なぜなれば法令は「可成舊慣」に依るべしというも營業自由の革新的思想强き地方に於ては漁民はその漁場を消失し生活手段の基礎を失える點に於て全く士族と同じ境遇に置かれたからである。更にまた漁村内部の生活に於ても維新後は規約に對する遵法心一般に放漫となり漁具漁法も急速に紊れて酷漁濫獲に陥入りがちとなってきたことは産業自由思想の惡い一面を現す地方共通の事實であった。例えば前引した千葉縣天津浦漁業衰頽の根本原因も詮じつむれば營業自由の原則を誤解して酷漁濫獲の弊に陥入った結果に外ならないから、この村の漁業を復興するためには移動した沖合漁場に出漁すべく新漁業機構を準備せねばならぬが、現實は不能であった。惟うにこれらの原因を濫獲の結果だとしても、その濫獲の依ってきたる原動力は、これまでの統制ある生産機構が維持され難くなったことにも可なりの責任があるものと思われる。序にいうが、維新前は濫獲など全くなかったというのではない。

かように庶政一新が悪い方面に現われて舊來の漁業上の社會的慣行乃至秩序を攪亂し斯業の發展を阻害した實例は前にも一言したようにこれを流通方面にも見ることが出來たのである。蓋し維新後は株制の廢止と同時に漁獲物の取引もいわゆる自由活動の世態となって舊來よりの漁方との緊密な關係が根本的に打破され、沖買、他所賣が勝手次第となったから、舊來の持浦、仕入浦の仕込關係は不可能となり、單なる經濟上の意味に於ける前貸制がこれに代ったのである。問屋室伏氏著「水産實業錄（室伏定秀著、明治二十七年）」はさすがに好著と考えるから「商慣例説」から重要と思われる點を若干市場から拔萃し研究資料に供するが解説は誤解を恐れ差控える。日本橋魚市場の送荷の海上保險は從來荷主全損であったが濱吉組は荷主、問屋の分損に改め、また干鰯、魚油、海草、鹽等は「魚油鹽問屋口錢三歩ニテ仲買へハ折半（中略）肥料問屋ハ荷主ヨリ二分ヲ得テ買主ヨリ三分ヲ收得ス（中略）乾魚鰹節等ノ貫取法ハ（中略）習慣法アリテ（中略）加之幕府ノ御膳御用アルヲ權勢トシテ地方荷主ヲ抑壓セシ力强大云々」。大阪魚市場の鹽干魚鰹節問屋口錢は「四分五厘仲買口錢四分五厘合セテ九分ニシテ貫目ハ一割引トス鰹節ヲ直建スルニハ貫出ト云フ法アリ貫出ト云ハ古昔銀ヲ以テ取引ナシタル遺法ニシテ直段ヲ定メテ九六ヲ乘ズレハ金直建トナリ仲買口錢ヲ引クニ九五五ヲ乘シ目方一割引ハ九ヲ乘ス之ヲ九掛ト云フ而シテ金拂スル處ノ直段トナレルナリ貫出銀貳百目ハ金一圓」（鯣、鹽魚略）。

然るに明治十六年初めて水産博覧會が開催され斯業も漸く一般世人の注目するところとなって民間側に於ても大いに水産を唱導するものを出すようになった。これと同時に當局としてもこの機運と相俟って斯業に對する何等かの積極的方針を確立するの必要を痛感し、明治十七年十月農務局は(10)「水産政務計劃圖表」なるものを制定した――これは世に公にしなかったが――その要點は、

- 水産事業全體
  - 漁獲
  - 採藻
  - 養魚
  - 製造
  - 製鹽
- 目的
  - 利益ノ増進
- 作業要項
  - 移殖
  - 採卵
  - 器械
  - 土功
  - 水力
  - 汽力
- 施政方針
  - 漁家經濟ノ思想ヲ涵養スル事
  - 漁業上ノ妨害ヲ防ク事
  - 重要物産ノ改良及事業ノ擴張ヲ圖ル事
- 事務綱項
  - （以下省略）

この方針の下に具體的に立案せられた要綱とも見るべきものに明治十八年中に施行する水産施務に關する内容の多少異る二つの記錄(11)がある。これは恐らく將來の漁政方針を定めたときの二つの異る草案の類と思われるが、またそれだけに腹藏のない當時の水産政策と水産事情を知る上に可なりよい文獻と思う。

○本年中水産施務上ノ調査目的條款

一、漁業條例ヲ起草スルノ材料乃至内外ノ法制若クハ地方慣行ノ異同其他緊要ノ條件ヲ調査收蒐スル事

水産ヲ保護スルノ道固ヨリ一ニシテ止ラスト雖業務上萬般ノ事ヲ苞蘿シテ漏ス事ナク能ク公平不偏ノ功ヲ奏セントセハ宜ク法律ノ力ニ依ラサルヘカラス是乃輿論ノ久シク漁業條例ノ必要ヲ唱フル所以ニシテ目下施政上甚タ

急緊ノ務ニ屬セリ然レ𪜈能ク內外ノ法例及地方慣行ノ異同若クハ其得失利害ノ關係スル所ヲ詳ニセス事ヲ急遽ニ忽率ノ間ニ擧ケントスル𪜈ハ或ハ又實際ニ背馳スルノ失誤ナキヿ能ハサル義ト存候就テハ實地上講究ノ上十分熟慮審議ヲ盡シ不申候テハ輕々着手難致次第ニ付差向其材料ノ收輯ニ着手致シ他日該條例起草ノ基礎ト致度見込ニ御座候

一、漁業取締準則制定ノ材料ヲ調査收蒐スル事

取締準則ヲ發布スルノ必要ナル事ハ別紙ニ陳述仕候通ノ義ニ候處水產上實際ノ得失並漁期漁法ノ異同其他百般ノ業務ヲ調査スルノ後ニアラサレハ漁民ノ情態ニ悖ル事無之共難申依テ差向キ實地經驗アルモノヲ撰ミ其材料ノ調査ニ着手セシムルノ見込ニ御座候

一、海外輸出製品ノ利害得失ヲ調査シテ其改良ノ方法ヲ講究スル事其目左ノ如シ

一、上海香港ノ實況幷該二港ヨリ分輸セル各地ノ實況ヲ詳ニシテ其時好ノ適否ヲ分別スル事

一、內國輸出港ノ實況ニ就キ製品ノ得失ヲ詳ニシテ倂セテ之ヲ製出セル產地ノ實況ヲ調査スル事

水產ノ利源ヲ開通スルハ化製ノ業ヲ奬勵シテ其改良進步ヲ促スヨリ急ナルモノナシ而シテ近頃支那ニ輸出セル製品歲々其多キヲ加ヘ殆ト三百萬圓ヲ前後スルニ至リ實ニ貿易品重要ノ位置ヲ占ムルニ至リタリ然ルニ其間粗製濫造ノ弊百出シテ爲メニ其信用ヲ失フモノ少カラス爲メニ其貿易ノ勢力ヲ長進スル事能ハサルハ甚タ遺憾ノ次第ニ付差向キ內外ノ實況ヲ熟察シ漸次改良ノ方法ヲ設ケ大ニ其販路ヲ擴メ申度見込ニ御座候

一、內地用重用品ノ利害得失ヲ調査シテ其改良ノ方法ヲ講究スル事其目左ノ如シ

一、東京大坂ノ實況ニ就キ製品ノ得失ヲ詳ニシ倂セテ之ヲ製出セル產地ノ實況ヲ調査スル事

水產化製品ノ支那國ニ輸出スルモノ甚タ大ナル如シト雖三百萬圓前後ノ額ニ過キス其內地ニ消費スル所ノ製

品ハ叉幾倍蓰スルヲ知ラス而シテ多クハ皆日用必需缺クヘカラサルノ品物ニシテ經濟上等閑ニ附シ難キ義ニ付差向其重要品ヲ撰ミ其實況ノ調査ニ着手シ其改良進歩ノ方法ヲ講究シ漸次其利源ヲ開キ申度見込ニ御座候

一、支那輸出物重要品ノ圖解ヲ製スル事

支那貿易品中時々其不振ヲ來シ若クハ其需要ノ額ヲ長進スルニ至ラサルモノ其原因スル所一ニシテ止ラスト雖彼カ嗜好ノ適否ト需要額ノ多寡ヲ詳ニセスシテ暗像臆測ヲ以テ徒ニ之ヲ供給スルハ製造家一般ノ通弊ニシテ爲メニ其利源ヲ塞ク事少小ナリトセス就テハ其製品ノ精粗若クハ其他ノ關係ニ因リ得失ノ因ル所ヲ明示シ若クハ仕向ケ地ノ異同各地嗜好ノ適否及需要額ノ多寡等ヲ挿入セル圖解ヲ製シ篤志ノ製造家ニ頒布シ其注意ヲ促シ申度見込ニ御座候

○本年中水産政務上施行ノ目的條款

一、諸般ノ漁撈ニ對シ取締準則ヲ制定スル事

漁業條例ヲ設クルノ必要ナル事ハ既ニ別紙ニ陳述セル如シト雖其起草ニ着手スルモ亦輕々爲シ易スキ業ニアラサレハ其制定發布ノ日ハ猶多少ノ年所ヲ經可申然ルニ水産政務ノ事ハ獨百般ノ世務ニ後レ維新後一モ法令ノ定ムル所ナク纔ニ舊慣ニ因リ其業務ヲ繼續スルノミニテ其間或ハ既ニ多少ノ紊亂ナキ事能ハス瀕海大漁業ニ屬スルモノ之カ爲メ頗退歩ノ傾キアリ或ハ地方施務ノ方向區々ニ渉リ舊ニ從フモノアリ舊ニ從ハサルモノアリ其錯雜一ナラス此姿ニ經過致候テハ到底其改良ヲ望ミ難ク存候間先差當リ諸般ノ業務中重要ノ關係アルモノヲ撰ミ取締準則ヲ發布シ所在ノ便宜ニ從ヒ同業組合ヲ組織シ互同ノ規約ニ因リ其業務ヲ維持爲致申度左候ハ其地方慣行ノ異同ヲ各々其規約中ニ呈露致シ實際上得失ノ考案ヲ立候便宜少ナカラス他日漁業條例起草ノ好材料ト相成可申ト存候ニ付差向キ當節ヨリ右調査ニ着手致シ凡ソ本年十月ヲ期トシ發布致度ノ見込ニ御座候

一、當八月大阪ニ於テ山陽南海府縣ノ漁業ノ漁業諸問會ヲ開設スル事

漁業上目下一大問題ニ屬スルモノハ山陽南海ノ瀕海ニ行ハレ夜ウタセ網ノ業ニ過キルモノ無之利害ノ爭紛々トシテ常ニ相起リ漁民ノ葛藤結ンテ解サル事數年ノ久シキニ渉リ之カ爲メ既ニ地方政務上ノ支障ヲ生シ候程ノ次第モ有之處分上甚タ至難ノ事柄ニ付主トシテ該漁ノ關係ヲ諸問致シ輿論ノ歸スル所ヲ取締準則ヲ定ルノ地ト致度トノ見込ニ御座候

一、本年九月中東京ニ於テ海產肥料改良諸問會ヲ開設スル事

海產肥料ハ關東ノ一大產物ナリト雖近年粗製濫造ノ弊習甚シク銚子幷九十九里濱ノ如キハ着實ナル製造家モ獨其信用ヲ愼ム事能ハサルノ有樣ニ陷リタルヨリ自ラ其販路ヲ減縮スルノ傾キアリ終ニハ漁業上ノ利益ニモ關係致候事ユヘ此際常總ノ製造者幷關東府縣重立候肥料商ヲ招集シ諸問ノ上改良ノ方法ヲ設ケ度見込ニ御座候

一、水產製品取締準則制定ノ調査ニ着手スル事

水產ノ製品タルヤ多クハ資本ニ乏シキ多數ナル細民ノ手ニ成リ候事故兎角仲買商人ノ爲メ其製造ヲ左右セラレ改良ノ域ニ上ル事甚タ至難ナル事ニテ取締方等輕々着手難致候故其支那貿易ノ關係モ有之長ク目今ノ儘放任難相成次第ニ付詳細實況ノ得失調査ノ上所在ノ便宜ニ從ヒ一方ヨリハ取締準則ヲ發布シ同業組合ノ基礎ヲ(不明)シ一方ヨリハ漸次ニ低利荷爲換ノ便法ヲ開キ表裏互ニ相維持シテ改良ノ端ヲ擴メ申度見込ニ御座候

一、北海道製品輸出取締ノ方法ヲ設ケ淸商直買ノ弊ヲ矯メ製品改良ノ道ヲ開通スル事

支那輸出ノ製品多シト雖其多額ヲ占ムルモノハ北海道ヲ以テ最トス而シテ其販賣ノ權十ニ七八ハ支那商人ノ手ニ歸シ其荷造リノ精粗常ナク爲メニ需要地ノ信用ヲ失ヒ製產地ニ影響セル事少小ニアラス今ヤ昆布採收ノ如キ既ニ政府ノ保護ニ因リ北海道諸縣ハ便宜其取締方法ヲ施行スルト雖埠頭ノ輸出如何ニ至リテハ措テ問ハサルヲ以テ恰

モ只纔ニ一室内ヲ警備シ其門巷ニ悪漢ヲ養ヒ朝暮ニ使童ノ財ヲ掠ムル事ヲ知ラサルノ狀ナキ能ハス就テハ本年度中局員ヲ箱館ニ派遣シ其實況ヲ熟察セシメ香港上海等ノ實況ニ對照シ彼此得失ノ在ル所ヲ明瞭ニシ來年度ニ至リ三縣令トモ合議ノ上本行ノ取締方法ニ着手致度見込ニ御座候

以上の二通を通覽しただけでも當時の水産當局の方針を知り得るのであるが、そのうちから注意すべき點を拔書すると、一、海外輸出品の利害得失の調査に關する說明に「水産ノ利源ヲ開通スルハ化製ノ業ヲ奬勵シテ其改良進歩ヲ促スヨリ急ナルモノナシ而シテ近頃支那ニ輸出セル製品歲々其多キヲ加ヘ殆ト三百萬圓ヲ前後スルニ至リ實ニ貿易品重要ノ位置ヲ占ムルニ至リタリ然ルニ其間粗製濫造ノ弊百出シテ為メニ其信用ヲ失フモノ少カラス云々」、または一、支那輸出物重要品の圖解を造ることの說明に「(前略)彼カ嗜好ノ適否ト需要額ノ多寡ヲ詳ニセスシテ暗像臆測ヲ以テ徒ニ之ヲ供給スルハ云々」、また、一、漁撈の取締準則を制定することの說明に「(前略)維新後一モ法令ノ定ル所ナク纔ニ舊慣ニ因リ其業務ヲ繼續スルノミニテ其間或ハ既ニ多少ノ紊亂ナキ能ハス瀕海大漁業ニ屬スルモノ之カ為メ頗退歩ノ傾キアリ或ハ地方施務ノ方向區々ニ渉リ舊ニ從フモノアリ舊ニ從ハサルモノアリ其錯雜一ナラス云々」、更に、一、九月東京に海産肥料改良諮問會を開設せんとする說明に「海産肥料ハ關東ノ一大産物ナリト雖近年粗製濫造ノ弊習甚シク銚子幷九十九里濱ノ如キハ着實ナル製造家モ獨其信用ヲ愼ム事能ハサルノ有樣ニ陷リタルヨリ自ラ其販路ノ減縮スルノ傾キアリ云々」、或は、一、水産製品取締準則制定の調査に對する說明に「水産ノ製品タルヤ多クハ資本ニ乏シキ多數ナル細民ノ手ニ成リ候事故兎角仲買商人ノ為メ其製造ヲ左右セラレ改良ノ域ニ上ル事甚タ至難云々」の如き商業資本の强力な支配を明確に表現している。また一、支那輸出商の淸商直買の弊を矯め製品改良を計らんとする說明に「(前略)支那輸出ノ製品多シト雖其多額ヲ占ムルモノ北海道ヲ以テ最トス而シテ其販賣ノ權十ニ七、八ハ支那商人ノ手ニ歸シ其荷造リノ精粗常ナク為メニ需要地ノ信用ヲ失ヒ製産地ニ影響セル事少小ニアラス云々」。

すなわち以上の政府の漁政方針ならびに地方委員の意見等から考えて見ると、當時に於ける我國の水産上の重要問題は結局、

（イ）漁業法の制定による漁政の確立

（ロ）支那貿易品の改良と直輸出の努力

（ハ）水産製品の粗製濫造取締

以上の三點に歸するようである。かくて先ず事實として具體的に現われたものが——たとえそれが暫定的規定であったにしても——（イ）に對する次の漁業組合準則であって、重要な文獻である。

漁業組合準則（明治十九年五月農商務省令第七號）

第一條　漁業（水産動植物採捕を併稱す）に從事するものは適宜區劃を定め組合を設け規約を作り管轄廳の認可を請ふへし。但漁者僅少にして他の漁場に關係せさる地は管轄廳の見込を以て組合を要せさることある可し

第二條　組合は營業の弊害を矯正し利益を增進するを目途とすへし

第三條　組合は左の二類とす。第一類捕魚採藻（遠海漁業若くは大地引、臺網、捕鯨、鯡漁、昆布採取の類）各種類に從ひ特に組合をなすもの。第二類河海湖沼沿岸の地區に於て各種の漁業を混同して組合をなすもの

第四條　前條第二類の漁業にして漁場の相連帶するものは必す一組合となすへし

第五條　組合の規約に掲くへき事項は左の如し。一、組合の名稱及事務所の位置。二、組合の目的。三、役員選擧法及權限。四、會議に關する規程。五、加入者及退去者に關する規程。六、違約者處分の方法。七、費用の徵收及賦課法。八、捕魚採藻の季節を定むる事。九、漁具漁法及採藻の制限を立る事。十、漁場區域に關する事。十一、前各項の外組合に於て必要となす事項

第六條　組合は規約を更正し若くは前組合を分立合併せんとするときは管轄廳の認可を請ふへし
第七條　組合は聯合會を設け其規約を作り若くは之を更正せんとするときは管轄廳の認可を請ふへし
第八條　二府縣以上に渉る組合及聯合會の規約は交渉管轄廳を經て農商務省の認可を請ふへし。但規約を更正し若くは其組合を分立合併せんとするときも亦本條に準すへし
第九條　二府縣以上に渉る組合は便宜の地に事務所本部を設け其他は毎府縣事務所支部を置くへし。但支部は組合の事情に依り其必要ならさる場合に於ては之を置かさるを得

さて、この組合準則中で最も注意すべき諸點は、第一に營業の弊害を矯正し共同利益の增進を目的としたことである。すなわち組合自體は法人でもなく素より營利的活動の主體ではないが、一地區內の漁業者共同の利益を目的とし從って規約に揭ぐべき事項は捕魚採藻の季節、漁具漁法・採藻の制限、漁場區域に關する件等である。殊に注目に値することは組合を二類に分ち第一類は主に大規模な獨占的漁業者を主眼とする組合、第二類は主に小規模な各種の入會漁業者を目當とする組合とに區別した點である。このことは政策上の可否は暫らくおき、當時の漁業狀態を知る上に肝要な點である。そこでいまこの準則に基き設置された各地の漁業組合は大抵その漁場は舊來の慣行に依ることを揭げている。例えば「漁業に關する慣行及先例」（水產局調查）によれば、

○東京內灣漁業組合規約
第三十條　漁場區域ハ舊慣ニ依リ……
第三十一條　各地方ノ磯並藻場、海苔場、根付及干潟ハ總テ舊慣ニ依リ……
○兵庫縣明石郡漁業組合規約
第二條　漁場區域ハ總テ從來ノ舊記ニヨルハ勿論其從來慣行連綿トシテ……

○長崎縣對馬漁業組合規約

第六條　漁場、採藻場ノ區域及入會稼ハ總テ舊藩以來ノ慣行ニ從フモノトス

○新潟縣三面川外四川漁業組合規約

第六十條　組合員各自漁場及數ヶ村入會ノ漁場ハ從來ノ慣行ニ依リ……

○鳥取縣（二字不明）郡漁業組合規約

第三十一條　本組合ノ漁場ハ（同上）郡鹽津村ヨリ西原村迄ヲ分界トシ沖合二十里マテヲ劃シテ區域ト定メ從來ノ慣行特約ニ從ヒ其業ヲ營ムヘシ

○德島縣勝浦郡漁業組合規約

第二十五條　漁場區域ハ舊慣ノ如ク南ハ……

○鹿兒島縣南大隅郡（カ）大根占村漁業組合規約

第四十九條　本組合ノ漁場ハ南大隅郡大根占村字田ノ尻ヨリ…トシ沖合海面ハ從來ノ慣行ニヨリ二里ヲ限リトス

○岩手縣氣仙郡漁業組合規約

第二十八條　本組合ノ漁場ハ從來ノ區域ニ據リ一灣內若クハ一町村獨立及入會稼ノ慣行アルモノハ其舊慣古例ヲ堅ク守ルヘシ

これを要するにこの漁業組合準則の根本的觀念は、維新後に各地の漁村がその混亂に堪えずして從來の慣習を復活し自治的に申合せた一種の地緣團體的の漁村組合——舊藩政時代の浦法——の思想を基本とし、これに多少の革新的要素を加味したものと思われる。そしてそれが後年の我國最初の漁業法の萌芽となったものたることに於て甚だ重大なる意義をもつものであろう。

つぎに水産製造業者ならびに販賣業者（海産物市場）に就て見れば彼等は明治十七年農商務省達第三十七號同業組合準則に基きて水産物營業組合を設立している。

さてここで一おう當時の漁業組合、水産物製造業組合、水産物營業組合ならびに水産業會社の統計を引用して參考に供する(12)（要約）。

漁業組合

明治二十五年六月三十日現在全國漁業組合總數五百四十五組合人員四十三萬五百七十三人外に戸數一萬一千八百六十二、經費七萬七千二百十一圓なり。地區の廣大なるものは東京內灣漁業組合、東京灣漁業組合聯合會、三重愛知漁業組合聯合會、三重和歌山漁業組合聯合會、愛知縣沿海漁業組合、廣島縣漁業組合、近江水産組合等で、組合數の多きは北海道、山口、鹿兒島縣等である。組合費徵收法は漁獲物の幾分を徵するものと分頭に收むるものとあり成績は前者の方良好なり、經費分頭額の最高は組合員一人に付き北海道の八圓三十三錢五厘にて最低は大分縣東京府の九錢一厘—十六錢八厘である。

水産物製造業組合

明治二十五年六月三十日現在全國總數七十一、經費一萬八千四百二十九圓で、設置の最も多き地方は北海道、千葉縣、東京府である。組合の業務は種々あるが要は水産物の製造法を改良し品位荷作りを一定し販路を擴張し斯業の發達を圖るにあるが效果の著しきものは例えば島根縣下隱岐鯣製造組合であって明治二十年來良好の製品を出し淸商間に聲價を博している。

水産業會社

明治二十五年十二月三十一日現在全國水産業會社は其數百八十八、資本金三百八十五萬二千七百三十四圓、株主人

員一萬百五十四人である。業務を種別すれば漁撈十八、養殖六、他は水産物製造及肥料賣買等にて就中肥料賣買を業とするもの最も多し。資本金最高七十五萬圓(帝國水産會社)、五十萬圓(日本昆布會社)の二會社あるも共に政府の保護會社であるから大部分の會社は二、三千圓から、一、二萬圓以下である。資本的企業化の程度推して知るべきである。殊に純水産のものは百八十八社中僅かに漁撈十八、養殖六に過ぎない。

水産業諸組合及水産業會社一覽

廳府縣	漁業組合 數	漁業組合 組合員	漁業組合 經費	同業組合 數	同業組合 經費	水産業會社 數	水産業會社 資本金	水産業會社 業主數
北海道	一〇五 五	二四、二四七 四八六	二二、〇四八圓 ?	一九	九、七四五	二七	一、六三九、〇〇〇 四〇、〇〇〇	七三〇 ?
東京	一 二	二〇一 ?	三四 ?	一五 二	四、五六二 ?	一七	四二八、八二七 一〇、〇〇〇	二八二 ?
京都	一	一四三	六一	―	―	二	三〇四、五六〇	?
大阪	二 二	二三〇 ?	八〇 ?	二	?	一一	一〇、〇〇〇 三、〇〇〇	四九 ?
神奈川	一五 三	一九、七五〇 ?	一、二八九 ?	一	五二〇	二二	二〇、五〇〇 一一、三〇〇	三六 ?
兵庫	一三	八、八一九	一、九七九	一一	三〇 ?	五五	二四、六一〇 一九、四二五	七二 ?
長崎	一二 一 一	一九、三二四 三九五 ?	二、八四六 ? ?	一	九	二七	一三二、一四六 六、九九六	四三七 ?

新潟	二三	一五、七六二	二、二〇五	一	七六二	二四 / 一	四八、〇〇〇 / ?	六〇〇 / ?
埼玉	｜	｜	｜	｜	｜	一	五、〇〇〇	三五〇
群馬	｜	｜	｜	｜	｜	｜	｜	｜
千葉	二四 / 二 / 一	三三、五二五 / 二、一四五 / ?	二、一二六 / ? / ?	一〇	二九九	六	八、二六六	五八八
茨城	七 / 一 / 一	七四八 / 六三 / ?	二、〇二〇 / ? / 五四	｜	｜	一 / 二	一、一六〇 / 一、五〇〇	一八六 / ?
秋田	八	七、四八二	七二六	｜	｜	｜	｜	｜
福井	一〇	五、〇五九	三六八	｜	｜	一	一、〇〇〇	四
石川	一九 / 一	八、八二二 / 二〇一	一、〇二〇 / ?	｜	｜	三 / 一	一六、四〇〇 / ?	? / ?
富山	五	二、九一八	一、〇八二	｜	｜	一三 / 五	二一三、〇〇〇 / 五三、〇〇〇	一七九 / ?
鳥取	一四 / 五 / 一	三、三四六 / ? / ?	三八六 / ? / ?	｜	｜	二 / 三	五、五〇〇 / 四、六〇〇	七一 / ?
島根	九 / 一	一八、三六八 / 三、三四六	一、七三三 / ?	八	一、八九一	八 / 三	三〇、四〇〇 / 一七、二〇〇	三〇三 / ?
岡山	｜	｜	｜	｜	｜	一	二六、六〇〇	七五

廣島	一	一〇、六四九	二、二七九	｜	｜	一 一	二、四〇〇 三、五〇〇	一〇 ?
山口	四四	一三、二四一	二、七三一	一	一六二	一 三	二五、〇〇〇 五、四〇〇	五〇〇 ?
和歌山	五	九、四六六	七二一	一	二五	一	一〇、〇〇〇	一〇〇
徳島	一四	一、七三一	二、八七五	｜	｜	一 一 一	六一七 一、二〇〇 ?	一四〇 ? 三四
香川	六	八、九二一	八七〇	｜	｜	三 一	八八、五〇〇 三、〇〇〇	一三八 ?
愛媛	一〇	二〇、七四八	二、五八七	｜	｜	一 二	五〇〇 ?	一五 ?
高知	一 七	七〇〇 戸 一一、八六二	五六 九七七	｜	｜	二 二	四二、五〇〇 二二、〇〇〇	一三〇 ?
福岡	四 一	九、七四三 一、〇八一	三、一五一 ?	｜	｜	三	三三、四〇〇	二六〇
大分	一 三	一三一 ?	一二 ?	一	?	一	四、〇〇〇	一八八
栃木	一	六四	二四二					
奈良								
三重	九	六三、四一〇	二、四八六	三 一	二七五 ?	一 一	五〇、〇〇〇 ?	三五一 ?

愛知	一	二一、一三四	一、六二九			三	三三、〇〇〇	一四三
静岡	二二 三 一	二八、三〇三 ? 一、二二〇	二、八一〇 六四 ?	二	一四九	一〇 二 一	六五、二二九 三、八〇〇 ?	七九六 ? ?
山梨						二	一一、六〇〇	一〇
滋賀	一	六、八二五	一、三五二			三	六、七五〇	一二八
岐阜	三	八八九	二二四			六 一	二、〇三八 一、〇〇〇	一三四 ?
長野						三 一	九、五一八 三、〇〇〇	二、七九〇 ?
宮城	二一	七、二一三	一、四〇八	—	—	一 一	五、六三〇 一〇〇、〇〇〇	一一 ?
福島	一四	三、四八七	九八〇	—	—	一 三	五〇〇 二、六〇〇	二二 ?
岩手	—	—	—	—	—	—	—	—
青森	六	六、四二六	二、七七三	—	—	—	—	—
山形	四	二、七二六	四三〇	—	—	一	一二、〇一一	一一七
佐賀	一	八、五六五	二、一四〇	—	—	五	六一、五一六	九二

熊本	八 一 一	一六、八六九 ？ ？	一、〇八六 三八 ？	一	？	一	一、〇〇〇	九
宮崎	一一 一	三、八八一 四七	七一七 ？	｜	｜	｜	｜	｜
鹿兒島	五六	七、〇七六	二、五一六	｜	｜	三 四	三八、五八〇 一二〇、九五五	七四 ？
沖繩	｜	｜	｜	｜	｜	｜	｜	｜
計	五〇一 一九 五 一三 七	四二〇、九四二 九、六三一 ？ ？ 一一、八六二	七六、〇七八 ？ 一五六 ？ 九七七	六三 八	一八、四二五 ？	一三〇 五一 六	三、〇九八、二九八 七五四、四三六 ？ ？	一〇、一二〇 ？ 三四 ？

尤もこれより先き、既に政府は水族の蕃殖保護の必要を痛感し、漁業保護水産蕃殖ヲ謀ル件（明治十四年一月内務省達乙第二號）、鮑等捕獲ノ爲潛水器使用ニ關スル件（明治十五年三月農商務省第五號達）、魚兒介苗等採捕制限ノ件（明治十六年六月農商務省訓令第九號）の三令達を發しているが、就中、最初のものは一般的のもので當時の事情を知る上に參考となるを以て全文を左に掲げる。

○漁業保護水産蕃殖ニ注意セシム　水産ノ盛殖ヲ謀ルハ國家經濟ノ要務ニ候處置縣以降往々舊慣ヲ變易シテ捕魚其宜ヲ失シ之カ爲メ水族ノ蕃殖ヲ妨ケ巨多ノ障碍ヲ生シ候類少カラサル哉ニ相聞ヘ候ニ付篤ト實地取調ノ上一層漁業ヲ保護シ水産ノ盛殖ニ注意致スヘシ此旨相達候事

以上で明治二十年前後までの水産當局施政の方針に關する大要ならびにそれに對應する民間の施設を一覽したが、然らば當時、水産に關する朝野の著作及び言論界の趨勢はどうであったか。

「漁村ニ組合ノ要用ナルヲ論ズ」(13)

これは演説の草稿であるがその中に「(略)其他漁村組合ヲ設ケ例規申約等ヲ守リ漁事ヲ利スルノ類又世間少シトセス而テ漁場ニ自ラ入會専有ノ別アリ漁具漁法ニ制限アリ故ニ妨害ヲ防クハ共同組合ヨリ能キハナシ此設ケアル實ニ欣喜ニ堪ヘスト雖モ又一方ヲ見レハ其地舊慣例規ノ存スルアルモ私利ヲ營ミ或ハ一村ヲ利シ他ノ妨害トナルヲ顧ミス業務ニ關シ大ニ憂フヘキモノアリ云々、(略)速ニ此等ノ弊ヲ洗シ同業者親睦倶ニ其業務ノ盛大ヲ謀ラン事ヲ希望ス而テ如此弊ヲ洗除スルニハ組合ヲ設クルヲ緊要トス抑モ組合ノ事タルヤ兵制ニ五伍アリ社會ニ五人組アリ町村ニ組合アリ業務ニ會社アリ職工に仲間アリ禽獸ニ群アリ夫レ如此シ(略)實ニ組合ノ要用ナル社會ニ於テ組合ハサルモノナシ(略)現ニ竹ノ子組アリ川尻ニ捕鯨組アリ惣代ヲ置キ其組織ノ整頓スル事恰モ一家ノ如シト雖モ余ノ望ム所ノ組合ナルモノハ此組ヲ聯合スルヲ云フナリ何トナレハ一村又ハ一組ハ既ニ業ヲ完全無缺トス然レトモ(略)我ヲ利スルノ厚キニ過キ却テ他組ニ妨害ヲ爲ス云々、故ニ余ハ各地漁村ハ漁場ノ連帶如何ニ依テ五ケ村或ハ七ケ村ト組合ヲ制シ更ニ數組聯合シ惣代取締等ヲ設ケ云々」

講演者水野氏は當時水産局漁務課勤務の五等屬であり公務上の講演であるから、それは同時に當局の方針と見て差支ないであろう。然るに氏の主張する組合は結局、封建時代の五人組制度か或はツンフト乃至ギルド的職業組合を理想とするものであって、ただその特徴はこれまでの一村一浦の割據主義より更に範圍の擴張せられた聯合會的のものを作らんとするに外ならない。從ってそこには未だ何等の近世的資本主義的生活意識の表現せられたものはない。

「海國急務」(14)

四頁に曰く「陸軍費ハ陸地ノ利ニ資リ海軍費ハ海利ニ求ム可シ」として大に我が天造の大福田＝海洋の開拓を說き、その法は「我カ漁獵法ヲ改良シ漁夫ニ賞金ヲ與ヘ」奬勵すべしとなし、更に「夫レ洋外ノ漁業ハ皆社ヲ結テ大船ヲ造リ之ヲ本船ト名ク、此ノ大船ニ小漁舟ヲ數艘載テ出帆シ洋上ニ魚ノ聚ルヲ見レハ小漁舟ヲ卸シテ之ヲ漁ス」と記して今日の母船式漁業法を唱導している。

更に海軍と漁業との關係を述べて、六頁に「今海軍省中ニ遊船局ヲ設ケ海軍生徒ニ航海術ヲ習ハシメ遠ク洋上ニ飄シテ諸島ヲ開キ物產ヲ收メ且之ヲ本船トシテ漁鯨法ヲ講セハ其獲ル所ヲ以テ其遊費ニ充ツルモ亦海軍皇張ノ一助ナラン」と。また一〇頁以下にシーモンド氏の說を引用して海田收獲の上等陸田の其より遙かに大なることを數字的に論述し、「今國家水產會ヲ開キ漁人ヲ勉勵セシムルモ未タ漁法改良ニ及ハス（略）明治十四年ノ調査ニ依レハ青森廣島沖繩ノ三縣及北海道ヲ除テ漁戶三十五萬千四百四十六戶、漁人百六十萬千四百六人、漁舟十九萬零四十五艘、之ヲ以テ前ノ海面積ノ漁利ニ配當セハ水產收獲額ハ百五十四億四千三百七十四萬二千四百九十三圓五十七錢二毛ナルベシ然ルニ今現實ノ漁額ハ一歲一億五千萬圓內外ヲ出テス（略）豈遺憾ノ至リナラスヤ」と言っている。更に二四頁以下に「予弱冠ノ時長崎ニ遊ヒ高島秋帆氏ニ從テ海利ノ說ヲ聞ク事アリ、曰我カ日本鎖國法ヲ唱ヘテヨリ漁法亦盛大ニ至ルヲ得ス今之ヲ開クハ先ツ捕鯨ヨリ始ム可シ我之ヲ蘭人仁滿（ニイマン）氏ニ聞ク西洋人捕鯨ヲ以テ漁獵ノ大業トス遠略ノ智見之レヨリ開クト、其後秋帆五島浦ニ鯨納屋ヲ築キ砲漁ノ法ヲ講ス、予ニ謂テ曰、世人智見未タ開ケスト雖モ洋外ノ大國必來テ鎖國ヲ破ラン其時ニ至レハ捕鯨ノ業モ必開ケン我請フ之レヲ隗始セント予其言ヲ服膺シテ日夜心ニ斯業ヲ興サン事ヲ忘レス云々」。すなわち高島氏は遠洋捕鯨と日本開國との關係を既に看破しこの卓見が大なる影響を著者に與えたことはいうまでもないことである。最後に結論して曰く「（略）今コノ內地沿海ノ漁場ヲ算スルカ如キ瑣細ノ事ナランヤ故ニ早ク漁法ヲ改良シ沖浦ヲ主トスルニ非ンハ海外ノ巨利ヲ網羅シ難シ云々」として大に遠洋漁業への進出を提唱している。

「日本海漁業之趣旨」[15]

先ず陸上の生產に比し海產の無限を述べ進んで「（略）漁場ノ區域ヲ擴ムルハ啻ニ國利ヲ增加スルニ止ラス亦國權ヲ恢

張スル所以ニシテ且之ニ由テ漁民ヲシテ遠洋上ノ執業ニ慣熟セシムルトキハ國家有事ノ日其用ニ供スヘキ海兵ヲ養成スルニ等シ云々、彼歐米强國ノ如キ人民ノ常食概ネ陸産ニ資リ魚類ノ如キハ殊ニ奢侈ノ食品トシ需用甚タ多カラス(略)尚且力ヲ用ヒテ漁業ヲ保護奬勵ス亦是海兵養成ノ意ニ外ナラサルナリ(略)加之目下最モ慨スヘキハ彼ノ射利ニ機敏ナル歐米人ハ本邦沿海水族饒多ナルニ朶頤スルモノ久シク邦人ノ敢テ漁業ノ擴張ヲ勉メサルニ乘シ千島近海ニ來リテ海獺鯨族等ノ密獵ヲ爲シ其海利ヲ掠メ去ルモノ已ニ年アリ輓近ニ及ンテハ對馬近海ニ來リ捕鯨ヲ試ミントスルモノアルニ至ル之ヲシモ措テ問ハサルトキハ其不利ナルハ論スルニモ及ハス遂ニ國權ノ伸縮ニ關係ス(略)故ニ今日水産事業ヲ奬勵シ漁場ヲ遠洋ニ支ムルハ國家急務中ノ急ナルモノトス云々」、更に進んで「余ハ該地（千島方面—著者）ノ漁業ハ姑ク世ノ有志者ニ一任シ今ヤ朝鮮海ニ向ヒ身ヲ挺シテ以テ實地ノ業ニ從ハント欲ス(略)若夫レ向來ノ情勢ヲ推測スレハ魯國已ニ西伯利亞鐵道ニ起業シ其線路ハ浦潮斯德等諸港ニ達センコト年ヲ期シテ待ツ可シ而シテ其全通ノ日ニ至リテハ東洋ノ商勢頓ニ一變シ諸外國ノ船舶日本海ヲ經テ是等諸港ニ向フモノ頗ル頻繁ヲ致スナラン然ルニ對馬沿海ヨリ朝鮮海ハ恰モ其咽喉ヲ扼セル所ナルニ此時ニ方リ本邦其海上ノ漁權ヲ占有スルニアラスンハ國權上決シテ慊然タル能ハス而シテ其海上ノ主權ハ一ニ習慣上現行漁業ノ有無ニ由リ其實績ヲ表明スヘキモノナリ然ハ則國家前途ノ長計ニ於テモ今日朝鮮海ノ漁業ヲ擴張セサル可カラス云々」、次に轉じてその組織を述べ「然レトモ之ヲ企圖スルニ普通株式會社ノ組織ニ由ルコトヲ欲セス何トナレハ既往ノ經驗ニ徵スルニ株式會社ニ於テハ株式交迭常ナク爲メニ業務ノ方針ニ於テ動モスレハ異端ヲ生シ易ク(略)余カ望ム所ハ眞成ニ此業ノ國家ノ爲メ缺ク可カラサルヲ認メ共ニ力ヲ致サントスルノ社友ヲ得合資ノ組織ニ由テ以テ事ヲ襄サンコトヲ期スルニアリ云々」。すなわち歐米人漁業の我が近海への侵入ならびに西伯利亞鐵道完成に對し對馬、朝鮮近海の漁權を今より我が手中に確保し置くべきことは國權伸張上乃至我が産業上に急務中の急なる所以を説明したものである。この主張は後年の我國遠洋漁業提唱の先驅をなすもので、これに國權の伸張思想が結びついたのである。

「水産擴張意見(16)」

先ず水産業の發達は各國渾べて陸産事業より後れたること、次に日本の地勢國柄の水産を起すべきこと、最後に水産の國家經濟に大關係あることを述べ、その擴張方策として第一に漁業を發達せしむるには漁者の智識の發達、資産の増加、漁業の危險減少、利益の增進を說き、第二に製造を盛にする方法として器具機械及び製造法の改良、販路の擴張を述べ、第三に蕃殖を圖る方法として積極的には人工孵化により消極的には漁具漁法、漁期の制限を論じた。その他水政に對する希望として、一、漁權の規定、二、水産の保護、その他漁業上の監督、奬勵等が述べられているが、本會の性質上何れも穩健平凡のものであるだけ一般的輿論を網羅したものと見てよい。

「千島海外國船密獵船問題(17)」

千島は北門の關鎖として嚴に警備すべきに拘らず密獵船は今や沿岸に接近しその欲望を擅にせんとする狀にある。元來海獸獵業事務及び取締は明治十五年開拓使廢止と同時に農商務省の所轄に歸したが、「爾來農商務省ハ何事ヲモ爲サスシテ海獸獵業ノ如キハ殆ント忘レタルモノ、如ク云々、一方ニ於テ海獸獵檢束ノ法令ハ依然トシテ存在スル云々、人ノ往テ之ヲ捕ラント欲スルモノアルモ得可ラス終ニ外國密獵船ヲシテ勢益々猖獗ナラシムルニ至レリ此間ニ薩摩人河野主一郎氏等發起シテ帝國水産會社ヲ創立シ海獺獵業ノ特許ヲ得テ元開拓使所屬ノ千島丸ノ下付ヲ請ヒ其獵獲ニ從事スト雖モ獲ル所多カラス既ニシテ帝國水産會社ノ業務ハ施設宜シキヲ得スシテ失敗ヲ累ネ爾後唯僅カニ餘喘ヲ保ツノミ云々、(略)徒ニ帝國水産會社ニ私恩ヲ假シタルカニ嫌アル形蹟トナリ社會ヲシテ政情實ニ成ルトノ實ヲ認メシムルニ至リタルコソ是非モナキ次第ナリ云々」。そこで同誌は提案して「(略)然ハ其政府ノ爲スヘキ方法ハ如何曰漁團兵ヲ配置スヘキナリ漁團兵トハ如何曰內地漁民中ノ壯丁ヲ簡揀シ之ヲ海兵ニ編制シテ海軍ニ屬セシメ將校之ヲ統率シ團兵ヲ千島各島ニ分チテ居住セシメ時ニ隨テ戰陣ノ事ヲ訓練スト雖平素ニ在テハ漁獵ニ從事セシムルコト云々」がその主なる主張である。

蓋し外國船密獵問題は當時の國家的大問題の一つであった。

「遠洋漁業策」[18]

先ず我國の海國なることから漁業的發展は當然の任務であることを力說し、進んでその效果として第一に收益を擧ぐるのみならず航海業の發達を助け移住民の針路を導き海軍の振興を補い地理學の進歩を促すことを述べ、更に轉じてこれまでの我が移住植民は海國策を後にし陸上的方針を取れるため好結果を得ずと難じ、かくて一三頁に於て「其移住植民は內地農業的深入政略の迂遠なるを取らんよりは寧ろ海岸屯營的藩塀政略の捷徑手段を取るに如かざるなり（略）此に我國人民の足溜りをなし以つて漸次移住植民の好場所を占め云々」と述べている。更に問題を提出して、「一、遠征漁業は國防を主とするか利益を主とするか」、曰く利益を目的とし國防を手段とす。「二、遠征漁業は方向一定の法を取るべきか、方向不一定の法を取るべきか」、曰く魚族を逐ふて轉々漁撈すること陸上の輪作の如くすべし、となし、最後にこれが實行の方法意見を具體的に述べている。しかし著者の眞意を知るには最後の頁を讀むことにある。曰く「（略）孰ら宇内强國の對外策を察するに英國は主として海門占領策を取り魯國は主として境界破壞の策を取る、我日本國が亦奮つて域外海上に力を暢さんと欲せば其れ唯群島占領策を主とせんか（略）其期する所唯單に魚類收獲の一點に留まらざるなり云々」。かくて今日の南方問題を遠征漁業により解決せんとしたのである。

「遠洋漁業創始之義請願」[19]

「本請願ヲ爲スノ要旨ハ遠洋漁業ノ模範ヲ作リ併セテ之ニ附帶スル水產調査所及製造所ヲ設置シ以テ大ニ水產事業ノ擴張ヲ圖ルニアル而シテ此事タル民力ノ堪ユル所ニ非レハ國費ヲ以テ創始セラレンコトヲ請願スルナリ」がその理由である。當時識者の間に問題となれる輸出奬勵策、密獵船對抗策、海兵團的移住等と同一傾向の主張である。

「魚類鹽藏業擴張之義ニ付請願」[20]

請願者は本邦食鹽を改良し廉價佳良のものを得たから、之を使用して鹽藏魚類を生産し專ら外國輸出品たらしめんとす。原料として北海道產鰊を使用せば和蘭產輸入品に比しその價格は十七分の一に過ぎずという。彼はこのことを農商務大臣及び第四帝國議會に請願している。

以上述べた如く當時民間識者の間に於ては啻に言論著作のみでなく實際的事業として或は水產物の輸出貿易或は遠洋漁業の計畫をなすものが次第に現われるに至った。今その一、二例を擧れば、[21] 明治二十六年資本金十萬圓の日本鯨獵株式會社、明治二十九年資本金十萬圓の東北漁業株式會社の如き何れも外國密獵船の横行に刺戟を受け計畫せられるに至ったことは注目に値する。これと同時に二十七、八年の日清戰役に於て軍需食糧品の生產供給の命による民間水產物製造工場ことに罐詰工場の動員は、斯界の發達に對し一段の刺戟を與えたと共に、戰後の國民的膨脹は、ここに年來の懸案であった膃肭獸獵問題の再提起となったのである。

當時外國獵船は洋上又は千島に於てこれらの貴重海獸を濫獲していたが、明治十七年太政官布告を以て一般の獵業を禁止し、僅かに特許會社（帝國水產株式會社。前文參照）に限りその捕獲を許し以てこの方面に於ける該獸の藩殖保護を圖っていた。しかし該社は成績不良に終り明治二十八年法律第十號を以て膃肭獸獵法を發布して一般的に公許し外國密獵船に對抗するの策を採るに至った。

いま當時の海獸獵の狀態を概括すれば、先ずハラジノ氏によると、[22] 千島列島に於ける獵船數及び捕獲頭數及びスノー氏（密獵船長、英人）[23] による日本近海に於ける日本及び外國の獵船數と捕獲數は次頁所載の表の如くである。

ここで簡單に維新後に於ける海獸獵業の經過を述べる必要がある。徳川末期より我が近海に來る外國密獵船は次第に増加してきたが、明治二年開拓使の置かるるや取締に着手し六年に膃肭獵を官營とし、八年露國より北千島を讓り受けるや九年太政官達を以て北海道及び諸島に於ける沿海獵規則を發布し密獵に對抗せんとしたがその效なく、その後開拓使が廢止せられ、明治十七年太政官布告を以てこれまでの官營を廢し農商務卿の特許制度となったが出願者もなく密獵船はこの間大いに跋扈した。よって明治二十一年農商務大臣は帝國水産會社に對し向う五ヵ年輪番獵獲を特許したがその結果はつぎの通りであった。

千島列島に於ける獵船數及び捕獲頭數

年次	獵船數 日本船	獵船數 外國船	總捕獲數	一艘平均數
明治一四年	一隻	二隻	*七、七五〇頭	三、三七五頭
同　一五年	｜	七	**四、四九〇	六四三
同　一六年	一	一	四八七	二四三
同　一七年	｜	五	二、四五一	四九〇
同　一八年	｜	｜	六、四九一	
同　一九年	｜	四	九八六	二四六
同　二〇年	｜	二	九二一	四六〇
同　二一年	｜	一	九	九
同　二二年	一	一	四四	二二
同　二三年	三		三七九	一二六
同　二四年	二		四四	二二
同　二五年	四		三四〇	八五
同　二六年	二	一	七五	二五
同　二七年	一		四	四
同　二八年	一		八	八

同　二九年	一		一二	一二
合計	｜	｜	二四、四九一	｜

日本近海に於ける獵獲數

年次	日本	英國	米國	合計
明治二三年	｜枚	｜枚	四七六枚	四七六枚
同　二四年	｜	｜	一、六八七	一、六八七
同　二五年	｜	｜	一二、〇六四	一二、〇六四
同　二六年	｜	三〇、六一七	二四、三二〇	五四、九三七
同　二七年	九六五	四八、九九三	三三、七一七	八三、六七五
同　二八年	四、六八四	一八、六八七	一一、三〇一	三四、六七二
同　二九年	三、四六一	一七、九六八	四、六四九	二六、〇七八
同　三〇年	四、四一四	七、三二一	一、二七三	一三、〇〇八
合計	一三、五二四	一二三、五八六	八九、四八七	二二六、五九七

日本近海に於ける獵船數

年次	日本	日本の港を根據とする外國船	英國	米國	合計
明治二六年	隻	七	二二	二二	五一
同　二七年	三	七	三六	三九	八五
同　二八年	六	五	二二	一四	四七
同　二九年	九	三	二八	八	四八

同　三〇年	一四	三	一一	二	三〇

＊總捕獲數中一千頭は千島土人が揩手岩まで捕獲せるもの
＊＊以下千島土人の獵獲を含まず

かくて帝國水産會社の成績不良なりしことは既に述べた通りである。

然らば當時、英米露三國の海獸獵の關係はどうであったか。元來、露國は十八世紀頃より東方に進出し來り、シベリア及びアラスカを領有しこの方面の貴重海陸獸の捕獲及び毛皮販賣權を國家的保護の下に創立された露米商會に獨占せしめた。そして外國船は該商會特許地方に於て百浬以内への進入を禁止したから米英兩國の抗議となり、遂に米露、英露間に特惠條約を締結し一おう紛争を解決したが、慶應三年（一八六七年）に露國はアラスカ及び屬島を米國に讓渡した。この際プリビロフ群島も當然米國の領有となった譯である。當時米國、加奈陀の海獸獵業は次第に發展し、ベーリング海を中心とする斯業に關し英米間及び露英間に種々の紛争を惹起して、遂に巴里仲裁裁判に依りて明治二十五年（一八九二年）、二十七年に英・米・露國間にそれぞれ膃肭獸保護條約が締結せられた。この結果としてその後は我千島及び近海が彼等目標の焦點となった譯である。尤も露國は、明治二年（一八六九年）に再び露米商會が創立せられ海豹島（ロベン島）コンマダースキー島を中心に海獸獵に從事するや、この方面の該獸業を保護したが、元來同島は七十年前に米國捕鯨船船長ニエポーム氏により發見せられ嘉永五年（一八五二年）及び同六年に五、六萬頭を、安政元年（一八五四年）に約二萬頭、同二年に約二萬八千頭を獵獲し、將に絶滅せんとするの狀態にあったのである。

當時密獵船の行動は夏期千島列島に獵し同方面が漸く荒天に向ふ季節になれば一旦色丹島に碇泊し獸皮の手入れ等に着手し露艦が海豹島を引揚げた後に同島へ出獵するのである。露米商會は明治十九年（一八八六年）以後二十二年まで獵業を中止し之を保護したが好成績を收むるを得なかった。かくてこの方面の海獸獵業は大なる發展なく後年の日露戰役當時の無警備密獵時代に入ったのである。かような狀況であったから當時（明治三十年前後）東邦協會の如きは、此機會に於て日露英米國際會議を開催しこの問題を解決すべきを提唱している。[24]

然るに輿論は一層高まり遂に明治二十九年臘虎膃肭獸獵法の發布を見、これに基き一定の條件の下に普く免許することになった。これと同時に政府は三十年遠洋漁業奬勵法を發布し本邦に於ける斯業の發達を促進すると同時に外國密獵船に對抗し進んでこれを驅逐せんと圖ったことは更に以下述べる通りである。當時その局にあった下氏[25]はこの間の事情を次の如く述べている。それは、その年の帝國議會に於ける衆議院議員の質問に「外國漁船が近海に來て獵るのに日本はなぜ防がぬか、條約で禁じたらよかろう」。これに對し政府委員は「（前略）たとえ條約で禁じても領海外もしくは條約に示せる區域外の公海は如何ともすることが出來ない、要するに遠洋漁業を奬勵して日本が是に對抗するの外ない」と答えたと。

以上の記事によりて大要當時の内外國海獸獵の關係ならびに我が國に於ける資本主義的漁業發達の端緒が窺われると思うが、この意味に於て遠洋漁業奬勵法は日本の資本主義的漁業發達史上に重要な役割を演じたものであることが知られる。そういう關係から本問題は改めてつぎの遠洋漁業奬勵法で考えてみよう。

遠洋漁業奬勵法

この法律制定の動機は前文に述べた通りであるが、法律そのものの法的構成は母法を佛國に採ったのである。それは元フランス領であった加奈陀を英國へ讓渡した際、新著島（ニューフォンランド）の漁業權だけは元通り佛國に保留していた。この關係から同島に出漁する漁業者に對し佛國は既に一八五〇年頃より艤裝賞金及び漁獲物賞金等約百萬フランの奬勵金を下附していた。かような經過をもつ佛國法律を元とし遞信省所轄の造船奬勵法を參考して成ったのがこの法律であるとのことである。[26] いま遠洋漁業奬勵法發布の理由によると、[27]「一定ノ條件ノ下ニ其船舶噸數ト乘組員數トニ應シ奬勵金ヲ給付シ及（中略）遠洋漁業ノ發達擴張ヲ促スト共ニ將來遠洋漁業ニ使用スル船舶ノ改良ト乘組員ノ技能ヲ熟練セシメ從來脆弱ナル漁船ヲ以テ近海ノ小漁業ニノミ安スルノ陋習ヲ打破シ彼ノ汽船又ハ帆船等堅牢ナル漁船ヲ用ヒ以テ遠洋ニ於ケル大漁業ヲ擴張セシメントスルニアリ其目的トスル所ハ各種ノ遠洋漁業ヲ發達セシムルニアリト雖モ當時本法發布ノ急務ヲ感セシメタルモノハ實ニ臘虎膃肭獸獵ニ關シ外國獵船ハ日本近海ニ於テ盛ニ獵獲ヲ爲シ我漁獵者ハ當然得ヘキ利益ヲ得ル能ハサルヲ以テ之ニ拮抗セントスルコトヲ期セシニアリ云々」とありてこれまで述べたことと合致する。

更に本法中注意すべき點は「第二條　帝國臣民又ハ帝國臣民ノミヲ社員又ハ株主トスル商業會社ニシテ自己ノ所有ニ專屬シ帝國船籍ニ登錄シタル船舶ヲ以テ勅令ニ於テ指定スル漁獵又漁場ノ漁業ニ從事スルモノニ限リ遠洋漁業奬勵金ノ下付ヲ出願スルコトヲ得」。そして奬勵金を受くべき漁獵の種類及び場所は同三十年勅令第百七十六號により漁獵の種類を鯨獵業、臘虎膃肭獸獵業、鱶漁業、鮪漁業、鰹漁業以下五種に限定し（第一條）、漁獵の場所を支那海、臺灣海峽、東海、黃海、朝鮮海峽、日本海、痾哥德斯克海、太平洋に限定した（第二條）。しかし實際の狀況はこの奬勵法では帆船は六十噸以上、汽船は百噸以上となっているから臘虎膃肭獸獵業には適するが、當時の一般漁村の實狀には不適當で船が大き過ぎるのである。從って發布後の成績は豫期の結果を收め得なかった。例えば(28)「遠洋漁業奬勵法ハ明治卅年ノ發布ニ係リ爾後年ヲ閱スル五年奬勵ノ效果稍々觀ルヘキモノアリト雖其規定シタル條項完全ナラス當業者ノ經營其當ヲ得サルモノ多ク爲メニ法律制定ノ企望ヲ貫徹スル能ハサルモノアルハ頗ル遺憾トスル所ナリ」を見ても明らかである。また明治三十一年東京で開催の全國水產諸問會記事(29)によると、「（前略）遠洋漁業奬勵法ニ依リ奬勵ヲ受ケル範圍ヲ廣クシテ貰ヒタイト云フ希望デアル、此遠洋漁業奬勵法デハ帆船六十噸以上汽船ハ百噸以上ノモノガ奬勵金ヲ受ケル規定ニナツテ居リマス、（中略）之レデハ今日ノ日本ノ漁業ニハ不適當カト考ヘル、（中略）ソレハ此法律ノ規定ガ大キ過ギル、大キ過ギルガ故ニ小サイモノニ其效力ヲ及ボサヌト云フハコノ奬勵法ノ大缺點デアル云々」で明白である。

當時の事情をその衝にあった下氏は[30]「（前略）そこでこれを何とかしなければならぬと考へ」、「一方寺野君等と協議して奬勵法の改正案を練り新に發動機と云ふものを入れた。（中略）それから造船も奬勵しやうと云ふので（中略）造船規定などを作り帆船發動機船冷藏庫等も入れると云ふ盛り澤山で」出發しかくして我國水産界の劃時代的資本主義的漁業の技術的根幹が基礎づけられ、やがて發動機漁船活躍の時代もトロール漁業發展の機運も展開せらるるに至ったのである。

然らばこの間に於ける內地沿岸漁業その後の趨勢はどうであったか。この問題と前の資本主義的遠洋漁業との相關こそ實に我國水産業の樞軸をなすものであり、同時にそれが舊漁業法ならびにその後の變遷に對し如何なる關係をもつであろうかは、これ實につぎに來る問題なのである。

前掲水産諮問會に於ける各府縣代表者の言は注目に値する[31]。一委員は言う、今日各部落が地方的に割據して漁業經濟が地方毎に違って、長短有無の別各々異るからこの孤立的部落的漁業を開放して相互有無相通ずる廣範圍の漁業制度に進まねばならぬ。これに對し他の委員は昔ながらの舊慣墨守を主張し保守的封鎖的意見を述べていたが、この相違は例えば廣島縣の如き昔より漁村人口稠密でその割合に漁場の狹小なる地方は前者の主張者であり、愛媛縣の如きこれと反對の事情にある縣は後者の提案者である。また他の一委員は漁業組合規則を法律として發布し、現在の組合內容を改善統一してこれに對し農工銀行からの低利資金の融通の道をつくべしと述べている。更に他の委員は漁業を擴張するには小漁業を集めて共同もしくは組合を組織し、大規模漁業を起すべきである、更に言う、この三十年來の傾向として昔式の粗放的な多數勞働力を要する經營方法をやめ集約合理的方法に變更しつつありと。これは恐らく合理的科學的思想の普及と魚族回游狀態の變化に伴う經營方法の變遷を述べたものであろう。また他の委員は漁業の擴張には漁具改良又は共同漁業の組織よりも一層大切なことは資本にありとし、しかも遺憾なことは農工銀行法案が衆議院に上った時政府委員の說明に漁業は危險であるから資本は貸出さぬ、漁業は今日何等の金融機關なし、何等かの適當な方法を講究すべきなりと。更に他の委員は、北海道の漁業家であるが、漁場の區域を定め借區權を確定せられんことを主張し、それと同時に勸業銀行に漁業銀行風のものを設け借區權を質入賣買することが緊急なり、今日の狀態では漁業に對し資本家なし、故に高利の資本を融通する外なし、更に言う、農工業勞働には一定の保護取締があるが漁業勞働にはそれがない、これらの點は充分考慮を要すと。次に他の委員は水產製造品ことに魚粕について粗製濫造の悪風を指摘し、終りに他の委員は支那向水產製造品の直輸出取引への改善と努力とを强調している。

ここで彼等委員の諸說を綜合して見ると

(イ) 遠洋漁業奬勵法の程度を引下げる改正
(ロ) 從來の割據的地方的組合を廢し開放的な一般化の漁業法制定
(ハ) 農工銀行乃至勸業銀行法を改正して水產金融機關を設くること
(ニ) 漁場權を法定化し賣買質入等資金融通の道を開くこと
(ホ) 水產製造品の粗製濫造を防止し支那直輸出の方法に努力すること
(ヘ) 酷漁濫獲を防ぎ保護蕃殖を講ずること

等の結論に達するのであって、一言にいえば著しく資本主義的企業化の方向へと進んで來たことが分る。

小括

これまで述べた凡ゆる視角から舊漁業法制定(三十四年)當時までの我國水產政策の方針、民間に於ける斯業の趨勢、漁村生活の實相、ならびにそれらに對する朝野の言論及び著作界の主張等をほぼ了解し得たものとし、少しくこれに對する社會經濟史的批判を加えてみると、

いうまでもなく日本の國力は維新後から日淸戰役までの間に一おう大なる發達をとげ、これを契機として明治三十年

ごろ以降はいよいよ資本主義經濟の發達期に入ったものと考える。かくて日本國民經濟の一環をなす水産業も亦この時代を一機として劃期的進展を見るに至ったことは争えない事實であるとはいえ、その基本的根柢をなす生産機構の上から考察すると、一方に於て根强い封建的勞資關係が固着して自由主義的經濟生活への道を阻止し、他方に於ては資本主義的經濟活動への金融機關乃至勞働機構の調整を缺除し、その結果として今なお商業資本乃至高利貸付資本の跳梁を擅にして産業資本の發達を壓迫し、これがため水産工業は昔ながらの家内工業的小規模分散的生産であったから外國貿易の實權は全く外商の掌握するところであり、從って主たる流通部面も狹小なる内地市場に置く外けなかったのである。一言にいえば將に飛躍せんとする情勢と態度とはこれを備えるに至ったとはいえ、未だその物質的經濟的基礎に於て缺くるもの多々あるのである。例えば前文に擧示した幾多の國家的保護政策に對しこれに追從するべく現實は餘りに懸隔があった。曰く漁業法、組合法の制定、曰く舊慣に基く漁場權の法的確認、曰く水産金融機關の整備、曰く粗製濫造の防止と直輸出の奬勵等々。凡そこれらの問題は封建的家内生産乃至マヌファクツーア的生産段階と對應する生産的諸關係であって、そこに多分の封建的殘滓物の未だ全く解消せられざるものあるを發見するのである。しかしこの矛盾はその由來するところ必しも簡單でない。それは元來、明治の政治的維新に對し、少なくともわが水産業の社會生産的機構はそれ程に成熟していなかった、というよりも寧ろ、遙かに低かった。——とはいえその間に於て反封建的生産活動による新興漁業者が絶無というのではなく、この種の新傾向は既に幕末期に於て可なり顯著に見られた事實ではあるが未だそれを以て支配的な一大勢力と見るまでには至らなかった——それ故に明治初期（十五年頃まで）の斯業界の趨勢は一に舊來の傳統と生活とを忠實に確保せんとすることであった。然るに一方國家の水産政策は日清戰役を轉機として國際漁業へと進出して來たとはいえ、それは舊來の沿海漁村生活と交渉の甚だ薄きものであり（前文參照）、從ってこの新政策に追隨し、その保護に浴し得たものは在來の漁業者ではなくして、全くその出自と範疇を異にしたいわゆる新型漁業者の一團がその中堅であった。從ってこの新政策は我國漁業の本體をなしていた沿海漁業の經濟的發展段階とは可なりの距りがあり、そこに政策と現實との大なる矛盾があった譯である。然し一方に於ける舊來勢力とのこの矛盾、他方に於ける新興勢力とのこの抱合は、やがて今日の水產業の趨勢を支配する二大要因たることを忘れてはならない。

最後に興味ある問題は、これまで一般に唱えられた通り明治維新の政治的大飛躍の重要なる契機が歐米資本主義の壓迫乃至接觸にあったとするならば、如上の過程を經た日本遠洋漁業の進出こそはやがて日本水產業一般の近代的企業化を促進せしむるに至った强力な推進力となったものであろう。

この點に就て前掲の高島秋帆の捕鯨と開國に關する卓見はまことに推服に値する。

註

（1）大日本租稅志　中篇　六四四頁
（2）同上　六四七頁
（3）明治五年八月　大藏省　第百十八號
（4）蠣篊建御願事　寫　廣島縣水產試驗場草津支場所藏
（5）香西漁業史　後編　一〇二—三頁
（6）同上　同上　一二五—八頁
（7）採藻願　寫　新潟縣管下　明治十一年三月
（8）香西漁業史　後編　一三四頁
（9）勸業會傍聽記水產ノ部　寫綴　水野正連筆記　明治十七年
（10）水產政務ノ方針如何（日本水產雜誌第一號　六—七頁）明治二十六年十一月
（11）本年中水產政務上施行ノ目的條款　寫綴　農商務省　明治十八年
（12）水產業諸組合要領　一—四、四七、六四—八〇頁　農務局　明治二十六年

(13) 漁村ニ組合ノ要用ナルヲ論ス　水野正連寫　明治十六年十二月
(14) 海國急務　藤川三溪著　明治十八年
(15) 日本海漁業之趣旨（水產事業發達文獻書）寫本　關澤明清　明治二十五年十月
(16) 水產擴張意見　大日本水產會　明治二十三年十一月
(17) 千島海外國船密獵船問題　日本水產雜誌　第三號　三—九頁　明治二十七年一月
(18) 遠征漁業策　片岡茂著　明治二十七年
(19) 遠洋漁業創始之義請願　木村茂著　明治二十四年十一月
(20) 魚類鹽藏業擴張之義ニ付請願　小野友五郎著　明治二十六年十二月
(21) 日本鯨獵株式會社創立認可願書・目論見書・假定款　明治二十六年十一月
東北漁業株式會社創立趣意書・目論見書・假定款　明治二十九年十月
(22) 日本產業資料大系第二編　水產業　二五九—六〇頁
(23) 同上　二六一—二頁
(24) 日本水產雜誌　第一號　四六頁　明治二十六年十一月
(25) 明治大正水產回顧錄　一一一—二頁　下啓助著　昭和七年
(26) 同上　一一三頁
(27) 遠洋漁業奬勵事業報告　一頁　水產局　明治三十六年三月
(28) 同上　緒言
(29) 水產諮問會記事　三一頁　大日本水產會報　第一九一號
(30) 明治大正水產回顧錄　一一八—九頁
(31) 水產諮問會記事　前掲

第三節　明治時代の過渡的漁業

先ず初めに明治時代の漁業推移の本質を要約すると、一方において過去の封建社會生活によって規定されたいわゆる藩政時代の漁業を拂拭すると共に他方では新生活に卽應した新漁業への進展である。この點からこの期間の漁業を發展史的に時代的區分をすると、つぎの四段階に分けるのが適當と考える。第一期は維新直後から十五年ごろまで、第二期はそれより二十七、八年の日清戰爭ごろまで、第三期はその戰爭後から三十七、八年日露戰爭ごろまで、第四期は日露戰爭後から明治末年までとなる譯だが事實上の關係は大正初年ごろまでの期間である。但し記述の筆は、取扱うテーマの性質上いきおい期間の前後に及ぶ場合もあるが、それはテーマを一まとめに首尾一貫させたいからである。

ところで、かように四期に分つと初めの第一期第二期は年數からいって、維新後から日清戰爭ごろまでの約三十年間は前章に記した「維新直後の漁業」であって、明治時代の漁業の先驅をなす基礎的段階であり、つぎの第三期はそれに續く發展期、そして最後の第四期は明治時代の漁業の完成期である。それゆえ、ここで「第三節明治時代の過渡的漁業」として取扱う範圍は第三期發展期と第四期完成期の部分に當る譯である。

さて右の第三期の發展期では、前節の「維新直後の漁業」で實證的に餘り觸れなかった沿岸漁業、水產製造業の實狀、北海道漁業の開發、朝鮮海の出漁、水產物貿易等々について多少くわしく說明すると共に、それがいかなる過程を經て、第一期第二期の「維新直後の漁業」を繼受して第三期の發展期に入ったか、そして最後の第四期の完成期ではこの明治時代の漁業が一通り結實すると同時にやがてそれが大正以後の日本漁業の本格的發展への胚體（エムブリオ）を構成するに至ったかを述べんとするものである。

そこでまず問題として取上げらるべきことは明治六年十月千葉縣令柴原和によって發せられた第百二十九號「漁業會所規則」である。これによると、

房總沿海漁事ノ他州ニ冠タルハ世人ノ所知就中九十九里濱鰯漁ハ海内無雙ノ産ニシテ干鰯搾粕ハ五穀其外諸植物ノ肥料タルコ諸糞其右ニ出ルモノナシ然ルニ此地ノ未開タリシヤ里俗弊習ニ淫溺シ其營業亦盛大ニ至ラス就中漁業ニ必要ナル厤柏類等遠國ヨリ買入其代價ノ銷算ヲ愆リ違約爭訟等屢相生シ之カ爲メ遂ニ高價ノ物品ヲ引負ヒ且東京其外諸問屋エ漁産物販賣ノ節ハ逐次舊債ヲ償フニ過ス其權利タルヤ偏ニ諸問屋ニ歸シ漁主タル者ハ獨終身勞苦ニ服スルノミ加之夫ノ水主船子ハ悪習動モスレハ兇暴ヲ恣ニシ闘毆殺傷陸續トシテ絶ヘスコレ畢竟目下ノ小利ヲ羅シ人民共同ノ義務ヲ知ラサルヨリ斯ル妄擧ニ及フナリ今ヤ開明ノ時ニ當リ殊帝都近傍ノ地ニアリテ若ク舊染ノ風習ヲ免レサレハ最モ不相濟事ニ候、依之今般土俗ノ弊害ヲ一掃シ管下漁場便宜ノ地並東京浦賀等エ漁産會社ヲ設追々其社ヲ盛大ニシ運送賣買共自由ヲ得漁民ヲシテ普ク其潤益ヲ受シメントスコヽニ人道ノ通義ト其土地ノ習慣トニ基キ別紙漁業會所規則ヲ設ク管内一般ノ漁民可致確守候事

明治六年十月

千葉縣令　柴山　和

この趣旨の漁業會所規則二十二ヵ條のうち、注意すべき條文について述べると、

「第二條　漁業會所(中略)事務之儀ハ會所世話役ニ於テ取扱候事」そして經費は「世話役給料ハ漁業ヲ營ミ候者エ賦課致シ其他會所一切經費ハ都テ賣買手數料ノ内ヨリ辨スヘキ事」

かくして九十九里浦漁業の自治的發達を計らんとした。

「第十條　漁産融通ノ爲メ管下數ケ所其外東京横濱浦賀ヘ漁産會社ヲ設ケ候條加入ノ者取引筋丆ニ支牾無之樣條約可致事」

すなわち漁産會社によって取引上の金融を調節せんとしたようである。

「第十一條　漁事有之節網主ハ必其所ニ相詰（中略）網附水主ニ於テ若粗暴ノ所爲有之ハ本人ハ勿論網主其責ニ任スヘシ云々」

「第十二條　漁具ニ無之竹槍其外闘毆ニ用ユヘキ兇器類船中ヘ積入又ハ納屋場等ヘ入置候儀（中略）網主共於テ精々注意スヘク自然水主共此禁ヲ犯ス者有之（中略）網主共見遁ニ致シ置後日相顯レ候節ハ網主其責ニ任シ云々」

この二ヵ條は共に當時の漁業上の實相を傳えたもので、舊幕時代からの遺風である。

「第十五條　新タニ水主ヲ雇候節ハ當人戸籍等相糺シ舊網主ヘ遂掛合候上可相雇、彼雇人ニ於テモ舊網主ヨリ給金先借等有之ハ一切消却ノ上舊網主承認ヲ受移轉可致若背クモノハ相當ノ謝金可申付事云々」

この條文で禁止した事柄が現實では盛に行われていたのであって、このことは獨り九十九里濱のみでなく全國的の現象であって、この悪風も舊幕時代から行われていたが殊に幕末ごろから烈しくなった。根本の因としては水主としての熟練勞働者の不足と、網主が水主の貧乏及び無思慮を悪用して前貸金による從屬的な足留め關係を成立せしめた結果、やがて網主間には水主の爭奪となり、水主はまたこれを悪用して舊網主から他の網主へ移り行くという今の過程から後になると網主對水主の階級的な集團對立という段階にまで發展するに至ったのである。

以上のほか例えば「漁業ノ儀浦々稼方仕來ハ通相守自儘ヲ以他ノ漁業ヲ妨候儀決テ不相成候事、但沖漁ノ儀ハ房總入會ニ相定候事」（第十六條）は漁業上の舊慣嚴守を再確認し、但書の沖漁は當時まだ微々たるもので、沖合入會にてせよと定めていたものが後代に地曳網漁業に代って今日の發展をなすに至ったことなど漁業推移の跡を考えるとき、そこに重要な問題が横わっているのではなかろうか。また「自他浦々漁事ノ節下タ鰯ト名附ケ陸働ノ者大勢相集リ妄リニ競ヒ取リ或ハ川番、納屋場船番、炊船大工其外貰ヒ鰯食鰯ト唱ヒ曳付候網ヨリ掬ヒ取リ且近郷ノ者多勢紛入、三角長サデ等ニテ掻取云々」（第十七條）などは、これまた程度の差こそあれ、全國浦々の有名な大漁業に附き物であって、初めはお祝い的の施物であったのが後には一種の慣行となりその結果は漁業の合理的經濟的經營の段階になっても容易にこの悪風を除くことがむつかしく何れも舊い浦方生活と維新後の新生活の矛盾からきた封建生活の遺物であろう。

ところで、この漁業會所という制度は當時の漁業乃至漁村生活にどの程度の實績を擧げたかというと實はそれ程の效果はなかったようで、續いて述べる明治十四年水産諮問會に時の會頭「嘗テ縣廳ニテ興セシ漁業會所ナルモノハ如何ナル有様ナリシヤ」との質問に十四番議員は「有名無實、何ノ用モナサヾリキ」と答えているのを見ても、凡そのことは分ると思う。しかし全く效果がなかった譯ではなく、むしろ水産金融乃至商取引方面に新計畫を立つるものが出てきた。

先ず「房總漁産會社」について記すと、緒言に「抑此ノ房總漁産會社ナル者ハ曩ニ千葉縣廳ノ御趣意ヲ遵奉シ官許ヲ得テ之ヲ創起シ房總三國ノ漁業奬勵シ（中略）明治八年四月廿七日社則改正（中略）其財本ヲ固シ權衡ノ宜ヲ量リ簡捷ノ法ヲ設ケ（中略）大ニ海産ノ利ヲ增殖シ其效國家經濟ノ萬一ヲ裨益スルニ到ラントス且此ハ會社創立ノ要旨ハ敢テ一己ノ私利ヲ計ルニ非ス（中略）其社則ノ如キハ四方商會ノ成規ニ憑リ濱海出産ノ地方ト之ヲ需要スル人トノ間ニ介シテ産物賣買ノ便宜ヲ與ヘ其約束ヲ堅クシ地方ノ望ニ應シ荷爲替ヲ以テ其元入ノ費金ヲ辨シ勉テ其産物ヲ廉價タラシメ（中略）而テ此ノ社ノ成立スル所以ハ其賣買間ノ口錢ト荷爲替金ノ利子有ルノミ云々」明治十三年六月社長宇田川六郎兵衛とある。それ故、當會社の業務は水産問屋業であって、搾粕その他の乾燥水産物の取引には荷爲替を附するというのである。

ただここで注意を惹く點はこの事業が「一己ノ私利ヲ計ルニ非ス」して「其效國家經濟ノ萬一ヲ裨益スル」にありと記していることはいかにも當時の新企業家の心裡を顯わした經濟人の心持であろう。

「第一條　本社ハ千葉縣下千葉郡登戸村二十五番地ニ設置シ房總三ヶ國ノ海産物生鹽乾魚干鰯〆粕鰹節乾鮑乾貝田作海藻魚油ノ類賣買取引及ヒ社務ヲ取扱事」

「第二條　出張所ヲ東京府下京橋區南新堀二丁目壹番地ニ設ケ」
「第三條　分社ヲ東京府下日本橋區本材木町壹丁目十六番地ニ設ケ」
「第四條　干鰯〆粕賣買ハ市立入札糶賣等荷主ノ都合ニ任セ（中略）口錢ハ賣捌高金一圓ニ付壹錢七厘宛賣主ヨリ領收スヘキ事」
「第五條　干鰯〆粕各地ヨリ買入依賴ノ分ハ相場明白ニ買入方取扱フヘク（中略）口錢ハ買入高金壹圓ニ付貳錢五厘宛云々」
「第六條　生鹽乾魚田作鰹節干鮑海藻類ハ口錢賣主ヨリ賣捌高壹圓ニ付五錢宛領收云々」
「第十四條　荷爲替金ヲ貸付ル時ハ其物品ヲ檢査シ相當代價ノ六七分通リヲ貸與スヘシ云々」
「第十五條　濱方漁民ノ都合ニヨリ漁具器械等買入ニ付貸附金ハ不動產ヲ以テ抵當トナスカ又ハ該地ニテ身元慥ナル者貳名以上保證人アルトキハ即時貸與スヘシ云々」
「第十六條　會社資本ノ總額ハ拾五萬圓トス之ヲ千五百株トシ壹株則金百圓トス故ニ壹人ニテ何株所持スルモ各自ノ勝手タルヘキ事」
「第十七條　株劵ハ一株一葉トス役員之外賣買抵當質入勝手タルヘキ事云々」
「第二十二條　純益金配當ノ定例左ノ如シ

益金何萬圓　　但營業上ニ係ル社費一切ヲ一辨シテ全ク殘リタルモノヲ云フ

内

金何萬圓百分ノ十三　　本社積立金

差引殘金何萬圓

内

金何萬圓百分ノ八十　株主配當

金何萬圓百分ノ二十　社業興起配當并勤功役員賞與」

最後に資本金豫算表を引用すると、

○初年資本金配出豫算

一金千八百圓　會社建築費
但百坪壹坪ニ付拾八圓

一金五千貳百圓　土藏並板倉建築費
但土藏百坪壹坪ニ付貳拾五圓板倉百參拾五坪壹坪ニ付貳拾圓

一金八萬圓　濱方貸付金
但百ケ所壹ケ所平均八百圓

一金三千圓　社業興起費

一金六萬圓　爲替資本

合金拾五萬圓

○潤益平均歳入豫算

一金四萬貳千五百圓　干鰯〆粕
但貳百五拾萬圓ノ壹歩五厘

一金三萬七千五百圓　同
但百五拾萬圓ノ貳歩五厘

一金四萬七千五百圓　　生鹽乾魚海藻魚油ノ類
　但九拾五萬圓ノ五步
一金壹萬七千五百圓　　干鮑田作鰹節ノ類
　但三十五萬圓ノ五步
合金拾四萬五千圓
　內
金三千圓　　社業興起費
金貳萬六千圓　　營業稅並月俸社費
差引金拾壹萬六千圓
　內
金壹萬五千八拾圓　　會社積立金百分ノ十三
差引金拾萬〇〇九百貳拾圓
　內
金八萬〇七百三拾六圓　　株主配當百分ノ八十
　但千五百株ニ割壹株ニ付五拾三圓八十貳錢四厘
金貳萬百八拾四圓　　社業興起人配當
　並勤功役員賞與百分ノ二十

○次年潤益平均歲入經費豫算

一金四萬貳千五百圓　　干鰯〆粕
　但貳百五十萬圓ノ壹步五厘
一金三萬七千五百圓　　同
　但百五拾萬圓ノ貳分五厘

一金四萬七千五百圓　生鹽乾魚海藻魚油ノ類
但九拾五萬圓ノ五歩
一金壹萬七千五百圓　干蚫田作鰹節ノ類
但三拾五萬圓ノ五歩
合金拾四萬五千圓
内
金貳萬六千圓　營業稅並月俸社費
差引金拾壹萬九千圓
内
金壹萬五千四百七十圓　會社積立金百分ノ十三
差引金拾萬〇三千五百三十圓
内
金八萬貳千八百貳拾四圓　株主配當百分ノ八十
但千五百株ニ割壹株ニ付五拾五圓貳拾壹錢六厘
金貳萬七百六圓　社業興起人
並勤功役員賞與百分ノ二十

つぎに「海産會社」について記すと。創立年月の明示なきも内容から見て恐らく前引會社と同年代ごろの同じく海産物の問屋業を目的とする會社であることがわかる。「第六條　本社ハ東京府下日本橋區小網町二丁目九番地ニ置ク」「第十一條　當社ハ主トシテ近海諸國ノ海產物ナル干鰯〆粕鰹節干鮑干貝田作海藻魚油等ノ賣買ヲ取扱フ所トス」とあって、前引會社と同種の會社であると見て差支ないと思うが、「第九條　各地方ニ於テ從前海産物賣買ヲ營業トスルモノ本支社ノ賣買下受若シクハ評價人タランヿヲ望ム時ハ其求ニ應スル云々」は全國的に海産物取引の問屋網を張らんと考えたものであろう。干鰯〆粕手數料は「賣價金壹圓ニ付壹錢七厘」(第十五條)であるがその他の海産物は「賣價金壹圓ニ付金五錢」(第十六條)であって、兩手數料は前引會社と同一である。また「荷爲替ハ相當代價十分ノ七マテヲ貸渡シ云々」(第十四條)とあって、前引會社の「相當代價ノ六七分通リヲ貸與スル」と同一である。この邊のところが當時の手數料、荷爲替の慣行であったものと思われる。つぎに生産要具たる漁船漁具などの買入れや、補修費についても前引會社の場合と殆ど同じ條件であるから省略する。

最後に資本金及びその運用上の計數關係を擧げると、

「第廿二條　當社資本ノ總額ハ金拾萬圓トス」「第廿三條　當社ノ株券ハ記名シテ一株金百圓トシ總株數千株トス」とし「第卅五條　當社株券ニ對シテハ純益配當ノ外一箇年百分ノ四ノ利子ヲ附シ一箇年每ニ之ヲ元額ニ加算シ解社決算ノ時ニ至リ之ヲ拂ヒ渡スモノトス」として、第四十條に、

利益金配當ノ制限

前後半期總利益金
内
金　　圓　上稅並本支社一切ノ經費
金　　圓　總株金ニ對スル利子
差引
純益金　　圓
内
百分ノ二十　本社積立金
百分ノ五十　總株高ヘ配當金

百分ノ二十　　株金銷却金
百分ノ十　　役員賞與

つぎに「魚鳥會社」について記すと、本社は明治十三年八月の創立である。今日の定款である同社申合規則第一條に「本社ハ魚鳥會社ト稱シ日本橋區濱町三丁目壹番地ニ新設セル魚市場中ニ開立シ魚鳥販賣ヲ本務トス　但適當ノ位地ニ生魚ノ畜場ヲ設クヘシ」とあるから、この會社も主として魚介海産物を取扱う問屋業務を目的としたものである。「本社ノ性質ハ責任有限會社ニシテ資本ノ總額ヲ貳拾五萬圓トシ之ヲ貳千五百株ニ分チ（中略）壹人ニテ何株所持スルモ各自ノ勝手タルヘシト雖資本全額ノ五分ノ一ヲ超過スヘカラス」（第二十條）。續いて「株券ハ一株一葉トスルヲ法トス而メ外國人ヲ除クノ外讓渡賣渡等ハ各自ノ勝手タルヘシ云々」（第二十一條）。つぎに純益金の配當に關して、

純益配當ノ定例左ノ如シ（第三十二條）
但社費一切ヲ支辨シテ全ク殘リタルモノヲ云
益金何萬圓
內金何萬圓　十分ノ一積立金
差引殘金何萬圓
內金何萬圓（十分ノ六）　株主配當
內金何萬圓（十分ノ三）　發起人配當
內金何萬圓（十分ノ一）　役員賞與

つぎに營業の性質上この會社では、社長（一人）、頭取（二人）、監事（三人）、支配役等の外に「濱方役員ハ該地ニ於テ資力衆望アルモノヨリ社長ノ權限ヲ以テ濱方取締役及ヒ支店長同シク補手代世話役ヲ撰擧スルモノトス」（第三十七條）、「濱方取締役ハ最

寄支店ノ事務ヲ監督シ漁業ノ旺盛輸出ノ増減ヲ計畫シ支店役員ノ能否勤惰ヲ檢察シ其黜陟ヲ社長ヘ具申スルノ責任ヲ有ス」（第四十七條）の規定を設けてある。

なお社長の事務執行に當り、豫て株主發起人會と常議員會を設け、事務の輕重に應じ最重要事項（上款具體的規定あり以下同）は豫め株主發起人會に、次位事項（中款）は常議員會に附議して決行し、その他の比較的輕い事項（下款）は社長自ら專決實行する（第四十一條）の規定は注意を惹く。

最後に最も重要な本會社と濱方漁業資金の融通關係について定款第二章より拔萃すると、

第十條　會社ノ都合ニヨリ濱方ヘ資本ヲ貸付シ漁業ノ旺盛輸入ノ増加ヲ要スヘシ尤抵當ハ動產不動產ニ拘ハラス確實ヲ主トシ右貸附ノ資本ハ着荷ノ都度仕切高ノ内ヨリ適當ノ割合ヲ以テ優還セシムルモノトス

第十一條　各濱方ニハ適當ノ地ニ支店ヲ設置シ資本貸附荷爲換等ノ事ヲ執行スルモノトス

第十二條　濱方ヨリ物品ヲ輸送シ來レハ會社及荷主問屋仲買（荷主不在ナレハ會社代理タリ）立會ノ上代金ヲ仕切各問屋仲買ヘ分割シテ販賣セシメ代價ハ卽日會社ヘ納付セシムヘシ

第十三條　會社ニ輸送スル各濱方ノ荷主ヘ會社ヨリ仕入金ヲ貸附セシ時ハ仕切代價ノ十分ノ一、仕入金ヲ貸附セサル時ハ二十分ノ一ヲ口錢トシテ會社ヘ領收シ各問屋仲買ヘハ賣口錢ヲ領收セシム云々

第十六條　從前濱方ヘ前金又ハ資金ヲ貸附シ現今物品ヲ輸送スル荷主アル問屋ノ他ヨリ移轉シ來ルトキハ貸附ノ金額及收獲ノ金高抵當ノ當否等ヲ照査シ右金額ヲ會社ヨリ問屋ヘ償却シ更ニ荷主ヨリ會社ヘ借用證ヲ出サシムルコトアルヘシ云々

第十七條　會社ヨリ各濱方ヘ貸附スル金高ハ凡ソ一ケ年收獲金高ノ壹割ヲ目的トスヘシ依テ前條貸附金ノ當否ヲ調査スルモ同一ノ割合ニ隨フヘシ譬ヘハ一ケ年壹萬圓ノ收獲アル濱方ヘハ金貳百圓ヲ貸附シ荷物ノ輸送ヲ受ケ來レル問

屋ノ他ヨリ移轉シ來ルキハ荷主問屋ヨリノ照會ニ仍リ右貳百圓ハ會社ヨリ問屋ヘ仕拂ヒ時宜ニヨリ更ニ八百圓ヲ増加シ合計金千圓ヲ貸附スルヿアルヘシ

第十八條　濱方ヘ資本ヲ貸附セサルモ荷主ノ信用ヨリ物品ノ輸送ヲ受ケ來レル問屋（五分賣ト唱フ）ノ他ヨリ移轉シ來ルキハ荷主ノ送狀ニ其問屋ノ記名アルモノハ會社ヘ領收スル口錢ハ五分トシ其中ヨリ市場税ヲ引去リ殘額ヲ二分シテ之ヲ右問屋ヘ分配シ荷主ハ會社ニテ賄フヘシ

第十九條　問屋ニ舊債ヲ負ヒタル荷主ニテ是迄右問屋ヘ輸送シ來ルモノ更ニ會社ヨリ仕入金ヲ貸附スル時ハ荷主問屋ノ照會ニ仍リ口錢一割ノ中二分ハ市場税ト入費トヲ引去リ殘八分ノ中四分ヲ右問屋ヘ分配スヘシ云々

とあるから、荷爲換は漁船漁具その他の生産要具に要する固定資金ならびに漁業經營上の流動資金も前引の條件で前貸乃至仕入の融通をも行う趣旨であることがわかる。ことに注意すべき點は從來より資金の融通關係ある元問屋に借り越しある荷主が本會社と新に資金の前借その他の資金融通をなさんとする場合でも前引の條件なれば可能であったこと等である。因に記すが十年から十四、五年にかけ問屋と濱方との舊藩時代からの商慣行は全く破壞されその結果として生産、販賣の流通關係は甚だしく混亂に陷入ったことは前文に記した通りである。

參考のため、明治十三年五月八日本社創立の際における株主發起人會により選出された常議員二十五名の姓名を列記して本社成立の人的要素を知る一助とする。

常議員姓名

・・・・・平賀義質　今井兼角　伊知地貞馨　板倉胤臣　和田中太　内田清風　田代熊市　武宮俊雄

・・・・・隈川宗悦　大野　誠　岸良兼善　淺井重光　益子　元　山田尚景　本場清生　竹崎武文

・・・・・藤澤親之　矢島作郎　牧山耕平　有川貞信　大森敬之　村田氏壽　一井　保　加藤兵吉

以上は當時の有名な水産地帯である千葉縣、東京府に營業所をおく水産會社の大要であるが、通してその特色とするところは、何れも漁業そのものを營業とする生産會社でなくして共に水産物の取引を仲介する問屋業であって傍ら荷爲替乃至漁船漁具等の生産要具の建造または修繕費の金融を目的とした事業で、資本額は十萬圓十五萬圓乃至二十五萬圓程度のものであることと、その企業の發起人乃至會社經營の主腦者は、純然たる濱方漁民またはその方面の人々でなくして當時のいわゆる實業家乃至知識人、わかり易くいって舊武士階層かその系統を引いたいわば進歩的の商人階層に屬する人々であったように思われる。

・・・・・前田一也

つまり當時の水産會社の本質は舊藩時代そのままの前資本主義的前貸制による漁業統制の商業資本主義的段階であったが、資本蒐集の方法として西洋流の株式組織を採用し物的人的要素の新しい構成を試みたことは何といっても時代の革新的精神の發現であって、それは當時の純然たる濱方漁民では恐らく不可能のことであったと想像する。

そこで當時の沿岸漁民のもつ漁業上の考えを知るために「水産會記事（千葉縣農商課 明治十五年）」によると、明治十四年十一月縣會議事場に水産諸問會が開かれ、次の問題が討議された。

第一　漁村維持ノ事

漁村ヲ維持シ其凋衰ヲ振興スル爲メ或ハ協同資助シテ同業組合若クハ會社ヲ設ケ又不漁飢饉等ノ凶變ニ備フル方法ヲ設ケ若シ弊害アラハ之ヲ改正シ或ハ漁獲ノ利用ヲ永遠ニ計畫スル等ヲ云

第二　水産物販賣ノ事

乾鰯搾粕生魚鹽漬水草賣捌ニ當リ問屋仲買取引ノ法、某地方ニ肥料何々某地方ニ生魚某地方ニ何々ヲ販賣スル年々ノ計較ヲ詳ニシ若クハ會社ヲ設ケ荷爲換ノ法漁村ノ便益ヲ規畫スル等ヲ云

第三　漁具講究ノ事

漁具ハ最モ精工ナラサレハ勞多クシテ功少ナシ例ヘハ舊式ノ便ナルアリ新樣ノ益アルアリ甲ニ利アルモ乙ニ害ナキ能ハサルモノアリ其利害得失ヲ講究シテ改良進歩ヲ謀ルヲ云

第四　水產物運搬ノ便ヲ謀ル事

運搬ノ便否ハ總テ物品ノ價格ニ關ス依テ之レカ方法ヲ講究セサルヘカラス例ヘハ瀛船風帆船等ノ便ヲ開キ又ハ陸路ヲ修築シテ車馬ノ行通ヲ容易ニシ以テ運賃ノ減少ヲ期シ到達ノ迅速ヲ謀ルヲ云

第五　水產製造品ヲ精好ニスル事

製造ヲ精好ニスルハ價格ヲ昇騰セシムル所以ニシテ例ヘハ房州鰹節ノ如キハ薩州土州及ヒ豆州等ノ節ヨリモ市價常ニ下直ナリ蓋シ其製造粗惡ナルニ由ルナルヘシ其他乾製魚類ノ如キ天候ニヨリ中途其物品ヲ損スルヿアリ云々

第六　乾鰮及ヒ搾粕ノ俵入ヲ改良スル事

例ヘハ乾鰮俵ノ容量ヲ正確ニシ又搾粕混合物ノ弊ヲ矯メ苟モ賣買上ノ嫌疑ナキ樣一定ノ方法ヲ設クルヲ云

第七　漁業被雇者ノ惡弊ヲ矯正スル事

例ヘハ甲地ノ被雇者其期限中乙地ニ轉シ他ノ網主ニ雇ハレ前雇主ヲシテ漁業ノ機ヲ失ハシメ非常ノ損害ヲ蒙ラシムルヿ其他種々ノ弊害アリト之ヲ矯正センカ爲メ沿海漁村ノ氣脈ヲ通シ甲ニテ惡事アレハ乙ニテ採用セサルヤウ同心協力一致ノ取締方法ヲ設クル等ヲ云

第八　水產物調査ノ事

年々漁撈スル水產ノ多寡增減ヲ比較シ國益ノ消長ヲ徵スル爲メ其計數ヲ調査スル方法ヲ云

第九　水產談會ヲ開設スル事

漁撈ノ方法其他水産百般ノ事ニ就キ相互ノ便益ヲ謀ランカ為メ一郡若クハ漁場ノ位置ニヨリ数村聯合シテ専ラ懇親ヲ結ヒ談會ヲ設クルノ方法ヲ云

第十　水産博覧會準備ノ事

（明治十六年三月一日より開會の水産博覧會出品の件、省略）

以上十問題に對する議員の所見中より注目すべき若干を引用すると、

○第一問（漁村維持）

二十六番（齋藤四郎右衛門）　我九十九里地方ハ町村巡査ヲ置キシ為メ既ニ掠奪ノ弊ヲ去リタレハ（中略）目下ノ急務ハ規約ヲ設ケ水手ノ離散ヲ豫防スルト大漁ノ節ニ幾分ノ金圓ヲ貯蓄シ不漁飢饉ノ備ヘヲナスニアリ、而ルニ近年何分水手共カ我儘勝手ヲ唱ヘ或ハ給金ヲ要求シ或ハ何役ニナリタキ抔ト申シ其意見ヲ達セサレハ乍チ去テ鹿島浦ニ至リ該網主ニ事フルモノ多ク鹿島浦ノ網主ハ亦九十九里ノ水手トサヘアレハ頻リニ之レヲ愛護シ處々ニ潜匿セシメ甚捜索ニ困シマシム云々

四十八番（中村林造）　漁村ヲ維持スルハ醵金ヲ以テ不漁饑饉ノ豫備ヲナスニアレ𪜈其方法ヲ設ケ之ヲ實施スルハ實ニ容易ナラサレハ先本會ノ各員ヨリ見込書ヲ出シ縣廳ニ於テ是認セラルヽトキハ戸長ヲシテ偏ク漁民ニ示シ漁民承諾ノ上一ノ漁業會社ヲ創立スルヲ請願セン云々

三番（小川新兵衛）　（前略）第一問卽漁村維持法ハ水産ノ因テ起ル原因ニシテ最緊要ノモノナリ、今ヤ九十九里漁家ノ形勢ヲ通観スルニ十ニ七、八ハ疲弊ヲ極メ殆ント困難ノ域ニ陥ラントス、既ニ山邊武射兩郡地曳網營業人ト共ニ今春共立漁業會社ナル一社ヲ設立セル所以ナリ、然レ𪜈（中略）資本未タ備ハラス漁村維持ノ方法確立セリト云フニ足ラサルヲ以テ（中略）故ニ政府ノ保護ヲ請願シ（中略）漁獲高ニ應シ若干ノ金ヲ積立之ヲ本社ノ基本トナシ別ニ大政府ヨリ十萬圓ヲ無

利足二十ヶ年賦ニテ拜借シ低利ニテ資金缺乏ノ網主ニ貸付シ其利子ヲ積ミ置キ不漁飢饉等ノ凶變ニ備フルトキハ（中略）漁業益々盛ンニ漁村愈々富マン是本員ノ漁村維持ナリ（中略）我政府ハ殖利興產ニ汲々シ開墾鐵道會社ノ如キ國家ニ鴻益アルモノハ國庫ヨリ之ヲ保護スルニアラスヤ、抑地曳網ナルモノハ（中略）人民ヲ利シ社會ヲ益スル至貴至重ノ職業ニシテ其利用ヲ論セハ決シテ彼ノ開墾鐵道會社ニ讓ラサルナリ（中略）而モ其事業ハ巨額ノ財本ヲ要シ新ニ開業スルモ得失相償ハス本員等ノ如キモ既ニ此業ヲ廢止セント思考スルコト幾回ナルヲ知ラス然リト雖モ祖宗ヨリ傳來ノ業ニシテ水夫及ヒ之ニ關スル勞働者ト艱難相救ヒ辛酸同ク嘗メ殆ト同一家ノ情況アルヲ以テ俄ニ廢止シテ水夫等ノ飢餓ニ陷ルヲ視ルニ忍ヒス云々

三十七番（宮内三四郎）　我銚子港ノ如キハ專ラ八手網ヲ營業トス然シテ水手ヲ雇フニ資本ノ乏シキカ爲メ（中略）始メヨリ債ヲ問屋ニ負フテ業ヲ起スヲ以テ仕切ヲ蹈倒サレ（中略）依テ廣ク管内ノ有志者ヲ募リ一社ヲ設ケ資本乏シキ網主ニ貸與セハ（中略）問屋ノ專横ヲ免レ云々

八番（宮澤一三）　先ツ我居村ニ行ハル、八手網ノ實況ヨリ陳述セン、村内天保度ノ舊記ヲ閲スルニ當時網數百廿張アリ（中略）今日ニ至リ僅々三十五張ヲ存ス其却歩ヲ來セシモノハ仲買商ヨリ資金ヲ借リ（中略）漁產ヲ低買セラレ（中略）他ノ商人ニ賣ラントセハ舊仲買商ノ不滿足ヲ奈何セン且一張ノ漁具ヲ製スルニモ費用大率四千圓餘ヲ要ス（中略）依テ廣ク株主ヲ募リ會社ヲ設ケ云々

九番（上代半左衞門）　（中略）然レトモ大漁アルニ臨ンテハ從テ水夫ノ食料乾鰮等ヲ製スルノ費用ヲ俄ニ要スレハ之レヲ東京ノ問屋ヨリ前借セサルヲ得ス（中略）前借スルトキハ其品ヲ賣捌クニ相場ヲ低ク仕切ラル（中略）故ニ有志團結シテ一社ヲ設立シ云々

會頭曰く從來不漁饑饉のさい網主は如何にして水夫を救濟するやの質問に對し、

二十六番（齋藤四郎右衛門）（前略）元來漁夫ハ貧困（中略）之レニ金圓ヲ貸ストキハ容易ニ返サス網主モ又債ヲ負フ（中略）假令大漁アルモ負債ヲ辨償スルニ充ツルノミ故ニ豫メ會社ヲ設ケ積金ヲ爲シ饑饉ノ備ヲナスノ暇アラサルナリ

○第二問（水產物販賣）

二十番（鈴木幸助）（前略）通例問屋ノ利益ハ壹圓ニ付荷主ヨリ二錢、買人ヨリ四錢ヲ得ルヲ法トス然レトモ隨分片口錢ニテモ相應ノ利益アリ（中略）販賣ヲ引受ルモノアレハ東京ニテ中等ノ商人ヲ撰定シ契約ヲ結ヒ會社トナシ爰ニ於テ管內總テノ干鰮ヲ販賣セシメ壹圓ニ付二錢ヲ積立金トナサハ一ケ年賣荷高十萬圓ト假定スルモ二千圓ヲ得ヘシ云々

二十番と同意見の四十八番、四十九番の陳述より注意すべき文句を引用すると、「然レトモ荷主ハ此ノ口錢ヲ拒マハ仕入資本金ヲ借入ルニ差支アレハ到底問屋ノ專横ニ從ハサルヲ得ス云々」「（前略）總テ網主ノ損害ナレハ是非共東京ト管內トニ會社ヲ設ケ之ヲ救治スルノ法ヲ立テサル可ラス云々」など吟味に値する。

四十二番（川島市太郎）（前略）網主ハ大抵問屋ニ借財アリ網及附屬品等マテ抵當品ナルヲ以テ（中略）問屋ニ負債ヲ辨償セサル內ハ荷物ヲ會社ニ送ル能ハサルヘシ（中略）且網主ハ網附商人ニ賣リ網附商人ハ之ヲ仲買ニ賣リ仲買ヨリ問屋ニ送ルモノハナレハ單ニ問屋ノ弊害ヲ改メントスルハ難カラン

番外（河原田七等屬）各員ノ論說ヲ聞クニ會社ヲ設立シ東京問屋ノ專橫ヲ防禦セントスルノ點ニ至リテハ衆論一徹ニ出ルカ如シ、然レトモ其專橫ヲ免レント欲セハ從來ノ販路ヲ擴張セサルヘカラス例ヘハ三河、伊勢、美濃、尾張邊ノ綿茶ノ肥料ヨリ讃岐ノ砂糖場阿波ノ藍場其他中國筋ニテモ近來乾鰮搾粕ヲ使用スル事年々ニ增加シ名古屋、淸水港、四日市、大阪ノ鞆等ニハ數戶ノ問屋アリ（中略）販賣ヲ託スルモ或ハ荷爲替ヲ取組モ自由ナレハ販路ハ益開クルナルヘシ、本年北海道ノ搾粕ヲ從來得意ナル加賀、能登、越中邊ノ商人ハ百石六百圓ノ相場ヲ付ケシカ同地ノ商人之ヲ諾セス二三相計リテ二千石ヲ東京ヘ輸送セシカハ該道相場頓ニ騰貴シ百石八百圓ニ上リタリ云々

○第三問（漁具講究）

四十八番（中村林造）（前略）漁者ノ網ヲスク爲メニ費ス時日ハ實ニ驚クヘキ程ニシテ多分ノ手間賃ヲ要シ舊暦二月ヨリ三月迄日夜網ヲスクニ從事スルモノ凡ソ千七八百人程モアレハ全縣內ニテ製網ニ費ス人力ノ夥多ナル想像セラルヘシ（中略）器械ハ未タ實驗セス果シテ實利アラハ漁村一般ニ施行致シタク冀望ス云々

三番（小川新兵衞）（前略）器械網ハ結ヒ目緩クシテ實用ニ適セス（中略）我九十九里ノ漁村ハ薄地ニシテ耕作ヲ爲ス能ハス漁事ノ外餘業ナキカ故ニ網スキヲ一ノ餘業トナシ他國マテ販賣ス今器械ヲ以テ之ヲ製造セハ漁民ノ餘業ヲ奪ヒ糊口ニ苦マシムルニ至ラン云々

この編網機械の採用如何について賛否両論に分れ一々ここに引用することを略するが、要するに両論主張の基礎は他の一般産業にも問題となった手工業的舊生産方法に對する機械的生産方法の採用から生來する利害得失の論争であるから、ここではこの程度に留めておく。ただ九十九里漁業の場合にはこの問題と關連してつぎの悪風が行われていたことを引用すると、

九番（上代平左衞門）（前略）網ヲスクハ漁業ノ餘暇水夫ノナス業ニシテ大漁ノ節ハ間ニ合ハヌ故ニ方言「スキノハヤ」ト曰フモノハヲシテ製サシム此「スキノヤ」ナルモノハ其近傍ノ細民ニシテ網主ヨリ上等ノ麻ヲ渡スモ粗悪ノ麻ト換ヘ或ハ量目ヲ減シ不都合ノミナレハ器械ニテ善良ノ網ヲ製スルヿヲ得ハ大幸ナラン

○第四問（水產物の運搬）

この問題は全員いずれも陸運と海運の改良を主張している。前者では道路の修築、道幅の改善を、後者では港灣の修築を論述しているが、特に引用する程の意見を見ないから、ここではこの程度に留める。

○第五問（水産製造品の精好）

三十九番（中村吉兵衛）（前略）乾鰮ハ第一上等ノ地方ナレ𪜈我九十九里ハ追々粗悪ニ流レ且姦商等ノ赤沙ヲ混淆シ量目ヲ増サント謀ル（中略）搾粕ハ（中略）入梅中抔ハ簾乾ニスルモノ多シ然ルニ簾乾ハ殊ニ砂礫ノ交リ易キモノト云々

二番（麻殖廉三）（前略）漁業多キ土地ナレハ繁忙ヲ厭ヒ斤量ヲ増サント欲シ未乾ノ内ニ賣出スヨリ東京ニテ品評ヲ下シ一圓ニ四貫目ノモノヲ四貫三四百目相場ニ至ラシム云々

番外一番（河原田七等屬）火力ヲ以テ乾燥スルノ新法ハ果シテ有益ノヿナレ𪜈物品ノ多寡ト其性質ト之ヲ製スルニ要用ナル器械ノ費用ヲ計算セス切リニ輕進ニ失スルキハ得失相償ハス云々

二十三番（武内傳吉）鰹節（中略）魚ノ來ル銚子ノ早キヿアリ安房ノ早キヿアリテ定期ナシ、又房州ハ節モ上製ノモノハ伊豆ニ回漕シテ東京ヘ輸出スルニ伊豆節トナリ、銚子節ノ上等ナルハ房州節トナリ、伊豆節モ薩摩節トナル由ナレハ偏ニ製法ノ精粗ノミニヨルニ非ス云々

○第六問（乾鰮及搾粕俵入の改良）

二十番（鈴木幸助）大俵ニハ混淆物アリ其見分ハ問屋モ屈カス舊慣ニヨリ上方ニテハ見分ヲナスモ關東ハ斤目ニカケルノミ（中略）使用者ノ之ヲ買フキ只俵ノ大ナルヲ喜ブノ情アリ爲メニ改正スルヿ甚タ難シ云々

○第七問（漁業被雇者の悪弊矯正）

八番（宮澤一三）我銚子港ノ如キハ水手ヲ雇入ル、ニ屬籍モ糺サス條約書等モナク單ニ口約束ヲ以テ給金ヲ貸與シ（中略）雇人ノ網主ヲ借倒ス弊風盛ニ行ハレ本年抔ハ貳拾圓或ハ貳拾五圓ノ給金ヲ前借シテ逃走セシモノハ一戸ニ拾人或ハ廿人ノ多ニ至リ年々網主中ニテノ損耗四五千圓ニ上ル、老人ノ説ニ從前ハ逃走者アリ之ヲ捕ヘシキハ網主ノ臺所柱ヘ繩ニテ縛シ置キタリト古キ漁家ノ柱ニハ儘其痕跡アリ、然レ𪜈近來ハ其束縛モ行レサレハ（中略）先ツ八手網水手取締ノ方法ヲ定メ（中略）本年八月以來贊漁會社ナルモノヲ創設シ海上郡飯沼村ニ本社ヲ設ケ、本員ハ過般近縣巡回委員トナリ茨城

福島兩縣下ニ派出シ加盟ヲ誘引セシニ至ル處ニ贊成者アリ茨城縣下那珂郡港村ニ同社ヲ設立スルヿニ定メ、福島縣下ハ各村々ニ一兩名ノ總代ヲ加盟セシムルヿニ決定セリ云々

二十六番（齋藤四郎右衞門）八手網ト地曳網トハ水手雇入ノ方法ヲ異ニセハ本員ハ地曳網水手ノ弊害ヲ談センニ、近來九十九里水手ハ風俗大ニ亂レ分外ノ借財ヲナシ返濟ノ目的ナキ𪜈ハ鹿島浦ニ逃走シ又ハ船頭、沖合、賄、仲乘、等ノ役目ヲ望ミ之レヲ許サヽレハ他ノ網主ニ雇ハレ或ハ小漁船等ニ乘リ移リ啻ニ雇主ノ命ニ從ハサルノミナラス被雇者却テ雇主ヲ壓制スルノ勢アリ云々

三番（小川新兵衞）（前略）雇者被雇者ノ間ニ生スル所ノ六弊害ヲ枚擧シ（中略）被雇者分外ノ負債ヲナシ（雇者）身代限ヲナスハ弊害ノ第一ナリ、雇者ノ水手ヲ競雇スルハ弊害ノ第二ナリ、被雇者ノ鹿島浦ヘ逃去スルハ弊害ノ第三ナリ、甲ノ被雇者ヲ乙ニテ密ニ雇フハ弊害ノ第四ナリ、地曳網水手ノ小漁船ニ移乘スルハ弊害ノ第五ナリ、被雇者私意ヲ擅ニシ雇主ニ抵抗スルハ弊害ノ第六ナリ（中略）然レトモ第六弊ハ雇者權力ノ衰弱ヨリ惹起セシモノナレハ今更如何トモナス能ハサレ𪜈第一ヨリ第五マテハ縣廳ノ達ヲ以テ矯正シ得ラルヽモノナレハ云々

四十八番（中村林造）我夷隅郡水手ノ雇入方ハ銚子ノ八手網水手ノ雇入ト一樣ニシテ（中略）八番會員ノ贊漁會社（中略）ヲ贊成シ益々盛大ナラシムルニ盡力セン、某會員ハ網主ノ水手ヲ競雇スルヲ非トシテ痛論セラレシカ競雇ハ止ムヲ得サルモノニシテ小學教員ヤ官員方ニテモ俸給ノ低キ處ヨリ高キ處ヲ要ムルト一般ニシテ（中略）必竟五圓ノ水手ヲ拾圓ニテ使用セントスルモノアルハソレ丈ノ實價アルヲ以テナレハ弊害ト云フヘカラサルナリ

五十一番も網主の水手を競雇する問題につき「コレハ自然ノ勢ニテ制シ得ルモノニアラサルヘシ」といっている。

五十二番（正木正藏）我平郡船形邊ハ被雇者ノ多分ニ出ル地方ニシテ九十九里南上總邊ニ出稼スルモノ年々數百名ニ至リ（中略）地曳網ナリ八田網ナリ何レモ弊害アルヿナレハ細目ハ兎モ角モ各業ヲ通シテ規約ノ大網ヲ定メ（中略）全管內ノ氣

脈ヲ通シ他日會社ヲ設立スルノ基礎トナサハ大ニ彼我ノ便利ナラン

五十一番（四宮喜三郎）低級ニシテ錬熟ノ水手ヲ望マサルモノナカルヘシ、然シテ錬熟ノ者ハ低給ニテハ雇ハレス是高級ヲ以テ競雇ヲ來ス原因ニシテ誠ニ止ムヲ得サルノ次第ナリ

十五番（吉野近三）舊來我天津邊ニテハ網主仲間ノ協議ニテ水夫ノ給料ヲ定メシヿアリシカ其給額水夫ノ意ヲ飽カシムルニ足ラサルトキハ九十九里濱等ニ出稼シ相談モ水泡ニ屬スルヿ多カリキ（中略）水夫取締ノ方法ヲ設ケサルヲ得サレハ（中略）贊漁會社ヲ擴張シ處々ニ支社ヲ興コサンヿヲ期望ス

三番（小川新兵衛）我九十九里ニ於テハ水夫ニ田畑ヲ與ヘ置キ不漁ノトキハ其物成ヲ食セシメ漁事アルトキハ之ヲ使役シ妻子共ニ納屋ニ住ハセ家族同様ニ愛憐スル習慣ナレ𪜈犬ニ齊シキ水夫ハ其恩義ヲ顧ミス唯給金ニノミ誘惑セラレ主人ヲ易フルヲ意ニ介セサルハ本員ノ憂フル所云々

八番（宮澤一三）漁夫ハ犬ト一般恩義ヲ知ラストノ説ハ疑訝ノ至リナリ、漁夫ト雖モ自由ノ權利ハ之ヲ天賦ニ受ケタルモノナレハ其好マサル處ヲ去テ其好ム所ニ使役セラル、ノ權利アリト信ス、果シテ然ラハ其去就ヲ自由ニシ其競雇ヲ盛ンニスルハ蓋シ給料ノ不平均ヲ防止スルノ良法ナラン

○第八問（水産物調査）

三番（小川新兵衛）我九十九里ニハ會所ナルモノ三アリ故ニ網主ヨリ會所ニ書出サセ會所ニテ取纒ムルヲ好シトス

五十一番（四宮善三郎）本員ハ會社ニテ調ルヲ可トセシモノナレハ會社ノ設立ヲ急務トス云々

二十六番（齋藤四郎右衛門）（前略）近年ハ水産ノ收獲ヲ減シタルニ相違ナシ天保五年及ヒ十四年（明治）抔ハ非常ノ大漁ニシテ漁夫スラ驚愕セシ程ナリシカ乍チ相場大ニ下落シ大漁ハ却テ損毛ナリト云フニ至レリ其後ハ大漁ノ歳ト云ト雖モ天保度ニ比較セハ二三割ヲ減セサルハナシ

三十三番（鎌田治兵衛）　舊幕府ノ時代ニハ日々鰮ハ何籠、鯛ハ何程ト調査シタルモノナレハ戸長ニテ毎日調査セハ便利ナラン

（第九問（水産談話會）第十問（水産博覽會）の件省略）

以上で「水産諮問會」を終り、つぎに第二條により組合別に水産に關する「談話會」を開催した。

各組合問題

一、九十九里組合　　地曳網永續法ノ事

一、河川沼湖組合　　會社設立ノ事

一、房州組合　　漁村維持ノ事

一、裏海組合　　漁業ニ妨害アル營業ヲ矯正スル事

一、夷隅銚子組合　　漁村維持ノ方法ヲ再話スル事

ここでは、これらの問題に對する各員の意見のうち特に注意すべき要點を紹介せんとするのであるが、その提案は前文「水産諮問會」の場合と殆ど同じ事項であるため、なるべく重複をしないように努めたが、時に繰返しに終った場合もあると思うから一おう斷っておく。括弧内は委員の言、その他は要領の抄約であり委員名は苗字にとどめる。

○地曳網永續法ノ事

（齋藤氏）　九十九里地方の漁業が土地の水夫を重視しているのは漁獵に練熟しているからだ。然るに「近來コロ網、蛸瓶ノ漁業盛ンナルヨリ水夫ノ之ニ從事スルモノト鹿島浦へ逃走スルモノ日一日ヨリ多ク」なり、地曳網水夫の人員大に減少し魚群きたるも出船の期を失する。また水夫が不參しようとするとき「網主ニ金十錢ヲ出セハ勘辨スルノ仕來リヨリ自儘ニ他ノ漁業ニ從事スル等ノ惡弊ヲ生シ多分ノ損害ヲ蒙ラシム」といっている。

（岩井氏）　またある地方では鹿島浦に水夫の逃走は少ないが、他地方の八手網へ雇わるるものが多い。何れにしても

水夫を「自儘ニ營業セシムルトキハ本業タル地曳網水夫ノ員數ヲ減ス」

（遠藤氏）「コロ網ハ諸君ノ言ハル、如ク水夫不勤ノ原因ナレハ此業ハ禁シタシ」

（海保氏）「コロ網、蛸瓶ニ水夫ヲ奪ハル、コト、鹿島浦ヘ逃走スルノ外、水夫トモ佐倉近傍ニ至リ棒手振」になるものの多く、また「水夫カ乘代ノリシロト唱ヘ漁獲高百圓ニ付三圓ノ分配ヲ受ルハ」まことに不當である。なぜなれば水夫は既に一定の給料を受け使役せられる約束の下にあるから「給料外ノ物ヲ與フルニ及ハス」よろしくその放肆を抑えよという。

（海保氏）「水夫ノ家ニ冠婚葬祭等ノコトアレハ常ニ金圓ヲ貸與スル程ニ慈愛」するもその恩義を知らず、他に出稼、逃走し常に網主を「苦シマス」

（岩井氏）　水夫の悪風は各員の認むるところであるが「一概ニ水夫ノミ悪シキ」に非ず「網主ニ於テモ此悪弊ヲ招ク原由ナシトセス、我足川村ノ如キハ務メテ慈愛ヲ以テ水夫ニ接スルカ故ニ他浦ヘ逃走スル等ノ弊」は甚だ少ない。

（小川氏）　弊害の第一として水夫の鹿島浦への逃走、第二網主の競争乃至嫉妬心より一致の團結を缺く、第三網主の利己心乃至競争心から他網主の水夫を煽動して却て水夫一般に悪弊を生ぜしむ。つぎに網主自ら營業上の缺點として一般に資金不足なるため「賣リ急キ商人ノ叩キ買ニ遭ヒ」損失を招くことが屢〻であるから會社を設け資金を募り、なお「拾萬圓ノ官金ヲ仰カン」

（岩井氏）　前員のいう如く資金の乏しきため賣り急ぎ仲買商に利益を占められ「一張ノ網ニテ一ヶ年三四千圓ノ損失ニ至ルアリ」よろしく「政府ノ保護ヲ以テ漁業ノ振興ヲ期望ス」

○會社設立ノ事

（香取氏）　河川湖沼の漁業は海上漁業に比し微々たるもので、先に會社を設けたが間もなく廢社した。原因は仲買または荷主が相場の下落に遇い損失なりと思うときは荷物を會社に託し、益あるときは自ら東京市場に出荷し會社に出さないからであった。

○漁村維持ノ事

（正木氏）「會社ヲ設立スルニ如カス（中略）沿海普ク規約ヲ結ヒ漸次彼ノ委員ヲシテ悪弊アル處ヲ矯正セシメ云々」

（四宮氏）往古は陸名主濱名主二名ありて、濱名主は漁業上の取締をなし、漁業者をして規約を結ばしめ漁村を維持した。今日の規約は一地方に限らず「縣下沿海ヲ通シテ之レヲ結ハヽ其效用最モ多カルヘク」安房國は人口の八分は漁業者にて不漁に遇えば皆飢ゆ。故に備荒貯蓄の如き「官ノ保護ヲ受ケ且漁主等ヨリモ幾分ノ積金」をなすべし。

（正木氏）我が房州は山岳地帯で耕地も少なく「薪炭ノ輸出アルニ過キス是ヲ輸入ノ阿波煙草ノ代價ニ比スルニ足ラス」「人口凡拾五萬餘アリ」日用品たる輸入の「米ハ代金貳拾四萬圓、酒ハ貳拾六萬圓、鹽ハ拾萬圓、砂糖モ亦拾萬圓、此他絹布物品等併セテ金五拾萬圓」にて、この代金を支拂うものは「一ニ海産ヲ仰クノミ故ニ一ケ年百四五拾萬圓ノ海産ヲ收得」するのでなければ安房國の人口を維持することが出來ない。これ「我房州ニ水産保護ノ一大緊要ナル所以」であって、それには「管内普ク聯合協同シテ契約ヲ結ヒ各所ニ會社ヲ設立シ又縣廳ニ於テモ（中略）漁業上ノ水産委員ヲ撰定セラレ規約ハ縣廳ヨリ輸達セラルルヿヲ切望ス」。

（四宮氏）天津邊では春夏秋冬の四季を切換えとし、給金を貸與し契約を新にする。契約に「一ヲ代乘リト唱ヘ一ヲブッタギリ」という。「代乘トハ網主、沖合、水夫等其漁獲高ニ應シテ利ヲ分ツモノナリ、ブッタギリトハ給金ヲ定メ水夫ヲ使役スルナリ、又網主ト水夫ノ中間ニテ周旋ヲナシ漁業上不都合ナカラシメン爲メ漁事番頭ト唱フル者ヲ置キ、水夫ノ網主ヨリ金圓ヲ借リ請ケ他家ニ住易ヘスルハ倍金ト云ヒ」倍價を出さしむる慣例ありて、九十九里漁夫の如き悪風は少ない。しかし漁船難破の數多きことは傷ましい限りである。その最も多きは金鎗魚（マグロ）船にて「此ノ船ハ一桶ニ二百五十尋ノ繩ヲ入レ凡一艘ニシテ十七八桶ヲ積ム（中略）全國無比ノ勞働（アラカセギ）ト云フ。未明ヨリ漕出シ二十里或ハ三十里外ノ遠洋ニテ漁事ヲナシ」近年は殊に遭難多く「網主ハ其株ニ離レ水夫ノ家族ハ飢餓ニ陷リ其慘狀云フヘカラス」。

（正木氏）　我地方の生魚は昔から日本橋魚問屋に荷送りしていたが、「新市場則濱町魚鳥會社ノ設置ヨリシテ大ニ日本橋問屋ノ惡弊モ改マリタレ𪜈未タ充分ノ場合ニ至ラサル」なり。

○漁業ニ妨害アル營業ヲ矯正スル事

（大塚氏）　裏海すなわち内灣漁業に有害な漁業は建干網、クロッコ網、ウタセ網で、ことに建干網とする。鱚（キス）、鰈（カレイ）、鱵（サヨリ）、黒鯛その他の小魚を搦網、銛、突棒で漁獲するゆえ大いに蕃殖を妨害すとのことである。

○漁村維持ノ方法ヲ再話スル事

（宮澤氏）　資金の充實と網主對水夫の契約を强固ならしむることは漁村維持の根本であるが、同時に遭難に際し漁夫及びその家族に對する救濟方法の確立である。元來漁夫と農民の罹災とはその慘狀の點において必しも同一視し得ざるものがある。「現ニ本年（明治十四年）九月一日銚子港ヨリ出帆セシ上總房州ノ廻リ船ト倂セテ百五艘ノ鰹船ハ（中略）遂ニ大洋ニ吹流サレ十三艘、溺死スルモノ五十七人（中略）罹災者ノ父母妻子ハ日ニ海畔ニ彷徨シ涕泣悲嘆或ハ髮ヲ斷チ或ハ水浴跣行以テ其家人ノ恙カナカランヿヲ神佛ニ祈ル（中略）其遺族ノ孤トナリ寡トナルモノ亦枚擧ニ暇アラス。就中十一年（明治）ノ長子ヲ始メ四人ノ小兒ヲ遺シ其妻ナルモノハ永ク眼病ヲ患ヘ加之妊娠殆ント産月ニ臨ミ此凶報ヲ聞クヤ涕泣殆ント絕ントシ終ニ命ヲ失フ而已ナラス心氣錯亂發狂シテ人事ヲ辨セサルニ至ルモ他ニ依ルヘキ親戚ナク（中略）誰カ憫憐ノ情ヲ起サヽルモノアラン」。これを救濟するは「我カ贊漁會社ノ目的トスル所ナリ該社則ニヨレハ水夫ヲ雇入ルヽニ際シ網主ヨリ金拾錢水夫ヨリモ金十錢ヲ收入シ」水夫の分は罹災者の救恤金に、網主の分は逃亡せし水夫を捜索する費用に充てる。また漁業資金充實のため資本金三十萬圓程度の會社を設立すべく廣く有志から株金を募集し「官ノ保護ヲ乞ハス官金ヲ仰カス」專ら民間の自力により集金せんとするもので、特に注意すべき點は「商人等ヲ局外視スル時ハ大ニ軋轢ヲ生シ販賣上ノ一大難事ナレハ宜シク商人ト協心同力之レカ募金ニ著手セハ目的ヲ達スルヿ難キニアラサルヘシ」。

（中村氏）「先ツ會社ノ資金額ヲ五萬圓トシ株數貳百五十株壹株ヲ金貳百圓トシ郡內適所ニ本社ヲ置キ東京ヘ支社ヲ設立シ、七分爲換ノ方法ヲ以テシ乾鰮賣買ハ惣テ會社ニ於テ取扱ヒ凡會社ノ取扱高四萬俵ト見積リ壹俵ノ代金壹圓トシ賣主及買主ヨリ兩口錢卽壹圓ニ付貳錢ツヽヲ收入スヘシ此口錢合シテ壹萬六千圓ナリ、內三千圓ヲ會社諸費及社員ノ旅費等ニ充テ又八百圓ヲ會社創立費トナシ殘ヲ八千貳百圓ノ內四千圓ヲ不漁凶變ノ要ニ供ヘ四千圓ヲ以テ株主配當金トナス、餘ハ都合ニヨリ積立金ヘ繰入レ荷爲替及乾鰮買入ノ資金トナシ網主ヨリ商人等ヘ安賣スルノ不利ヲ救濟セントス云々」

以上の資料から大要つぎのことが考えられるのである。

一、網主と水手（カコ）（夫）すなわち漁夫は相互對立の關係にあって九十九里方面の地曳網漁業、銚子方面の八手網漁業、房州天津方面の鮪延繩漁業に根本的の障害を與えていた。元來漁業勞働者たる水手は舊幕時代にはおしなべて低級人視され「妻子共ニ納屋ニ住ハセ家族同樣ニ愛憐」しても「犬ニ齊シキ水夫ハ其恩義ヲ顧ミス唯給金ニノミ誘惑」せられ高給料の網主へ平氣で移りゆく。そういう彼等であったから舊幕時代には逃走者を捕え臺所の柱に縛りつけ暴力を加えた時代もあったようだが、維新後になるとそういうこともなくなり場合によっては水手の方が「却テ雇主ヲ壓制」するの狀勢になってきた。その原因は色々あろうが、內的には維新後の政治的思想的背景の變化であり外的には漁業經營上の變化が有力なものと考える。具體的にいうと、漁業そのものが舊來の組織では以前ほどの利潤が得られなくなったこと、そしてその自然的原因として魚群の減少と魚道の變化ということも確かに理由の一つであろうが、その自然的條件と一般的な社會經濟的事情の推移に適應した新生産機構＝適正な勞資の結合關係を再編成しなかったということが、利潤減少の基本的原因だと考える。かくて當時の網主は一般的に經營困難となり昔日の社會的經濟的優勢を失墜し、從って網主對水手の問題も實質的には昔のような主從上下の關係でなく人對人の自由平等の關係に變ってきた。そうなると、過去の單なる恩義とか、前貸しによる足留め策は役に立たなくなり、水手は高給料を支拂う網主に走ることとなるから、そこに網主間に競雇という水手給料の競り上げという新現象が出現してきた。或はまた相對的に低賃銀であれば水手は前借を踏倒し他地方ことに鹿島浦地方や銚子方面の八手網漁夫に高給で雇入れられるとか、そのころ流行のコロ網や蛸瓶、延繩漁業に從事するものさえ出てきた。

しかし、この競雇による水手の高賃銀の現象、ひいてはそれからくる水手横暴の傾向に對する批難從って嚴重な取締法制定の主張が一方に高まると共に他方ではこれに對し、「錬熟ノ者ハ低給ニテハ雇ハレス是高級ヲ以テ競雇ヲ來ス原因ニシテ誠ニ止ムヲ得サルノ次第ナリ」或はまた「競雇ハ止ムヲ得サルモノニシテ（中略）俸給ノ低キ處ヨリ高キ處ヲ要ムルト一般ニシテ、水手ノ高給ヲ望ムハ尋常ノコナリ必竟五圓ノ水手ヲ拾圓ニテ使用セントスルモノアルハソレ丈ノ實價アルヲ以テナレハ弊害と云フヘカラス」或はまた正當にも「漁夫ハ犬ト一般恩義ヲ知ラストノ説ハ疑訝ノ至リナリ、漁夫ト雖モ自由ノ權利ハ之ヲ天賦ニ受ケタルモノナレハ其好マサル處ヲ去テ其好ム所ニ使役セラル丶ノ權利アリト信ス、果シテ然ラハ其去就ヲ自由ニシ其競雇ヲ盛ンニスルハ蓋シ給料ノ不平均ヲ防止スルノ良法ナラン」とさえ言っている。天賦の自由民權説や經濟取引における自由競爭の原理などから、この問題を合理化せんとしたものの如き、事の是非は暫らくおき、誠に驚嘆に値する。

一、ところで水手の逃去、網主の競雇その他の勞資對立の具體的問題は給料の決定であるから、つぎにこれを要約する。地曳網の「水夫カ乗代ト唱ヘ漁獲高百圓ニ付三圓ノ分配ヲ受ルハ其不當ト云ヘシ何トナレハ水夫ハ既ニ給料ヲ受ケ使役セラル約束ナレハ給料外ノ物ヲ與フルニ及ハス是等ノ事ヲ止メ其放肆ヲ抑制スヘシ」というは合理的で批難すべき限りでないが、問題は既定の給料額そのものの適否と約束の極め方が一般の經濟生活から見て適正であるかどうか、百圓に對する三圓の乗代は決して當時として輕微のものではない。想像すれば前文に記した競雇などの事情により水手の現實的勢力も昔と違い増大してきた結果も手傳って、約束の給料以外に乗代という分配を請求する慣行が成立したものではあるまいか、逃走水手を柱に縛りつけた時代にはそんな乗代などの成立する餘地はなかったものと考える。そう見てくると舊幕時代には單なる給料だけでしかも犬と同視された給料に甘んずる外はなかったと思える。ところで、地曳網漁ではないが、房州天津邊の鮪繩漁業になると、漁業期は四季に分れ一季の切り換えの際に給金を貸與するのであるが、それに二様あって、一つの「乗代トハ網主、沖合、水夫等其漁獲高ニ應シテ利ヲ分ツ」他の一つの「ブッタギリトハ給金ヲ定メ水夫ヲ使役スルナリ」とあるから、この「ブッタギリ」はすでに前に記した百圓ニ付三圓の乗代づき慣行のまだ成立しない前段階の、そして筆者の推定した恐らく舊幕時代の地曳網漁業における原初的の水手給料制と同一のものであろう。そうすると天津邊の鮪繩漁業もやがて乗代づきのブッタギリ制が成立してくるであろうが、もしそうなって、網主、水手一同に承認せられるとなれば、それは今日行われてゐる網主沖合水手等その漁獲高に應じて利益を分配する乗代制である。この推定を認めるとすればこの地方の水手給料制の推移は形式的には初め「ブッタギリ」の定額給料制、つぎは定額給料制の上に、初めの間は網主の厚意的意味を示す若干金を加えた給料制、さらにそれが一歩進んで厚意的の若干金が乗代金として網主の責任において定額給に加算される給料制に發達し、或はまた乗代金加算制の形態を採らないで、直ちに網主、沖合、水夫らの職責別に定められた利益分配率によっての所得制度であるが、以上の給料制の推移は常にこの順序を經るというのではなく一おう筋道を考えたに過ぎない。序にいうと今日歩合制というは職責に應じた利益配分というほどの意味である。何れにしても、最重要なことは形式的制度よりもその給料乃至利益分配率の具體的な規め方と比率そのものである。そしてそれを現實にどの程度に規定するかは結局において當時の漁業生産力の發達の如何にあるとはいえ、まだ當時としては經濟外力としての漁村の慣行力と現實の經濟的支配力の均衡如何によって規定せられるものと見る外はない。

一、かように見てくると、今度は網主の問題である。當時の網主は變革期の漁業經營者として一方には水手の逃走による勞働力の確保がいよいよ困難になると同時に、他方では問屋前借による仕切金の不當な引下げ、またはひどい條件の下における問屋からの仕入金の借入れなど腹背からの攻勢に對し最も苦しい立場に立つこととなり沒落乃至轉業をよぎなくされるものも出てきた。そこで、かれらの採らんとした、また實際に採った差當りの對策は水手の攻勢に對しては網主が團結して嚴格な規約を作り、これを防止せんとするものであり、問屋に對しては、水手が前借を踏み倒して他の網主に走るのと同じ手法を用い、網主らは古い取引のある問屋からの前借を無視して密かに新問屋から仕入金を受ける方法を採った。しかし、これらの方法もやがては暴露して、市場と生産の秩序を攪亂する結果となったのが、明治十四、五年頃である。

一、ところで當時の漁業經營が、しかく深刻になってきた根本原因は結局において資本の缺乏という一點に歸着するものであり、從って、この問題を解決すべく採用された方策が會社組織であったことは當然である。例えば「網主ハ資金ノ不足ヨリ賣リ急キ商人ノ叩キ買ニ遭ヒ損害ヲ蒙ムルコト少ナカラス之レ會社ヲ設ケ資金ヲ募リ尙拾萬圓ノ官金ヲ仰カントスル所以ナリ」とか或は「資金ノ乏シキヨリ是非ナク格外ノ安賣ヲナシ仲買商ニ利ヲ專領セラレ一張ノ網（八手網ー著者）ニテ一ヶ年三、四千圓ノ損失ニ至ルアリ、政府ノ保護ヲ以テ漁業ノ振興ヲ期望ス」また「漁村ヲ維持スルハ會社ヲ設立スルニ如カス然レ𪜈之ヲ急速ニスルハ甚タ難事ナレハ一村或ハ一聯合內ヘ水産委員トカ（中略）幾名カ置キ沿海普ク規約ヲ結ヒ云々」また「問屋ノ利益ハ壹圓ニ付荷主ヨリ二錢、買人ヨリ四錢ヲ得ルヲ法トス（中略）東京ニテ中等ノ商人ヲ撰定シ契約ヲ結ヒ會社トナシ（中略）壹圓ニ付二錢ヲ積立金トナサハ一ケ年賣荷高十萬圓ト假定スルモ二千圓ヲ得ヘシ之ヲ荷主ノ株金トナサハ會社ハ年々盛大ニ至ルヘシ」或は「網主ト問屋トノ取引ニ付テハ實ニ弊害多ク（中略）自然正當ノ相場ニテ仕切ラス總テ網主ノ損害ナレハ是非共東京ト管内トニ會社ヲ設ケ云々」或は「管内ノ有志者ヲ募リ一社ヲ設ケ資本乏シキ網主ニ貸與セハ水手ヲ雇フニ疎漏ノ契約ヲナサス問屋ノ專横ヲ免レ云々」、また「一張ノ漁具ヲ製スルニモ費用大率四千圓ヲ要ス依テ廣ク株主ヲ募リ會社ヲ設ケ云々」の議論が流行し、また可なり組織的に計畫せられたものもあった。贊漁會社もその一例である。これは明治十四年創立で本社を海上郡飯沼村におき茨城、福島縣下にも呼びかけ「漁業者ノ實況ハ薄資ノ網主等仕入金ニ困迫スルヨリ屢々商人ニ利益ヲ專領セラル」、そこでこれらの不利を除かんため一大會社を設けんとする。しかし巨額の資本を要するから官金の保護を受けんと欲するものもあるが、「余ハ官金ヲ仰カサルモ有志者相議シテ醵金セハ三拾萬圓位ノ資金ヲ得ルハ難キニ非ル可シ」として民間の自力によって會社を設立せんとした。なおこの會社は「商人等ヲ局外視スル時ハ大ニ軋轢ヲ生シ販賣上ノ一大難事」であるとして「商人ト協心同力」せんとした點などは當時として出色の見地である。

或はまた九十九里の漁家は十に七八は疲弊の極に達しているから今春共立漁業會社を設立した。しかし資本まだ不充分であるから、「故ニ政府ノ保護ヲ請願」し「漁獲高ニ應シ若干ノ金ヲ積立之ヲ本社ノ基本トシ、別ニ大政府ヨリ十萬圓ヲ無利足二十ケ年賦ニテ拜借シ低利ニテ資金缺乏ノ網主ニ貸付シ其利子ヲ積ミ置キ不漁飢饉等ノ凶變ニ備フ」などの計畫もあった。

最後に房州正木氏の所見によると「この地方は人口凡十五萬人で日用生活品の移入が米代凡貳拾四萬圓、酒貳拾六萬圓、鹽拾萬圓、砂糖拾萬圓その他衣服類等を合計五拾萬圓、これを支拂うにはたゞ海産あるのみであるから一ヵ年百四五拾萬圓の海産がなければならぬという。そこで管内が聯合協力して契約を結び各所に會社を設立し云々」とあることも興味ある意見である。

これを要するに會社を組織し有志者の醵金により資本を構成し金融の道を開いて生産及び販賣の兩面に融通すると共に兼て漁村の社會政策的事業もやるというのであるから、この點から見ると當時の會社は純粹の經濟機關でもなくいわば相互扶助的精神の同業組合的要素をも加味した面も可なりあったように思われる。それと同時に資本の構成ならびに運用の面に於て、例外もあったが一般に國家の保護助長を強く要望している點は、維新政府としての産業保護政策と承應するものであろうか。何れにしても明治十四、五年前後までの漁村及び漁民の生活は、上引の資料だけから見ても、明らかに漁業界の過渡的性格を否定すべくもないのである。

つぎに全國の漁業狀況はどうであったか、簡單に要約することは困難であり、またこの項の目的でもないからここでは省略したが、凡その見當は明治十五年水產博覽會における福岡縣出張員（横山洸藏 田中慶介）の復命書「水產博覽會報告（福岡縣勸業課）」から推定することが出來る。これによると、

（前略）北海道ノ臘虎皮、鮭、鰊、鱒並ニ昆布、琵琶湖ノ鰣（ハス）、鯎（ウグイ）、小鮎又ハ高知ノ珊瑚樹等ヲ除ク外大約吾縣三ヶ國ニ產セサルモノナキカ如シ、亦漁具ノ如キモ大同小異ニテ就中吾縣ニ試用シ或ハ其效ヲ有スヘシト信認スル並ニ水族養殖其他製造ニ關スル方案等都合四十有二點ヲ閲錄シ云々

から考えても大體の傾向はわかる。また當時の水產學者松原新之助氏の出品物に對する審查から左の如く報告してある。

「漁具ハ苛密ニ勝チ其獲賓ハ製造ニ麤ナリ玆ニ改良隆盛ヲ謀ルノ考案ヲ下セハ第一漁具ヲ寬ニシテ水族ニ蕃殖ヲ與ヘ、製造ヲ精良ニシテ販路ノ擴張ヲ講スヘシ云々」

とあるから當時の漁具は餘り苛密に過ぎいわゆる酷漁濫獲に陷入り易き點にまで發達していたものと考えられる。また

製造品は粗悪に流れ精良を缺く點を指摘されている。

つぎに水産集談會の問題に對する全國からの各委員の說述を總括して、

舊藩制度解弛爾來暴漁相行レ水族ノ減耗ヲ來スヿ甲地ハ四割、乙地ハ三割、丙丁皆然ラサルナク異口同音漁業律ノ制度ヲ望ミ自由營業ノ實際ニ妨害アルヲ知得スルカ如シ

として左の如く復命者自らの所見を記している。

實業老練ノ各漁者目下吾漁場ノ如是荒蕪シ其漁實ニ凶饉ヲ告クル此ノ如クナルハ誰カ人ノ爲ス所歟抑々亦之ヲ知得シテ之ヲ救護スルノ方法ヲ講セサルハ果シテ誰ノ過チソヤ（中略）水産蕃殖ノ方法ヲ講シ規約ヲ明ニシテ吾人ノ營業ヲ鞏固繁昌スルハ卽チ吾人ノ利福ヲ完保スルモノニ非スヤ（中略）一個若クハ一村ノ私利ニ眩惑シ（中略）或ハ凶悪ノ漁具ヲ濫用シテ其漁場ヲ蹂躪シ恬トシテ之ヲ顧ミサルカ如キ云々

と結んでいるが、確かに當時の日本水産界の現狀を物語っているものと思われる。

つぎに明治十七年一月勸業會が東京に開かれたとき、水産の部に出席の農商務省官吏水野正連氏（水産練達の技官）の「傍聽略記」（自筆）より重要と思われる記事を左に抜萃すると、

（長崎縣三等屬川崎胖）五島ノ地ハ漁業ヲ營ム者多ク水産最モ夥多シ故ニ田畑ヲ耕スモノハ適々アレトモ隔年ニ耕耘シ一ケ年ハ必ス地ヲ休マシム（中略）漁業繁忙ナルトキハ田畑ヲ耕スノ念無キカ如シ、此地放馬ノ業盛ナルヲ以テ群馬横行シテ畑ヲ荒スヿ最モ甚タシ（中略）故ニ人民水産ノ利ニ據リ命脈ヲ保ツナリ（著者曰、肥前風土記の値嘉島の條に「彼の白水郎は馬牛に富めり云々」。遣唐使は此の停より發して美彌良久之濟——今の三井樂にて五島鰤の本場——に到り此より發航していた。「この島の白水郎は容貌隼人に似たり云々」と思い合わするとき興味ふかし。）

（島根縣八等屬藤田直藏）手繰網越中網ノ妨害甚シ極メテ不良ノ漁具ナリ。（又曰ク）隱岐ノ國ハ渾テ問屋ヨリ金ヲ前貸スルノ

慣習アリ一方ヨリ見ルトキハ現業者ヲ鼓舞スル如シト雖モ其實甚害アリ、何トナレハ（中略）仕切ヲ爲スニ及ンテ低價ヲ極ム、又適々精良品ヲ送ルモ下等品ト同一般ノ仕切リヲ爲ス故ニ精良品ヲ製スルモノナク次第ニ不良トナル如此ナルヲ以テ一ツモ改良ノ緒ニ就クモノナシ

（福井縣九等屬新部榮太郎）海參ハ我國ノ名産ナリ然ルニ粗悪ノ品物ヲ支那ニ輸出スル爲メ信用ヲ失ス故ニ精良品ヲ製シ其信用ヲ恢復センヿヲ望ム

（廣島縣一等屬十文字信介）藝地ハ鮎ヲ産スル夥多シ然ルニ若鮎ノトキ捕獲ス故ニ魚ノ大ナルモノ少シ（小鮎一升十二錢位）漁期ヲ定メルヿニシタシ

（富山縣三等屬岩田忠益）兎角舊時ノ漁期ヲ紊ル故ニ弊害從テ起ル漁期ヲ定ムルヿニシタシ烏賊ノ如キハ四季大小ノ別ナク捕フ云々

（石川縣五等屬石田磊）我縣下ニ山口縣下ノ漁民來リ漁事ヲ爲ス（中略）然ルニ吾カ地ノ漁夫ハ却テ之ヲ爲サス只舊慣漁場ニ營ムノミ云々

（千葉縣一等屬中村衡平）利根川筋ヲ登ル小魚多シ之レヲ流末ニ於テ捕ヘ或ハ其儘田畑ニ投入シ肥料ト爲ス（中略）之レカ取締ヲ設クルニ非サレハ上流ニ生長スルノ魚減少ス云々

（新潟縣四等屬瀬戸口宗明）（前略）刺網立網等ヲ以テ川口ヲ横斷シ上流ニ溯ル魚ヲ捕フ又民權家トカ自由黨トカ唱ルモノヽ如キハ鮭種川設置等ノヿニ樣々吻ヲ容レ其設ケヲ拒ムヿアリ數十ケ村又ハ數所聯合協議ノ十分屆ク場合ニ至リ此二三者ノ爲メニ破ル（中略）本省ヨリ取締法ヲ達セラル、ヿヲ望ム

○麻網ハ從來北海道ニ輸出セリ其年額三十六七萬圓餘ニ至ル、然ルニ近來頻リニ販路減少ス其故ハ北海道ニ麻網ノ製造起リ我新潟縣下ニ仰クモノ少シ（中略）彼レニ一産起リ我産ニ餘リヲ生スルハ損益スル處ナシト雖モ（中略）又慶

スヘカラス故ニ爾後海軍省ニ使用方ヲ依頼シ置キタリ云々

（京都府五等屬有吉三七）丹波ニ「イチ網」アリ從前ハ嚴禁シ置キタルモノ又火ヲ沖合ニ焚キ（三里程ノ沖）魚ヲ聚メ捕フ此焚火ヲ用ユル爲メ魚族網代ニ來ルモノ次第ニ減少ス（中略）取締ヲ企望ス、又桂川鴨川等ニ溯ル鮎ハ下流ニテ捕フルモノ多シ上流ニ來ルモノ年々減少ス、年ニヨリ雨多ケレハ川水濁リ流末ニテ小鮎ヲ捕フルコト少キヲ以テ上流ニ鮎多シ（中略）澱川ヲ溯ル鰻魚モ同斷ナリ取締ノ方法ヲ設クルハ目下ノ急務ナリトス

（德島縣七等屬守島英二郎）阿波國ノ藍ハ産額五百萬圓ヲ下ラス而メ之レニ要スル肥料卽チ干鰯、鯡搾粕等又二百萬圓餘ノ多キニ居ル云々

縣下ハ從來漁村ニ組合ノ設ケアリテ蓄積ノ舊法アリ、然ルニ維新後之レヲ解ク甚タ遺憾トス

（鹿兒島縣三等屬白野夏雲）火焚漁ハ甚宜シカラス魚族漸ク遠洋ニ去ル、昨年水産博覽會出品調査ニ際シ日向ノ島浦ニ（孔島ナリ）至ル夜々火ヲ焚キ沖合ニ釣漁ヲ營ム、一村一夜ニ費ス薪料四十圓ナリ、試ミニ火ヲ用ヒス釣ヲ爲スニ同シク魚ノ餌ニ付ク、是ニ於テ一村協議ヲ盡シ火ヲ用ユルコトヲ禁セリ、夫レ如此ナレハ漸ク火ヲ焚ノ漁ヲ一般ニ禁スルノ規約等ノ設アリタシ意見書アレハ之レヲ呈ス云々、火ヲ用ユルハ多ク鰺鯖ノ類ナリ、火ヲ用ヒス良シヤ漁獲ノ少キモ薪料ノ費ヲ比較セハ敢テ少シト云フニハ非サルヘシ云々

（宮城縣五等屬荒木正脩）我縣阿武隈川等ニ張網ヲ用ヒテ鮭ノ減少ヲ來セリ、又地獄網ノ如キ細目ノ網ヲ使用シテ他ニ甚シキ害アリ目下專ラ取締規則ノ取調中ナリ云々

（秋田縣三等屬高城守久）我地方ノ水産ハ米産ニ亞ク、近來次第ニ魚ノ遠洋ニ去ルノ景況ナリ、之レ全ク林伐ノ害ナリト信ス

（茨城縣一等屬高島千畝）寛政ノ頃ハ水産上ニ取締法アリ歩一税等アリテ甚タ嚴ナルモ今ハ歩一税ノミニナリテ取締法ハ自ラ弛ミタリ

（和歌山縣二等屬平田網一郎）我縣下水産ニ利アル一ヶ年收獲凡百萬圓、然ルニ從來ノ慣例ヲ廢シ殆ト困難ス、聯合組合ヲ設ケサレハ益ナシ云々

（大分縣三等屬中村幸藏）世間ニモクリ代言ト云モノ流行シ水村ニ立入朴實ノ風俗ヲ紊シ漁民ヲ惑ハシ大ニ水産上ニ害ヲ與フ（中略）早ク條例ノ發行アランヿヲ望ム

（札幌縣五等屬岩崎行親）海産物ノ粗製ニハ殆ト困却ス殊ニ昆布ノ如キハ最モ支那輸出ノ額大ナレハ故ラニ組合規約ヲ設ケタリ

（山口縣五等屬岩波美）舊慣ハ取締ヲ解キタルニヨリ帆曳網ノヿ等ハ甚害アリ

（愛知縣三等屬渡邊平四郎）舊時ノ慣行自ラ破レ入會漁業ハ如クナレリ、渥美郡等ニ入込來ル諸方ノウタセ漁ハ大ニ行ハル、又伊良湖崎ト志州神島等ノ間ハ勢海ノ門戸ニシテ即チ一ツノ海峽ナリ此所ニテ漁業ヲ爲スヿ從來ノ禁ナリ、然ルニ此規約頓ニ破レ（中略）魚族大ニ減少セリ、故ニ本縣ニハ一人ノ主任ヲ置キ舊時ノ慣行ヲ取調ヘ調成ノ上ハ取締方法ヲ伺出ル積リナリ云々

（福井縣九等屬新部榮太郎）水産上歐州諸方ノ必用ナル取締方法等主務者ノ演說アランコトヲ乞フ（中略）是非御都合ヲ以テ何日ニテモ御演說アランコトヲ希望ス

（愛媛縣四等屬四谷繼之）縣下ノ沿海其里程九百里而メ人民ノ住スル島嶼凡ソ八十（中略）其數凡ソ二百トス、又網代ハ大ナルモノ十町步此大小ノ網代都合千五百有餘ヶ所アリ

（熊本縣一等屬指山延貞）從來ハ漁期ノ制限アリシカ維新後自ラ解ケ他方ヨリ來リ侵スモノアリ、地元漁夫等之ヲ恐レ期ニ先立チ漁事ヲ爲ス故ニ（中略）早ク漁業條例ノ制定アランヿヲ

（函館縣一等屬二木彦七）管下ノ人民（中略）十五萬人其内農家ハ三萬人位ノ割ナリ（中略）刺網一統ヲ流失スル𪜈ハ六七百圓ノ損失ヲ致ス云々

人ヲ雇フニ多内地ニ據ル（中略）內地ヨリ雇ヒ來ルモノ給金ノ內三四分通リノ金ヲ望ニ任セ前借シ漁場ニ至ルノ途中遁亡ス（中略）取締法ヲ立ントスルニ內地ニ跨ルヲ以テ充分ノ方法ヲ設クル能ハス云々

又、夜鮑ヲ捕ヘ川口ニ張網ヲ施ス甚蕃殖ニ害アリ云々

又曰、從來荷造ハ不完全ナル改良ヲ加ヘサルヘカラズ仲間申合法ヲ設ケ改良ノ緒ニ就ケリ云々

（根室縣御用掛伊吹錦造）　近年昆布ノ失敗ハ其產多キニ過キタルト粗製ノ二ツニアリ（中略）信用恢復ノ姿ナリ

當地ニハ漁業資本金ヲ要ス開拓使ノ節ハ大ニ此漁業ヲ助ケタリ、然レ𪜈資金貸與ノ儀ハ今ハ望ムヘクシテ行ハレ難キモノアリ云々

（岡山縣一等屬野崎萬三郎）　漁業取締ノ儀ハ明治九年ノ達ニヨレハ專ラ舊慣ニヨル云々、之レニ付キ樣々ノ論アリ舊時ハ同シ沿海ニモ漁村ニ非ル村アリ、漁村ニハ舟役等アリ目今自ラ其例解ケ入會ノ制ヲ失フ地方稅ヲ以テ之ヲ許ス故ニ專農ノ村方モ漁事ヲ營ムニ至ル、如斯ナルヲ以テ先祖傳來ノ農ヲ捨テ漁業ニ從事スルモノアリ、是ニ於テ從來ノ漁民ハ充分ノ業ヲ營ム能ハス交互競爭ノ姿ヲ免レサレハ或ハ期ニ先立チ或ハ群魚散逸ノ度ヲ失ハシメ大ニ害ヲ爲ス、之レ全ク舊制ノ解弛ニヨル（中略）而シテ之レ等ノ害ヲ擧レハウタセ漁數罟等ノ害ハ素ヨリアリト雖𪜈農家恣ニ漁事ヲ爲スニヨリ全ク水產上ノ障碍トナルヲ信ス故ニ條例ノ制度アランヲ望ム、若シ然ラサレハ海面ノ取締ハ舊慣ニヨリ專ラ縣廳ニ放任アリタシ如斯セハ取締ハ充分ニ付クヘキナリ

又曰、漁具漁法ノ種類ニヨリ害アルモノアリウタセ漁ノ如キ當初害アルヲ知ラス自ラ慣習トナリタルモノハ先ツ姑ク置キ爾來新規ノ漁具漁法等ハ一々縣廳ノ許可ヲ得而メ後施行セハ或ハ將來ノ害ヲ未前ニ防クノ場合ニ至ルヘキカ

（滋賀縣一等屬高谷光雄）　（前略）目今不幸ノ民ハ士族ト漁民等ナリ、舊時ハ漁場ヲ所有セラレシモノニシテ賣買其持主ノ自由

タリ即チ山林ト同様ノ性質ナリ、目今ノ急務ハ水産上ニ取締ヲ設クルヲ以テ第一着トス（中略）舊管内若越ノ地方ハ舊例ニヨリ悉ク區畫ヲ定メシヲ以テ漁村ニ爭論ナシ、是ニ由テ觀ル片ハ漁場ニ持主ヲ定ムルヲ肝要トス、之レヲ爲スニ宜敷同業會ヲ開キ此效力ヨリ成立ツヿハ難キニ非サルヘシ

（新潟縣四等屬瀬戸口宗明）水產上取締ヲ設クル要用ナルハ本會ノ輿論ナリ然レモ滋賀縣ノ說トハ我新潟縣ハ反對スル處ナリ、明治八年水面ハ拜借スヘシト云ヒ（中略）拜借主ヲ定ムルニ當リ縣廳ハ大ニ困難ヲ極ム（中略）取締法ハ頗ル望ム所ナレモ（中略）俄然設クルニ於テハ又苦情ノ漁村ニ起ルヘシ

（福岡縣二等屬小山政藏）山口縣下カムロノ漁師ハ釣漁ヲ巧ミニ爲ス極メテ妙ナリ我福岡縣ニ來リ捕魚ヲ爲スニヨリ甚困却ス、之レヲ拒絕セハ彼等縣下ニ寄留シテ業ヲ營ム故ニ望ムラクハ早ク條例ノ制定アランヿヲ、又曰ク豐前企救郡神田ハ鰕多シ細目ノ網ニテ捕獲ス小魚ハ他ニ去ルヲ土人意ニ介セス捕フ云々

ここで各府縣官吏の意見を總括して見ると共通の所見は出來るだけ早く水產取締條例を出して貰いたいというのである。そしてその論據は、舊幕時代の舊法が廢止されたため漁業は自由となり漁場は官有となったから誰人でも官許をさえ得ればどこの海へでも出漁できる結果として漁業、製造ともに自由勝手となり、酷漁濫獲、粗製濫造の弊害を各府縣に現出するに至った。そうすると前文に見た千葉縣の水產談話會のそれと漁政上の意見は全く一致するのであるから、少なくも如上の漁政上の見解は地方的にも全國的にも一致した全國的意見で、それは日本で初めての漁業法が成立した明治三十四年より遡ること十八年前であった。

これまで記した漁業狀態は主として地方漁村のそれであったから、つぎに都市に隣接する漁村及びその漁業狀態の推移につき、一例として東京を中心とする場合を紹介する。

「漁產一班」（大藏省藏版明治十六年）によると、

東京府漁場一覽表 明治十一年調

漁場	村名	船數	漁夫數	收益	漁舟每一隻ノ收益	漁夫每一人ノ收益
金杉浦	芝金杉七ヶ町	二四	四〇	二、五五九圓	一〇七圓	六四圓
本芝浦	本芝四ヶ町	二九	三九	二、九二五	一〇一	七五
佃島浦	佃島	一九〇	一四〇	二、(白魚)九〇〇	一五	二一
品川浦	南品川獵師町	一二八	二〇八	五、一五九	四〇	二五
御林浦	大井村ノ内林町	一四九	二〇四	七、五四八	五一	三八
羽根田浦	羽根田村外二ヶ村	六四九	一、一〇一	六五、八五七	一〇一	六〇
袖志ヶ浦	東西船堀村外二十三ヶ村	五七一	一、二二五	三二、一二五	五六	二六
荒川	千住仲組北組外三ヶ村	三〇	三七	九一	三	二
合計		一、七七〇	二、九九四	一一九、一六四		
平均		二二一	三七四	一四、八九六	五九	三九

東京海魚川魚並鰹節問屋一覽表 明治十二年調

（海　魚）

組合	人員	賣上金高	一人當賣上金高
日本橋	三六三	一、一七九、七九四圓	三、二五〇圓
深川	四一	一三一、七六六	四、二一四
小舟町	三八	八四、五八八	二、二二六
芝金杉	二七	一二、八九六	四七八
本芝	三二	四、九四九	一五五
四日市	八九	六七〇、四〇四	七、五三三

本材木町	四一	七五、二七〇	一、八三六
合計	六三一	二、一五九、六六七	三、四二三

（川魚）

日本橋	一八	七五、一三七	四、一七四
千住	一五	一八、五八七	一、二三九
合計	三三	九三、七二三	二、八四〇

（鰹節）

濱吉	八	六八、七三五	八、五九二
四日市	八	一七、一七九	二、一四七
小舟町ノ内	一六	五九、二八九	三、七〇六
合計	三二	一四五、二〇二	四、五三八

一、東京ニ海魚ヲ輸送スル地方

駿河　伊豆　相模　上總　下總　安房　常陸　陸奥

一、鰹節製產地並品等（明治十一年東京各問屋ノ評定）

一等土佐　二等薩摩　三等伊豆　四等紀伊熊ノ浦　五等安房　六等磐城　七等下總銚子　八等陸前仙臺並ニ牡鹿桃生本吉氣仙四郡　九等陸中南部

一、東京乾鰮問屋概略及乾鰮其他魚滓種類表（明治十一年調）

乾鰮問屋　十戸　賣額二百萬圓餘　一戶平均二十萬圓

（種　類）　（產　地）

乾　鰮　　上總下總安房常陸
鰮搾滓　　同　上
鰶　滓　　安房ヲ第一トシ食用ノ餘剰ヲ滓トス
比目魚滓　陸奥八ノ戸仙臺
コアカ滓　南部仙臺
メロト滓　同　上
王筋魚滓　同　上
鯡　滓　　北海道ニシテ春秋二季多シ
コマイ滓　同　上

以上は明治十四、五年を中心に二十年前後までの地方及び都市漁業の趨勢を概觀したもので、維新直後の漁業であると同時に、これから蹈み出さんとする明治時代漁業の跳躍板でもあったから、この意味で一おう當時の水産業の狀態を鳥瞰圖的に示しておくと、

明治十四年の調査によると、當時の漁家四十萬二千八十五戸、この人口百七十八萬七千九十二人で、大小の漁網合計四十四萬六百九十一張、漁船十九萬三千七百九十四艘である。

つぎに漁民の收益を推算すると、これを四等に分ち、大　一ヵ年千二百圓、中　同六百圓、小　同百五十圓、小ノ小　同五十圓として、平均一網ニ付五百圓宛と見なすとき二億二千三十四萬四千五百圓となる。この統計は推算であるがややその實を得ている由である。

十四年の農務局の調査に、三千三百六十五萬九千二百七十八圓とあるのは「恐クハ正確ノモノニアラサルヘシ」との

批判がある。これによると、全國三千八百萬の人口が一人に付一日二錢宛の水産物を消費するとすれば一ヵ年二億七千七百四十萬圓となる。ところで當時日本の水産物收獲一ヵ年二億萬圓と假定するも決して大なる相違なかるべし云々の記事を見るが何れも推算の範圍を出てないのであるから收獲數そのものには何れの說にも多くの疑問をもつものであるが、漁船漁具數から收益乃至收獲數を推算するのは一おう許容し得るのではあるまいか。(前掲會報第五十八號)

そこで左に當時の重要水産物生產額、外國貿易額及び製品圖を擧げて、明治初年ごろの漁村生活の一班を想像する一助に供する。(口繪の參照を望む)

第一表

價格ハ單位ノ相場平均ヲ揭ケ金數ハ圓錢ノ間ニ「、」ヲ記シ厘位ニ止ム

區別	乾鮑		乾鰕		乾魚		鯣		鱶鰭	
國名	斤	價	斤	價	斤	價	斤	價	斤	價
和泉					七四八	一二〇				
伊勢					七一、二一九	三八	一一			
志摩	一、〇五六	二七〇			三五、七四五	三〇				
尾張			二三、六四〇	一六五	三三、四九四	三三				
三河			一、四一九	一三	四一四、八六七	五一				
遠江					一、六九〇	六五				
駿河	五五〇	一二〇			六九、八〇〇	四八				
伊豆	一三一	二五三			四七七、六九五	四〇	一三、六六三	一〇二	二、五〇〇	七〇
相模					二四四、七七二	三九	五九七	一七四	三二五	二〇〇
安房	一五、三五〇	二六六			六六七、一五六	二九	一、三〇〇	一二〇		
上總	四四、九九〇	七八			二三九、七九〇	四一	一、三〇〇			

下総			一三、二〇三	三五	一六、八七五	七一				
常陸	一三、〇六〇	三一七	一三二、四三三	五二	一〇九、八六九	五三				
近江					一、〇一二	四九				
信濃			一〇、三一二	五五						
下野			一、一五三	三〇						
磐城	二、二五〇	二五〇			一、五六三	三二				
陸前	五二、〇九〇	一四一			九三、五八三	二五二	三九二、七一二	一〇〇		
陸中	六〇、四六七	二〇〇			一一〇、二八五	五一	一〇、六三九	八五		
陸奥	二〇、九〇三	一九五					二二、五七七	八五		
羽後	五七九	三二〇								
若狭					九、五八〇	九四	四、八〇〇	一〇八		
越前					三八、八二六	四九	二六、一九一	一〇三		
加賀					五一三、九四七	二〇				
能登	一五、七五〇	三三〇			二一〇、二五六	三六	一〇八、五九五	一三九	三一、四〇〇	三二五
越中					六四八、二九五	二六	四八、五五〇	九〇	三、四五〇	一七九
越後					一七四、五七二	二六	七、三九七	六六	三、六五〇	一〇五
佐渡	一六、九五四	二二三	一五	一五〇	一六三、九二四	二八	五五三、六〇五	一〇三		
丹後					一四二、八八七	五五	五、五〇七	一六三		
因幡					六七五	一八〇	三、一二五	二一五	八〇	三五
出雲	二一五	一五三	二〇、〇〇〇	七〇	一一〇、九六六	五七	一、九一七	一五二	一五三	一一一
石見	三九二	一五二			一四、二六七	九〇	一、八九〇	一二七	八〇	二九〇
隠岐	一、七七七	一八〇					七八、九五三	九七		
備前			五〇〇	三〇	一、〇〇〇	四〇				
備中			一、〇〇〇	六〇	五〇〇	二一〇				

備後			三三、二〇〇	一二〇						
安藝			二一、七〇四	一二三	一二、六四六	五九				
周防			三三〇	五五			一五五	二〇〇		
長門	八、七九五	二六三	二〇、二八〇	七八			一三、六八一	一八〇	三九〇	二五五
紀伊					一、二三四、六四六	四六	一五、二六九	九三		
阿波	一三、五〇〇	四〇					二五八	四二		
讃岐					一三、五〇〇	七〇				
伊豫	二、五〇〇	二〇〇	一九、四二八	五〇	一六、〇九八	四二	四五、一二〇	二五三	六五	一九二
土佐	九〇〇	四一五					二、三五四	一六一	一、四四〇	三六九
筑前	二、三八五	一三五			二、一〇〇	一三	二、一〇五	一九四		
筑後			四、〇〇〇	三五						
豊前			一五、六三〇	一〇〇	三、〇〇〇	七〇				
豊後	九一〇	四五〇	一、七五〇	一二三	二七八、九三八	二五	四、九〇〇	一六〇	一、二七九	五六
肥前	三六、五二〇	三二〇	四、五九三	一七〇	六八、五五〇	四八	一五七、四七五	一五六	三、〇二五	二八八
肥後			五九、七〇〇	二三三	三、〇〇〇	八〇	一三、八一〇	一七二		
日向					三八二、八一三	二三				
大隅					六、〇〇〇	九一				
薩摩			八七五	二五〇	一七九、三九五	七八	八、三二〇	一五五	五〇〇	三五〇
壹岐	六、五〇〇	二四五					四五、〇〇〇	一六〇	一、五三五	二七五
對馬	四五九	二五八			一、五五〇	四〇	一〇〇、九一三	一七八	二五〇	二五八
合計	三一七、九八三	二二七	三八四、一六四	一〇五	六、九二一、〇九四	六〇	一、六九〇、四八八	一三九	五〇、一二三	二四四

國名＼區別	海参 斤	海参 單價	鰹節 斤	鰹節 單價	石花菜 斤	石花菜 單價	乾鰮 斤	乾鰮 單價	海苔 斤	海苔 單價
伊勢	五八	二〇〇	七一、三五三	一六六	一三、七一九	二八	九六〇	二二		
志摩	五、八〇七	二七五	七四、九〇五	二四二	四五〇、五三一	三四				
尾張	四、八〇〇	一八								
三河	八、五二六	一八九					三、六五一、九六六	二一		
遠江			一〇一、七八一	一七七			三九〇、八六五	二二		
駿河			七三、九五七	一二三			六〇〇	二七		
伊豆			一九四、七〇〇	三〇二	四〇三、五一一	四八	一一、二四五	八七		
相模			四、五二五	一七五	四〇、九四七	二六	五〇、〇〇〇	三〇		
武藏									六、八一三、一七帖	三
安房			二一八、〇二〇	一〇五	一一五、九二八	三五	一、〇五二、一三〇	二二		
上總			三七三、九二五	九〇	三一、六二五	三一	六、六四七、九六三	二六		
下總			二八八、六一三	一〇一	一、一一三	一六	七六八、七五〇	一四	五〇〇帖	三〇
常陸			二七四、四一〇	一〇〇	一、四〇〇	八三	一、四八七、四五四	二六		
磐城			二三七、九五二	一〇二			一〇九、四〇〇	二九		
陸前	六、六〇〇	一六三	六六六、九三九	七二	一、四三五	三八	一八二、八二五	二九		
陸中	二、一四〇	一八二	三七八、四五二	五一	三七五	二一〇	二三八、一五〇	三一		
羽前					三五八	八〇				
羽後					三三、八四二	三五	一六、一五一、四五六	二〇		
若狭	三五九	一五八			二五〇	一〇				
越前	二、六五五	四〇〇			二、四五九	二七			七六〇斤	一二〇
能登	六、九七八	二七二			九、八七四	九五				

越中					八、六七〇	三〇				
越後					一三二、四三三	三三	二一一、四二四	三一		
佐渡	一、七八五	二二〇	一、二〇〇	一二〇	三、六〇〇	一七	一六六、三三〇	六〇		
丹後	六、九五〇	二七〇							三〇〇斤	三二〇
因幡					七〇八	一三九	三五、六八五	六八		
伯耆							七五、〇〇〇	三〇		
出雲	二五〇	一四三	一八〇	三八四	五、六四五	五二	七〇、三四七	一八		
石見					一、三〇七	七〇	五六七、三六九	一六		
隠岐	一、七七九	二六四			三五二	六七	二八〇	一八〇		
備前	一、二五五	二二〇								
備中	八〇	二〇〇								
安藝	一六、九七〇	三九六								
周防	一、七六〇	一三〇					三〇、一一〇	四〇		
長門	八七五	一三五			一一〇	六〇	二九、五〇九	一八	四〇、八六四帖	四二
紀伊	五七五	四二〇	六二三、七八三	一五四	三七六、四五八	一八	二五、八四一	五三		
阿波	一、二六七	二二七	一二九、六四一	二四三	四、五七〇	三六	七、二一八	四二		
讃岐	一、八二七	二〇五								
伊豫	四、四五七	四一二	六七、一七五	一二七	一五、九五五	三一	一、四五五、一五六	三三		
土佐			七四〇、九七六	二七〇	二三、〇一七	七〇	三三一、五五〇	三九		
筑前	二〇四	二二五			一、二六八	四一	三三八、三五四	一五		
豊前	三、三〇〇	二七					一三四	二、五五〇		
豊後	二、四五〇	二三〇	九八〇	一八〇	八〇〇	三〇	九八九、八七八	八八		
肥前	一六、〇一八	三五三	三九五、八七〇	一七三	一七、三九九	四〇	一四、九七六、八二五	二三		
肥後			七四、七〇〇	一〇五	三、四五〇	三九	六、二八七	一五		

日向	四六、九五〇	一三七			二〇、六〇〇	二八	二一、七〇〇	二七		
大隅			六七五	一八〇	三五〇	四三				
薩摩			七六八、五四五	一四三	六、五〇〇	五〇	四三	一、〇〇〇		
壹岐	一、三五〇	三二五					二一、三〇〇	三一		
對馬					三、六七五	三五				
合計	一〇〇、〇三〇	二五五	五、八一〇、一八〇	一五五	一、七三三、二三四	四八	五〇、一八三、六二七 石 一七七	三三 一、七七五	六、八五四、五四一 斤 一、〇六〇	五八 二三〇

（地方要覽 內務省地理局 明治十四年）

第二表

國名	製鹽	鰹節	乾魚	乾鰮	乾鮑	乾鰕	鯣	海參	石花菜
	斤	斤	斤	斤	斤	斤	斤	斤	斤
和泉			二二四、七五〇	一五、〇〇〇					
伊勢	二、三三八、八六四	七一、三四四	八四、一二七	四九八、五〇〇		二八一	二八五	二、四九〇	一五、七一〇
志摩		五六、七一〇	五六一、九二〇	三、二四四	三、〇一〇	九一、三二四		一〇、一七五	五二一、八六二
尾張	四一九、六六三		八、六〇五			二〇、七九〇		八、八八八	
三河	一四、二〇七、〇三八		三二三、六二五	二、二六五、一五二		一、一二三		三、九八四	
遠江	一、六七八、六六一	二三一、八四五	八、八〇〇	一、二七一、九七五	一、〇〇〇	四、一〇〇			
駿河	一、二二二、三二二	四三、三五三	八〇、〇四六	一三、七五〇	四九二				
伊豆		一三五、五一六	三三六、七二〇	五、三二〇	六三九		二八、三六〇		四九一、九五〇
相模	八八、三一三		三一六、九三〇						
武藏	一、〇六八、五〇三								

安房		七九、五三八	五、二六〇、四〇〇	二、二五三、五〇六	五四、九七〇				一五一、〇九八
上總	三〇四、八〇八	七三、三五八	一、七一二、〇七五	二〇、〇八三、五八〇	一〇五、九五五	七、八三一			三三、〇一〇
下總	八、七七八、六六三	三八、一二五		四、〇七九、九四三					
常陸	三四九、六八二	七五、八三三	一七三、七九六	六、九七〇、八四四	八、〇〇〇	二〇八、六八八			四五〇
近江						一、二五〇			
信濃						四、九五八			
磐城	四、五八六、九七七	一〇八、三六五	一四四、〇〇〇	三三一、二六一	一四、一四〇	五〇			
陸前	一五、五九七、三九四	五三八、三八〇	八九、八四〇	五、一四一	九九、九八一		一二八、三七二	二九、九五六	四三〇
陸中	五、七四三、五七八	二三、三〇七	八六、三九七	四、〇〇〇	五二、四三七		八九、六八八	一、五〇〇	四、二七〇
陸奥					四九、六二七		二八、二一一	四、三五四	
羽前				三二、六〇〇					二六三
羽後	三九五、五八七			七二〇、四一七					一〇、〇一八
若狹	一〇九、九七七	一〇、五六三	二四八、四一三	三〇四、六三八	二五、八〇〇		一五、三六三	六、三八六	一五〇
越前	五六五、二〇一		四九、六八八	一〇、九三八		一二、〇六三	四五、八五〇	三九五	五、三一七
加賀	八四六、六八八		四四〇、一一七				一、二〇〇		
能登	三四、一五八、一三五		二二八、七七五		一二、一二五		一三一、五二五	一九、八九三	六、三二〇
越中			一、一二二、六四五				四五、九六〇		四、〇五〇
越後	六六二、一二八	四〇〇	二、〇七一、八八三	二、六一九、七〇六	二、九八六	一九、三五〇	八、二四〇		
佐渡	一六四、八八三	五〇	一九四、八六四	四九、九二九	五、六三六	一三〇		八七六	
丹後	三二七、八一五		三〇七、九四五	二二、八八七			一、二八一	一、六三〇	
因幡	六九、〇二三			一、八七五			六五九、四〇〇		六、六五五
伯耆				一七、一〇〇					
出雲	二、九〇九	七五	二一〇、八九三	四八、〇六一		二三、二二五	四、二五八	八二	三、六九一
石見			六〇、六九一	九九四、八五二	二、八三一		一七、六八六		二、〇八二

隱岐				三三八、〇〇〇	五、四六六		二四八、一一七	二、七五一	八〇二
播磨	一八二、七九八、一三九								
備前	六五、六九四、六二八		四一二			八一、二六〇		三、三八〇	
備中	六、三〇五、二九四		五〇〇						
備後	四二、九三二、八一〇		一六一、三五〇			二、四三一、八六五			
安藝	七一、七四八、〇七七		九六、七五三	四、八六九		三三四、〇〇〇		四、五六八	
周防	二一八、九〇四、七二七			六七四、四八一		三一八	三、一五二	八、六一八	
長門	一九、〇六六、五七九			一四二、四二〇	一〇、四九五	五五	四一、六〇八	二、九三五	六九四
紀伊	一、一九〇、七五六	五〇三、一九〇	三、一三一、八四二	六、五六〇	八〇		八、二四八		二五七、一〇〇
阿波	三八、八八〇、三一三	七七、五九一						五五五	
讃岐	一〇六、六六二、〇七一		一九、九〇一	六〇、〇〇〇				二、二〇五	
伊豫	五四、七二五、九八〇	一〇、四四五	七九、九九八	一三、六二三、七一〇	四、一六〇	一三、七三四	五五、二六六	四三、七六〇	五六、八三二
土佐	三、六五五、三八一	一、五三六、九八四		二五八、四二五	一三、〇四五		一九、七三三	五三	四三、一二九
筑前	一〇、二三七、〇〇四		八、八〇〇	五五、九〇〇	二、七二〇		七、三九〇	一二五	一、六九四
豐前	七、一二九、九七二		二、二五〇	一三、五〇〇		一三、七二〇		九四五	
豐後	一〇、八六八、八五四	三〇、四〇〇	二、六五八、二七一	八、三九八、五八九	二、五五〇	四〇〇	四三、五四三	一、〇一九	
肥前	七、一一二、一七五	三七四、二三九	一三一、〇〇五	三、三六九、四八七	二〇、六〇一	三〇、七〇〇	二九九、一〇四	一七、五五八	二四、六四三
肥後	五六、一九五、八二七	二七、〇〇〇		三二〇、〇〇〇	一、九〇〇	七四、三八四	五〇、一一〇		
日向	五四七、五九一	一八九、四八一	二、一二八、五〇〇	三九四、四九五	八〇		八五〇		二、二五五
大隅	五、五七六、九三〇	二五、三五〇	九、六〇〇	三八、八〇〇			一、八九〇		二、九五二
薩摩	六、四一三、九一三	二八七、九五六	九、七八八	一二〇、四四五	一〇	四〇〇	二三、三八〇		四七、三八四
壹岐				四四、二〇〇	一〇、五二〇		一四五、五〇〇	四、〇七〇	四三六
對馬		一、〇二五	八九、三七〇	五五、二四〇	二、〇一一		七二、四三一	二、八一六	三、八一一
函館縣			二八、一三四、八〇三	三二、五六三、一五四	六三、四九九		二三九、一九〇	一七、二二六	

札幌縣			二九、五五〇、八五六	八五、四〇四、四四六	三九九、九一八		三、三九五	四三、三〇一	
根室縣				七、一四六、五四九				五、五六八	
總計	九一〇、三二一、八三三	四、五五〇、四二三	八〇、五六一、九四四	一九四、六五七、四八九	九七六、六八四	三、三七三、九九九	二、四五八、五八六	五二二、〇六六	一、六九九、〇五八

（水産總額一覽表　水産博覽會事務所。明治十六年）

農務局出陳ニ係リ十四年ノ産額ヲ示ス

北海道三縣ノ乾魚ハ鰊魚ノ斤數ヲ示シ、乾鰮ハ鰊、鰮ニ魚搾粕ノ斤數ヲ示ス

第三表　水産輸出入表 (1)

		鯣	昆布	乾鮑	寒天	煎海鼠	鮑貝	其他諸品	合計
輸出	清	六四七、七六一圓	六九六、七三五圓	二六一、七九九圓	二八六、八三八圓	二三四、〇一五圓	五、六〇八圓	二〇七、四二三圓	二、三四〇、一七九圓
	英吉利				二、五七五		九九、四六四	三、二三八	一〇五、二七七
	佛蘭西				九一〇		二、五二五	五、七六〇	九、一九五
	亞米利加	六二一	六	九五七	五七八		六、七二三	一、六六九	一〇、五五四
	東印度	五		三	八五六				八六四
	魯西亞		一					七四九	七五〇
	日耳曼							一二	一二
	丁抹							一五	一五
	豪洲							一二〇	一二〇
	和蘭							一〇	一〇
	伊太利						五〇〇	七三〇	一、二三〇
	西印度							三三	三三

	其他諸國	總計
		六四八、三八七
	六	六九六、七四八
		二六二、七五九
		二九一、七五七
		二三四、〇一五
		一一四、八二〇
	一九、九五八	二三九、七一七
	一九、九六四	二、四八八、一〇三

輸入

	鼈甲	珊瑚及珊瑚珠	其他諸品	合計
清	八、四七九圓	六二六圓	三五、八〇五圓	四四、九一〇圓
英吉利	六、八五五		五、八六三	一二、七一八
佛蘭西	四一二		一、三一八	一、七三〇
亞米利加	一五七		八五三	一、〇一〇
東印度	七五、〇五〇	一〇〇	一二、六六四	八七、八一四
魯西亞			二、四一〇	二、四一〇
日耳曼	八七五		一、六一三	二、四八八
豪洲	二四三			二四三
和蘭		一、二九九		一、二九九
伊太利		一三四、七九七	一二四	一三四、九二一
西印度	三〇、四八〇		六〇〇	三一、〇八〇
其他諸國	一三		三、六九五	三、七〇八
總計	一二二、五六四	一三六、八二二	六四、九四五	三一四、三三一

（同前）

第四表　水産輸出入表（2）

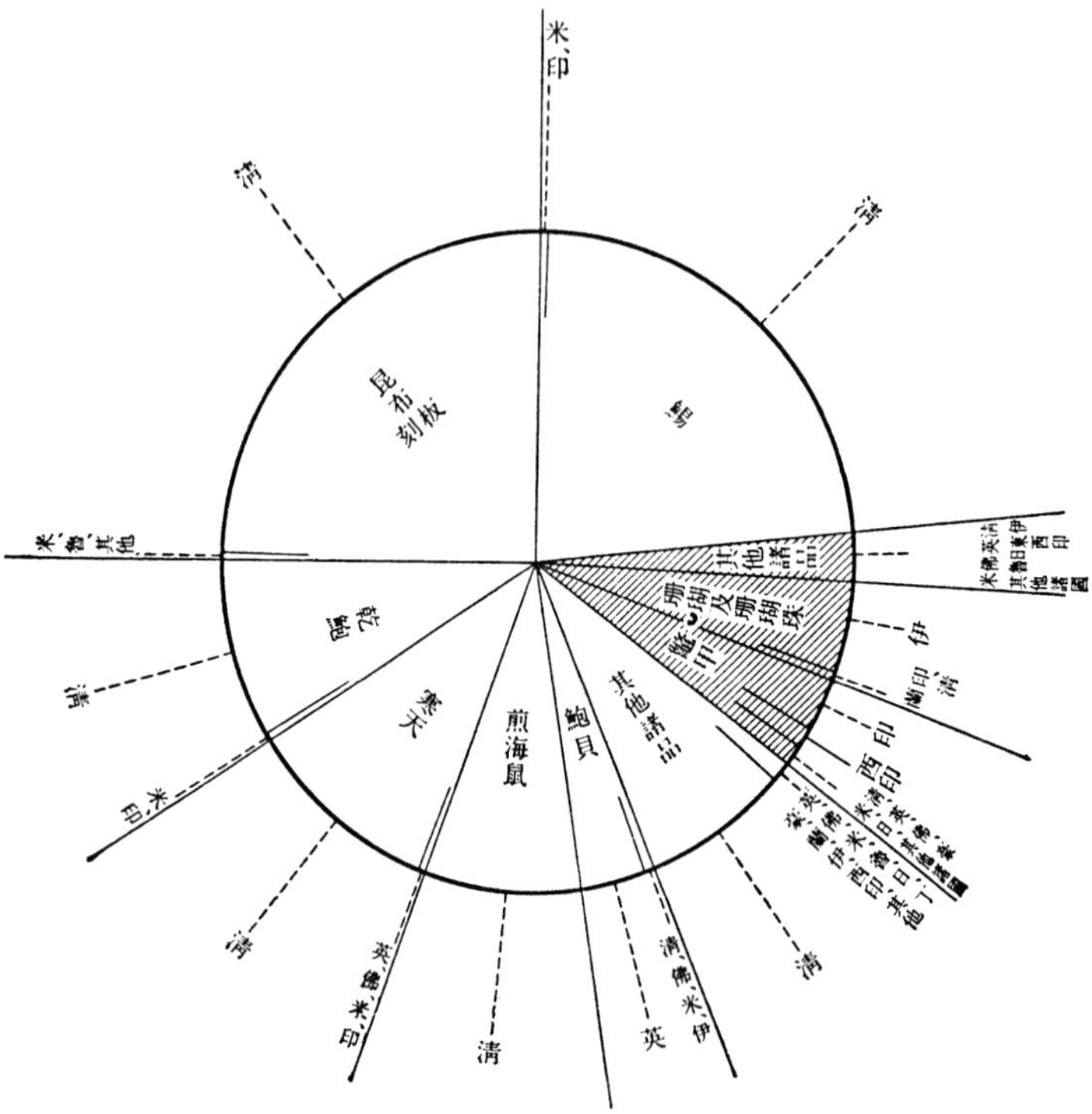

圖中斜線ハ輸入水産物
他ハ輸出水産物
（同前）

第一　輸出入比較圖表（水產貿易一覽 山本由方撰 明治十九年 大日本水產會發行）

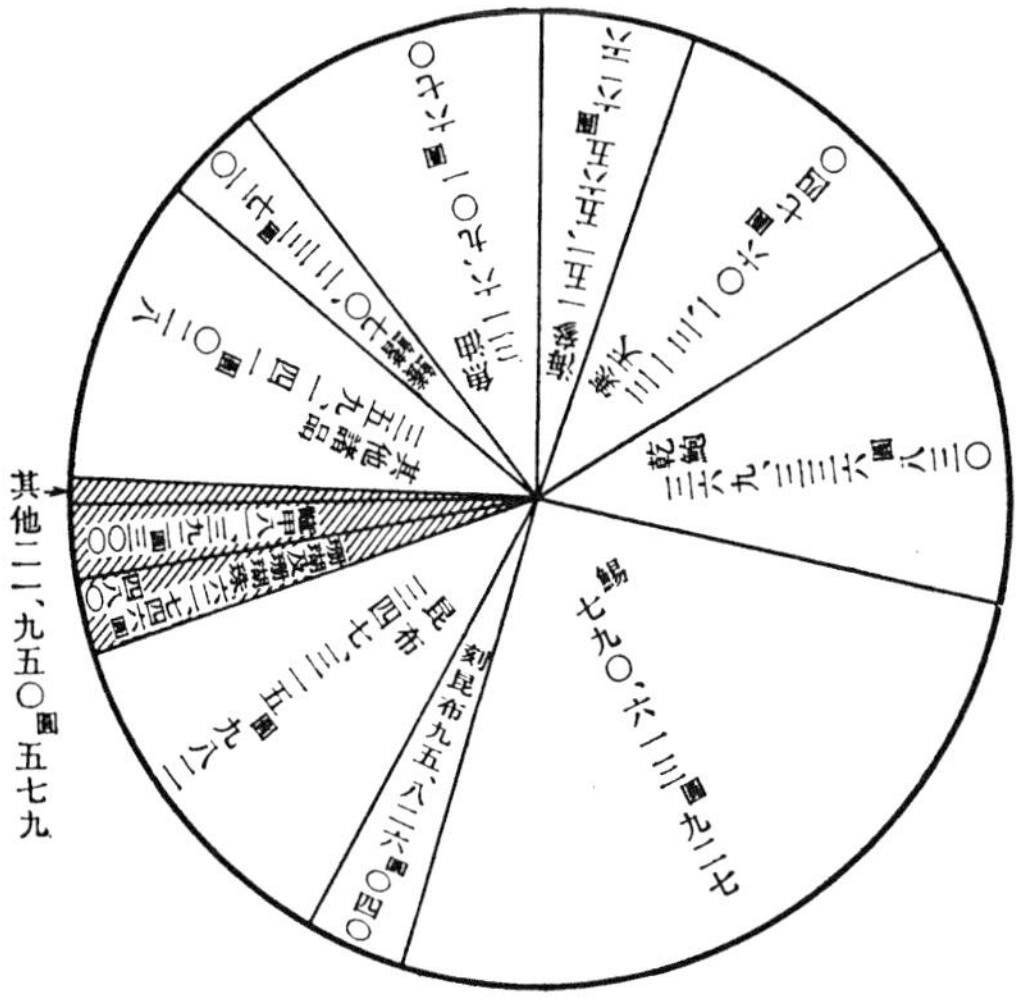

第二　輸出國分圖表（同前）

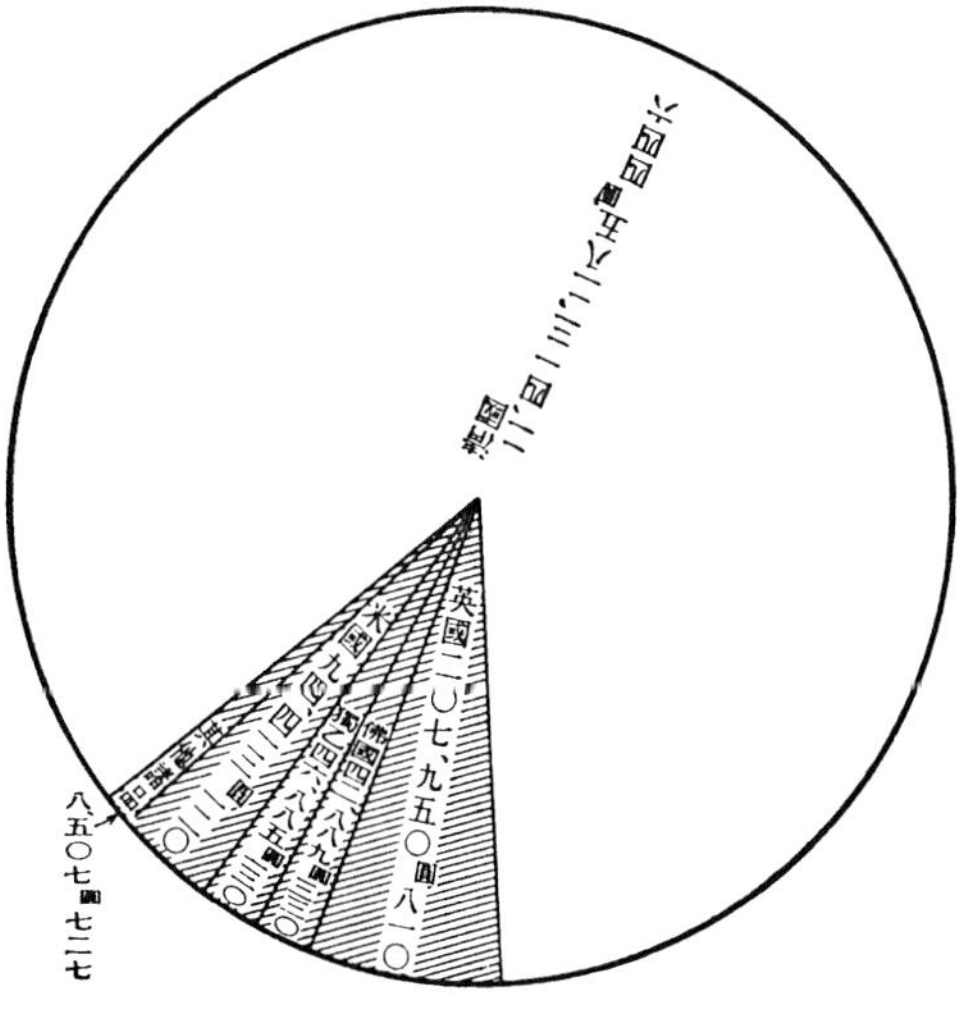

（斜線は輸入）

第三　輸出仕向先圖表（同前）

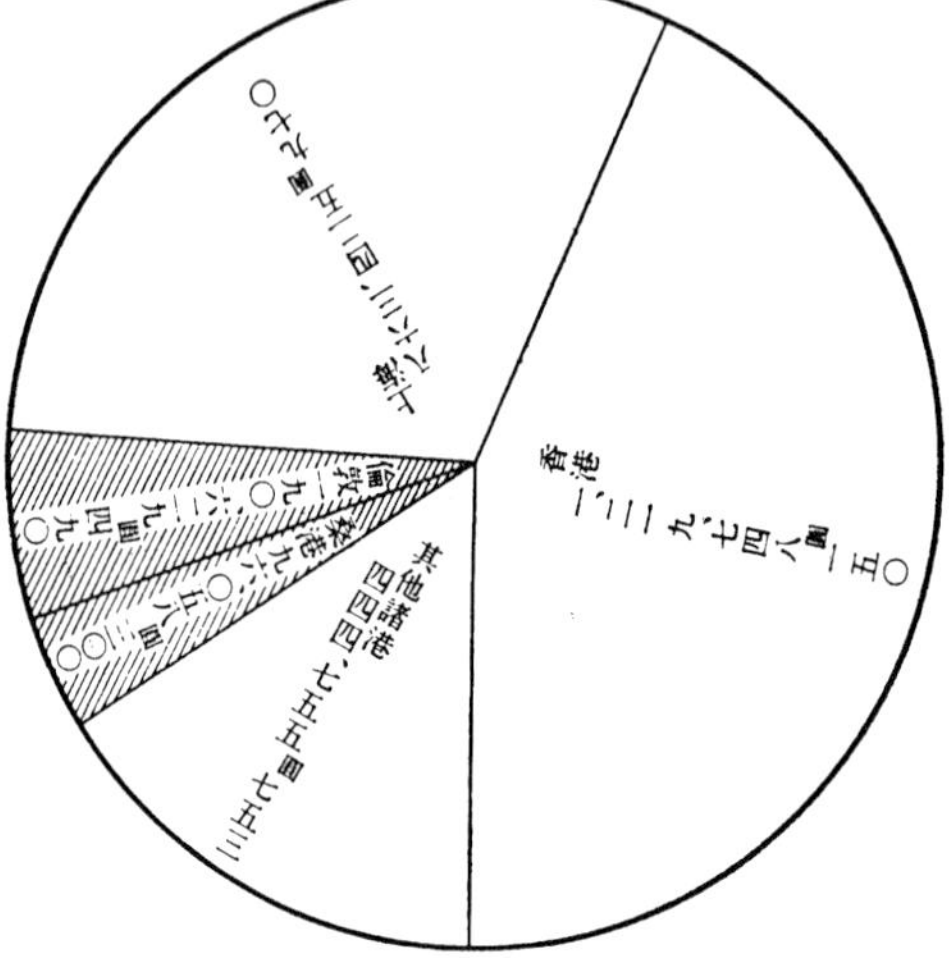

（斜線は輸入）

輸出水産物ノ圖（同前）

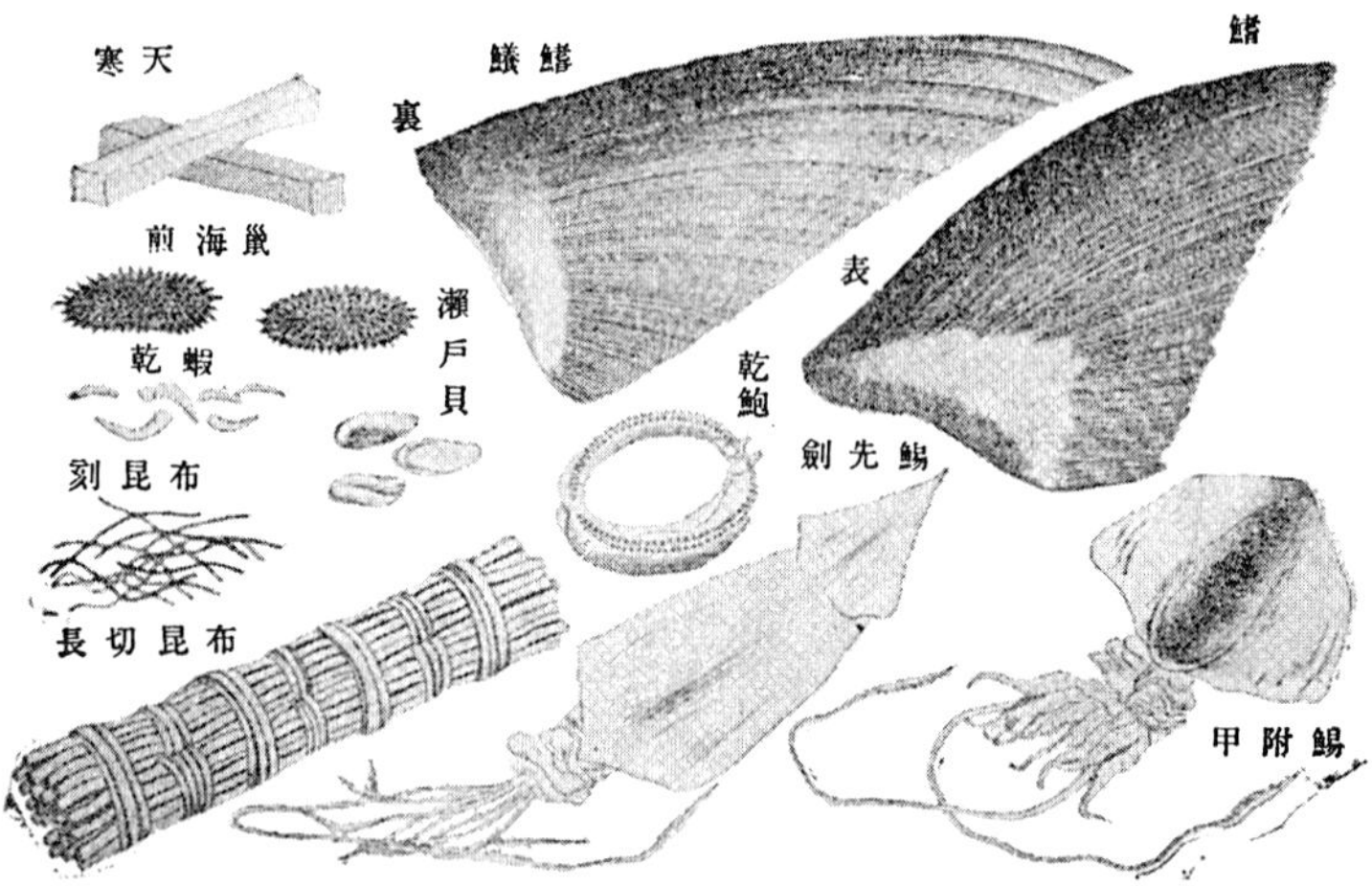

つぎに吟味しなければならぬ他の重要な問題の一である遠洋漁業の方面はその後どんな推移を辿ったのか、二十五年貴族院議員村田保氏は公爵近衛篤麿外百三十名の賛成を得て五月七日左の建議案を第二期帝國議會に提出している。

水産業保護に關する建議案

（前略）良好の漁場極めて多しと雖も漁民の資力薄弱なる朝夕を計る能はさるの徒多くして僅に海岸附近の小漁業に齷齪し、遠洋大海の良漁場を探究する能はす水産の遺利隨て多し是を以て歐米人の我近海の漁利に垂涎し現に千島諸島の海獸は外人の密獵するもの維新以來無慮數千萬圓に及び、露人英人が日本近海に捕鯨を試み米人が鱈漁場を北海に探檢する等は吾人の確聞する所たり（中略）異日我近海の漁權に關して國際上の紛紜を生するの憂なしとせず故に漁民を保護奬勵として遠洋漁業を擴張し併せて帝國の富源を培養するは急務中の急務と謂ふへし云々。（前掲會報第百二十號）

いま試に當時の外國獵船のうち函館に寄港した數を擧げると合計四十八艘で、積載の膃肭獸皮三萬六千八百八枚これを當時の價格にして五十五萬二千百二十圓に達するという。本年二十七年三月より七月まで當港へ寄港した外國獵船表によると、

國名	船名	入港月日	積荷膃肭獸皮
英	モードエス	三月二十八日	二百六十枚
〃	アーロツタジーコツクス	四月二十七日	五百四十四枚
〃	ビートレス	五月四日	九百四十九枚
米	ヘーノレープ	〃	二千六十八枚
〃	アール、エフギイルリムヤス	五月八日	六百三十八枚
〃	エド、シワルベーク	五月十三日	百四十四枚
英	ヴェラ	五月二十四日	七百五枚

〃	マリーテーロル	五月二十六日	七百三十二枚
米	ソフイアザサーランド	五月三十日	千四百五十六枚
英	カスマ	〃	千三百九十四枚
〃	メーベル	六月三日	九百六枚
〃	アンネー、イ、ベエント	六月五日	千百卄一枚
米	ジヨセヒン	六月十三日	四十八枚
英	シエネバ	六月十五日	千九十四枚
米	シエーエツベンジヤー	〃	九百九十七枚
英	ダブルユ、ヒーホール	〃	七百十四枚
米	アレキサンダー	六月十六日	三百六十八枚
英	フオーン	六月十九日	六百四十六枚
米	ジヨージダブルユアレヌマツト	六月二十日	三百二十九枚
英	ロイ、ジイオルセン	六月二十一日	千四十二枚
米	ハルマン	〃	九百十七枚
英	ベネロウブ	六月二十二日	千三百六枚
〃	オウロラ	六月二十四日	六百九十七枚
米	ルイサデー	六月二十五日	千三百九枚
英	ブンインダ	六月二十六日	二千四百四枚
〃	ラスカアー、エンド、ハツテー	〃	千七百三十五枚
米	アレキサンダー	四月十四日	二百十五枚
〃	アンナ、マセルタ	四月三十日	百七十五枚
英	タラ、シーワード	五月四日	千三百二十一枚
〃	オウロラ	五月七日	二百二十四枚
〃	ドラ、シーワルド	五月八日	千百五十八枚

〃	レベー	五月十五日	四百六十六枚
米	レリーエル	五月二十四日	五百二十一枚
英	オワト	五月二十九日	七百七十二枚
米	ジョーヂボテー	五月三十日	百三十九枚
英	セーワアド	五月三十一日	四百八十八枚
米	マテ、テイダイヤ	六月四日	九百十五枚
英	オーシエンベレー	六月八日	五百三十七枚
〃	ウヲター、イアール	六月十五日	千四百五十四枚
〃	エンタープライス	〃	千二百五十三枚
米	アナコンダ	〃	三百三十枚
英	ルタメイド	〃	千六百七十一枚
米	ポナンザ	六月十九日	六百四十六枚
〃	ヲツトラー	六月二十日	千四百十四枚
英	ダイアナ	六月二十一日	千九百六十一枚
米	ローヌマバーク	〃	四百十四枚
〃	オレサ	六月二十二日	六百八十二枚
英	エリーエルン	〃	千九百九枚
〃	リピイ	六月二十五日	千十枚
米	アーリイ、アイエルガー	〃	千三百七十一枚
英	パイバ	六月二十六日	千四百三十六枚
	船數五十三艘		枚數四萬七千三百三十七枚

（前掲會報第百四十五號）

そこで當時の農商務大臣陸奥宗光氏の第九回水産大集會における演説の要旨を見ると、

（前略）水産物ノ人間生活ニ需用アルハ尚陸産物ノ穀物ニ於ケルカ如ク實ニ缺クベカラサルノ必要ガアル（中略）然ルニ古來水産事業ノ發達ハ常ニ陸産事業ノ發達ニ後レテ居ルハ獨リ我日本ノミデハアリマセヌ泰西各國ニ於テモ同様云々、我國ノ輸出産物中ニ於テ主ナルモノハ生絲或ハ製茶（中略）近來ハ米穀若クハ石炭ナトモ重要ノ品トナリ（中略）水産物ノ輸出ハ常ニ二三等ノ間ニ居ル（中略）數年以來著シク增殖シテ（中略）明治初年ニ於テハ僅ニ五拾萬圓ノ輸出テアリマスカ明治二十二年ニ至テハ三百四拾萬圓餘ノ高ニ上リ云々、今一層奮發サレテ此事業ノ發達ヲ計ラレタナラハ數年ヲ出テスシテ一千萬圓餘ノ輸出ニ增加スルコトハ左ノミ難事テハナイト思ヒマス云々

然ルニ我國ニ於テハ從來漁業ヲ規定スル法律カ甚不完全テ（中略）唯從來ノ慣習テ處分スル外漁民ノ權利ヲ堅固ニシ水産ノ利益ヲ保護スベキ方法卽チ漁業律或ハ漁業法ト云フモノカアリマセヌ、先年發布ニナリマシタ所ノ民法ノ財産篇ニモ河海捕魚ノ行使權ハ特別ノ規定ニ據ルトアリマスガ未タ其特別ノ規定ト云フモノカナイ故ニ民法實施ノ日迄ニハ何レニカ漁業法トカ漁業律トカ名クル法律ヲ制定シナケレハナラヌ、既ニ農商務省テハ右ノ法律ノ草案ニ着手シテ居リマス云々

私カ將來我國ノ水産事業ニ就テ希望スル處ノ一、二ノ要點ヲ擧ケテ此席ヲ退ク云々、譬ヘハ漁具ノ改良生魚ノ貯藏法鹽魚又ハ乾魚ノ製造法或ハ肥料ノ製造（中略）故ニ其レラノ改良ハ唯諸君ノ裁斷ニ於テ苟モ採用（中略）ヲ希望スル所テアリマス、偖玆ニ一ツノ目下我國水産事業上ノ一大問題（中略）卽チ遠洋漁業ノ問題テアリマス（中略）我漁民カ少シク奮發シテ大洋ニ乘リ出シテ漁業ヲ致シマシタナラハ巨額ナル收獲ノアルコトハ疑ナイ、但從來我國ノ漁民ハ概ネ近海ノ小漁業ニノミ馴レテ居ツタ（中略）短カクモ一ケ月長クハ百有餘日ノ日子ヲ費スタケノ大仕掛テ漁業ヲ致ス勇氣カナイ（中略）人カ魚ヲ捕ヘニ行クノテナクシテ、魚カ人ニ捕ヘラレニ來ルノヲ待テ居ルト云フ話テアル（中略）潮流ニ從ツテ偶然來ル種類ノ魚ノミヲ捕獲スルナラハ數年ノ後チ我國ノ人口モ增加シ又漁具其他ノ改良ニ依ツテ收獲ノ高モ增

シテ來タナラハ我國ハ魚族ニ缺乏ヲ告クルニ至ルコトハ餘リ遠カラヌカモ知レマセヌ、又遠洋漁業ト云フコトハ動モスルト捕鯨若クハ臘虎獵ノ謂ナルカノ如ク思ハレマスガ、無論捕鯨若クハ臘虎獵ノコトモ（中略）水産上ニ於テ重要（中略）併シナガラ他ノ重要ナル魚族（中略）譬ヘテ謂ヘハ我國ノ近海ニハ四月ノ頃カラ八九月頃迄ニ鰹カ來ル（中略）其群集シテ居ル所ヲ探究シタナラハ一年中鰹ヲ漁スルコトハ容易テアリマセウ是レハ只鰹ノ一例ヲ擧ケタヾケデアリマスカ云々、扨此遠洋漁業ニ就テ幾多ノ資本ヲ要スルカト云フコトハ曾テ農商務省ニ於テ一隊ノ遠洋漁業ヲ企テル費用ノ概算ヲ立テタコトカアリマシタカ、先ツ百噸ヨリ百五十噸位ノ帆船及之ニ附隨スル處ノ小蒸汽船一艘ト漁業ニ使用スル幾多ノ小舟及其漁具等ヲ抱括シタル費用カ凡四五萬圓（中略）比四五萬圓ノ金額ニテモ彼ノ海濱ニ住居スル貧窮ナル漁民ニ向ツテハ大事業テアツテ俄カニ之ヲ企テルコトヲ望ムハ固ヨリ無理（中略）併シナカラ我國ニ於テ實業ニ從事スル者ノ中ニモ相當ノ資財ヲ有シ相當ノ知識ヲ有スルモノ少ナカラス、況ンヤ亦是等ノ事業ニ就テハ必スシモ其資本ヲ漁業者カラ出サネハナラヌト云フ譯モアリマセヌ苟モ此事業ニシテ相當ノ利益カアルコトヲ證明スルコトカ出來タナラバ其資本ハ自ラ供給スル道モアリマセウ、卽チ是等ノ利害ヲ講究シ之ヲ世間ニ發表スルニハ實驗ト學術トノ兩原素ヲ要スルコトテアツテ幸ヒ本會ハ其兩原素ヲ有スル所テアリマスレハ何卒諸君カ充分ニ之ヲ講究セラレ（中略）之ヲ世上ニ發表シテ水産事業上ニ長足ノ進歩ヲナスニ至ルヘキ目的ヲ研究サレタイコトヲ云々（前掲會報第百九號）

ここで陸奥氏の意見を要約すると、一、過去の沿岸漁業は魚族の廻游を待って漁獲するやり方であるから、その豊凶の分れめは魚族廻游の多少に懸っている。この方法では廻游魚群そのものの減少や魚道の變化により將來は沿海を漁場とするこれまでの方法では漁業は衰頽の運命に陥るかも知れない。二、そこで沿海にのみ固着せずに魚群を逐うて、或は四季を通じて棲息せる海場を探險してこちらから積極的に出漁するいわゆる遠洋漁業を奨勵する必要がある。しかしそれには多額の資本を必要とするから、貧窮なこれまでの沿岸漁民には不可能のことであるが、かの實業家という人達は金もあるし利益のあることが明確になれば寧ろ進んで向うから遠洋漁業にやってくる云々。三、そこで問題は實驗と學問によってよくこの企業を研究し彼等にその有利なることを具體的に示すことである。

以上が最も重要の點と思われるが、その結果として將來の日本漁業の重點は中小規模經營の沿岸漁業を去って大規模經營の資本主義的漁業に移動することを意味するものであって、これまた當時の狀勢として自然のことであろう。だがそこに現代の漁村及び漁民生活の一大社會問題の伏在せることを見逃してはならない。そしてこの問題は陸奥氏のいった「漁民ノ權利ヲ堅固ニシ水産ノ利益ヲ保護スヘキ方法即チ漁業律或ハ漁業法云々」の問題と密接不離の關係にあるのであって後段に考えてみたいと思うのである。

また翌二十五年、大日本水産會幹事長村田保氏の「水産ヲ擴張スル前途ノ方針」（前掲會報第百二十一―五號）によると、つぎの諸點が注目を惹く。

水産事業ヲ發達セシムルニ就テ本會カ執ル所ノ方針ハ（中略）第一漁船漁具ヲ改良シテ漁場ヲ遠洋ニ擴メ云々。第二製造ヲ改良シ販路ヲ海外ニ擴メ云々。第三人工ノ媒助若クハ保護ニ由テ水族ノ生産ヲ殖シ云々。

第一についてはさらに、

（前略）大艦巨船ヲ繫泊スルニ足ルヘキ良港ナキニアラサレハ是又漁民ヲ移シ豫メ海上ノ主權ヲ張リ假令一朝外國ト事アルモ敵ヲシテ擅ニ此ニ據ルコトヲ得サラシム（中略）朝鮮海ハ中國及ヒ九州筋ノ漁業者カ從來出稼ヲ爲ス所ニシテ云々

と大に朝鮮海出漁の發展を叫び、さらに遠洋漁業については、

（前略）遠洋漁業ヲ創始センニ一時ニ之ニ着手センコトハ難キノミナラス經費モ亦許サヽル所（中略）故ニ余カ望ム所ハ初メ政府ニ於テ遠洋漁業ニ適當ナル漁船漁具ヲ作リ而シテ年來漁業ニ從事セル人民中殊ニ勇壯強健ナルモノヲ募リ

テ之ニ乘組マシメ平時ニ在テハ其豫定ノ方面ニ於テ漁業ニ從ヒ緩急アレハ海兵トナルノ義務アルモノトシ（中略）其業ノ果シテ利益アルヲ見ハ敢テ資金ヲ政府ニ仰カス合資結社等ノ方法ニ由リ（中略）沿海漁村ハ皆遠洋漁業ヲ爲サヽルハナク遠洋漁業ヲ爲ス漁民ハ悉ク勇壯ナル海兵ノ用ヲ爲スニ至ル可キナリ

この結社團體による海の屯田兵的遠洋漁業組織――郡司大尉の千島植民計畫と同じ考え方――は、一見したところ先きに引用した陸奥農相の所見とよほど似てはいるが、本質的に可なり違ったもののように思われる。さらに村田氏は進んで、人工養殖ならびに水産教育の問題、貿易方面に於ては製造及び荷造を改善して大いに支那輸出の増進を企圖すべしと高唱してはいるが、何といっても氏の主たる功績は漁業法の制定であるから、この問題について少しく吟味してみる。

（前略）故ニ法律ノ力ヲ以テ禁スベキ漁具ハ之ヲ禁シ害アル漁法ハ之ヲ制限シ云々、然レトモ漁業法ノ必要タル獨リ魚介ノ成長蕃殖ヲ保護スル爲メノミニ由ルニアラス云々

として他業との關係利害を吟味して一定の制限を定めねばならぬと考えていたのは當然であるが、さらに進んで、

一歩ヲ進メテ細説スレハ第一漁村ノ維持ニ於テ其經濟上ノ節度ヲ立テサル可ラス、又近海ニ於ケル漁場ノ區域ノ如キ往々紛議ヲ生シ易キモノナレハ預シメ規定セサルヘカラサルモノアリ、其他遭難漁者ノ救助新漁場發見者ノ褒賞等ノ如キニ至ルマテ皆法律ノ關係アリ殊ニ遠洋漁業ノ奬勵及漁人ヲシテ有事ノ日海兵タラシムルカ如キハ事體頗ル大ナルモノナレハ最モ以テ法律ニ依テ規定セサル可ラス（中略）抑々漁業組合ナルモノハ殆ド全國各地ニ普及シ漁業者各自慣習ノ漁村漁區ニ依テ團結シタルモノ（中略）將來漁業法ヲ實行スルニ方テハ此組合ヲ利用シ各地ノ團結ヲ鞏固ナラシメ漁業ノ發達ヲ催進スルニ便ナレハ全國各地ノ小組合ハ一府縣若クハ數郡區便宜ニ連合シテ一地方ノ水產ニ係ル事項ヲ總攬シテ云々

と舊來の組合を利用し整理して、今後の漁村及び漁民政策の根本にしようと考え、この思想を將來の漁業法に盛らんと

したことは當然のことと思われるが、それよりも最も肝腎な漁業者（漁業經營者）對漁夫または水手（漁業勞働者）間における、漁業の特殊性からくる賃銀契約その他の勞働諸條件に關する問題については、當時の爲政者ならびに氏を初めとする民間有志の人々からも聞くところ甚だ少ないのはどういう譯か、そこに他の社會革命と違った明治維新の本質が伏在しているようである。

以上で明治初期の爲政者ならびに民間有志に共通する富國强兵の狙いと手段がどこにおかれていたかを知りうると思う。

かような經過を辿って、やがて日本の水産業も間もなく日清戰役に突入したのであるが、この數年間における水産業そのものの趨勢はどうであったか、この間の消息を要約してみる。

明治二十六年度

先ず水産調査所の設置である。豫算三萬圓餘で、このうちに水産調査委員會をおき政府の重要な水産諮問機關とし、水産の技術、法制經濟の改善發達に多大の效果を擧げた。

一般の外國貿易は外國市場の不景氣と銀價の變動により不振であったが水産貿易は却って二十五年度よりも九十餘萬圓を増加し五百十五萬圓に達した。これは主たる輸出先である清國の水産物の需要そのものが増加した結果も可なり有力な原因であったと思われる。このほか歐米市場から蝦罐詰や魚油の注文乃至問合せを得るに至ったのは米國シカゴ博覽會、英國コーンウォール州漁業博覽會に日本からの出品がその效果をあげたものと思える。

教育方面では文部、農商務兩省の所管内でそれぞれその發達と普及を計った。

つぎに外國漁船の密獵問題は前文に記したように朝野の重大問題化し、政府もこれを水産調査委員會に諮問すると同時に貴族院議員村田保氏は漁業法案を第五帝國議會（解散されたが）に提出するという年度であった。左に輸出重要水産物の輸出狀態を示すと、

品目	數量	價格
鰑	一〇、三五六、九九二斤	一、四二六、七八一、四〇〇圓
海参	八四〇、八三一	二八一、五二四、二二〇
寒天	一、四五二、七三二	七〇〇、一一九、八九〇
食鹽	一九、一六九、六七一	八六、二一七、二〇〇
昆布	三二、七一八、四五九	七六六、五七二、八四〇
鱶鰭	二八四、二七一	一〇一、七一四、九四〇
鮑	一、〇二〇、九九六	四八六、三〇八、八九〇
鰕	一、四〇四、四三五	二〇六、五六五、九一〇
魚油	一三、六五八、六九〇	五三一、三〇四、〇九〇
鮭、鱈、及田作	二、四七七、七四九	一一一、二五四、一七〇
他ノ鹽魚乾魚類	六一七、〇三七	二一、三五一、七二〇
刻昆布	六、五四〇、一八四	一六二、六七八、八二〇
貝柱	三二五、四四六	八二、七七六、四四〇
他の諸貝類	—	八五、〇八九、二四〇
鮑殼	七八二、四九六	六〇、九九九、二一〇
合計	九一、六四九、九八六	五、一一一、二五三、九八〇

つぎに水産奬勵のため支出する地方費は年々増加し前年度は前々年度の二倍であった。地方勸業費總額との比は二十五年に百分の七であったが、二十六年度は百分の九に増加した。これを表示すると、

種別	二十年	二十一年	二十二年	二十三年	二十四年	二十五年	二十六年
共進品評會費	七〇二	七、三九四	―	―	―	六四〇	八、五〇八
奬勵費	七〇	五二一	一、二二五	三、〇五四	七、〇九三	九、四〇三	
巡回教師費	四三六	二八〇	一九八	六八二	七八八	一、〇五八	二〇、三五三
調査試驗費他	三二三	一、一六四	一、五三二	三、一〇一	三、五七九	三、四七四	
計	一、五三一	九、三五九	二、九四五	六、八三六	一、四六〇	一四、五七五	二八、八六一
勸業費總額	一三一、五六八	二三二、八二〇	一八二、八七五	一八八、八七五	一七四、二五二	二〇九、二八二	三〇七、四六六

つぎに外國獵船の膃肭獸の密獵は年々增加し昨年の如きは小笠原島二見港に入港するもの十七艘、また密獵を終って北海道厚岸港に入港するもの九艘、積載膃肭獸皮八千四百十八枚、また函館へ入港するもの四十六艘、積載膃肭獸皮二萬八千百三十七枚で、右二港へ入港の獵船、膃肭獸皮の總價格は實に七十三萬圓に上った。この增加の原因はベーリング海紛爭事件以來、北太平洋の海上獵業を禁止されたこと、ならびに米、露の海獸獵區制限がとくに嚴重となったため密獵船は日本近海に新獵區を發見し濫獵するに至ったからである。

これに對し日本漁船の海外出漁も年々增加したが、何れも單獨の出漁であって團體出漁でないのは政府が積極的に外國と交渉し條約上の手續を經ないためであるのは誠に遺憾であるが、その概要を記すと、露領サガレン島、ならびにシベリア沿海への出漁は急激ではないが、近年著しく發達し二十六年は船數六十艘、漁業者二十一名漁夫千五百七十二人、漁獲高十八萬二千餘圓に達し十年前に比し數倍に上った。シベリア東海岸の出漁もまた頗る發達し二十六年七月在浦港貿易事務官の報告によると漁業者八十餘名にて、その出漁海域は南は朝鮮國境より北はダッタン海に及び、漁獲物は鮭、鱒、鰊、海鼠である。

朝鮮海域では日鮮通漁章程の制定に従って甚だ盛である。二十六年一月より同十月まで十ヵ月間に出漁免許を得た数七百八十餘艘、漁夫數三千百九十六人、漁獲高百七十餘萬圓に達した。

つぎに濠洲及び南洋諸島は日本の出漁に好漁場であるが、未だ領事館の設置なきゆえ正確な數字を得ていない。しかし同方面の出漁で古くから有名な和歌山縣の報告によると、眞珠貝採取漁を目的とする濠洲への出漁數三百餘人に達するとのことであるから、長崎、廣島縣民のそれを加えると濠洲北端より諸島にかけて日本人出漁は二百四十四名に達し七屯乃至十五屯の採貝船二十八艘に達するという。

また英領カナダ沿海に出漁するもの漸く增加しその數約五百餘名、スキナ川鮭漁に從事するもの百五十餘名に達した。

つぎに國內漁業につき注目すべき問題は、水族保護を目的とし靜岡縣は縣令を以て蛤介及び鰻稚魚の採捕を制限し岩手縣も縣令を以て鮑介の制限を嚴にした。

本年度は一般に大漁であって、九州地方は鰤、烏賊、鰮漁の漁獲多く、和歌山縣下は鰹鮪鰤の大漁あり愛知縣、千葉縣下は鰮漁が平年に數倍し、東北地方一帶の鰹漁は近年に稀な豐漁で、宮城、岩手兩縣下の烏賊漁は六十年來の豐漁で一日數百萬尾の漁獲を見た南部氣仙沼の漁獲は四十萬圓に上り、北海道の鰊漁も概して豐漁で、殊に東海岸の小鰊漁は比年稀なる大漁であった。千葉縣夷隅郡の沖鰮漁も頗る盛漁で乾鰮搾粕二十五萬俵に達し、その他も大漁であったという。

その他、漁業上の改良は各地に行われ、青森縣では千葉縣の改良揚繰網を、岩手縣では巾着網を採用して何れも好成績を收めた。その他和歌山縣は巾着網を新調し、秋田縣は佐渡より烏賊釣漁法を、千葉縣より鰹釣漁法を入れて好成績であった。

しかし各地ともに漁民の遭難多く殊に和歌山縣では二百餘人の漁夫を失い、そのほか秋田、千葉、熊本、新潟の各縣にも漁民の遭難を見たことは深く注意すべき問題であることを一層痛感せしめた。(前掲會報第百三十九號)つぎに日清戰役中の水產業の推移を概説するとつぎの通りである。

明治二十七年度

日本の水産物輸出が逐年増加してきたことは既述の通りであるが、下半期に入り日清開戦となるや兩國の貿易は一般に中止の形となったとはいえ、全く無くなった譯でなく多少は行われていた。しかし戰爭の擴大につれ、八月以來は著しく減少したが、それでも一般貨物に比し多少でも水産物輸出の續いていることは注目に値する。

また漁民の海外出漁は次第に増加し收益も年と共に増加したが外國獵船の侵漁は依然として減退しないのみでなく却って増加の勢をさえ見せている。他方、國内漁業では漁業制度の改定に對する熱望は當業者間に著しく高まりきたると共に水産業に關する各種の施設は各府縣の支出補助費の増額となって現われてきた。いま、その概要を左に記す。

水産物の輸出

本年度八月以降の戰域の擴大と共に廣東では日本雜貨の輸入を禁止し俄かに減退を示した。これを二十六年度と比較すると、

品種	二十六年度	二十七年度	二十七年度増減（○増△減）
鯣	一、二七〇、〇八五、八八〇（圓）	一、〇五八、四三六、七四〇（圓）	△二一一、六四九、一四〇（圓）
海參	一六九、五二六、五二〇	二八六、七四三、七五〇	〇一一七、二一七、二三〇
寒天	六八三、一七四、七一〇	四九〇、七二八、三七〇	△一七二、四四六、三四〇
昆布	六四三、四九八、四一〇	四四八、五〇六、九六〇	△一九五、九九一、四五〇
鱶鰭	一〇一、〇五一、七四〇	八九、二六一、四八〇	△一一、七九〇、二六〇

鮑	四三八、一一一、五四〇	四二一、六六一、三八〇	△ 一六、四五〇、一六〇
鰕	二〇一、二五七、八一〇	一五八、八〇六、九六〇	△ 四二、四五〇、八五〇
鮭、鱒	八四、六三〇、五〇〇	六四、九五一、五八〇	△ 一九、六八〇、九二〇
田作	二三、七七四、三〇〇	七三、六八九、二六〇	○ 九七、四六三、五六〇
鹽魚乾魚	一九、七六六、五四〇	三七、九一〇、一二〇	○ 一八、一四三、五八〇
刻昆布	一六一、四三一、六一〇	一三八、〇一二、六〇〇	△ 二三、四一九、一一〇
貝柱	七八、二〇六、三六〇	一二四、四六三、三八〇	○ 四六、二五七、〇二〇
諸貝類	七九、〇一一、四六〇	五七、〇九四、四六〇	△ 二一、九一七、〇〇〇

このほか歐米輸出の魚油は毎年增加し二十六年四十六萬三千七百九十圓（自十一月至十月）が本年は六十三萬四千五百九十四圓（同上）に上っている。そのほか鹽鯖の米國向け輸出もいよいよ有望なることを示すに至った。

外國出漁

遠洋漁業の發達はまだその機運が熟しないが單なる出稼漁業は逐年增加の勢を示し、殊に朝鮮海の出漁は最も著しい發展を續けてきた。本年は船數千餘艘漁夫六千人を超え、その海域も擴げられて江原、咸鏡二道沿岸の海鼠（ナマコ）採捕船四十二艘、潛水器三十二臺、漁夫三百三十八名に及んだ。なお朝鮮海漁業に關しては開戰後まもなく當業者は大分縣に會合して今後の方針を討議するに至った。

つぎに露領サガレン島出漁者の正確の數は不明なるも網數約五十二統三十萬石の漁獲を收めた。同島アニワ灣鰊漁業も豐漁で、網一統につき五百石を收め、鰊鮭鱒等の總收獲高二十四萬千七百四十四圓に達した。

シベリア東海岸の出漁はこれまで個別的な小規模のものであったが、本年以後は團結して從業することの得策なるを悟り山口、富山二縣の漁業者は或は合資協力して運送船、漁具を整備し漸く團體的漁業を開始するに至った。

一方、濠洲沿海における眞珠採取業者の數もその正數を知り得ないがサースデー島のみでも五百名以上の日本漁民を見るとのことであるから、その盛なことは推察に難くない。

他方、英領カナダ沿海及び廣く南洋諸島の日本漁民の出漁は可なりの發展をなしたと考えられるが、外國獵船の日本近海への出漁はいよいよ盛で、總獵額は將に百萬圓を突破せんとする狀況にあるというのが眞相のようである。

要するに、近年になってことに外國獵船數の多くなった主たる原因は英米間の海獸獵紛爭問題が一おう落着し、英米露それぞれ取締規則を勵行するに至ったから、かれら密獵船團は日本近海にその獵域を索めてくるようになったことはほとんど疑いないようである。

日清戰役の影響

戰役が水產に及ぼした直接の影響はいうまでもなく輸出の減少であるが、國內的にも最も困難を感じたものは運輸機關ことに定期航海船の徵發による生鮮水產物の輸送が困難となり水產物の停滯を生じ、運賃は平時の二倍になった。かように貨物の流通が甚だしく圓滑を缺いたから、商機を失すると共に價格の低落も甚だしく、淸國向けの根室產昆布の如き平時は百石五百圓の相場が二百圓に下落しても商談の成立を見なかった。しかし戰役の必勝を信じてその將來に大なる期待をかけ、戰後における販路の擴張、水產の發展に對する信念は當業者に多大の希望をもたせた。

國內水產の奬勵

水產調査所は膃肭獸獵調査を帝國水產株式會社に委託し獵具機械すべて外國獵船に倣い、銃手には小笠原島歸化人を雇い入れ、常總沖合より三陸、北海道の東海域數百浬の海面に獵業を試驗せしめて膃肭獸八百餘頭を獵獲した。また千島列島の臘虎獵も同會社に依託し、その獵法及び蕃殖の狀況を調査した。

他方、抹香鯨獵は房南捕鯨組を組織せる關澤明淸氏に委託して陸前、陸中の海域を探究し、抹香鯨二頭を獵した。また西南海の捕鯨については日本鯨獵株式會社に委託してその結果を待つの狀況にあったという。

かように臘虎、膃肭獸及び抹香鯨獵の如き從來は全く外國獵船の獨占に委せ、嘗て斯業を試みたものも皆無ではなかったが何れも失敗に終ったままであったのを、今回の成績を擧げたことは確かに日本の當業者によい刺戟であったと考えられる。

つぎに地方各府縣の奬勵も年と共に盛となってきたが、いまその一般を表示すると、

地方費支出額

縣名	二十七年度	二十八年度	二十八年度増減（○増△減）
三重	一九九、六〇〇圓	一、一七七、九二〇	○二一、六八〇
福井	一、〇〇〇、〇〇〇	九〇二、七〇〇	△九七、三〇〇
島根	三六九、九〇〇	七〇〇、〇〇〇	○三三〇、一〇〇
和歌山	五〇〇、〇〇〇	二〇〇、〇〇〇	△三〇〇、〇〇〇
大分	一〇〇、〇〇〇	八〇〇、〇〇〇	○七〇〇、〇〇〇
鹿兒島	一三四、六〇〇	一三四、九五〇	○三〇〇

この表によっても凡その傾向を推知し得ると思う。

地方水産の發展

水產の狀況は地方的に可なりの相違を見る產業の一つであるが、近年當業者は改良の必要を認め、漁具及び製品の比較や販路の擴張を調査するようになった。例えば四月に岩手縣盛岡町において宮城、岩手聯合共進會を、五月に秋田縣河邊郡において四郡聯合水產品評會を、八月には石川縣において第五回水產品評會を、十一月には福島縣四ツ倉町で菊

多外二郡の第二回水産品評會を、大分縣東國東郡姫島では水産品評會を、島根縣安濃郡は邇摩、安濃水産共進會を、それぞれ開催した。また漁業方面では千葉縣の改良揚繰網は著しく增加し、新潟縣、茨城縣は千葉縣よりこの網を移入し教師を招いて實地指導を受け鰮七百五十二籠四百三十二樽、大鰮六萬六千五百餘尾そのほか小鯛、雜魚數樽の漁獲を得た。青森縣はこの網の試驗に好結果を得たので、本年は綿絲を以て製網し好成績を收めた。

兵庫縣は佐渡より烏賊釣教師を、秋田縣は千葉縣より鰹釣教師をそれぞれ招いて、何れも好成績を收めた。また岩手縣、福島縣は改良漁船を新調し、富山縣は山口縣の鱶縄船を移入して斯業の發達を計った。これらはその一端であるが共に注意すべき向上の徑路を示すものである。

漁業制度

維新後は漁村の人口も次第に增加し自然、漁民數も增えると同時に漁具の構成も次第に巧緻となって漁場も狹小を感ずるようになったから、單に技術上から見ても漁業上の紛争を續出する有様となった。これらの狀勢から一日も早く全國的の漁業法制定を要望する聲が高まり村田保氏は第八帝國議會にも前議會と同様に該法案を議會に提出した。

水産教育及び水産協會

この問題も前年と同様に漸く全國的に普及するに至った。根本の原因は恐らく水産に對する時代の趨勢であろう。（前掲會報第百五十一號）

明治二十八年度

本年度は前年度に引續いた戰時經濟時代であるため水産業の方面においても特に記すべきほどの新題目はないが、過去の諸問題の充實と來るべき戰後の新活動に對する希望に滿ちた年度であった。

水産物の輸出

この面においては前にも記したように水産物の輸出は依然として減少していたが、本年三月講和の成立と共に可なり明るい見透しを得たが、急には恢復しなかった。しかし戰勝の結果として清國内地の大市場である重慶、蘇州、杭州等の開市は清國需要の强大な水産物の輸出に對し大なる期待を以て迎えられた。いまその經過を示すと、

	二十六年	二十七年	二十八年
數量	一二、〇三二、六三三斤	一五、八〇二、七二八斤	一〇、一五二、四三九斤
價格	四六三、七九〇圓	六三四、五九四圓	四五七、六〇三圓

三ヵ年平均百斤價格

二十六年	二十七年	二十八年
三、八五圓	四、〇一圓	四、五〇圓

魚油（歐米）寒天（英米獨佛）介殼（伊、其他）は特別の發展を見ないが次第に需要を増している。

將來最も有望なものは諸鑵詰、鹽藏魚類である。主たる從來の仕向地はウラジオストック、シンガポール、ハワイ、清國、朝鮮であるが、技術の進歩に伴い歐米への一大輸出を期待し、努力の段階にあることは注目すべきである。

漁業

この面においても別に新しい計畫はないが、これまでの進路を擴大し充實したものは若干ある。

先ず從來の遠洋漁業とくに海獸獵業では前引した帝國水産會社は獵船三艘を以て春季の膃肭獸獵に出獵し二千九十七

頭を獵し、さらに千島近海の膃虎獵に従事した。また辻快三氏の卯の日丸、八雲丸、青木孝氏の懐遠丸ならびに岩手縣水上助三郎氏の獵船は、外國獵船の不獵にも拘らず、何れも相當の獵獲ありしという。ことに辻氏は春季の膃肭獸獵高五百二頭、秋季膃虎獵に三十二頭、膃肭獸六十八頭、海豹四十頭を獵獲せりというは日本の獵業者にとり、大いにその將來を期待してよかろう。かくて政府は本年膃虎膃肭獸獵法を發布し出願者に免許を下付することになった。

捕鯨業では相變らず從來の沿岸獵法を固守し沖合獵法を企つるものが未だにない。しかしその間においても可なりこの問題を注意するようになってきたことは事實である。

つぎに朝鮮出漁は開戰と同時に一時的の障害を受けたが、その後は單獨出漁から團體出漁をやるようになった地方もある。また海域も一方は咸鏡道から他方は清國大連灣附近まで出漁を試み當時の朝鮮海域から進んで支那海の漁業までも日本漁民の手に握らんとする狀勢を示すに至ったことは、その後の日本漁業發展を豫言したものとして意義ふかきものがある。

その外、サガレン、シベリア沿岸漁業において本年度のサガレン島出漁船數は汽船二艘帆船二十一艘大和型帆船四十八艘、合計七十一艘、漁場八十四ヵ所、經營者二十人、漁夫千五百六十五人で、鰊鱈鮭鱒其他總漁獲高三萬三千九百九十二餘石、金額三十三萬餘圓であったことは記憶するに足る事實である。

つぎにシベリア東岸漁業に對しては富山、石川、新潟縣を主とする出漁者が帆船を元船とし、これに漁具その他の必需品と漁夫を搭載し出漁することは例年と變りはないが、その實數は不明である。

その他英領コロンビア、濠洲方面の出漁は例年と變化はないが本年フレザー鮭漁業に從事した日本の漁夫は約六百人に達し所得十二萬弗に達したという。なお濠洲眞珠採取業も例年と大差なしとのことである。

水產製造の方面では多少、記すべき若干の事項がある。

先ず内國需用の水産製品は一般に粗製濫造であって當業者は數量の多いことのみを念願していたことは實は維新以後の弊風であった。しかし、博覽會品評會等の開催により當業者も心づいたとみえ、例えば高知縣鰹節製造業者は大に技術を研究し製法に改良を加えるに至った。しかしこの傾向は内地需用品及び淸國向き製造品であって、歐米向き各種鑵詰の如きは技術の點において、なお多くの研究を要するものが殘されていた。然るに開戰以來鑵詰の需用は俄かに增大し軍需夥多のため從來の製造業者は規模を擴張し、新に起業するもの續出した。前年十月農商務省の調査によれば全國の畜産及び水産鑵詰製造者數八十七人に達し二十六年七月以降二十七年六月までの製造總額九百七十九萬五千十三封度、價格四十八萬五千六百六十七圓に達したが、その後の軍需品はいよいよ增大したので、製造者數もさらに增加した。尤も水産鑵詰はその一部に過ぎないが、それにしても多數の鑵詰業者が戰後も斯業を維持せんとするには技術を改善し販路の擴張を計らねばならない。この事情は日本鑵詰業の發達に大なる貢獻をなしたとみねばならない。

明治二十九年度

本年は戰勝の後を承け海外貿易ことに淸國輸出は活氣を呈したが、歐米向きは輸出數量を增加したに留り、まだ確固たる市場を開拓するまでには達しない。漁業はまだ在來の沿岸漁業が主であるが次第に沖合に漁區を擴め遠洋漁業開始の趨勢が高まってきたことは注目すべき點である。養殖業は近時いちじるしく水族の減少を招いた反面に需用の增進に促されて各種の養殖が盛となった。製造方法の改善も次第に實行せられるに至ったが、まだ努力を要する幾多の問題を殘している。

水産物の輸出

輸出先である淸國との交戰の結果として一時的に減退した輸出も平和の恢復と共にその衰勢を取戻し、二十八年に超過すること二十四萬二百餘圓に及び、數量は前年に下ること千五百八十三萬五千二百餘斤である。

年度	輸出總額		前年比較	
二十九年	八一、四一五、〇六五斤	四、四〇一、九五六、五〇〇圓		増二四〇、二〇一、三〇七圓
二十八年	九七、二五〇、二七六	四、一六一、七五四、一三〇	増一五、八三五、二一一斤	
格平均百斤ノ價	二十九年 五、四〇六圓	二十八年 四、二七九圓		

漁　業

もうこのころになると漁業の狀態も昔日のそれではなくなった。各地とも漁具漁船の改良に努め面目を一新せんとする氣運に向った。しかし通して各漁村の人口は近來いちじるしく増加してきたが、漁獲量はそれに比例して増加しないのみでなく絕對的にも相對的にも却って減少してきた。かくて漁民數の増加にも拘らず漁場海域は殆ど舊來のままであるから、漁業爭議は續出し、やがて漁區を沖合に擴めざるを得ない必然の狀態に立至った。

そこでいわゆる沖合漁業の創始という聲が各地に起って漁場探險乃至沖取漁業を試驗し或は試驗と企業を兼ねた試驗的企業とも見るべき沖合漁業を實行するものも出てきた。しかし在來の漁船では困難であるから遠洋漁業に適する帆船を用いるものも出た。例えば同年十月に關澤明清氏は西洋式の豐津丸百噸積の帆船を、靑木孝氏は八千代丸を裝備して房州沖に鮪漁を試みるに至った。いわば沖合漁業から遠洋漁業への過程を表現しているものであろう。

朝鮮海漁業

日本の西海漁民が始めて韓海に出漁したのは今より六十餘年前の幕末期であるが、その後も引續き出漁していた。しかし前引の彼我通漁章程を締結してからは每年その數を増し漁船數百艘漁夫數千人に達した。正確の數は不明であるが、

右の章程を實施した以後に釜山海關から出した免許狀の數は領事館の報告によると、

年度	漁船	漁夫
二十七年	五五六	二、八二四
二十八年	八四三	三、四一〇
二十九年	四九五	二、一九六

然るに本年二月のころ朝鮮各道に匪徒おこり、沿海に波及して日本漁民の虐殺せられるもの續出し、長崎縣漁民の如き慶尙道寧海において十五名が殺された。しかし五月ごろには漸く鎮まって再び出漁を見るに至った。日清戰役の勝利は一般國民に海外發展の好機を與え水産業界もますます韓海出漁の氣運を促した。高知縣、山口縣の如きは調査船を韓海方面に派遣して新漁場を探險せしむるなど同方面の漁業は將來いよいよ有望視されるに至った。

露領漁業

サガレン島、シベリア東岸の出稼漁業も逐年盛になり帆船を艤裝して出漁するようになったが、中にもサガレン島漁業はとくに增進した。

年度	收額	價格	經營者（漁場主）	漁船
二十五年	二六、三〇七、八五〇石	一五〇、〇八六、四五四九圓	一八	四六
二十六年	二八、八〇七、一二〇	八二、四九五、一八四〇	二一	六〇
二十七年	三一、八八四、四八五	二四一、七四四、九六七〇	二〇	八六
二十八年	三三、九九二、五八二	三三〇、〇七〇、三二〇〇	二〇	七一
二十九年	四一、六三五、二〇五	五八四、六〇八、八四〇四	二五	五四

またシベリア東岸の鮭鱒漁業は主として浦港よりニコライスクの間において、加能越漁民により行われた。汽船、帆船を航行せしむるもの漸く增加したとはいえ、數字上の報告は不明である。

英領カナダ漁業

これまた逐年その數を增しフレザー河鮭鱒漁業に日本人漁夫の來集するもの二十八年度の六百餘名に對し本年は千五十餘名、所有船數四百五十四艘、借用船六十餘艘に及んだ。しかし本年は大漁後の四年目に當り不漁期であったから漁獲高は前年の三分の一ぐらいで、漁夫に充分の賃金をも支給し得ず、そのため不法の行動をなすものもあって、土地の嫌惡を招き、日本漁民排斥論者によい口實を與えたことは殘念な次第である。

海獸獵業

前引した二十八年法律第十號による膃肭獸獵法により本年一月以降免許を受けたものは左表の通りである。

船名	噸數	端艇	定繫場	獵獲高		會社名／個人名
				膃虎	膃肭獸	
第一千島丸	六八	—	北海道 函館	— 頭	四一一頭	北海道 帝國水產會社
第三千島丸	六八	—	〃	—	七六八	〃
海王丸	八七	—	〃	—	五九二	〃
順天丸	四一	三	〃	一二	一	〃
卯の日丸	六三	七	〃	五	三七二	北海道 辻快三
八雲丸	四四	五	〃	—	三六七	〃
懷遠丸	七二	七	東京 大川口	—	五四八	東京 青木孝
寶壽丸	一八	五	岩手縣 細浦	—	八四	岩手縣 水上助三郎

天祐丸	四〇	五	岩手縣 釜石	—	一四〇	岩手縣 小松駒二郎
石川丸	一七〇	—	北海道 函館	—	—	東京 郡司成忠
計	六七一	—		一七	一三、二八三	

つぎに英米の外國獵船數を見ると船數三十七艘捕獲數二萬千九百四十二頭で、日本のそれと比較するとき、その多少もとより話にならない。しかし二十七年の船數六十五艘、捕獲數六萬二千九百二十頭、二十八年の船數四十一艘、捕獲數二萬六千三百頭に比すると可なり減少をきたしている。恐らくその原因は明治二十六年の日本沂海における外國獵船の未曾有な豐獵の結果として二十七、八年に頓に出獵船を增加し利潤も莫大であったから、この機に船主（經營者）等は船長運轉手漁夫その他の船員給料を增加し優遇したので、從前の出獵費一艘五千圓にて足りたものが今はその倍額を要するようになり收支相償わなくなったからだと見る人々もある。もしそうだとすれば日本獵船の出獵費は遙かに彼れよりも少額でよいから必ず勝算ありと見る向きもあった。

製造業

內國需用品のうち海產肥料、鰹節は最も有力な商品で近年の統計によれば全國で七百萬圓以上に達し鰹節、鮪節は合計百七十萬圓に及ぶ。二十二年以降の趨勢を示すと、

年度	鰹節		鮪節		その他
	貫	圓	貫	圓	圓
二十二年	一、七二一、二五三	二、〇三一、一三九	六三、一八〇	五九、二六一	一四七、八四七
二十三年	一、一六四、二八四	一、二三九、三一四	八四、八七〇	七一、四一九	五四、〇八〇
二十四年	一、四七七、五七八	一、一二九、九四九	一二一、七五六	一一三、五五二	四四、九〇一

二十五年	一、六六六、五四三	一、四九一、七二三	一七〇、一九〇	一四九、一七八	七三、〇九二
二十六年	一、七四二、六九六	一、五三七、〇三四	一六五、五一八	一三七、六四二	一〇二、六六〇
二十七年	一、五一八、六八四	一、五五二、五八二	二五六、五一五	二八四、六九七	―

肥料

	數量	價額
二十一年	三一、〇六七、〇二一貫	―圓
二十二年	二八、二〇四、八三二	四、二一一、〇〇二
二十三年	三二、三五四、八七九	五、〇八六、九四一
二十四年	三五、四七二、三五一	五、一七一、五一八
二十五年	一二七、〇九六、四〇七	四、五二九、七六六
二十六年	四〇、六一一、四二七	六、七一二、〇七二
二十七年	四五、六九六、三四三	七、二一四、一〇七

鰹節類の著名な産地である土佐、薩摩地方の製造業者は近時大いに反省して良品の生産に努力するに至ったことは喜ぶべき傾向である。

また海産肥料は逐年農業の進歩に伴い價格大いに騰貴し、ことに北海道鰊粕の如き百石千二百圓に達する品も出てきた。元來、海産肥料の價格は漁業の豐凶により支配せられるのを普通とするのであるが、その騰貴も一定の限度を超えると油粕、豆粕の如き次第に輸入量を增加し海産肥料と競爭するに至るは明瞭である。支那産豆粕の如きすでに中國地方、東海道方面に輸入する額も決して少なくないようである。例えば油粕輸入統計からその驚くべき趨勢を見ると、

	數量	價額
二十年	一八、九五五、六六五斤	二二九、六八六圓、六二
二十五年	六一、六四二、七三二	八二四、六五一、六四
二十九年	一六四、三〇三、六七三	三二二〇、六〇〇、一〇

これらの大勢は過去の沿岸漁業の王者であった鰮及び鰊漁業の主たる目標たる生産財としての海産肥料の生産から直接消費を目的とする消費財としての海産食品の生産轉換をよぎなくする動機となったのである。かくてこの生産再編成の過程はその後に殘された問題であった。

養殖業

魚介藻類の蕃殖保護についてはまだ一般的の法規も見ないが、漁獲技術は年と共に進歩し、やがて酷漁濫獲の弊は甚だしくなった。ことに淡水魚族の減少は一層甚だしく、とくに鮭鱒魚類については昔日に比し全く荒廢しつくしたと見ても過言ではない。そこで官民の人工孵化を實行すると共に採捕の期節乃至漁法に一定の規約を立て保護に努めたが、各地の利害一致せず當初の目的を達することは容易ではなかった。

それにしても北海道廳は米國式技術を採用して鮭鱒の千歳孵化場を設置し、新潟縣では淡水漁業聯合會の孵化場に千歳孵化場より八百四十四萬八千八百顆の鮭卵を採取し六百九十八萬四千百七十八尾の鮭兒を孵出し放流した。佐賀縣は有明海に於ける蟶(マテ)介の移殖、青森灣の帆立介蕃殖など注意すべき事業であったが、何れも公共の河川湖沼または淺海の水族蕃殖のための公益事業であるから、その目的を達するのは容易のことではない。しかし個人または會社の營利事業として養殖業を企てんとするものも漸く出現せんとする氣運に向ってきたことは注目すべきである。(前掲會報第百七十五號)

小括　さて以上に記した二十年前後から二十七、八年(日清戰役)を經て二十九年まで約十年間に亙る民間水產業の推移ならびに政府の水產政策の一般は、前段階である十五、六年ごろまでのいわゆる維新直後の漁業の後を承けた明治時代の過渡的漁業の前期段階に屬する推移であったが、それが充實し大成するのは明治二十七、八年(日清戰役)以後の約十年に亙る三十七、八年(日露戰役)以前までの後期段階であるから、この小括では上の兩段階を一括して要約する。

さて、このためには何よりも眞先に左に提出した漁業組合規則(實は漁業法の實體)の發布を急速に行われたいとの熱願の眞相を知ることが必要である。率直にいえば十九年の漁業組合準則ではもはや現實の日本漁業の發展を助長するには可なり時代おくれのものとなったからである。然らばその具體的事由は何であるのか、當時民間の要望はこれに對しつぎの如く答えている。

先ず明治三十年、三十一年の第十五回、第十六回大集會を通して當時民間の要望する諸點のうち注目すべき若干を擧げると、

一、漁業組合規則の發布　これは十九年の漁業組合準則では今日の進歩した水產業にはその權能薄弱で目的を達しないから、法律を以て組合規則を發布せられたいとの趣旨であるが、要は一日も早く漁業法の制定を要請するに外ならない。

一、水產區を定め各區に調査所の設置　これはいうまでもなく後年の水產試驗場の設置をいうのである。

一、漁場探險　漁場の狹隘のため紛議は續出し、一層の酷漁に逐い込み漁場の荒廢を招くから、新漁場を探險せんとしても、多くの經費を要するから政府においてこの調査を施行して貰いたい。

一、漁港及び避難港の建設　この兩者は遠海及び近海漁業ともに必要な設備であり、漁業の根據地である。ことに西洋型漁船の發達を企圖すれば當然なくてならぬ設備だというのである。

一、漁獲物の運搬　鮮魚その他の漁獲物の迅速な運搬は獨り漁業者にとりてのみならず、一般消費者に對しても衞生上最も重要な問題であるから汽車、汽船その他の運送業に對し特定の制度取締を實行せられんことの要望。

一、遠洋漁業奬勵法の改正　第三條奬勵金を受くべき帆船屯數六十屯以上を、漁業の實情に照し三十屯以上に改正せられたいこと。

その他、蕃殖の部に、鮭鱒人工孵化事業國庫補助法案など問題が提出された。更に經濟の部では、

一、水產業組合法の發布　現行の漁業組合準則ではもはや時宜に適せないから新に水產業組合を創設し、その內容は、イ、水產業に從事するものは漁業製造魚商を問わず組合に加盟すること。ロ、組合區域を一郡以上とし各町村に小地區を設け法人とする。ハ、組合外のものも其地區の組合の制度に從う。ニ、輸出品の製造荷造に關する標準を制定し檢査を勵行すること。ホ、水產組合の組織は府縣を以て各組合を統一し東京に全國水產業組合聯合本部をおく。

一、水產銀行の設置　農工銀行條例を改正し水產業者にも資本を貸附するの道を開くことを要望するも、條例の改正を困難とすれば特に水產銀行設置法を發布せられたし。

以上の各項を通覽し直ちに氣づくことは、何れも旣に前期段階に主張し要請された問題に外ならないか、或は前期段階に提案された問題から必然に發展してきた問題に外ならない。例えば、漁場探險、漁業組合、漁港及び避難港等々の如き、何れも前期主張の繰返しか、更に發展した水產業に適合せしめんためのものに外ならない。尤も遠洋漁業奬勵法の改正の要請は法律そのものの方が現實の漁業よりも遙かに高い標準であったから、その改正を要望したに過ぎなかった。

ただ水產組合法發布の要請は從來の漁業組合準則時代よりも可なり發展した水產業界から出た要望であるが、同時にそれは間もなく實現せられた漁業法の一つの幼芽であって、この意味において漁業組合規則の要望も全く同一の趨勢を

示すものである。（前掲會報第百八十七號）

つぎに翌年三十一年第十六回集會においても前會と殆ど同様の問題が討議され、たいした進展を見なかったから、ここでは題目別に説明することを省略して、そのうちの「(六)本邦沿海漁業將來の趨勢如何」の説明だけを引用するに留める。思うにこの問題の提出理由は當時の水産現狀を知る上に大切と思うから一おう引用すると、

説明　本邦の漁業は將來遠洋漁業の發達を期せざるべからずと雖、沿海漁業の利も亦增進せしめざるべからず。然るに古來我漁業の頭腦骨子たりし沿海漁業にして大數の漁夫を使役する大漁業は近來小漁業發達の爲に沮害せられ雇主と被雇者との關係營業の利益等復た舊時の如くならず、甚しきは其業務を縮少するの傾あり或は之に反し從來の營業を保持せんとするものは組合規則に據て個人的小漁業を防遏せんとするものありて兩者の間利害の牴觸漸く滋からんとす。

蓋し小漁業の勃興は人智の開發、交通機關の設備、生活程度の昂進等より獨立の思想を刺擊發達せしめて終に今日の狀態を顯出するに至れるものの如し、是れ世運の大勢にして漁業上の一轉機と謂はざるべからず。此顯象は果して自然に出づるものなるや否や豫じめ其原因結果を精察し將來沿海漁業の趨勢を詳にして施政上に實業上に前途の方針を確定せるは刻下の急務なり云々。（前掲會報第百九十一號）

提案の要旨は要するに日本の漁業界の將來は一方に遠洋漁業を發達せしむると共に他方に日本漁業の頭腦ともいうべき大數漁夫を使役する沿海漁業の保護發展も企圖せねばならぬというのである。

然るに沿海漁業では雇主（網主）と被雇者（漁夫）の昔日の關係は全く破壞され、後者は獨立の小漁業者として舊大漁業から分離するに至ったからそこに大漁業（者）對小漁業（者）の階級對立を顯出するに至った。そこに日本漁業界の一大轉機が來たというのであって、著者の所見と全く一致する。これまで前文に説述した維新後から更に明治末年に至る日本水

産業の發展的推移は結局この過程を實證せんとしたものである。

さて、この提案の説明者は轉機の原因を知らんとして「此顯象は果して自然に出づる」や否やと自問しているが、惟うに社會進歩の結果からくる自然なれば當然のことで寧ろ喜ぶべきものだとの考えのようであり、ここにも當時の自然法的觀念の閃きを見て興味ふかく感ずるものではあるが、その眞相は新舊漁業者——小漁民對大漁民——の對立抗爭の結果に外ならない。因に漁業勞働者には二樣あって一つは小漁業者で、或る漁期だけ他漁業に雇用せられるものと、他の一つは漁夫として初めから他漁業に雇用せられるがそれを終われば小漁業に從事するものであって、小漁民と漁夫との範疇はしばしば明確を缺く、こゝで小漁業者とはこの二つを包括するのである。

それでは當時の新舊漁業の經營者と漁夫との利益分配關係は如何なる規約乃至慣行で行われていたか、全國的資料によって説明するなどは甚だ困難であるが、當時の全國的水產狀勢から見て先ず茨城縣下平磯、磯濱、湊町の場合を引用するを一おう穩當と考え、この土地を選んだ。引用の統計類は土地の漁業組合における漁獲高帳より引用したもので信賴するに足る由である。(この項は茨城縣水產會員門脇捨太郎氏調査に依る。前揭會報第百八十二號)

平磯町重要漁業統計(明治二十八年度分)

種別	春期鮪流網漁	夏期鰹釣漁	秋期鰮八作網漁
總漁獲高	七九、二九三、〇〇〇圓	四、四九五、二六〇圓	五、〇九六、〇〇〇圓
船若くは網の總數	七三艘	七三艘	八統
漁夫の總數	八七六人	一、三一四人	五六〇人
一艘一統の平均漁夫	一二人	一八人	七〇人
一艘一統平均所得	九六五、二九三圓	六〇四、〇四四圓	六三七、〇〇〇圓

湊町重要漁業統計（同前）

種別	春期鮪流網漁	夏期鰹釣漁	秋期鰛八作網漁
總漁獲高	七、三二六、二四二圓	一三、八三四、二四〇圓	一七、二四四、八〇四圓
船若くは網の總數	六艘	三一艘	一〇統
漁夫の總數	八四人	五五八人	六〇〇人
一艘一統の平均漁夫數	一四人	一八人	六〇人
一艘一統平均所得	一、二二一、〇四〇圓	四四六、二六〇圓	一、七二四、四八〇圓

磯濱町重要漁業統計（同前）

種別	春期鮪流網漁	夏期鰹釣漁	秋期鰛八作網漁
總漁獲高	不詳	三三、七二二、〇〇〇圓	一五、七六八、四二〇圓
船若くは網の總數	〃	四九艘	一四統
漁夫の總數		八八二人	八四〇人
一艘一統の平均漁夫數		一八人	六〇人
一艘一統平均所得		六八九、二二〇圓	一、一二六、三一六圓

備考　鰛八作（ハッサク）漁は一張若くは一統といい（一張を使用するに漁船四艘を要す）、鮪流網漁又鰹釣漁は一艘に付何程という。

この表で、何れも大規模漁業者と小規模漁業者があるから両者の漁獲高を合計して總漁獲高より平均數を割出した。例えば鰛八作網漁の如き一期間に一統で六、七千圓位の漁獲をなすものもあるかと思えば僅かに二、三百圓に止まるものもある。鮪流網漁でも一艘にて一期間に四、五千圓のものもあるし、僅かに一、二百圓に止まるものもある。これは漁業の如き冒險的要素に多分に支配される企業では已むを得ないとはいえ、一期間僅々二、三百圓の漁獲に止まるものは「大抵其資本薄弱にして定數の漁夫を雇ひ得ずして十分の漁業を營むこと能はさるもの又は中途にして漁夫に逃亡せられ」たものか、その他の事情で全漁獲能力を發揮し得ない結果であることを注意すべきである。

三濱に於ける一統（艘）分の平均漁獲金高合計（同前）

町名	春期鮪流網漁 平均漁夫	春期鮪流網漁 平均漁獲高	夏期鰹釣漁 平均漁夫	夏期鰹釣漁 平均漁獲高	秋期鰮八作網漁 平均漁夫	秋期鰮八作網漁 平均漁獲高
平磯町	一一人	九六五、二九〇圓	一人	六〇四、〇四四圓	七〇人	六三七、〇〇〇圓
湊町	一四	一、二二一、〇四〇	一人	四四六、二六〇	六〇	一、七二四、四八〇
磯濱町	—	—	一人	六八九、二二〇	六〇	一、一二六、三一六
平均	一三	一、〇九三、一六〇	一人	六〇七、一八〇	六二、五	一、一五三、五二〇

三濱一統（艘）分に於ける平均漁獲水揚高配當所得合計（同前）

種別	春期鮪流網漁	夏期鰹釣漁	秋期鰮八作網漁	合計
總漁獲金高	一、〇九三、一六〇圓	六〇七、一八〇圓	一、一五三、五二〇圓	二、八五三、八六〇圓
漁業主の所得	六五五、八九六	二四二、八七二	六九二、一一二	一、五九〇、八八〇
漁夫全體の所得	四三七、二六四	三六四、三〇八	四六一、四〇八	一、二六二、九八〇
漁夫一人の所得	三三、六三五	一七、三四八	七、八三二	五八、八一五
備考	食費其他の雜費は雇主と漁夫と半額宛負擔す六四の法	食費餌料は漁夫の負擔にして漁夫の分配の三人分は舟代とす四六の法	漁夫の食費及其他の雜費は雇主の負擔とす六四の法	

漁夫の食費を差引て精算したる所得合計（同前）

	春期鮪流網漁	夏期鰹釣漁	秋期鰮八作網漁	合計
漁業主の所得	圓 五九八、一四六	圓 二四二、八七二	圓 二一九、一三一	圓 一、〇六〇、一四九
漁夫全體の所得	三七九、五一四	二〇四、三〇八	四六一、四二〇	一、〇四五、二四三
漁夫一人の所得	二九、一九三	一四、四九〇	七、三八二	五一、〇六五
備考	めかり法に依り食費百十五圓五十錢の半額宛を漁業主と漁夫との所得より差引たるもの	めかり法に依り食費百六十圓を漁夫の所得より差引たるもの	めかり法に依り食費四百七十三圓を漁業主の所得より差引て表出したるもの	一年間の所得、但し一人の漁業主にして春夏秋の三職を繼續するもののあれとも亦然らさるもののもあり、尤も漁夫は何れも三職繼續して營む

漁業資本

種別	春期鮪流網漁	夏期鰹釣漁	秋期鰮八作網漁	合計
漁船及漁具製造費	圓 三五〇、〇〇〇	圓 三五〇、〇〇〇	圓 六四〇、〇〇〇	圓 一、三四〇、〇〇〇
漁具製造費	四九四、四〇〇	五〇、〇〇〇	五〇〇、〇〇〇	一、〇四四、四〇〇
合計	八四四、四〇〇	四〇〇、〇〇〇	一、一四〇、〇〇〇	二、三八四、四〇〇

漁業資本に對する漁業主の利益

種別	春期鮪流網漁	夏期鰹釣漁	秋期鰮八作網漁	平均
漁業資本	圓 八四四、四〇〇	圓 四〇〇、〇〇〇	圓 一、一四〇、〇〇〇	圓 七九四、八〇〇
漁業主利益	五九八、一四六	二四二、八七二	二一九、一三一	三五三、三八三

資本に對する利率	七割〇八厘	六割〇七厘	一割九分二厘	五割〇二厘

すなわちこの表から見ると、利潤の最も大なるものは漁夫數十三人の少數なる鮪流網漁であって、最も多く漁夫（六十二人）を使用する鰮八作網漁は漁獲高の多いに拘らず分配の利率は少ない。但し右表は漁業主の所得中より漁業税、固定資本の利子及び漁船漁具その他の修繕費、原價償却費等を控除してないから、これらの諸點も考慮せねばならぬが、その反面に、漁業主はその漁獲物を安く買取りて製造品となすを常とするのであるから、この利益を計算の中に入れると「彼是增減無かるへし」といってある。

さて前數表によると、資本に對する平均利益五割〇二厘となり或は疑問をもつ人もあらんが、これは漁業の如き多分に投機的要素のある企業には必しも異とするに足らないと記している。「然るに漁業主に使役せらるゝ處の漁夫は如何なる利益を得るや」と自問してかれら漁夫の「就業中の食費及釣餌料等の費額を差引き一人前の平均所得一ヶ年五拾壹圓六錢五厘」となるが、これにては生活が出來ないから、漁夫等は毎日歸港のとき俗に「わけ鰮」と唱え、その漁獲物の一小部分を公然の祕密として持ち歸り他へ販賣し、そのほかいわゆる副業の名の下に行われる簡單な手間仕事に、家族の人々が從事し主たる所得額の不足を補っているのである。

以上に記したところは三濱地方の俗に「めかり」法という「歩合配當法」について記したものであるが、なおこの外に俗に「職（シヨク）」と唱える「期間拂」法がある。これは一漁期を單位とする給料制で主として他縣地方より雇入れる場合に適用する。この法による給料は、

一期間拂法漁夫給料

町名	春期鮪流網漁			夏期鰹釣漁			秋期鰮八作網漁		
	最多	普通	最少	最多	普通	最少	最多	普通	最少
平磯町	二五圓	一七圓	一四圓	三三圓	二八圓	二二圓	二三圓	一八圓	一五圓
湊町	二四	一六	一二	三一	二六	二〇	二二	一六	一四
磯濱町	二五	一八	一三	三二	二七	二二	二四	一七	一四
平均	―	一七	―	―	二七	―	―	一七	―

この期間拂は他縣より臨時に雇入れる場合にこれによるのであるが、この期間拂法による場合を三期を通し一ヵ年間に計算すると「めかり」法による土地漁夫よりも高給になる譯だが、上述の如く土地漁夫不足のため、競爭して臨時に雇入れる場合であるからいきおい高率の給料となる譯である。

終りに「めかり」以下の四種賃銀制の要領を記し參考とする。

甲　「めかり」法　土着漁夫を雇用するときに專ら行われ、「歩合配當法」というのがこれである。これは漁獲物所得を漁業主と漁夫が資本と勞力の割合に應じて分配するものであるから最も多く分配を受くるは資本主たる漁業主、つぎは船頭（通常漁夫二人分）最後に漁夫は各人平等である。平磯町の實例では、

一、鮪流網漁｛漁業經營主　六分
　　　　　　　漁夫　四分

但賄料及其の他の雜費は經營主と漁夫と各々其半額宛負擔す

一、鰹釣漁｛漁業經營主　四分
　　　　　　漁夫　六分

但賄費及餌料等は漁夫の負擔にして、船代を三人分とし、これを船頭及其他漁夫中技倆あるものに給與す

一、鰮八作網及鰶網漁｛漁業經營主　六分
漁夫　四分｝

但賄費及其の他の雜費は漁業經營主に於て負擔す

何れの法が最も合理的かつ公平であるかということと、これを實際上に適用した場合の問題とは必しも一致しないから、その點は更に實證的の研究を必要とするが當時この地方に行われていた「めかり」はかようたものであった。

乙　「職」　一定の漁期間に對し給料の高を定め雇入れるものにて、土着漁夫の減少または逃亡などのため漁業經營上に差支を生じたとき房總豆相地方の漁夫を雇入れる場合にこの法による。凡て漁業上の經費は豐凶ともに經營主の責任であるから不漁の損失も豐漁の利益も凡て經營主の負擔乃至所得である。ただ實際上の問題として給料制であるから豐漁であってもそのため漁夫に特別の所得がある譯でないから、勞働能力を完全に發揮しない缺點がある。

丙　「乘合法」　この法は漁業上の都合により臨時に雇入れる場合であって、當日の漁況の如何により仕事の種類は必しも一定しないが、これによって漁業勞働を圓滑に運ぶために必要な勞働であるから、報酬は割合によい。

丁　「ツブシ」　これは甲、乙の外になお手當を給與するをいう。その額は漁業主が漁夫の勞働振りに注意してそれに應じ給與する手當であるから賞與金と考えてよかろう。

遠洋漁業の概況

日本の遠洋漁業はおくればせながらも豫定の一路を辿りつつその發達に努力してきたが、二十七、八年の日清戰役に輝かしい戰果を收め、國運の進展と共に日本の水産業も過去の沿海漁業から遠洋漁業へと一層の拍車をかくることとなった。明治二十六年ごろを顧ると西洋型帆船を以て漁業に從事したもの僅かに帝國水産會社二艘に過ぎなかったが、も

う三十一年になると可なりの進歩を遂げた。試にこれを示すと、

船名	登簿屯數	船主
第一千島丸	六十八	帝國水産株式會社
第三千島丸	六十八	〃
海王丸	八十七	〃
順天丸	四十一	〃
豊津丸	七十二	千葉　關澤廉
館山丸	九十九	〃　鏑木餘三男
卯ノ日丸	七十四	北海道　辻快三
八雲丸	四十六	〃
懷遠丸	六十三	東京　青木孝
常盤丸	十六	〃
八千代丸	七十八	〃
天祐丸	四十	岩手　小松駒二郎
千歳丸	七十四	〃　水上助三郎
日ノ出丸	八十四	岡山　川田惣二郎
愛洋丸	六十五	愛媛　吉田代吉
冋洋丸	百六十一	東京　玉置生右衞門
石川丸	百七十	北海道　郡司成忠
龍睡丸	七十五	〃
函館丸	九十七	〃　川端彌一
清徳丸	三十四	〃　石垣隈太郎

合計二十艘のうち遠洋漁業奨勵法により奬勵金を受けたるものも少なくない。いまその出漁海域ならびに漁業の種類を見ると、同洋丸は南洋に於て鱶漁に、海王、豊津の二艘は南部沖合から金華山沖合における鮪漁に從事しその他は臘虎膃肭獸獵に從事した。

南方の鱶漁は出漁中にて成績不明であったが、右の鮪漁二艘は成績まことに良好で漁獲高五千餘圓に達した。臘虎膃肭獸獵の十七艘の總獵獲數は臘虎二十二頭、膃肭獸四千七百二十二頭に達し、臘虎皮一枚を五百圓とすれば一萬一千圓となり、膃肭獸皮一枚を十五圓とすれば七萬八百三十圓であるから合計八萬一千八百三十圓見當となる。

本年（三十二年）度は房總遠洋漁業株式會社は十二艘の帆船を以て出漁を準備し三重、大分二縣も遠洋出漁の計畫中の由である。また日本海及び朝鮮海における露國人捕鯨業の好成績に刺戟されて長崎遠洋捕鯨會社は諾威國より捕鯨者を招いて諾威式汽船捕鯨業を開始せんとの機熟せりとのことである。

また郡司成忠氏の龍睡丸は南洋を探險して鱶漁に從事するため既に東京を解纜した。また帝國水産株式會社の第三千島丸もまた鱶漁の目的で南洋に出航し、また海王丸は金華山沖に抹香鯨獵に從事すべく、その他は主として臘虎膃肭獸獵に從事するとのことである。

惟うに當時の遠洋漁業の本體は斯業の歷史的事情にもよるか、まだ海獸獵業に重點をおいておるが、臘虎は既に絶滅し、膃肭獸も可なり減少してきたから、必しも海獸獵のみを固守すべきでないと考えられるに至った。かくして、もう三十年代になると、鱶、鮪、鰹、鱈漁に向って次第に注意せられるに至ったことは前文に記した通りである。

先ず玉置氏の海洋丸、郡司氏の龍睡丸は南洋の鱶漁探險に向い、また鏑木氏の鮪釣試驗の結果は好望であったから數艘の漁船もこれに倣うであろう。郡司氏の經驗によれば鱈漁業は製造の方法さえ確定すれば有望だとのことである。そのほか鰹釣、鯖、秋刀魚網漁の如き有望のものも多々ありと信ぜられるに至った。

これを要するに各方面の遠洋漁業の發達は第一に模範漁船を建造し外國より遠洋漁撈長を招いて漁場の探險をなすと共にその漁獲物の製造方法を改善し販路開拓をなすことだとの結論に達したようである。なお現行の遠洋漁業奬勵法の奬勵金下附規定は當時の漁業實狀より遙かに標準高であるからこれを實狀に適合するよう引き下げるということであった。最後に前引した鏑木氏の遠洋鮪漁業組織の要點を紹介して結びとする。

日本の遠洋漁業は主として臘虎膃肭獸獵であって、魚族を目的とする網漁、釣漁のないのは遺憾であるとし、中にも房南海の鮪延繩漁を最も有望とし、從來から同方面では冬、春兩期に分ち二月より五月までを春漁と唱え――俗に「やんのう船」「繩船」ともいう――有名な漁業であったが、在來の日本型漁船であったから遭難も頻々に起った。そこで故關澤氏（前引）は西洋型帆船を造りこれを母船とし輕便な漁船を備えて十月より翌年一月まで鮪延繩漁に從事し、二月より膃肭獸または鯨獵に從事する目的にて二十九年冬漁より開始したが成績を見ずして逝去されたから鏑木氏これを繼承し三十年十二月より準備に着手した。本年の鮪漁業は日數五十日間、出漁度數六回で海域は東北海より房南海にかけ沖合三、四十海里の間の鮪延繩漁である。左に經營の要旨を擧げる。

漁具、乘組員

一、延繩一鉢の長は二十四尋、鉤九個、十鉢內外

一、乘組員船長一名、運轉手一名、事務三名、水夫長一名、水夫兼木工一名、水夫五名、漁夫一名、雜漁夫十名

收　支

金千九百五拾貳圓四拾錢　　收入高

內譯

金八百四十圓　　漁獲高

金千百拾貳圓四拾錢	補助金額
金千八百九圓四拾錢	支出高
內譯	
金八百四圓六十六錢	船員給料
金三百貳拾五圓十五錢	諸入費
金貳百六拾圓四十一錢	不足備品買入費
金百三拾一圓八十七錢	餌料費
金貳百八拾七圓三十一錢	賄費
差引	
金百四拾參圓	一漁期純益金
金四百三圓四十一錢	一漁期利益金
內譯	
金百四拾參圓	純益金
金貳百六拾圓四十一錢	固定資本買入高

（前掲會報第百九十號 鏑木餘三男氏に依る）

さて日清戰後の明治三十年前後までの日本の内地沿岸漁業ならびに遠洋漁業の進展の狀勢は大要以上の段階であったがこの狀勢を基盤としてさらに若干の新しい問題をつけ加えて内容の充實と形態の發展を遂げてゆく過程こそが、「明治時代の過渡的漁業」の後期段階である充實期乃至完成期である。そしてその期間は明治三十年ごろから同四十年ごろまで——大ざっぱに日清戰役前後から日露戰役前後まで——の間である。であるから後のことであるが、大正年代以後の日本漁業が大正三年（一九一四年歐洲大戰開始）前後を契機として一大飛躍を遂げたその原動力は實に明治時代の漁業上の努力であることを看過してはならない。

いうまでもなく日清戰役より日露戰役までの間は一般に日本産業史上に注目すべき時代であるが、その前半は專ら戰後の經營を重視し新施設と新計畫に努力したが、後半は寧ろ消極的な緊縮に向ったようである。それでも水産業の基礎工業である造船業、纖維業、機械工業の發達は水産業の發展に最も有利な條件となったことを忘れてはならない。

先ず漁船の消長を見ると、

年次	五間以上	五間未滿	三間未滿	計
三十三年	一、八四二艘	七、一二三艘	三〇、一五二艘	三六、一一七艘
三十四年	一、三三〇	八、一一七	二九、三九一	三八、八三八
三十五年	一、四〇〇	七、二九六	二六、五八四	三五、二八〇

大勢は三間未滿の漁船は漸く減少の傾向を示したが、破壞遭難の數は必しも減少しない。三十三年千七十艘、三十四年五百八十艘、三十五年千五百六十六艘であった。

しかし水産業に對する奬勵はいよいよ押し進められ三十五年には前年に成立した漁業法（後文參照）に基いて漁業組合規則、水産組合規則等の制定を見、また外國領海水産組合法の發布せられて特に遠洋漁業の奬勵に一層の努力を見た。

漁獲物は三十三年以來その價格四千萬圓臺に上り同年に總額四千四百九十八萬五千餘圓であったが、三十四年には四千二百八十二萬六千餘圓となり三十五年には四千四百二十四萬五千餘圓になった。但し以上の數は北海道を含んでいないことを注意すべきである。

つぎに水産製造業と養殖業を見ると、水産製造物は三十三年にその價額三千三百萬圓臺に達したが三十四年にはやや下って三千七萬五千九百餘圓となり三十五年には更に二千八百六十五萬六千九百餘圓となった。その中で重要輸出品である鯣、乾鮑、海參、鱶鰭、干蝦、魚油等は年毎に輸出額を左の通り増加した。

年次	鯣	乾鮑	海參	鱶鰭	乾蝦	魚油
三十三年	一、一五八、七九四圓	四二九、九二六圓	二七九、三五五圓	一三〇、四九九圓	二三三、〇二二圓	九〇六、八二一圓
三十四年	一、八四二、二四九	四八三、三六三	四三六、一四二	一四四、一五一	三三九、六五三	一、〇二三、六三一
三十五年	一、八〇二、四一五	五一三、〇七三	三五三、四九八	一五五、二〇五	三二六、〇九一	一、五〇二、六〇三

以上の外に、水産工業品として寒天製造及び鑵詰業（瓶詰を含む）がある。

		三十三年	三十四年	三十五年
寒天	產出價格	一、一五三、〇〇三圓	一、〇六八、四六三圓	九五〇、二七三圓
	輸出價格	九六四、三二二圓	一、二一七、一九五圓	一、一〇八、五四四圓
鑵詰（瓶詰を含）工場數		一五（原動力使用工場一三）		

つぎに養殖場は三十四年末に一萬四千七百餘、その總面積二千九百七十三萬千餘坪、三十五年末に一萬四千八百、その總面積九千十九萬八千餘坪に達し、生産物總額は、

年次	鼈	牡蠣	鯉	鮒	鰻	海苔	其他	計
三十四年	四、八九一圓	一三三、三九七圓	二三八、〇八四圓	七、三五五圓	三八、七三九圓	一八一、三四九圓	二五四、〇七六圓	八四六、八九一圓

三十五年	四、八六四	一六八、九五八	三三、七三	八、八三三	四二、八〇三	三三、二二	五一九、九一五	一、二八二、三〇三

備考　三十三年末全國養殖場數九千二百五十三、總面積二千九百八十萬三千餘坪にして同年養殖價格總計七十四萬四千八百餘圓とす。

遠洋漁業については企業者漸く增加し三十四年七月より翌三十五年六月に至る一ヵ年間に斯業に従業した日本形船三千六百五十一艘その乗組員一萬九千八百七十一人に達し、西洋形帆船六十七艘（屯數五千三百五十八）その乗組員千百十人で、西洋形汽船一艘（屯數百六）その乗組員三十二人にて以上合計船數三千七百十九艘、乗組員二萬千十四人に及び漁獲物總額百九十五萬九千二百八十圓に達し、前年に比し八萬四千餘圓を增加した。

然るに三十六年になると新造船はやや減少したが十年前に比較すると、

	五間以上	五間未滿	三間未滿	計	概價
三十六年	一、三〇〇	六、五四一	二七、一七六	三五、〇一七	一、七八七、七八一圓
二十七年	一、四一四	四、一六四	三一、五八七	三七、一六五	一、〇五一、五〇四圓

であって、十年前より可なりの改良の跡を示しているが本年漁船の遭難數は七百三十四艘に達し前年の半數に留まっているが十年前の二十七年に比すると却って百七十七の增加を示していることは特に注意すべき問題である。

漁獲物は四千八十六萬六千四百四十四圓にして前年に比し三百三十六萬五千餘圓の減少であるが、過去の二十七年に比すると二千百九萬九千九百餘圓を增加している。

水產製造では總額二千五十七萬三百餘圓で前年に比し十一萬四千餘圓の增加となるが、十年前の二十七年に比すると實に千百四十九萬九千七百餘圓を增加している。

さらに養殖の面では養殖場一萬八千二百餘、前年より三千五百餘を増加し、總面積九千三百二萬八千餘坪にて前年より二十八萬三千餘坪を増加し、養殖物價格も八萬四千餘圓を増加し、總計百三十六萬六千四百餘圓である。これを表示すると、

鯔	四、六六二圓	牡蠣	一七六、五四四圓	鯉	二八三、五四三圓	鮒	七、一三〇圓
鰻	一七、六四二圓	海苔	四五六、八七二圓	其他	四二〇、一〇四圓	計	一、三六六、四九七圓

遠洋漁業も、三十六年七月より三十七年六月に至る一ヵ年間にいよいよ盛となり、これに從事した漁船、乘組員及びその漁獲物總額を擧げると、

日本形船		西洋形帆船			西洋形汽船			漁獲物
船數	乘組員	船數	屯數	乘組員	船數	屯數	乘組員	
三、二六二	一六、五七八	六一	六、三五六	一、二六一	二	五〇六	五七	一、九四九、二六四圓

これを前年度に比すると船數三百八十餘艘を減じ乘組員數において二百三十を増し漁獲高において九千三百五十餘を減じた。（明治史第四編産業史 博文館明治三十九年）

かような狀勢を以て日露戰役に突入し、未曾有の戰果を收めた。時の水產局長牧朴眞氏は全國水產業者大會に臨み「今や我國は連戰連勝」で帝國の位置は大いに擧がったが漁業はまだ「半開時代」であるから宜しく獨逸流に倣って良港を建設し大いに遠洋に出漁せねばならぬ。日本の漁業者は「大約百萬である。之に兼業者を加ふれば大約二百五十萬であると云ふ、（中略）當らずと雖も遠からざる統計と考へます」。この多數の漁業者がいるに拘らず「太平洋、支那海、朝鮮海其他暹羅、比律賓等斯の如く多くして且つ廣き良漁場に於て漁業を試むる者は寥々として晨星どころでない。殆んど此大海の漁場に向って漁業を試むる者は無いのでありますう云々」。そこで政府は夙に遠洋漁業の必要を感じ明治三十

年遠洋漁業奬勵法を發布し、その結果は膃肭獸獵は大いに發達し外國密獵船を逐い拂い更に進んで「千島列島、コンマンドルスキー」まで年々幾十艘の日本獵船が出漁し、また日本海では「佐渡沖より浦鹽沖に至り進んで薩哈嗹近海」まで出漁するに至った。しかし「其他の遠洋漁業は如何なる有様かと申しますと遠洋漁業奬勵法の效力を實地に奏せない」。そこで政府は本年遠洋漁業奬勵法を改正した。その主要點は鯨漁、鱒漁それぞれに適當した船舶そのものの建造を急務と考え造船奬勵金（建造費の一割―一割半）を下附することにしたと同時に乗組員たる漁撈長、漁撈手、漁撈夫に對し漁撈奬勵金を下附し、その他にも遠洋漁業による漁獲物の處理や運搬に從事するいわゆる處理運搬船にも一定の奬勵金を下附すると述べられている。そこで終戰前後の新設會社の主なるものを擧げると、

社名	資本金	拂込額	起業地	事業
日本漁業會社	一〇〇、〇〇〇圓	全部	東京	鱒其他
大日本水産會社	三、〇〇〇、〇〇〇	四分ノ一		鹽油漬罐詰
大平洋漁業會社	五〇〇、〇〇〇			捕鯨
大日本捕鯨會社	三、〇〇〇、〇〇〇	四分ノ一		捕鯨製油
帝國冷藏會社	三、〇〇〇、〇〇〇			魚鳥肉其他冷藏
日本冷藏船庫會社	三、〇〇〇、〇〇〇			〃
東西漁業會社	二〇〇、〇〇〇	四分ノ一	大阪	捕鯨
朝日漁業會社	二〇〇、〇〇〇	〃		〃
帝國水産會社	二、〇〇〇、〇〇〇	〃	神戸	捕鯨其他
東洋水産會社	五〇〇、〇〇〇	〃	鳥羽町	鹽油漬罐詰
合資盛漁社	五〇、〇〇〇	〃	岩手	臘虎膃肭獸
南越漁業會社	五〇、〇〇〇	〃	三國町	鱒
海國漁業會社	五〇〇、〇〇〇	〃	大阪	捕鯨

遠洋漁業會社	一二五、〇〇〇		〃	〃
樺太漁業會社	五〇、〇〇〇		函館	〃
銚子捕鯨會社	五〇〇、〇〇〇		銚子	〃
新捕鯨會社	二〇〇、〇〇〇		大阪	〃
合計	一四、九七五、〇〇〇	一、八二五、〇〇〇		

備考　拂込額記入なきものは新設會社にて手續なきもの（前掲會報第二百九十一號）

ここで注意すべきことは終戰後四十年ごろまでに設立された漁業會社は中央地方を通じ多數に上って、いわゆる漁業會社亂立の時代を出現した。著者の知り得た會社及び組合の數だけでも七十社以上に達し所在地も全國に跨っていた。しかし通していえば多くは資本金も少額で、事業の内容も可なり疑わしいものがあるように思われた。

さらに、このことを當時の記録に見ても「今や我水産業は戰捷以降新興國民の魂氣を以て向上し新事業界の急先鋒となり一躍して覇を稱するに至る。（中略）今各府縣に於ける最近の新設各種の水産會社を擧くれば大會社のみ約三十五其資本額實に三千五百萬圓餘を以て計上す而して四月及五月中の設立に係る大小會社は實際調査より日本冷藏船庫、大日本捕鯨、新潟遠洋漁業、大日本遠洋漁業、日本化學工業會社等大會社を始として二十四、其資本額六百八十三萬圓餘の計算を示せり（前文參照を乞う―著者）。實際斯る盛況を呈しつつ財界不振の現境に拮抗し（中略）各種の水産會社は益々勃興せんとす、（中略）日露漁業協約は未だ本條約締結の運ひに至らすと雖、既に假協約は協定せられ（中略）渺漫無涯の大洋に航し……海洋が包括する無盡の恩物たる意義を現實的に解釋せされは止まさるの趨勢となれり云々」と記してある。（前掲會報第二百九十一―七號）

また遠洋漁業奬勵法改正後の成績表ならびに三十九年四十年の水産物輸出額を參考すると、（前掲會報第三百八號）

事項		三十八年 漁業奨励金を受くるもの 隻	三十八年 漁業奨励金を受くるもの トン	三十八年 漁船奨励金を受くるもの 隻	三十八年 漁船奨励金を受くるもの トン	三十九年 漁業奨励金を受くるもの 隻	三十九年 漁業奨励金を受くるもの トン	三十九年 漁船奨励金を受くるもの 隻	三十九年 漁船奨励金を受くるもの トン	四十年 漁業奨励金を受くるもの 隻	四十年 漁業奨励金を受くるもの トン	四十年 漁船奨励金を受くるもの 隻	四十年 漁船奨励金を受くるもの トン
北海道	膃肭獸	三	二六六、四六			三	三三六、八〇			二	一四二、四六		
	打瀬汽船					一	八六、一八	一	八八、八〇	一	八八、一八		
東京	膃肭獸	五	二八七、一四			四	三三一、三一	二	一九〇、〇〇	二六	一九三七、九三		
	鱈漁船	二	一九九、五八			三	三六六、〇三	三	四三九、九三	四	五三〇、四二		
	鱶鮪延縄漁船	二	八一、六四							三	一三一、六二		
	打瀬汽船					一	一五三、四一						
	鯨汽船									一	一三四、〇三	一	一三四、〇三
	旋網漁船									一	一二六、〇一		
千葉	處理運搬船	一	九九、七六										
	膃肭	二	一五四、九二			一	六三、八八			一	六三、八八		
	鮪漁船	一	一九、八四			二	三九、八一	一	一九、九七	二一	三九、八一		
宮城	膃肭獸	一	六八、四四			四	二八五、八五			三	二二七、六四		
	鱶漁船	五	二〇五、八七			四	一三二、二三			八	二三五、四三	一〇	一九三、〇〇
	鯨帆船							一	三四六、七二	一	三四六、七二		
岩手	膃肭獸	六	四七四、九二	二	一七八、〇〇	二	一三二、六七			五	四二二、三七		
	鱶漁船	四	一三四、一五			四	一三三、八三			五	一六八、五四	二	四九、〇〇
神奈川	鰹漁船									一	一九、三四	二	三六、五〇
	運搬船											一	一七、〇〇
静岡	延縄漁船					一	四四、五〇	一	五〇、〇〇				
	旋縄漁船					一	一三二、七四						
	鰹漁船									一	一九、四四	二	四二、〇〇

（運搬船											一	一五、〇〇
三重　臘肭獸	二	二二四、八五					一	七〇、〇〇				
三重　鮪漁船			一	二五、〇〇					一	一六、一八	二	二七、〇〇
和歌山　臘肭獸					二	一九一、〇六			一	一二八、七一		
和歌山　鯨帆船			一	二四五、一一	一	二四五、一一			一	二四五、一一		
大阪　鯨獵船							二	三三一、〇〇	一	一五〇、〇三	一	一三五、五八
大阪　冷藏船							一	一三七、九〇	一	一三七、六〇		
香川縣生洲汽船	一	一四三、〇七	一	一四四、〇七	一	一四三、〇七			一	一四三、〇七		
愛媛縣臘肭獸					一	二六、三七			一	二六、三七		
山形縣打瀬汽船											一	一三九、〇〇
鳥取縣打瀬汽船	一	一五三、四一										
福井縣鱒漁船							一	一一五、〇〇	一	一一五、〇〇		
沖縄縣鱶漁船			二	一五八、七七	二	一五八、七七			一	七九、一三		
新潟縣延繩漁船									一	一六、五一	二	一、三四
計	三六	二、五一〇、〇五	八	八四九、七五	三八	二、八六六、五一	一〇	一、七八九、〇三	七五	五、八四〇、七三	四四	一、二九一、一一

水産物輸出額

種類	三十九年 數量	三十九年 價額	四十年 數量	四十年 價額
鯣	斤 一〇、八八八、〇一四	圓 二、二一九、一五〇	斤 二一、五七四、六九五	圓 二、四〇一、四〇三
昆布	四六、三三〇、一八三	一、五〇八、〇一七	四七、四一五、三五四	一、五〇〇、九九九
刻昆布	八、八九一、二六一	三二六、四六七	五、八五八、四一五	二〇八、三三九

寒天	一、三九一、一六八	八九五、六九三	一、四四七、九〇八	九九一、五八四
魚油及鯨油	二、〇〇八、七四〇	一、二二二、九八四	三六、〇六三、四九一	二、九七五、二三五
乾鮑	九六七、五一七	六七三、〇三七	八九七、三四四	五六六、六一六
海参	一、〇七一、八八七	五九三、二三五	九七三、二三〇	五四〇、四二二
貝柱	一、二九八、八一六	六五四、六三八	一、三六四、八九四	六〇六、一三七
珊瑚	七二、五〇〇	六七九、一八三	三三、〇八九	四七五、三一四
乾鰕	一、八七一、三〇一	四二二、二五九	二、一一〇、三二五	四六〇、三七九
鯣	五、二五五、七四〇	三九六、一七一	五、一六四、一二四	三五一、二五二
鱶鰭	四六四、一四七	二一三、六六九	四六八、一七五	二一一、三八二
煮乾鰮其他	—	—	一、〇一九、一五三	一八〇、四九五
鰹節	—	—	二〇一、八五三	九一二
蒲鉾	—	—	五四、一八四(打)	一一六、二七四
田作其他	三、三四七、九五四	三六六、八三二	一、八一八、九八七	一六〇、四五七
揚巻	五四八、九四六	八一、五二一	五九六、四一二	一三一、八三五
鮑殻	六一一、三四六	一二一、五八八	二九四、三四九	八九、三六九
鹹魚	—	—	八五四、一一四	八三、一八三
雑貝	四〇六、三五二	五五、二九七	六四〇、二二一	八〇、〇九三
魚罐詰	五四、七九一	九七、九三七	四〇、三七三	七九、七七六
鰮油漬類	—	—	八、七八五	一七、三八二
鮑罐詰	七二、二一一	二〇一、〇五九	七三、二五二	二〇一、五八四
淡菜	三六九、三九九斤	五八、九五〇	二七〇、六〇八	四五、〇六一
蠣	一三一、七〇四	二五、八五八	一二〇、六四〇	二四、六〇五
食蠣	三二、四二七、五四五	六五八、五八八	二〇、〇五九、九八五	二九五、六九四
合計	一三七、三五四、五二〇/一二七、〇〇五	一一、四七二、一一三	一三九、三四四、二七六/一七六、五九四	一二、九三三、七八二

備考　以上の外、昨四十年の貿易統計には粗製沃度十萬三千九百二十圓、沃度剝篤亞斯十五萬六千六十七圓、計二十五萬九千九百八十七圓なるも「ドラッグス」として輸出せられたから水產物の實際の輸出は八十萬圓乃至百萬圓に上りなお膃肭獸皮輸出四十餘萬圓。

以上に擧げた諸資料によると、日露戰役後における水產業ことに遠洋漁業の活躍はまことに目ざましい勢であったことは否定し得ない發展とみなければならない。しかし少しくその內容に立ち入って吟味すると、必しもその總てが合理的計畫の下に企圖せられたものでなく、多くはいわゆる戰後經營の波にのった投機的企業であったようである。それ故に事業の性質上ともすれば冒險的投機的に流れ易い漁業がこういう狀勢下に一攫千金的の企業熱にかられて目前の掠奪的漁獲にのみ奔狂し酷漁濫獲の結果やがて漁場の荒廢を招くに至るのは自然であろう。かくて企業の整備、會社統合の問題が間もなく出現してくるのであるが、かくて漁場の荒廢と因果の關係に立つ沿岸漁場の荒廢はすなわち沿岸漁業の興廢を意味し、そこに沿岸漁民の大規模底曳網漁業に對する全國的排斥運動を喚起するに至ったのである。

そこでつぎは四十一、二年を中心に前後における全國水產業者大會における決議事項のうち注意すべき若干の項目を擧げ民間當業者の希望を吟味してみよう。（前掲會報第三百六―十八號）

一、漁業組合の權限を擴張し以て產業組合法の如く行動をなさしむることとし漁業法の改正を政府に建議すること。

一、土地の狀況を參酌し稚魚濫獲禁止を主務大臣に建議すること。

一、重要魚類の製造方法を一定するの建議を望むは否決となる。

一、實業補習學校補助は其獨立の基礎を有するに至るまで繼續下附せざることとし、否決。

つぎに各地組合團體より提出の問題

一、從來の漁船に石油發動機を据付くるものにも遠洋漁業奬勵規定に據る補助金を下附せられんことを其の筋に上申

することｏ

一、漁業法第十條を改正し魚兒を保護せんとする建議案。

一、水産組合に産業組合法を準用せられんことを政府に建議することは否決。

一、水産銀行の設立を遂行せんことを主務大臣に建議すること。

一、漁業法第十七條の明文に依り漁業に從事する雇人及び雇主の取締に關する規定を制定發布せられんことを主務大臣及び貴衆兩院に請願すること、これは宿題となる。

一、生魚販賣に關する從來の弊害を矯正するため魚市場取締規則の制定せられんことを主務大臣に建議すること。

一、農會法と同じく水産會法の發布あらんことを政府に建議し、貴衆兩院に請願すること。

一、漁港、避難港を全國適宜の地に築造し漁業者をして安全に漁業をなさしめんことを政府に建議すること。

一、重要輸出水産製品檢査を施行するため全國樞要の地に國定檢査所を設置せられんことを政府に建議すること。

一、水産大學及び全國數箇所に高等水産學校を國費を以て設くること。

一、國立の水産試驗場を中央、北海、南海、日本海、瀬戸内海、九州の各所に設置せられんことを政府に建議すること。

一、漁業法第五條第二項を左の通り改正すること。

從來の慣行により前條の免許を出願したる時は行政官廳は漁業の種類に拘らず漁場の區域を一定し之を免許す

一、漁業法第七條中一項を左の通り修正す。

漁業權は相續又は讓渡共有貸付及抵當權の目的となすことを得

一、蒸汽トロール漁業禁止の件を主務大臣に建議し且つ貴衆兩院へ請願すること。

一、打瀬網、藻打瀬網、手繰網、藻手繰網、鰕漕網、藻曳網は目合を制限せられんことを主務大臣に建議すること。

かように戰後の水産狀勢が一方において遠洋漁業の熱狂的發展をなすと同時に他方では沿岸漁業の面に著しい衰微の徵を現わしてきたことは前文に引用した全國漁業者大會における政府への諸建議案からでも知り得るところであるが、この種の盲目的企業計畫乃至沿岸漁業の荒廢はやがて二つの方面に、一つは大規模漁業の整理合同、一つは大規模漁業に對抗する沿岸漁民の排斥の問題として提起せられるに至った。そこで先ず前者からその要點を記述する。

全國捕鯨業大會

太平洋捕鯨會社長岩谷松平、大日本捕鯨社長舟木錬太郎、帝國水産技師長南摩紀麿、東海漁業取締役綾部廉二、日韓捕鯨取締役阿部吾市、東亞漁業社員若林達夫、内外水産社員泉仁三郎出席（東洋漁業、長崎捕鯨、缺席）、神山水産局長臨席の下に開會された。

岩谷氏は夏期捕鯨を將來の研究問題として殘したが、鯨肉及び鯨油の價格を保持するため會社の合同と新販路の開拓につき主張し、阿部氏は夏期捕鯨を禁止すれば公海自由の原則に基き外人の濫獲に委する結果となることを談じ、綾部氏は韓海、南洋、北海道鯨族の生殖期は不同にて夏期冬期ともに胎児をもつとの實驗談をなし、南摩氏はオコーツク海、白令海、小笠原島の捕鯨實驗により夏期捕鯨禁止に反對し、決議に至らずして散會したが、神山水産局長の談話の要點は、

> 輓近捕鯨事業の勃興に伴ひ鯨族保護の必要を論ずるものあり又其事業の前途を憂ふるものあり云々
>
> 元來遠洋漁業は本省の大に獎勵に意を用ふる所にして捕鯨業の如きは素より其發達隆盛を希望するは勿論にして（中略）或は那威式に或は米國式に着々事業を實行せらるゝに至り（中略）捕鯨頭數は千百餘頭に上れり、（中略）然れとも一時に勃興するものは又一時に衰頽するは數の免れざる所にして各會社が事業の隆盛を圖るに急なる不知不識の間に濫獲の弊を生ずる時は貴重の水族を滅盡するの虞あり（中略）貴重の國産を暴殄するものにして斯業將來の爲めに

頗る遺憾に堪へざる所なり云々

かくて大日本捕鯨社長舟木氏よりは

一、全國既設同業者間にて一大トラストを組織し捕獲、割裁、販賣、其他一切の處理方法を講ずること。

二、既設會社は單に捕鯨の製造販賣に限り共同的組織となすこと。

三、部分的に各地方々々の聯合を計ること。

また帝國水產會社の夏期捕鯨に關する意見としては、

一、鯨族保護の目的により夏期禁止を必要なりとせば

　日本沿海に來游する夏期鯨と秋冬春鯨と同種同一のものか

　鯨族は夏期のみ產兒をもつものなりや否や

の二問題を先ず解決した上で夏期捕鯨の禁止問題を決定すべし。

二、農商務省は捕鯨業を奬勵せられし當時は此等の制限法をも附せられざりしなり。

三、夏期鯨肉の價格冬期の三分ノ一にも達せざるが故にその捕獲は寶玉を以て瓦礫に換ふるに等しとの論あるも日本の夏期鯨の處理設備は甚だ不完全なるためである。

四、食料として價値ある物を肥料に製するは愚なりとの批難あるも當らず。

五、夏捕鯨の禁止は却って酷漁濫獲を招く恐れあり。

六、那威國捕鯨禁止の例を引用するものあるも日本と事情を異にする。

七、鯨族の濫獲を制し捕鯨業の秩序ある發達を計るには既知及び未知の漁場に對する配船の制限また根據地設備、取締法を設くるべきを以て良策とす。

この捕鯨合同問題に對する大日本水産會の代表意見とも見るべき牧朴眞氏の「諸威式捕鯨業合同に關する意見」は大いに參考となる一文と思うからやや詳細に紹介する。

戰後我國運進展の氣勢に伴ひ勃興したる生産的事業は（中略）經濟界に於ける幾多の不況に原因し（中略）今や一蹶起つべからさるものあり、然らざるも概ね整理の時代に入れり、諸威式捕鯨業も亦戰後急劇なる勃興に反比例して現在同業者の事業經營は頗る困難を極め整理の聲は業に既に朝野の間に喧し（中略）現在同業者十一會社の使用する諸威式捕鯨汽船二十七隻は依然として沿岸漁場に對抗を恣まゝにするが爲め（自然に鯨族の酷漁濫獲に陥り、粗製濫賣となったから當局は特に書面を送って（著者要約以下同斷）鯨族の播殖保護に關し切に當業者の自治自制を促し、大日本捕鯨會社は（中略）三箇條九項目を提案し（東京會合に於ては）內外水産會社より捕鯨船合同組合設立意見書を同業者に配付せり（密集漁獲の狀況を見ると）土佐漁場には捕鯨船十三隻紀州漁場には十隻（中略）犬吠及金華山の漁場には一十隻（斯くして止むことなくば漁獲物は增しても價格は低落し）收入支出の均衡を保つ能はすして年々の計算は缺損に缺損を加へ自然會社を維持することを得ざる（のみでなく漁場は永久に荒廢し）今日の好漁場も數年ならずして蕭條たる蒼海に歸する外なしと慨嘆している）

舊網漁式による長門肥前の捕鯨の主目的は脊美鯨なりしも外國捕鯨船により殆と捕り盡され、次は座頭鯨なるもこれも殆とその姿を沒したるか長須、鰯鯨の類は今なをその跡を絕たす明治二十三年より露國捕鯨船は今日なを多數の漁獲あり云々（中略）韓海及犬吠金華山の漁場は長須、鰯等の鯨族にして永續の見込あるか如くなるも土佐紀州の如き白長須鯨族の漁場に在りては前途甚た憂慮に堪へさるものあり殊に今日の如く各會社競ふて無制限に捕鯨船を進め（ては漁場の前途は全く荒廢の外なしと）

（前略）試みに日露戰役中に於ける韓海捕鯨の實況を見るに當時韓海捕鯨は東洋漁業會社の獨占に屬し（中略）鯨一

頭の平均賣上價格は一千六百三十九圓にして捕鯨船一隻の純益金六萬五千圓乃至六萬三千圓當時六隻の捕鯨船を以て純益四十一萬六千餘圓（中略）然るに爾後各會社の勃興せる四十年の決算には同會社と雖も一頭の平均賣上價格一千三百二十五圓（中略）他の各會社の實況如何を見るに一頭の平均賣上價格最高にして一千三百六十四圓、普通一千百圓甚しきは一千圓以下（中略）創業後一年ならすして早く既に解散の不幸を見るの會社を生ぜしも亦理勢の然らしむる所云々其原因は（中略）主として漁場と捕鯨船數の不權衡、鯨族の蕃殖と漁撈との無節制漁獲物の需給幷に販賣の亂調等の爲めに事業の基礎及之が收支根底より破壞紊亂しつゝある結果に外ならざるや疑ふべからず云々

（前略）農商務大臣は法律上諾威式捕鯨業に關し（中略）船數の制限は勿論、捕鯨の禁止、捕鯨會社の制限をも其省令を以て制定することを得るの權限を有せり（中略）我國現時の狀態に處するには唯其酷漁濫獲を防ぐを以て足れりとす、其方法としては捕鯨會社の數を制限すべきか否な未だ之を設立せざる以前に於て其濫起を防ぐは格別、既に會社を組織し其事業を經營せるものに向て其數（會社の數）を制限するは假令農商務大臣の職權に於て妨げなしとするも穩當の處置にあらず結局船數を制限して以て相當に漁獲せしめ好漁場をして永久に保持せしむるの策を取るより外なきなり（中略）現に十一會社二十七隻の船數を以てして（前述の如き弊害あり、然るに先きに當業者の東京に於ける會合に最上限を三十隻とすその意の在る所を知るに苦しむとあり）

小生の意見を以てすれば我國現在の各漁場に於ける捕鯨船は之を十五隻以下とし（中略）韓海漁場に就ては既に同國政府の內規あり復之を論ずるの要なし（中略）蓋し有效に鯨族の蕃殖保護を圖り永久に事業の經營を完ふせんと欲せは現在の各捕鯨會社を合同して一大株式會社を組織し各漁場の狀態に依り適宜に捕獲船を配慮し漁獲物の處理運搬及販賣等を良好に按排するを以て最善の方法と信ずるなり

合同の方法としては（中略）先づ長崎捕鯨會社の如き東洋漁業會社の如き獨占に係る韓海捕鯨權は擧て之を新合同會

社に提出すべし（その他の案件二つあり）其一は十一會社の現在拂込資本金を基礎とし各會社の株金に等差を附し營業狀態の下位にあるものに對し割引を爲し因て生じたる金額を上位に居る會社の株金に割增を爲すに在り、假令ば十一會社の拂込資本金三百三十八萬圓とすれば新合同會社の資本金も同額とし、而して各會社の營業狀態を斟酌參照し某會社は拂込金額を以て新會社に對する持分額とし某會社は拂込金額より一割を引き某會社は二割を引きて持分額を定め拂込額と持分額との差金を生じたる若干萬圓を以て營業狀態の比較的上位に居る會社及曩に韓海捕鯨權を獨占したる會社に配當し通計三百三十八萬圓に達せしめ之を以て新合同會社の資本金と爲すが如し、第二の合同方法は局外に架空の買收者を設け合同を欲する會社は之に向て相當の價格を以て其資產全部を賣却せしむるに在り、比の方法に依れば新合同會社の資本金は現在拂込總資本額と自から差違を生ずるも結局第一方法と同一の成果に歸するものなればば第一方法の簡易にして妥協の便却つて第二方法に勝ざる云々

（前略）各會社を合同して一の會社を組織したる上は事業經營上先つ捕鯨船を各漁場相當に配置し濫獲に陷らざる範圍に於て漁獲せしむるを第一の要義とす小生等現在の實況に依りて見るに韓海漁場には五隻以下本邦漁場にも亦十三隻以下を配置し合て十八隻を以て相當す（中略）今試みに每月各漁場配置數を左表に列記し而して各漁場の捕鯨頭數を豫想するに一千三百七十頭なりとす

漁場配置船數及捕鯨豫想頭數表

日韓漁場	十月	十一月	十二月	一月	二月	三月	四月	五月	六月	七月	捕鯨豫想頭數
韓海東部	五隻	五	五	五			下半／上半				二五〇頭
〃〃北部						四	四				一二〇

土佐西部		四	四	四	四	四	四				二〇〇
〃東部		四	四	四	四	四					一五〇
紀州西部		三	三	三	三	三					一八〇
〃東部	二	二	二	二	二						一二〇
犬吠東部								三	三	三	一〇〇
金華山一帯								五	五	五	二五〇
計	七	一八	一八	一八	一八	一五	八/四	八	八	八	一、三七〇

一千三百七十頭は現在各會社の捕鯨總數に比して固より少數なり（中略）處理運搬を完全にせば自然販賣價格を適當に保持せしむることを得べく今日より數割の價格を高騰せしむべきは勿論なり云々

（前略）新合同會社にして日韓の捕鯨權を掌握することを得るものとせば此の一事のみを以ても既に多大の利益を想見し得べし云々（中略）合同後の收支を概算するに左の結果を得ること確實なり（いまその要項を擧ぐれば）

收入豫算

一金貳百七萬三千圓　漁期拾ケ月間毎月七隻乃至十八隻の捕鯨船總捕獲高頭數一千三百七拾頭の賣上け總收入

（內譯省略）

支出豫算

一金百拾萬八千百九圓貳拾錢　本店一個所出張所三箇所として漁撈處理及運搬に關しては捕鯨船配置表に基つき四個の移動漁隊を置くこととし之に要する總支出を見込めり

（內譯省略）

純益概算

一金九十六萬四千八百九十圓八十錢　（前掲會報第三百十六―八號）

合同問題はかような曲折を經てやがて大部分の合同を見るに至ったが、それらの詳細な經過は明治時代漁業の範圍外に屬し、ここでは割愛する。

つぎに取扱うべき前者と不可分の内的關係をもつ問題は、

トロール漁業排斥問題

この問題が一つの團體的一大運動として最初の第一聲を擧げたのは、四十一年長崎に創設された九州汽船漁業會社の汽船トロール漁業に對し九州沿岸漁業民は大いに激昂しつつあったさい福岡縣漁業民は遂に蹶起し、各沿岸より代表者を立て十二月一日より三日間の協議會を經て左の決議をなした。

トロール打瀬網排斥期成同盟會を組織し關係各縣と氣脈を通じ縣及主務省に向って善後方法を講ぜられんことを要請すること

なお右期成同盟會の目的を達するため左の如き規約を結べりと。

トロール漁業漁場排斥の際正當防禦の爲め難に罹る死傷者に對しては本會は左の條項により委員會の決議を經て相當救助をなすものとす

一、死者に對する相當祭祀料

一、負傷者に對しては相當治療費其他の救助

一、法律による抑留又は拘禁に罹りたるときは相當の救助

一、トロール漁業排斥の爲め殊功者あるときは本會の名義を以て永世其芳名を表彰することあるべし

一、本會の目的を達するは至難の事業に付各浦委員は宜しく其旨を一般に傳へ一致本會の爲め盡力を要するにより

各自の連印を徵す

なお各地魚問屋は所謂彼等(トロール業者)の漁業をして成立せしむる媒介者にして劈頭彼等に對する處分の方法を講ずるを以て適切なるものと信ず。左に一、二の要領を掲ぐ。

一、各地魚市場其他の魚商人にしてトロール漁獲物を取扱ふ者に對しては我が組合は間接直接に絕對魚類の委託販賣を禁止す

一、對馬壹岐方面各問屋に對しては各地水產組合より同一なる制度を以て交涉せしむ

これが當時の要領である。然るに間もなく大日本水產會はこの問題に關し「トロール問題と帝國議會」の題下に左の如き記事を掲げた。

トロール漁業禁止の請願　衆院委員會において細川義昌氏は外國の例などを引用して本請願の說明をなし、政府委員押川則吉氏は左の如く答えた。

(前略)元來本事業は政府に於て遠洋漁業として相當の奬勵金を與へ居るものなり併し沿岸に於て從來小舟にて漁業し居る區域即ち漁村と近接關係ある近海に於てトロール漁業を行ふことは漁場を攪亂し魚族の蕃殖を妨げ即ち濫獲によりて將來漁村の利益を減ずる憂ひあるを以て相當の區域を限りて取締るべき方針にて現今調査中なり、されど、絕對禁止は漁業の利益を減ずる恐れあるにつき同意し兼ぬるなり故に場所に依ては禁止し又差支なき所は進んで奬勵する考なり

貴族院では採擇に決し左の意見書を附して政府に送附した。

意見書案

汽船トロール漁業禁止の件

愛媛縣越智郡宮窪村平民漁業村上紋四郎外四名呈出

右の請願は近時二三資本家の企畫に成る汽船トロール漁業は蒸汽力に依りて海底の魚族を網羅し盡すものなるか故に漁場を荒廢せしめ著しく魚類の蕃殖を害し一般漁業者は爲に忽ち其の生業を奪はるゝの悲境に陷るべく終に之に對して如何なる禍害を加ふるに至るなきを保せざるに依り速に之を禁止せられたしとの旨趣にして貴族院は願意の大體は採擇すべきものと議決致候因て議院法第六十五條に依り別冊及送附候也

明治四十二年月日

貴族院議長　公爵　徳川家達

内閣總理大臣　公爵　桂　太郎

さらに、「汽船トロール漁業取締に關する建議案（武滿義雄外一名提出）があった。これによると、

汽船トロール漁業者は現時海深二、三十尋乃至六、七十尋の漁場を適度とし作業せらるゝを以て往昔より慣行を有し僅に口を糊する本邦一般漁民は全く其の慣行の漁權を蹂躙せられ且該漁具の性質たる沿岸魚族を勦滅せしむべきを以て幾百萬の漁民は爲に生業を褫奪せらるゝの窮地に陷るの結果之に對し兇暴なる禍害を加ふるに至るへきは暸々乎として明なり（中略）依りて一日も速に充分なる取締制限の方法を講ぜられ（んこと）云々

そして取締方法としては　一、漁場の區域を制限し、二、漁船數を制限し、三、漁獲物販賣市場を制限し、四、繁殖保護を實行し、五、取締方法を實現せしむるため正確なる方法を立つべきこと等であった。

なおこの問題に對しては衆議院に於て政府委員道家齊氏と議員上野安太郎、飯田精一、藏原惟郭氏等との間に質疑應答が行われた。

然るに他方、南摩紀麿氏は「トロール漁業に就て」という題目の下にトロール漁業の排斥に眞向から反對した意見を

開陳しておる。その主旨は、元來トロール漁業とは「從來我國に於て行はるゝ打瀬網と異なることなし」つまり「打瀬網の進歩せる者」であるとして、先ずトロール漁業反對者の論據の主なるもの四つ――一、斯業は海底を撈亂し魚族の蕃殖を害す、二、斯業は一時に多量を漁獲するゆえやがて魚族を滅盡せしむ、三、魚族減少の結果、沿岸漁民の生活を危からしむ、四、斯業はその經營者きわめて少數にして沿岸多數の漁民はこれがために生活の道を失う――を擧げ一々辯駁しておる。一々引説することをしないが、要するに、トロール漁業は日本在來の打瀬網漁業の進歩したもので「進歩せる漁法は常に舊法より大規模の漁業は小規模の漁業より大なる利益を得るは當然の事にして單に一小部分の小規模漁民を保護せんがために漸く發達の氣運に際せる大規模の漁業を禁止し漁具漁法の改良進歩を停止せしむるは國家經濟上策の得たる者に非るなり」というのが主張の立場である。

なお續いて耕洋漁史は「トロール漁業を論ず」の題下に當時の漁業現狀を詳細に紹介し進んでトロール漁業の排斥、賛成の兩説を穩當に批判してのち排斥派に同調しているが、その根據は「予がトロール排斥派に同情を寄するのはトロール排斥派の主張を是認したからでなく(中略)排斥派の主張は網目の制限、漁期の制限、操業區域の制限、船數の制限、漁獲物販賣地の制限等に依りて多少在來漁民との融和を謀り得べきである。然るに尙ほトロール漁業は遂に禁止せざるべからざるかの嘆聲を發するのである云々」。その理由としてトロール漁業區域を主として領海外ならしむれば公海における外國トロール漁業者の進入を取締ることが出來ないことになるからだと言っている。

この論文に續いて岡十郎氏は「汽船トロール漁業に關する意見」において外國における斯業の趨勢を詳説し日本における場合の斯業と沿岸漁業民との利害衝突の調節策をも詳細に論述し結論としては「惟みるに舊來の陋習を破るは維新の皇猷なり(中略)我水產界新進の氣運をして益々伸暢發揚せしめ以て皇猷を宏恢するの大旨に副はしめよ」と結んでいる。(前掲會報第三百十六―九號)

以上は主として新興の漁業者及び在來の沿岸漁業者の主張を紹介したものであるが、この問題は啻に水産業界の問題であったのみでなく、やがてその影響は廣く日本の國民經濟乃至社會問題として新聞紙上に取揚げられるに至った。朝日、毎電、萬朝、小樽の各紙は何れもこの問題を大々的に論評した。各紙の所見は必ずしも一致せず贊否兩論であったが、ここでは最も中正と考えられる朝日新聞の論説を紹介する。

（前略）二月全國水産大會に於て眞漁業者側の輿論を聞き以て我漁業界がトロール漁業に對して如何なる意見を抱き如何なる趨向を有せるかを窺ふを得たり、然りと雖も本問題は一方社會問題としての討究を要す。故に吾人は社會の輿論が如何なる態度を以て本問題に斷案を下せるかを見んとす云々。

トロール漁業は我水産上の一大問題なり。（中略）トロール漁業が四百萬漁民の常業を奪ひ魚族の勦滅を招くに拘らず利益するものは眞に一二資本家に止まるとの理由により、禁止を決議し之を貴衆兩院に請願するに至る、當局者も今日となりてはトロールの有害なるを認めざるに非ざれど、嚮日保護奬勵の途を立て今翻然禁止するは、自己の無定見を表はす者として苦む所あり、去れどトロール漁業が我水産業の着實なる發達を阻害するは今や掩ふ可らざるものあり、（中略）蓋しトロール漁業に適當なる場所は從來我漁民の良漁場として營業し居れる範圍なり、（中略）故各府縣の漁民中非常手段を執らんとする所以なり。彼の從來打瀨網の紛擾さへ久しく結んで解けざるより見ればトロール漁業が如上の反抗を招致するも理なり。（當局は歐洲ノース・シーを引例して斯業の外洋に適するを説くも我國海底の事情は異なる）我新トロール業者は實際外洋にのみ之を施し居るや彼等は沿岸の淺瀨にて漁撈を營むが故に從來の漁業と衝突するに至りしに非ずや、（世界各國の狀況も斯業のため沿海を荒廢し漁業の根底を危す）加奈太の如き又は本場なる北海（ノース・シー）沿岸の各國の如き自國の領海に於ては此漁業を嚴禁せり（中略）之を我國近海一帶全く我當業者の獨占なる處に施し、以て漁場の荒廢を招く可きにあらず。（網目、漁場制限等により弊害の防止を説くものあるも實際に於て行ひ難きは明かなり）故にトロール漁業は此際斷然禁止するに若かず。

と結んでいる。

かくてこの問題は前にも記したように全國沿岸漁民の共通な死活問題となって、農商務省はとりあえず汽船トロール漁業取締令を發布したが、その實效を擧げるのは中々の困難であった。かくてその後の狀勢は山口縣阿武郡各漁村總代三十五名は六月に縣廳に押寄せ斯業の絶對禁止を陳情し、同水産組合は九月評議員會を開いて斯業の反對運動について協議し、また同縣大津郡漁民も大會を開いて斯業排斥運動のため死傷または漁船の損傷ある場合の金員給與方等について協定し、なお總代二十名は縣廳に押寄せ禁止の陳情をなした。

宮崎縣南那珂郡油津、大堂津、南鄕の三町村沿岸はトロール漁業取締令の禁止區域外にあるためトロール漁業者の侵入を恐れ漁民代表は知事に禁止區域内編入を陳情した。縣水産組合も總會の決議を以てこの問題の陳情をなした。名古屋、熱田を根據とする神戸市鈴木某所有船は靜岡縣遠州灘に出沒し從漁した報告ありたるため大いに警戒するに至った。

朝鮮海においても釜山沖合にて万成丸東洋丸がトロール漁業を開始すとの報ありて日韓漁民の反對運動に遭っている。かように特に南海方面においても反對運動は次第に激甚を加えてきたが、農商務當局の取締勵行も容易でないところから遂に海軍省と協議の結果として艦艇の副任務としてその取締を勵行するに至った程である。（前掲會報第三百二十二號）

以上が明治政府の採った遠洋漁業獎勵政策の實現過程の大要である。

さて、これまで記したところは主として明治時代（明治四十年前後まで）の水産業の實體ならびにその變遷過程の態様と政府當局の水産政策の說明であったが、これに對する新聞紙の所見はどうであったか、ここでは東京朝日新聞の第三者としての批判を吟味してみよう。

同紙は日本沿岸の「魚族の豐富にして、海獸及海草の夥しき亦世界に冠絶」せる旨を前提として「水産業の如きも倘一層改良を企て一段の進歩を圖らざるべからざるや勿論なり。農商務省茲に見る所ありて、水産に關する部局を設置し、其施政に努むと雖も吾人は同省が現在施行しつつある所のものを以て遺憾ながら我國の水産業を改良進歩せしめ、且之を永遠に持續するに不適當なりと思料す。言を換へて言へば同省の施政は根本に於て大に誤れるものあり」として左の如く論じている。

　同省の施設は餘りに魚族捕獲の一方に偏すればなり。現今同省が水産界に向ひ最も熱心に經營しつつある所のものを遠洋漁業の奬勵となす。（中略）改良漁船に比較的多大の保護金を與ふるが如き遠洋漁業練習牛を養成し之れに手當金を給するに止まらず、成績の優良なるものは更に海外に派遣して之が技倆を磨かしむるが如き（中略）言ふまでもなく魚族豐富の上のこと、（中略）又魚族豐富にして從業者が相應の純益を收め得んか假設保護奬勵を加へざるも順次其發達を見るべきや疑なし。同省が先づ魚族蕃殖の途を講ぜざるは誤なり。又同省は先に漁業法を發布して之を施行せり。顧ふにこは當局者が漁場に關して頻りに紛擾を重ねしを見て、漁場に對する權利さへ確定すれば、之に依て其紛擾を絕ち延て斯業の進歩を促し得べしと思考したる結果ならん。されどこれ又淺薄なる考案たるを免れず。何となれば漁場紛擾の眞原因は其實法律上の權利問題より發生せずして、經濟上の損益關係に胎胚せるものなり。卽ち年々歲々漁獲を續行し魚族の著しく減少せしより十分當業者の船腹を充す能はざるに至れる結果也。（中略）同省は數年前より水産銀行の設立を企圖し居れりと雖も、之又其本末と輕重の途を誤れるを免れず。何となれば、遺憾ながら我國現在の當業者は其知識の程度極めて低く、確實に自己の營業を持續せざるが故に、十分社會の信用を繫ぐに由なし。然るに銀行なるものは信用に依て始めて其活動を見る次第なれば、今は水産銀行設立の要素を缺けり云々。（中略）我水産界に於て最も急務とする所のものは人材の養成に在り、（中略）現在府縣中には水産試驗場を設置したるものあれど、此等は皆孤立獨行更に連絡なく、又統括なし。（中略）由來水産界には人物に乏しきに、同省が現今僅にある人物を適當に利用せざるが如き（中略）若し夫れ水族保護の必要且急務に至りては遙かに遠洋漁業奬勵の上に在り。（中略）鯨漁を以て遠洋漁業と見做し其漁船に對して保護を與ふるが如きは速かに廢止して可なり云々。

この意見には聽くべき若干の點を發見するのであるが、中にも水産教育の普及と人物の養成ならびに餘りに魚族捕獲の一方に偏し、根本であるべき資源涵養の方は後廻しされた觀があるとする如きとくに注意を惹く點である。（前掲會報第二百八十八號）

小括

さてこれまで述べた「明治時代の過渡的漁業」の發展形態を水産技術上から型式的（シエマテイシユ）に示すと　A沿岸漁業→B沖合漁業出稼漁業→C遠洋漁業の段階的發達を遂げてきたのであるが、例えばB段階が成立すればA段階は滅亡するというものではない。このことはBとCの關係でもまた同じである。そして各段階の成立は前段階の中から芽ばえてきたもので、この相互關係から見ると三つの段階は必然的に結合と對立の不可分關係にある日本漁業に外ならない。しかしかような三段階がそれぞれの發展的段階を明治漁業史上に出現したにはそれぞれの原因と條件のあった筈で、これに答えんとしたのが本節の主眼である。

ところで出發點であるA段階の沿岸漁業は前に述べたように幕末から維新初期にかけて既にB段階の沖合漁業乃至出稼漁業が或る程度に行われていたが、まだまだその漁獲力乃至從業の人的資源は依然として日本漁業の大勢をリードしていた。しかし飜ってその生産機構を見ると、封建的殘存機構が根强く支配して容易に新時代的漁業に適應した一大發展は早急に望めなかった。これに反してB段階の沖合乃至出稼漁業の一部は漁業の性質上いわゆる封建的漁業支配の拘束を受くること甚だ少なく、あっても消極的で一般に職業が可なり自由な漁民階層の人々であったから、彼等の漁獲力は數的に僅少であっても將來に對する内包的發展力は人的資源においても漁場領域においても前途に對し大なる潜勢力を包有していた。かくて明治政府はこの兩面のうち沿岸漁業には助長、沖合乃至遠洋漁業にはその發展に極端な保護政策を採った。然るに當時の社會生活は維新後の轉換期であって國民の企業的精神も大いに高まっていた時代であると同時に舊幕時代から外國獵船の日本近海に密獵するもの維新後はことに盛となってきた時代で、それらの諸條件は政治及び國民をしてB段階から更にC段階へと日本漁業の動向を押進むるに至ったのである。そしてこの日本漁業における基本的地盤を打ち建てた段階が明治時代の漁業史である。それ故に明治時代の漁業史を内面的に見ればこれまで支配的であった封建的沿岸漁業に對する沖合乃至遠洋漁業の抗爭史であり、そして沖合漁業及び出稼漁業は實にその中間に立つ過渡的段階に過ぎない。しかし上に述べた漁業史的段階を理解するには簡單でもこの現象を社會經濟史の面から勞資の關係がいかように結びついたものであるかを一おう説明する必要があろう。

元來、沿岸漁業の本來の實體は資本關係の上からいえば過去の封建的前資本主義の過程における問屋制商業資本乃至高利貸資本と結合した階級的には親方子方關係に立つ準家族勞働的の生産形態であるが、維新後のそれは可なりの程度に崩壞變質して沖合乃至出稼漁業に推移した段階も見られた。然るに維新後はそこに強力な國家的政治力が協同して遠洋漁業の段階にまで押進めてきたが、この遠洋漁業は多額の資本と新しい經營能力を必要とする資本主義的生産形態であるから、在來のA、B段階の漁民では經營に必要な資本と能力において――若干の例外を認むれば――殆ど不可能であった。從ってそこに新しい意味の新興漁業家の出現を見るに至って、この種の漁業生産機構は在來の沿岸漁業のそれと、質的に可なりの相違をもつ、いわゆる資本主義生産形態に飛躍するに至ったのである。そうなると、このC段階漁業とAB段階漁業との技術上、經營上の利害關係は必然的に相反することから、やがて前文に見たトロール問題、捕鯨問題をきっかけとして數多くの社會問題にまで發展するに至ったのである。いまこれを明治漁業史の上からいえば、前期商業資本主義漁業對資本主義漁業の抗爭史であるとも見られよう。そしてこの抗爭がやがて前者をおくる挽歌に變りゆくのも經濟的必然の是非ない次第であろう。

第二章　北海道漁業の發達とその過程

第一節　維新を中心とした明治初期の漁業

往時の北海道、つまり當時の松前乃至蝦夷は政治的には松前藩に領有せられ、同藩は舊幕封建治下の一藩として、しかも表石高よりも實質上の藩財政の豊かさでは可なり知られていたようであるが、これを社會經濟史の觀點から見ると、この地の産業ことに漁業の發達は最も盛で、明らかに内國植民地漁業の發展過程を辿ったものと考えられる。當時のアイヌ土人の漁業勞働が幕末から維新後にかけて日本資本主義漁業の發展途上に於ける資本の原始的蓄積に多大の貢獻をなしたことを見失ってはならない。ことに維新後の明治政府は前に記したいわゆる富國强兵の唯一重要な場として、先ずこの地を採り上げたのが北海道開拓であって、しかも當時の本道開發の重點が先ず漁業の科學的發達におかれていたことを見落してはならない。

しかし、いまここでの記述はそういった特定の北海道漁業史ではなく、前章（第二三節）の内地漁業との關連に於ける本道漁業史の實體を概括せんとしたものであって、詳細な史的事實などについては、その總てを特定の擧示文獻に讓って、ここでは立入らない。

口碑によると江差の姥神社は老婦を、夷宮は老翁を祭った夫婦神であって、嘗て食を索めつつさまよい歩いていたとき、天のお告げに従い、楫を以て海を探ったところ白水中魚を出す、取って食い、やがてその子孫が繁昌してきたのが今の江差だという。鰊群來するとき海水ために白色となり、泡沫を生ずる、上文の傳説はこれからきたものであろう。嘉吉三年安東教季南部より松前に渡り下國氏と稱した。享徳三年武田信廣若狭より今の上ノ國に來り館主下國季繁と共に蝦夷と戰い蠣崎氏の女婿となる。後に下國氏を襲し東西六十里を領す、その頃から内地より移住するもの多くなりアイヌ人と雜居し主として漁業により生計を立てた。尤もこれよりさき文安四年陸奥の馬之助なる人、松前郡白符村に來り鰊漁を開き、さらに慶長六年爾志郡突符村にて鰊漁を始め、同十九年松前の人八木勘右衛門小樽にて鰊漁を始め、寶永三年松兵衞なる人瀬棚にて漁業を開いたとの由であるから、本道漁業の開始は今の江差地方が元であったと想像する。また昆布は往古より蝦夷の貢品であった由であるが果して本道産であるか疑わしい。

要するに相當正確と思われる史實は舊幕期以後であって、前文したその以前のことがらなどは史實として可なり再吟味を要する問題だと考える。しかし日本史の上から住民移動の一般的觀點から考えると、蝦夷地と內地住民の交流は少なくも足利時代乃至その末期ごろから可なり行われるようになったと見てよかろう。然るに舊幕時代ことに幕末期になると、本道に關する記錄、旅行記類は可なり多くなってきたが、嚴密の意味での史料としては幕府、松前藩ともに完全に近いものはない。しかし試に安政四年の奉行記錄により水産額を擧げると。西海岸産額十萬八千百八十石五斗一升九合六勺、東海岸産額五萬三千七百三十六石三斗八升五合六勺で、これは松前領（渡島國）を除いた西は久遠より東は山越内よりいわゆる東西蝦夷地と樺太島を合せたもので、これに松前領の分を加算すれば約二十萬石となる。これを松前領を除いた當時の人口（安政元年調一萬五千二百五十六人）に割當るときは「東地一人平均五石三斗五升七合餘、西地は二十石五斗九升四合」となる。また奉行手記の萬延から元治まで五ヵ年平均西地産額は「鰊十二萬二千四百五十七石五斗九升此代價三十六萬七千三百七十二兩三分永四十九文三分」これに東地と松前領ならびに昆布鮭等の産額を加算すると少なくも二十萬石となる。

ところで明治四年本道水産額三十三萬九千石餘であったが、八年後の十二年には百十一萬石以上に達し、さらに十年後の二十二年には百二十六萬石、二十六年には百五十一萬石以上に達した。

試に漁業者の所得を計算すると、二十年全國水産價格千八百四十一萬九千十五圓に對し本道五百二十六萬五千九百八十圓であるから約三分の一弱となる。同年全國漁民（專業兼業）八十六萬五千百八十九人、本道は六萬二千九百七十人で約十四分の一に當り、全國漁民所得僅かに二十一圓強であるが本道一漁民所得八十四圓弱にしても四倍に當る。さらに二十六年度全國水産價格二千二十七萬九十一圓、人口平均一人四十錢餘のところ、同年本道水産價格八百七十五萬六千三百九圓を同年末本道現住人口に配當すれば一人十五圓六十三錢となる。

つぎに公租及び保護について松前藩時代と明治時代とを對比すると、松前藩の漁業保護政策は主として收税のためであった。天文十九年瀬田内の酋長ハシタインに西部を、知内の酋長チコモタインに東部を管せしめ諸國商船に課税して二夷に俸米を給しこれを夷役と稱した。天正年代松前慶廣は東は龜田より、西は熊石を限り松前領と稱え、その他を蝦夷地と稱し、始めて漁場の制を立て藩主の直轄地外はそれぞれ漁場の區域を定め家臣の釆邑に充てた。家臣はこれを商家に委貸して運上金を納めしめた。これが後の漁場請負制の始めである。商家は漁場ごとに運上屋を建てアイヌ人と物々交換をなし或は漁夫を雇って漁獲を多からしめたが、漁獲の多くなるに伴い運上金もいよいよ增重され家臣の領地税約金五十兩を以て祿五十石に當て正租とする。商家が雇入れ漁夫より收入する方法は二八または一九と稱え、二八は十分の二、一九は十分の一の現品を收入するが、漁場請負人たる商家は一方に正租を納め他方に二八、または一九を納めるから、實收入はそれほど有利ではない。例えば正租のほか藩主へ土産の獻上、增運上金のほか臨時獻納金などを命ぜられる。かくて安政末ごろよりその負擔、次第に增し凡そ五十三種の多きに上っているが、これらの金額は結局に漁民の負擔として轉嫁されその額は實に數百萬圓に及んだという。

明治以降になるとこれまでの請負制を廢し稅制となし、これもたびたび改正されたが、現品稅は一割乃至二割さらに出港稅は二年より十九年まで凡そ二十年間賦課せられた。その金額千四十萬八千三百二十圓に達し、漁民の負擔、甚だ重く、やがて減稅の請願を見るに至った。同時に政府も拓殖の急務と漁業の發達を考えていた際であったから二十年に水產稅則を制定して現品稅と出港稅を全廢した。このため漁民負擔の輕減は金額にして實に五十六萬五千二百三十一圓餘すなわち六割四分に當り、明治十六年漁民戶數に配當すると一戶平均二十八圓六十二錢となる。これを後年二十四年度の水產稅一戶平均凡そ八圓十二錢と對比して政府の英斷が見られる。

元來明治政府は二年に開拓使をおき漁場請負制を全廢して、漁場持と唱え運上家を本陣と改め舊來の漁場制度を一變したのであるが、實際は舊態依然として存續した。もし一朝にして名實共に全廢せられんか、獨り土人の生活を失うのみでなく、地方住民（大部分は漁民）も直ちに米鹽其他の日用品の便を失い生活上の一大困難を招くに至るのは必定である。

そこで開拓使は九年九月再び布令を發して漁場持の稱を廢して上地を命じ、將來新に營業（漁業經營）せんとする者には實地を調査し一定の場所を割渡すべきを命じ、同九年十一月同一趣旨を全國府縣に布達し、漁業志望者の移住を勸誘した。

これと同時に本道漁業の實相も次第に變移され、漁場請負制の慣行それ自體も自己崩壞の段階に入り昔のようではなくなってきた。しかし數百人の雇夫を役し數十統の漁網を以て營業する大漁業家である親方なる者の資本は多きは數十萬圓少なきも數萬圓を下らない。かくて起業地たる本道は勿論のこと、內地取引先の港町の問屋、仲買は一般にその信用厚く數十年來に亙り海產肥料その他の水產物取引を繼續してきている。それ故に明治時代ごろまでは本道漁業において大漁業家といわれる人々は明治以降の新進の漁業者は割合に少なく、多くは昔時の漁場請負人乃至その階層の出自で、それが明治初期の漁場持となり、再變してその後の本道大漁業家といわれる人々に成長した。

ところで漁業收獲の面ではかようにして改良發達の途に上ったとはいえ、これを原料とする水產製造の方面では依然として舊法を固守し、中にも食料品として珍重すべき良品なく、僅かに明治中期ごろから鮭鱒鑵詰、雲丹鑵詰または鰊薫製、粕漬筋子など多少珍重すべき製品を出すようになったとはいえ、本道物產として外國貿易品として、まだまだ幼稚のものであった。しかし內外國商品として舊幕時代より有名であったものに身欠鰊（ミガキ）、鹽鮭、鹽鱒、煎海鼠（イリコ）、干鯣（スルメ）、乾鮑、昆布等すでに數百年前より著名であったが、何分にも製造不完全にて現狀以上の內國需要の增進は容易でなかった。

しかし漁獲高の增進はいきおい輸出數量を增加し販路の擴張となり、明治十二年本道產內國移出總額六百萬圓のうち、水產品五百四十一萬圓餘であったのが、十五年後の二十六年移出總額千七百二十六萬圓餘のうち水產品千五百萬圓餘に達した。しかし本道海外直輸出は內國移出のように增進せず、明治二年總輸出額四十二萬五千餘圓のうち水產品四十一萬六千餘圓が二十七年總輸出額七十九萬六千餘圓のうち水產品五十五萬五千餘圓であった。かくて、この二十四、五年間の輸出を見ると、少なきは二十六萬圓、多きは八十二萬圓、十一年以降十七年間は四十萬圓代から八十萬圓代を上下し增進の勢を示していないのは恐らく漁獲量の最大限を超過したものと思われる。

漁業制度

この項の內容は　一、通說　二、公租關係　三、漁場請負　四、海產干場に關する四つの方面について舊幕期より明治期に互り說明する。

一、通　說

元來蝦夷人は元正天皇のとき以來昆布を貢獻し、光仁天皇寶龜十一年出羽に勅して「渡島蝦夷久しく貢獻を闕す云云」の古代は暫らくおき、永正十一年松前氏時代に第二世蠣崎光廣は諸國の入船に對し入港稅を課し「役取」と稱した。

天文十九年酋長ハシタインに西部を、チコモタインに東部を管理せしめ、二夷に俸米を給與せられ、これを「夷役」と稱した。天正年間第五世松前慶廣のとき龜田より熊石までを松前領としその他を蝦夷地とし、家臣に分與し、斜里、宗谷、北蝦夷を三場所と稱し藩主自ら統治し、漁獵の區域を立て家臣の領地にあて、その地の經營は商家に委ね運上金を收納せしめた、これいわゆる漁場請負制の始めである。かくて商家は漁場ごとに運上屋を建てアイヌ土人と物々交易をなし、またいわゆる出稼人なる漁夫を雇うて漁撈を行わしめ、運上金を納むるもアイヌ土人は貢租なしである。

天明年間の運上屋の數は東西蝦夷地を通して八十ヵ所であった。

右のうち東部は寛政末に幕府直轄となり運上屋を會所と改めたが、西部は元のままであって、安政年代になり、東部西部に各八ヵ所を加えた。

さて松前藩の家臣領地の稅額は約金五十兩祿五十石に充てた。この正稅に對し商家請負人は雇漁夫より二八の十分の二現品を、九一の十分の一現品を抽き、その餘は土物、日用品の類を松前領主に貢獻した。これを指荷役と唱え、また福山、江差、箱館に奉行をおき、沖の口番所を設けて全島去來の船舶に對して搭載貨物に課稅し、石役、面役等の稅目を設け、また雜稅ありて浮小物成、不定小物成等の役金乃至冥加金があった。さらにまた一種の上乘金というがあって、稅目もまた甚だ多いが總じて漁業に關係なきものはなかった。それに收納方法もまた煩雜で、納稅者の困難はまことに大なるものであった。

寛政末に幕府が直轄するに及び行政を改めなるべく簡便を旨とし、土人を撫育し開拓の實を擧げんとして、改革の重點をつぎの問題に集中した。その要點は、請負人のもと支配人番人などの專ら現品交易を掌るかれらは爭って姦利をなし私慾を肥しそのため土人を詐りまたは虐使するなどのため土人は年と共に衰亡し和人に對する怨みを深刻にした。かような積年の弊害を一掃する目的を以て先ず漁場請負人を廢し東蝦夷地の運上屋を會所に改め、幕吏自ら漁獵を管理し漁場の支配人番人は舊によった。ただ物品交易は幕吏立會の下に不正の行われないようにして、收納産物は箱館に廻漕のうえ拂下げた。この東蝦夷地の直轄制を御直仕入(オジキシイレ)と稱した。しかし間もなく請負制に復舊して文化九年九月再び松前箱館の商家をして請負入札をなさしめ、これによって運上金の増收を圖り漁場十九箇場所の請負落札の結果金一萬七千四百六十兩餘を收納した。

文政四年十二月松前藩復領して東西蝦夷地再び松前藩の所領に歸してより漁場請負制も復活した。しかし今後、運上金は家臣これを收むるを廢し、悉く藩主に收めて家臣を養うことになった。

ところが、安政二年二月幕府は再び松前藩に、こんどは東西蝦夷地を上らしめ請負法及び收稅のこと一切を松前藩時代の舊によることとし、ただ幕府自ら土人を役し、日用物品を給し、漁獲物を收むる者は御手漁場(オテギョバ)(または御手捌)と稱した。同二年、三年に江差、熊石地方の漁民建網の差網に妨害あるとして、その全廢を主張し數百人黨をなして江差役所に强訴し、漁場に亂入して網を切り倉庫を破った。幕府奉行所その事情を審問し三、五年を限り建網を許し一統の冥加金三兩宛を納めしめ間もなく明治維新に及んでいる。

明治二年開拓使をおかれたが諸稅は大體に舊に依り、漁場請負制は廢したが運上金は海産稅と改め直納にした。沖の口番所は廢して函館、壽都、手宮、幌泉に海官所(後の海關所)を設け收稅を管し、三年石役面役を廢して港役と稱し、八年出港稅を定め、三年正月運上金を五分の一現品と假定し、さらに令して收稅の法は一般に舊請負人各自の慣習に準據せしめ十三年物産稅と改稱した。かような事情であったから、地域により稅率に相違あり十分の一または十分の二に止まらないのみでなく、無稅品に新稅を課するなど收稅の順序、現品の檢査、輸出賣買の取締など各廳の統一を缺いていた。

そこで明治二十年三月勅令第六號を以て水産稅則を制定されこれまでの出港稅、北海道物産稅は總て廢止となった。以上は舊幕期から明治初期までの通觀である。

二、公租關係

租税及び徴收についてA舊幕期、B明治期に分ち各別に述べる。

A **舊幕期** 初めに史料を引用すると、

○金七千三拾三兩貳分　諸運上。文化元年收納
　外に錢千七百四拾壹貫四百三拾四文
（丙辰雜綴上）

○金壹萬七千四百六拾兩　文政九年收納
　九年東蝦夷地請負入札のとき十九ケ場所總金高なり松前藩の西蝦夷地の分は不詳
（文化雜記）

○金貳萬千貳百五拾壹兩ト永百貳拾五文　文政初年收納
（文政年間御用留）

○金壹萬九千三百貳拾壹兩三分ト永百文　嘉永六年收納
（箱館奉行御用留抄錄）

○
金貳萬千貳百拾兩貳分　運上金
金千八百兩　越年益金
金五百兩　貳分積金
（以上）安政年間收納

合計金貳萬三千五百拾兩貳分

右は安政年度公文抄錄中の手留に記載のものなるも、諸御用留には金貳萬千貳百拾兩貳分外積金五百兩とあり、

越年役金を除きたるもの

〇
金九千五百四拾九兩三分ト永百文　東西北三十三箇場所一ヶ年運上金
外金七兩隔年納
金三千九百六拾四兩貳分ト永五拾文　同上別段上納金
金二千五百兩　石狩御直場收納金
但御直捌場所ニ付漁事により增減あり
金貳千四百兩　西蝦夷地網冥加金
但網數の多寡により增減あり
金壹萬六千六百拾兩ト永三拾九文　沖ノ口諸役錢申年一ヶ年收納
但年々增減あり酉年分未勘定
合計金貳萬五千三拾壹兩壹分ト永百八十九文　文久二年豫算

〇
金貳萬九百三拾壹兩三分ト永三拾貳文三分　東地分收納
内
金壹萬四千九百七拾壹兩壹分ト永貳百四拾文三分　御料分
金五千九百六拾兩壹分ト永四拾貳文　私領分
（運上金その他內譯省略）
金四萬百貳拾七兩三分ト永五拾五文六分　西北地分收納
内
金貳萬八千貳拾五兩ト永九拾六文七分　御料分
金壹萬貳千百貳兩ト永貳百八文九分　私領分
（同上）

（杉浦兵庫頭箱館奉行の節諸留）

東西北合計金六萬千五拾九兩貳分ト永八拾七文九分　以上慶應二年收納

（同上箱館奉行の節諸留）

前文中の御料分は幕府直轄地の漁場請負より收入、私領分は松前、仙臺、會津、秋田、庄内、南部、津輕諸藩の收入分である。

○

金五千三百三拾壹兩三分ト永拾壹文九分	安政六未年
金壹萬千七百四拾五兩二分ト永百貳拾壹文壹分	萬延元申年
金四千七百五拾六兩ト永貳百四拾九文五分	文久元酉年
金六千六百六拾五兩二分ト永五拾九文五分	同　二戌年
金壹萬貳百八兩ト永拾貳文三分	同　三亥年
金貳萬三千七百六拾八兩ト永貳百壹文六分	元治元子年
金三萬貳千七百九拾兩三分ト永拾貳文九分	慶應元年

（杉浦氏雜錄）

○

金壹萬九百貳拾兩三分	西地、北蝦夷運上金
金四百四兩三分	同上差荷上乘金
金壹萬九千三百貳拾壹兩ト永百文	東地運上金

合計金三兩六百四拾七兩壹分ト永百文

（幕吏佐藤某氏嘉永安政年間運上金調）

以上の數字は必しも正確とは思えないが、かれこれを對照するとき、凡その見當はつき得られると思う。

つぎに安政年間に建網を許し一統につき金三兩の冥加金を取立てたが、各地の收納を箱館奉行御用留請證文の寫より引用すれば、

〇

金七百八兩壹分	ヲタスツ	慶應二寅年
金八百七拾八兩貳分	イソヤ	
金千貳百九拾九兩貳分	イワナイ	
金千七百貳拾兩三分	フルウ	
金貳千百貳拾六兩貳分	ヨイチ	
金三千貳百五拾六兩壹分	フルビラ	
金千六拾七兩貳分	ビクニ	
金千三百壹兩貳分	シヤコタン	
金千七百拾三兩三分	ヲシヨロ	
金千拾五兩	タカシマ	
金千九百拾貳兩二分	アツタ	

計金壹萬七千兩

ところで、當時の漁場請負人の利益は何程であったであろうか、明治以前の情況は詳かでないが年々上納する運上金、冥加金または差荷役等々の名目を以てするもの實に多様であって、その上に請負季間も五年、七年乃至十年の年季で許可せられ、季滿ちてさらに請負季間を繼續せんとするときは運上金、冥加金なども增額せられる例も少なくないばかりか、しばしば米穀の獻上その他の不時獻金も申渡され一時に萬金以上の上納を命ぜられる。また豐漁續きの年には臨時

に別段の上納金も命ぜられるのである。

例えば萬延二酉年二月東西蝦夷地請負場所年季明となる請負人は一同申合せて向七年間請負を請願し許可を得たが、このとき一同はこの恩典に報いる趣旨を以て五ヵ年間に米三千俵を献納せんことを出願し、これを許されたが、そのときの各請負人負擔米代金は左の通りである。

金員	米穀數	請負場所	人名
金七拾五両	貳拾三俵八分六	虻田	和田屋茂兵衛
金百五拾両	四拾七俵七分三	新冠	濱田屋佐次兵衛
金五百六十両	百七拾八俵一分八	釧路	米田喜代作
金千四拾八両ト永六百文	三百卅三俵六分三	静内 浦川 様似	萬屋専右衛門
金百五両	三拾三俵四分六	有珠	和賀屋宇兵衛
金四百五拾両	百四拾三俵一分八	沙流 勇拂	山田屋文右衛門
金六百八両	百九拾三俵四分六	幌泉	杉浦嘉七
金百三拾両 金百三拾両	八拾貳俵七分二	山越内 紗那	伊達林右衛門 栖原小右衛門
金三百拾両	九拾八俵六分三	三石	小林屋重吉
金四両二分	壹俵四分三	繪鞆	惠比須屋半兵衛
合計 金三千五百七拾壹兩ト永六百文	千百三拾六俵二分二	以上東地分	

金貳百六拾兩	八拾貳俵七分二	拔海 網走	藤野喜兵衛
金六兩二分	二俵〇分七	久遠	石橋屋松兵衛
金三百七拾兩	百拾七俵七分二	太櫓 厚田	濱屋與三右衛門
金六拾五兩	貳拾俵六分八	瀬棚	古畑屋傳十郎
金四百拾兩貳分	百三拾俵六分一	磯谷 歌棄	佐藤榮右衛門
金五百拾五兩	百六拾三俵八分六	岩内	仙北屋仁右衛門
金百九拾七兩	六拾貳俵六分八	古宇	福島屋新右衛門
金三百九拾六兩	百貳拾六俵	積丹 美國	岩田屋金藏
金八百八拾七兩	貳百八拾貳俵二分二	古平 小樽	惠比須屋半兵衛
金五百三拾三兩	百六拾九俵五分八	余市	竹屋長左衛門
金六百廿七兩貳分	百九拾九俵六分五	忍路 高島	住吉屋准兵衛
金千五百六拾兩	四百九拾六俵三分五	北蝦夷地	伊達林右衛門 栖原六右衛門
金三拾壹兩壹分	九俵六分二	奥尻	荒屋新右衛門
合計金五千八百五拾七兩三分	千八百六拾三俵七分六	以上西地及北蝦夷地	

總計金九千四百貳拾八兩三分ト永六百文

此米貳千九百九拾八俵九分八厘（金百兩に付三拾八俵八分一厘七毛）

また慶應初年長防征戰のとき軍資金として請負人住吉屋准兵衛金貳千三百兩、同岩田屋金藏千五百兩を初めとし各請負人千兩乃至數十金を獻納しておる。

また慶應二年蝦夷地開拓のため更に冥加金の上納を命ぜられ、その額一萬八千兩に及んでいる。

左に租税其他徴收金科目（徴收法省略）を擧げ、いかに多數の科目があったかを記すに留める。

運上金　增運上金　夏場運上金　別段上納金　仕向金　差荷役　上乘金　夏場上乘金　秋味（鮭）冥加　川運上金　秋味運上金　秋味釜運上金　秋味上乘金　秋味立船冥加金　秋味釜役金　鱒場運上金　鱒冥加金　鱒網釜運上金　鱒場上乘金　鱒冥加金　雜魚冥加金　海鼠引冥加金　現品上納　積金　救助米　鯡役　昆布役　鰯冥加金　蝦夷地初船役　蝦夷地後船役　役人足　役錢　穀役米　常燈錢　役丸太　判錢　後船役錢　後船穀役米　鹽役　切手判錢　場所稼方役　寄鯨運上　建網冥加金　建網鯡漁小役　差網鯡漁小役　鯡漁建網釜薪税

の五十三種の科目があった。尤も同一人が總てこれだけの課税を負擔したのでないことは勿論である。然らば明治期の税則はどうであったか。

B　明治期　明治維新直後の諸制度は舊幕期そのままであったが明治二年開拓使をおかれて、凡ゆる制度を改革した。九月これまでの西蝦夷地船の運上税を廢して函館、幌泉、壽都、手宮に軍艦以外の船に運上税を課することとし、十二月四港の海官所規則を定め三年より實施した。九月漁場請負制と共に運上金請負上納を廢止し、運上金を海産税と改め直納にした。徴税方法は三年四月舊に依り出石高を調査し現物を徴收した。十月西地は人口多く漁利も大であったから二割の税を課し、東地及び北見は住民少なく産物も多くなかったから將來人口の增殖するに比例して課税すべきを上申し許可を得た。十一月東地移住民收獲産物税則を定め、總て現品税となした。

四年十二月開拓を盛にし物産の增進を計るため、五年より七年まで三ヵ年間、外國貿易を除くほか、移出入税を免じ港役及び船舶のみに課する旨、次の通り達せられた。「邊海懸隔の地にして政化も自ら遠く、人民物産も繁殖致兼候處己巳の兵燹に罹り猶又多少の困難を請け自然生營窘苦なるに由り、今般全地更に開拓使管轄諸事御委任被仰付殊に衰微を御哀恤被爲在格別の朝旨を以て當申年より戌年まで三ヵ年の間外國貿易の外、海關所輸出入品總て免税被仰出たり、然る上は全道の人民非常の天恩を奉戴し銘々其業を勵み生産繁殖ならしめ土地次第に潤富に及ひ御趣意貫徹候樣精々心掛べし云々」

六年自今新增の諸税は定額金交付年限中本使限り收納。七年漁場昆布場自費新開は二ヵ年間物産税を免じ營業の難易收獲の多寡を審査し第三ヵ年目より相當の税を課し、地租は地租規則に準じた。十二月同上免除期限を改め初年より五ヵ年免税し翌年より相當の税金を課す。八年二月（第十四號布達）北海道諸産物出港税則及び各港船改所規則を定められ、礦屬、穀類、麻、蠶卵紙、生絲器具を除く外の諸産物輸出は出港税として原價百分の四を課す。特に漁業關係では左の如き布達を見た。

九年一月北海道漁業專用船税免除の裁可を經、三月雜税廢止等の公布あり。元來本道の諸税は府縣の正租と等しいものであるから、その一、二を廢すれば漁税一般に影響するから舊に依り徴收することを申請し裁許せられた。かくて七月（乙第六號布告）漁業一途の船舶に限り免除せられ、九月海産物檢査及收税規程を設け、實施の適否を諮問し、十二月北海道地所規則漁場昆布場免租滿期の箇所は六年公布地租改正條規に準ずべきも開拓移民勸誘の爲め開拓使限り地租は當分の内百分の一に定め漁場昆布場は來十年より收税するなど同月二十八日第百六十一號を以て布告した。

十一年四月全道海産税改正案を作製し各部に諮問し、五月漁場昆布場自費新開は五ヵ年間免租と定めたるも、開業に際し斷崖を切り開き、海汀を埋め、河底の流水を除きまたは自然の地形によりその開設の難易や漁獲の多寡など可なりの相違あるを以て、實地を精査しさらに二ヵ年乃至五ヵ年の税を免ずる旨を各府縣に通達した。九月海産物の納税を免れんため檢査前の賣却または賣却せんとした者に對してはその物品の沒收または賣揚代金の徴收等々の布達を見た。

以上は沿革の大要であるが、いま左に明治初年（自二年十月至三年九月）より十九年に至る物産税、出港税の大概を示すと、

物産税	八、〇四七、〇五九圓
出港税	二、三六一、二六一圓
合計	一〇、四〇八、三二〇圓

以上が明治初年以降十九年まで主として漁業者その他の直接間接に負擔した税金である。

そこで物産税以下の重要税目につき、その沿革の大要を記すと、

〇物産税　初め海産税と稱し十三年七月物産税と改む。

「札幌本廳及札幌縣管下」では三年後志國美國郡鰊絞粕流失につき税六石を、四年二月札幌郡鮭鱒漁業税を免じ捕魚を郡外に賣るを禁じ、五年正月天鹽增毛以下四郡北見國枝幸宗谷禮文利尻四郡海産税則を定め函館松前兩港立相場を以て金納とし、春漁夏漁の收納期を定め新開漁場は三ヵ年五分の税を課す。八年五月浦河支廳の海産物收税方を廢し從前の税率に復し現品を徵收す。小樽外三郡漁夫共春鰊收税法舊規を廢し本年より走、中、後鰊干場の後その時々檢査收税す。十年九月鮭鱒を一割、昆布、鯑、鮫油、海羅（フノリ）、魚油を一割五分とし現品税を徵收す。十三年三月三日（布達）生鰊販賣の者は掛鰊（身缺、胴鰊の類）同率を以て徵税し時價を以て金納せしむ。十九年一月物産税の徵收に當り入目、砂引等の例を廢す。

「函館支廳及函館縣北海道廳函館支廳管下」では二年十月請負人を廢し收税は暫く舊に依る。三年正月漁獵税當分五分の一現品を收む、四月改めて收税法は舊請負人各自の慣習に準據す。同年五月爾志郡熊石村外四村人民凡三百人屯集して海産税率の苦情を强訴し大擧福山出張所に迫る、福山市民、福島郡また雷同し二千餘人に達す。そこで、かりに減税を許し三分金納とす。この地方は元來海産税なかりし地方の由である。六月檜山、爾志二郡人民は福山の減税を聞き、この地方に於ても凡そ千人蜂起し、江差出張所に迫り官舍、民家を破壞し暴行甚だしく杉浦中判官函館砲兵及び邏卒を

率いて海路江差に至ったが、官吏既に減税を許し暴徒は退散の後であった。時の黒田開拓次官直ちに東京より歸道し各村の父老、兇首を戒諭し四郡に發令してその罪を治めず、六月布達を以て四郡の漁税三分金納を廢し海産税を一割と定め五分は本年上納五分は七年より三ヵ年賦に上納せしめ、暴動のための出兵諸費は暴徒の償却を免じ本年五分税金中より支出しその殘餘は孤獨癈失の救助に充て、暴動破壞の家屋費は總人數に賦して償却せしめた。このことは開拓史の上に注目すべき汚點であった。九年四月福島、津輕以下十二郡の建網税を八年度より廢止し十一年四月(布達)各郡の網税を廢し從來の海産税則を改正し無税有税海産物を整理し定免金納を改め總て現品税を徴す。十二年五月(布達)海産物中二ツ裂、二ツ割鰊の從來無税の地は一割現品税を課することとした。十八年四月(布達)納税魚粕苞裝一俵二十貫目と定め八月物産税徴收上の入目砂引等の呼稱を廢す。

「根室支廳及根室縣根室支廳管下」　三年四月(達)根室、花咲二郡收獲高に應じ歩役收納規則を定め絞粕二割、鹽切二割、昆布三割とし時價を以て金納とす。五年正月根室國標津、目梨二郡及び釧路、千島二國及び北見國斜里、常呂、網走、紋別四郡の税率を改む。又漁業收納規則を定め標津、目梨二郡釧路、千島二國は函館立相場、北見國四郡は松前立相場を以て金納とす。同年三月釧路國税則本年より三ヵ年間見通し定免法を定め上等昆布場船一艘七十石、中等六十石、下等五十石、新開漁場四十石、二ヵ年目より五十石但開場費多き者は初年三十石二ヵ年目より五十石とし、外二割徴收し、鰊絞粕、魚油、鹽切は現品檢査の上收税し納期を定めた。同年十月(漁場持へ達)根室、花咲兩郡收税は函館立相場金納の定規を改めて自今現品税とし昆布二割、鹽鮭一割五分、同鱒一割、鰊其他魚粕一割五分とす。九年五月根室國新開昆布場明治六年より八年まで免税の分本年より船一艘に付離島は二十石、地方は三十五石の見通しを立て制規の税を徴收す。十一月(布達)從來魚絞粕筒大小一ならず、よって自今は筒容積を一定し、徴税の際に於ける公平と便宜を保たしむ。十五年二月物産税則中鰊絞粕の稱を廢し總て魚粕と稱せしむ。

以上が物産税を中心にして見た收税の變遷や漁民負擔の輕重または、それよりくる社會經濟事情の推移の大概である。

○輸出稅　前記した通り二年九月函館以下四港にて軍艦のほか運上を徵し沖の口役所を海官所と改め十二月四港海官所規則、稅員定則を左の通り制定した。

生鯡十二月より翌春彼岸迄百石永五貫二百五十文、春彼岸後同永四貫二百五十文　走身缺鯡百石永二十七貫文　中鯡、後鰊同永十九貫二百五十文　胴鯡外割鯡同永十五貫二百五十文　撰數ノ子同永二十九貫二百五十文　白子同永二十七貫七百五十文　笹目同永十四貫二百五十文　鯡搾粕同永二十四貫四百文　以上渡島國出產。鯡搾粕同永二十七貫文　コマイ、チカ粕同永二十六貫二百文　𩸽（ホッケ）搾粕同永二十六貫文　鰯搾粕同永二十四貫四百文　同上同永二十貫文　以上渡島國出產。

鰯圍搾粕、同上玉粕、同上穴粕同十六貫八百文　鱈粕同永十四貫八百文　鮪粕、同上骨殼同永五貫四百文　雜魚粕同永二十四貫四百文　鯨骨同永三貫五百文　干鮊（カスベ）同永四十三貫文　干鯎（ウグイ）同永十六貫五百文　干鮭同永二十三貫五百文　干鱈同永七十一貫九百文　棒鱈同永七十二貫三百文　干鮫同永二十貫三百文　煎海鼠同永四百四十一貫文　干鮑同永三百四十四貫文　鯣同永百五十三貫文　鱈の胃一萬個永一貫四百文　帆立身同永一貫文　帆立貝一萬枚永二貫百文　生及び鹽切𩸽百石永九貫六百文　鹽鰤同永十九貫八百文　鹽鮭同永四十貫九百文　以上幌泉郡十勝國、釧路根室國の内西別、濱益郡天鹽國、北見國、樺太州產、尤も樺太出產に限り總て出港稅のみを課す。その他なお各地の鹽鮭、圍鱈、鹽鱒等につき規定あるも、ここでは省略する。但し魚油と昆布について擧げると、

魚油四斗入百樽永三十二貫五百文同永二十五貫九百文　以上渡島國出產

昆布百石永三十二貫九百文　以上日高、十勝國出產

昆布同永二十九貫六百文　以上釧路、天鹽國出產

昆布同永二十六貫六百文　以上利尻郡、根室國出產

長切昆布同永十二貫三百文　以上後志國根田內村出產

長切昆布同永六貫二百文　元揃昆布同永二十五貫四百文　花折昆布同永十九貫三百文　茅部折昆布同永十五貫四百文　早前昆布同永六貫五百文　刻昆布同永六十六貫文　布海苔同永十八貫文

銀杏草同永十二貫八百文　若和布同永五貫八百文

右税額は卯辰巳三箇年原價平均額六分を以て定む
鯡取船ホッチ一艘三人乘一兩二朱　持符一艘四人乘一兩二分　三半一艘六人乘二兩一分　乘替一艘八人乘三兩　圖合一艘十三人乘四兩三分二朱　中遣一艘五兩
右のうち鯡取船については船税の外に、鯡取船役金として乘組一人金一分を收む。ここで鯡取船とは一般的のものでなく主として山形庄內地方から每年天鹽國の一地區に差網漁に出漁してくるいわゆる庄內衆を指したものであろう。
○出港税　明治七年海關輸出入税免除滿期となり八年二月北海道諸產物出港税則が定められ、前引の礦屬以下數種を除く外の諸產物輸出は總て出港税として原價の百分の四を納めた。税金は道路修築、賑貸給與等の人民興益の費に充てる目的だという。また北海道諸產物輸入先の東京、大阪二府、神奈川、兵庫、長崎、新潟、茨城、宮城、敦賀、飾磨、山口、名東十一縣に於て輸入船舶を監視せしめその經費は開拓使が負擔した。
以上の輸出税及び出港税は前の物產税に對し本道物產の內地及び外國との流通過程を捉えた課税であるから物產税、輸出税、出港税の三つは本道開拓史を考察する上に基本となるべき三大税則であった。

北海道廳の設置　ところで明治二十年劃期的な水產税則及びその徵收法が制定せられた。この過程を簡單にいえば十五年二月以降十八年十二月までの三縣分立制が廢止されて十九年一月中央集權の形を採った北海道廳が設置され初代長官に岩村通俊が任命された更始一新の翌年であった。

惟うに當時本道開拓の問題は中央政府の一大關心事であって、詳細のことは後段に讓るとして、何よりも拓殖進步の第一着は漁業の發達を圖ること、それには重税と繁法を避けることであるとし、遂に二十年勅令第六號を以て水產税則を定め、從前の物產税及び出港税を廢止し税則を改正し、これまで平均百分の十四弱の租税を百分の五に、金額にして七拾餘萬圓の税金を貳拾萬圓に減額せんとして中央政府も贊同してこの英斷を決行したのである。當時岩村長官より伊藤總理大臣宛の謝辭を引用すると、北海道の水産は天下に富めり北海道の富は水産を以て重要のものとす。然に北海道水産採取製造販賣の事業未た振起旺盛の域に趨かす却て漸く衰退沮喪の色を呈し其營業人の資力は歳月に減縮し往々破産流離するものあるを免れす。是れ各種の原因ありと雖も要するに重税繁法の之か累を爲すところに由る。今や政府は非常の英斷に出て從前平均百分の十四弱に當るの税率を輕減して百分の五となし出港税の如きは之を全廢せられたるに因り從來物産税出港税を併せて凡七拾餘萬圓を納めたる人民は今より單に凡貳拾萬圓の税を納むるに止まり此差金五拾餘萬圓は人民か直接に政府の恩賜を蒙りたるものたり。加之現品税を金納に改められたるにより從前現品税檢査を受くる爲め消費する所の時間と現品納付の爲め醃藏苞裝及輸送の費用と勞力とを併せて之を省き間接の收利も亦鉅萬ならんとす。北海道人民は從來重劇の負擔を免れて斯の望外の恩典に逢ふ霖雨初て霽て紅日を靑天に仰くか如く驩欣嗚呼手の舞、足の踏む所を知らす。是れ全道人民の政府に向て深く謝する所なり。抑々政府が一朝此卓見を以て此の英斷に出て從來の慣行を革め此恩典を蒙らしめたるもの豈唯本道人民を煦々愛憐して徒らに之に惠貸するの意ならんや。誠に北海道は土地闢かさる可らす。人民殖せさる可らす。然るに今日に在りて北海道の利を興し富を致さんとするには先つ水産營業を振起するの最も必要急務なるを信すれはならん。本道人民は宜しく心を勵し力を竭し各自の事業を振起し各自の資産を増殖し以て本道の富利を是れ圖り以て政府の屬望に負かす以て政府の恩遇に酬ゆるの道を求むへし。通俊不敏なりと雖も職政府人民の間に介立す庶幾くは全道人民を率ひて政府の盛意を躰し以て政府の雄圖を贊すろあらんことを云々

かくて二十年四月十九日（大藏省令第六號）北海道水産税則施行細則を定められ、五月二日（廳令第四十五號此後增減改正あり）水産物營業人組合を定め、さらに（同第四十七號）水産物營業人組合規則を定められた。

水産税則により納付すべき水産物の種類は左の通りである。

第一類　生鯡、生鮭、生鱒、生鰤、生鮪、生鱈、生𩸽（ホッケ）、生鮊（カスベ）、海馬（トド）

第二類　魚粕、乾身缺鰊、乾胴鰊、乾脊割鰊、乾外割鰊、乾二ツ割鰊、鰊鯑粕（カズノコカス）、鹽鮭、鹽鱒、鹽鰤、鹽鮪、鹽鱈、乾鱈、乾鮐、乾鯱、鹽鯱、乾鮑、乾河豚、煎海鼠（イリコ）、鯣、海扇殼（ホタテ）、乾海扇、昆布、細布（ホソメ）、布海苔、若布、銀杏草

北海道水產稅の算出價格は二十一年以降二十三年まで三ヵ年間の平均產出高及び賣買相場を規準として二十五年一月北海道廳告示第五號を以て各組合一ヵ年の稅額を定めたものである。

いま左に二十年以降二十八年までの水產稅收入を示せば、

二十年度	二二〇、二二二、五五二圓
二十一年度	二一八、七七五、六七四
二十二年度	二一五、一〇一、二二四
二十三年度	二二四、四〇六、二九二
二十四年度	二一九、五三一、三三六
二十五年度	三〇四、六一五、三〇五
二十六年度	三〇三、七六九、三七四
二十七年度	三〇一、九二四、七八四
二十八年度	二九九、〇七五、六七三

この表から見ると減稅の結果であろうか五年後の二十五年から好成績を示すに至っておる。尤も二十七、八年から幾分下り氣味であるが、これは恐らく日清戰役が始まったので清國輸出の減退も可なりの原因であったと考える。終りに今回の減稅改正について當時の北海道廳第二部長理事官堀基氏の「漁業者諸氏に一言す」を拔萃し參考に資する。

（前略）物產稅輕減の一事は本年四月三十日勅令第六號を以て公布せられたり。（中略）今聊か所思を陳述し諸氏將來

の注意を促す云々。勅令に依りて納むる所の税額は金貳拾壹萬四千五百圓餘にして之れを従來の税額金五十九萬五千九百十五圓餘（明治十五年より十七年に至る三ヶ年平均概算）に比すれば（中略）卽ち六割四分强（中略）之れに水產物出港稅金十八萬三千八百十六圓餘（括弧内同上）を加ふれは實に金五十六萬五千二百三十一圓餘なり、之を本道漁家一萬九千七百四十七戶（十六年調査專兼業合計）に配當するときは一戶平均金二十八圓六拾二錢三厘餘（中略）加之彼の鰊玉粕檢査搾筒寸尺等の檢束を免れ云々。偶々大漁に依て意外の奇利を得れは之を浪費して（中略）忽ち家產を傾け流離顚沛（中略）今其實例を擧れは明治十二三年の頃西部沿岸鰊の大漁に當り價格非常に騰貴し爲めに巨大の利を占めしより俄に驕奢に流れ家屋室内を虛飾し衣食美を極め遊興に耽り費す處は得る處の利潤に止らす債鬼門に迫るも之を障へるの餘資なく（中略）十七八年の如く營業仕込に困迫し（中略）金融益々閉塞終に年來の漁場より地所家屋に至る迄其所有權を他人に移し落魄糊口に苦しむに至りし者亦尠なからす云々。今や此好時機に際會し、漁業者一戶の利潤は二十八圓六十二錢三厘餘にして乃ち本年豫算外の利益なり此内より二割乃至二割五分を蓄積すとも尙過剩あること許多にして生計上苦慮することなきは言を待たす。（中略）今假りに全道の漁業者が二割五分卽ち金七圓十五錢五厘餘を十ヶ年蓄積するものと看做せは其元金は百四十一萬二千八百九十七圓八十五錢となり（中略）是れ則ち永遠の策營業の基礎なり云々。夫れ事物改良の要用なる今復た多言を待たす試みに其一端を擧くれは彼の昆布製造の如き、魚粕苞裝の如き需用者供給者共に改良の急務を感し昆布は明治十五六年の頃より改良に從事し十七八年に至つて乾燥結束共に改良の實を表し既に十二三年の頃の如き頹廢を挽回し價格騰貴販路疎通せり。魚粕の苞裝は改良日尙淺しと雖も大阪の肥料商及ひ荷受問屋其他在阪各地の荷主惣代より其荷造堅固にして毀損脫漏等の患なく量目稍〻平均にして運搬に適し且船舶搭載にも利便との贊美あり云々。（最後に同氏はスウェーデン國の金庫ともいわれたボハスラン島の鰊漁を引用して、この島は千七百八十七年未曾有の大漁であったが漁民は飲酒放埒に慣れ貯蓄勤勉の美風をなくしたと共にその後鰊の群來も薄くなり、寶の島も今は貧しい一孤島になり終ったと警告している。)

三、漁場請負

沿革の大要は既に前文に記したから、ここでは多少細部に亙り述べると、

商家の漁場請負人の建てた運上屋ではアイヌ土人に酒、烟草その他の雜物と彼等の漁獵した收獲物と交易し、また内地から漁民を雇いて漁業を行わしむ。これを出稼という。かくて請負人はその利潤から運上金を納める。請負人と出稼漁民との關係は出稼人收獲物の一割乃至二割を前に記した一九または二八といっていた。かような關係であるから、その漁場區域内にきて漁獵するものは何人でも請負人の承諾を得て二八乃至一九の現品を納めなければ從業することを得ない。つまり要點は松前藩に對する納稅義務者は請負人であってアイヌ土人出稼雇人乃至出稼漁民は直接に藩へ納稅の義務なく請負人に對してのみ責任をもつのであった。

請負人制度の文化以前のことは餘り詳かでないが、小樽郡は寬永中すでに請負人があり、石狩、厚田、濱益、古平、美國、積丹各場所は寶永三年に始めて請負人があり、岩内は享和年間、古宇は寶曆二年、增毛、留萌、苫前、天鹽、宗谷、枝幸、利尻、禮文は天明年間である。

東地では釧路、厚岸、根室、野付牛、標津、目梨、斜里、網走、國後沿岸では安永年中始めて請負人があったというから、請負制が各地に行われるようになったのは二百年以來のことであって、その以前は各場所總てに請負人があったのではない。

請負人が出稼漁民よりの一割乃至二割現品の徵收(一種の入漁稅)は一見して過重のようであるが、請負人からすると、先ず運上屋を建てアイヌ土人乃至出稼人を撫育するため支配人、番人をおき現品交易と收納を掌るのみでなく、日用品の供給、資金の貸與から病氣の手當など一切を處理し、また不漁の年などには土人、出稼人に日用品を給し資金を前貸して翌年

の収獲物を以て償還せしめる。それ故に一朝不漁の年になると請負人は運上金、土人保護などで數千圓を放出せねばならない。それゆえ、かような年が二、三年も續くとその打擊は甚だしいことも無視する譯にゆかない。

ただこの場合に注意せねばならぬことは、一般に支配人以下の現場勤務者の中には土人を虐待し或は交易上の詐僞行爲など不正の行われることが珍らしくないのである。かの寛政十二年東蝦夷地の、文化四年西蝦夷地（請負人は存續）の、從って東西蝦夷地の幕府直轄が行われたとき、その動機の一つに請負制度缺陷の是正ということもあったようである。それは村垣淡路守、河尻肥後守等が松前奉行に任ぜられ奉行所を福山におき、西蝦夷地も請負人を廢止せんと考えられたことからでも知れる。しかし、間もなく、文化十年には東蝦夷地の直轄を止め再び請負人をおくことになったが、當時箱館市民よりの出願書を見ると、

十四年前箱館を初め奥地とも開國の御趣意を以て東蝦夷地は殘らず御直仕入にて右產物は箱館にて拂下となれり、當時は箱館竈數凡四百戶ありしが年々產物拂下を聞き商船輻輳し戶口從つて增加し方今旣に九百七八十戶となれり、然るに今若松前に於て入札を行はは松前人は之に馴れ箱館は從來御直仕入と心得居るか爲め十の八九落札は覺束なし且つ松前荷揚け等に變する時は箱館は入船を減し（中略）商人、問屋、小宿（コヤド）其他の困弊極めて甚し、元來松前は西蝦夷地沿海鰊及秋味あるのみならす北蝦夷を引受け產地の湊合饒多なるを以て十四年前より東西を區別し荷物を兩地に聚集することとなれり、今日以後入札法を行はるるに於ては東蝦夷地山越內より奥地までの產物は總て箱館荷揚と定められ度云々

かくて、その年九月奉行所役人立會の上、入札を行い山越內より國後まで十九ヵ場所の請負人を定めた。

文政四年松前藩復領後は漁場請負制は全く舊に復し安政二年東西蝦夷地上地のとき土人の戶口及び撫恤に關する事務など幕吏の管理の下に行われ、商家など土人を雇わんとするものは官の許を得た上で、日限を定めて使役し、その賃銀

たる米酒等は一おう官に納め幕吏立會の上で土人に給與することとし、支配人以下の姦詐を豫防せんとしたが、漁場請負制の事だけはなお松前氏時代の舊制によった。

文化以降は請負の年季も五年乃至七年とし期間滿了となればさらに五年七年を許したが、更新の際は多くの場合、運上金を増加するを例とし、また運上金のほかに半公半私の事務も執らねばならなかった。請負證文に明記された慣例的の仕事は　イ、土人撫育（日用品の供給）。ロ、毎年二季上納の運上金のほか、十一月中にその二分に當る積金をなす。ハ、運上屋、荷物庫の修覆または再築。ニ、煎海鼠御用品毎年獻納。ホ、同上及び干鮑等いわゆる俵物御用品の増收獲。ヘ、幕吏、警備等通行の旅宿。ト、公文遞送人馬の繼立。チ、難破船の救助。リ、外國船見請次第急報。ヌ、御備米年々仕入米を以て積替。ル、松明三百本靴三百足年々新規備替。オ、幕串百本年々備替。ワ、膃肭獸捕獲次第上納または輕物（臘虎、鷹羽、熊膽、熊皮、縞鼠、水豹、鱘魚等）は買入直段を以て買上に應ずる事。

そのほか上乘金、差荷金等種々の負擔あり、請負人の負擔も亦大なりと見ねばならない。

元治、慶應ごろになると内外多端となり財政上の困難も増大してきたので、請負人は別段上納金を命ぜられてきた。その金額一ヵ年約一萬七千兩、慶應二年長防軍費への獻金を勸誘せられ各自に應分の金額を獻納した。然るにそれが明治時代になると、前に記したように二年開拓使が設置され九月漁場請負制が全く廢止された。その時の達の要旨は、

當今藩籍返上相成候御時節柄、從來商人の身として諸場所土地人民を始め請負支配致し居候義名分に於て不宜今般改て被廢候乍然撫育米を始め漁獵の諸品等遽に引揚候ては差支候儀も有之候に付現業の處は年々漸々に變革し候樣被仰付候條心得違等不致樣下々の者共へも懇々可申達候事

ついで四月請負の名目を廢し當分漁場持と唱え十一月開拓使は左の布達を發した。

北海道數百年來天地の正帶中に有りなから漁業のみ致し膏腴の土地柄不相開處より魯夷望を掛候樣に移行朝廷の御

深憂奉ニ恐入ニ義に候依之今般請負支配相廢候様被仰付候付ては請負支配人一家の豪富を企候時節に無之卽今より濱中人民並土人取扱の義は勿論總て本府の下知を受け漁業等も同様御引上け御直支配に相成候條心得違等不致御時節柄の御趣意を奉恐察何れも安堵可致於然は如此荒漠の地も不遠内に人烟滿干々自然と繁昌の地に相成人々の稼次第にては何れの通にも富み榮候様相成候條目前の小利を不欲大に後榮を樂み家業尙又出精可致事

一、支配人、番人其外是迄の通召使候者共於場所々々致渡世居候者共無殘先前之通被召使候條一人も致離散間敷候事

一、米、味噌、酒、鹽、網其外木綿、鐵物類、漁業諸道具是迄の通心得御用達としては仕入等不相變可相整代價は追々に下渡候事

一、大阪越後其外へ致注文置候品々は諸場所御藏元へ可相納相應の利潤相渡候條不足の品無之様可致候事

一、出稼の者共漸々申諭し成丈場所へ家族引連永住致し候義勝手に差許候條名前可差出事

一、土人其外致墮胎候ては不相濟ニ付困窮の者へは出産より凡五ケ年出生の子へ養育料として年々米三俵宛被下候條尙又氣を付け無疎漏可致事但懷妊の女出稼等に遣候儀禁止の事

一、他場所へ養子緣組の義差許候事

一、八十歳以上の者は毎年可相屆事

一、格別孝養忠諒の者は可相屆事

一、熊膽、皮其外直段相增候條密賣等尙更不致相納可申事

一、役々其外通行の節旅籠御定丈に可取賄諸品其外は相當の代價可受取事

一、元運上家並番家以來本陣と可唱、運上家同所に番家相立候節は脇本陣と可唱事

かくて舊漁場請負制は廢止され漁場持と改稱されたが、實際の漁業經營は殆ど從來のまま繼續され、一時的には彼等

のうち數名は開拓少主典以下に任ぜられたこともあったが、間もなく辭職し改めて御用達及び取締を命ぜられておる。然るに同九年九月開拓使乙第十號を以て左の布達が發せられ漁場持も廢せられ十一月甲第三號を以て同一趣旨を全國府縣に布達し、ここに漁場請負ならびにその系統を受けついだ漁業制度は全く大なる變更を見るに至った。いまその布達の要旨を摘記すれば、

全道の海產は其利益鴻大なるを以て益〻之を擴充して民產の基本を厚ふし出稼の習慣を改め、獨立の產業に就かしむるの目的を以て（中略）爾來稍〻繁盛に赴き出產高漸次に增加し昔日の比にあらす、然るに北見根室千島方面の漁場持從來の習慣を固守し專ら出稼の躰裁を存し、廣大なる地所を借受致居、場所相當の漁業を施さす、却て他人の新に開業するを猜忌し之を妨くるの弊習あり、速に此弊を除き勸誘の道を盡さゝれは人民移住の障害は勿論遂に獨立の營業を爲さしむる能はさるに付從來漁場持今般一切相廢し都て上地申付、且寄留人借受の漁場、昆布場等明治五年九月地所規則公布以來未た精確なる調査無之家屋倉庫敷地等の經界畝數判然不致に付全郡又は數郡を一手に借受致居候分、一先上地爲致候、尤も元漁場持等舊習を改め明治十年より新に營業願出る者は實地調査の上不都合無之分相當の場所更に割渡すへし、其他永住寄留の別なく營業志望の者は別記郡數の內書式の通明細調書相添へ本年十月三十一日限可願出云々

とあるから、漁場請負制は既に廢止され漁場持制に改められたのであるが、實際は舊法なお殘存しことに北見根室千島方面は從來の習慣を固守し、その地域も一郡乃至數郡に及び、新規に開業を出願するものあればこれを排斥せんとする傾向さえ見受けられた。然るに開拓使の根本方針は舊請負制と密接に結びついた出稼の掠奪的漁業を改め本道を永住の地とする獨立漁業者の移植を企圖としたものであるから、前述した如くたとえ名稱は變っても、實質上舊制の存續は本道開發の根本方針と全く相反するものであることは勿論であった。從って前引の布達は本道拓植史上から見て劃期的な

ものと考えてよかろう。

四、海産干場

海産干場とは明治十年地劵發行條例の發布と共に改稱せられた漁場及び昆布場の總稱である。往時の請負制度時代に東西地の漁場及び昆布場は一定の場所區域を限定したものであって海濱（ここでいう海産干場）と海面（狹義の漁場）を區別しない包括的名義であった。それ故に往時の場所請負人は運上金または冥加金を上納し、その範圍內なれば自由に漁業を營みえたのである。それ故に蕃殖保護等につき若干の制限はあったが殆ど形式的で、大體に放任主義の實情であった。

然るに明治維新以後は革新的な諸般の制度が制立され、既に見た如く明治二年開拓使は漁場請負を廢し札幌開拓使廳管下では四年各郡永住人借用宅地及び開墾地をその私有地となすに及んで、漁場は總て拜借地となった。

明治五年九月北海道土地賣買規則及び地所規則が布達せられたので、明治以前より漁場請負をなし莫大な資本を投じた漁民等は皆私有地として割渡されその所有權を確認せられた。いま兩規則のうち漁業關係の要點を摘記すると、

土地賣買規則（全國一般に布達）

第一條　原野山林等一切の土地官屬及從前拜借の分目下私有たらしむる地を除の外、都て賣下地劵を渡永く私有地に申付る事

（中略）

第八條　採鑛漁獵等都て殖産興工の見込ありて出願する者へは其方法取調年限を立貸地等に差許し稅則は出品の精粗多寡に隨ひ追て適當に可相定云々

（第九條略）

地所規則（北海道內布達）

第一條　永住の者居屋、漁舍、倉庫敷地或は社寺及墾成せし從來の拜借地等自今更に經界畝數改正、永く私有地に定め地劵相渡今申年より七年間除租の事

第二條　寄留人拜借地たりとも既に開墾營構等せし分は是又其者の私有地に定め地劵相渡除租前條に準すへし

第三條　漁濱、昆布場も更に經界相正し永住人は私有地寄留人は當分依舊可爲拜借地、但私有地拜借地共本年より五年間除租たるへし云々

（中略）

第七條　山林川澤從來土人等漁獵代木仕來し地と雖更に區分相立、持主或は村請に改め是又地劵を渡爾後十五年間除租地代は上條に準すへし云々

（以下十九條まで略）

かくて二年後七年一月（開拓使第一號布達）「漁場及昆布場自費新開の分は其年より二ヶ年間現品税を免除すへきに付望の者は開業可致、但各所營業の難易所獲の多寡を審査し第三ヶ年目より相當の收税可申付云々」。九年開拓使（乙第十號布達）を以て漁業出稼の習慣を改めんため其方法を設けたが、從來の習慣廣大の場所（一郡乃至數郡）を借受け相當の業を爲さず剰え他人の營業を妨ぐるの弊あるので漁場持を廢し、千島、北見、根室、天鹽、膽振、日高、釧路國において漁場、昆布場を割渡すべきに付永住、寄留の別なく願出させるなど詳細は漁場請負の項で述べた通りである。

同九年十二月第百六十一號を以て「北海道地租の儀御布告相成候ニ付ては土地丈量地價査定の上、一般地劵を發行し地所規則除租の年限に隨て地租を課し從前發行せし地劵は之を改め且既に課し來りし地租も自今總て地價百分の一を徵すへきに付地所の區分制限及地劵申請證印税收納等の儀左の條款の通相定ー」として詳細な十八條から成る規定が發布された。

第一條　地所は其種類を分て、宅地、耕地、海産干場、山林、牧場とす、但北海道地所規則に掲載せる漁濱昆布場を自今改て海産干場と稱すへし

第二條　（前略）海産干場は何人に拘らす之を所有せしむへしと雖も海産採集の爲めに設くるものなれは、所有者自ら營業せさるときは他人に貸渡して營業せしむへし尤も山林、川澤、原野、河岸等は總て官有地とし其差支なき場所は望に由り貸渡或は賣渡す事あるへし（中略）但し海産干場は所有者の都合に依り他人へ貸渡し營業せしむるは妨なしとす云々

（三ヵ條略）

第六條　（前略）尤海産干場は一劵面の地所を裂き賣買讓渡す可らすと雖も實際不得止事故あるときは事實審査の上之を許可することあるへし

第七條　九年十月漁場更正の際一旦上地申付更に割渡たる海産干場並除租年限中賣買讓渡せる各種地所の除租年限は最初定たる年より通算云々

（中略）

第十三條　海産干場は海産採取の爲に所有せしむる者なれは營業の差等に隨て地所坪數及間數の制限を定る大略左の如し尤其制限は土地の形勢に因り之を增減する事あるへし又舊來戶口稠密にして此制限に循ひ難き場所は從前の慣習に依り之を所有せしむる事あるへし且該地の形を變せす鯡場に於て鮭、鮭漁場に於て鯡其他の海産各種の乾製を營む等の數は總て營業者の自由たるへし（十二年十月乙第五號布達を以て鯡其他以下を改正す）

鯡鰯建網	一統に付	千坪	海面表口 奧行	五十間 二十間
鯡鰯鮭引網	一統に付	千五百坪	海面表口 奧行	六十間 二十五間

鯡差網	十放ニ付	二百坪	海面表口 奥行	十間 二十間
鮭建網	一統ニ付	五百坪	海面表口 奥行	二十五間 二十間
大房網（ダイボウ）	一統ニ付	同	海面表口 奥行	二十五間 二十間
昆布刈船	一隻ニ付	四百五十坪	海面表口 奥行	二十五間 十八間

但一區の干場に於て網數統船數隻を用て營業する者は一統或は一隻毎に制限坪數の半を增加し鯡差網は十放毎に其四分一を增加すへし

第十四條　干場坪數の制限は前條の割合を以て之を定むと雖も奥行淺くして其間數制限に滿難き場所は適度に隨て表口の間數を增し且奥行の間數其制限に過るも土地の形勢に因り他の障碍を爲さゝる者は之を許す事あるへし

第十五條　海産干場の海岸地浪打際（滿潮のときを云）（マヽ）五間乃至十五間は之を官有地として干場所有の者に貸渡、山岳等海濱へ突出、土地狹隘にして（中略）之を可貸渡但營業者の都合に依り所有地を他人に貸渡時は該地接續の官有地は必一時返納の上該地借用人より更に右官有地の借用を願出へし云々

第十六條　從前該地土着の人民にして舊來之を所有し干場内に住居の者に限り其制限に過る一割（一千坪ニ付百坪の割合）以下の地は之を所有するを許すへし

第十七條　海産干場坪數の制限は居屋、漁舍、倉庫の敷地を合て之を算すへし云々

第十八條　海産干場所有の者地所割渡の儘營業に着手せすして賣買讓渡するを許さす割渡の後一周年間着手せさる者及着手後中止する者は上地申付へし云々

備考　本令は十九年（閣令第十六號）北海道土地拂下規則、二十二年法律第十三號地劵廢止、二十六年北海道廳令第五號北海道土地拂下規則施行手續等に依り自然消滅に歸する條項を生じ、その他に可なりの變遷を見た。

漁業奨勵　この問題は漁業への現金乃至現品の資本貸與、水産物の内外國への移輸出の保護奨勵の三方面について舊幕と明治の兩期について說明する。

一、資本貸與

舊幕期における資本貸與は當時幕府が財政上の必要から俵物諸色に對し資金を貸與し自ら支那貿易を統制したことに始まるが、既に松前藩は漁場請負制をおいてより漁場内の出稼漁民に向って米鹽、漁具の現品貸與をなしていた。しかし直接に漁業資本として現金を貸與したのは上に記した長崎俵物（干鮑、煎海鼠（イリコ）、鱶鰭（フカヒレ））と諸色（昆布、鯣、チギレ煎海鼠、チギレ蟲入乾鮑、刻昆布ほか數品）奨勵の爲め函館奉行と長崎俵物方と協議して每年買上代金の若干を前渡貸與し現品を納入したる際に差引決算をする。詳細は後文の「三、外國輸出」ならびに「藩政時代の漁業生産と海産市場」（日本漁業經濟史上巻第三章所收）に讓る。

明治維新後は、三年開拓使は漁場需用品貸與規則を定め（諸藩支配地を除く）、米鹽等の生活必需品は函館原價にて貸付け漁獲物代金と十一月に精算し、漁具漁網類の賣下新物は卽金とし、古物は三ヵ年賦で皆濟し、かつ出稼人漁獲物買上代價を定めて鹽鮭百石百五十圓、鹽鱒同百四十圓、鮫粕百二十圓、昆布同百圓とした。

四年、鯡漁業者の資金借用を願出する者に資金を貸與し、漁獲物賣上後は月一分の冥加を加え完納せしめたが、これは薄資漁業者の收獲物を賣却前に漁夫（出稼漁民）給料の支拂困難を救濟せんとの趣旨であった。この貸與方策の初めは壽都、忍路、古宇、厚田四郡へ金千兩ずつ、美國、積丹二郡へ金七百兩ずつ、古平、岩内、余市三郡へ金千五百兩ずつ、小樽、高島二郡へ金六千五百兩ずつ、合計金一萬九千九百兩であったが、後は古平、忍路、厚田三郡へ元金千兩ずつ、積丹、美國二郡へ金七百兩ずつ、古平、岩內、余市三郡へ金千五百兩ずつ、小樽、高島二郡へ金三千五百兩ずつ、合計金一萬九千九百兩であって、返濟期に概ね返還せられた。ここで兩とは圓を意味し原典に倣った。

五年、東京、大阪、函館に貸付會所をおき、税金、定額金、證券等の支拂の殘額を貸付して、物産の販賣、移民の授産を助け、その利子を以て證券消却、非常準備に充てんとして政府の許しを得やがて島田八郎左衞門等六名に貸付方を命じた。かくて東京、大阪、函館に貸付會所を設け、島田組、小野組その他六名と函館豪商三名に用達を命じ、年七、八朱の利子を徵して利益とし損失は負擔した。ところでこの貸付金額中漁業に關するもの可なり多く、これを勸業資本金と稱した。その後利子を八朱とし規則の改正を行うた。

九年魚粕貸付規則を設け、大阪貸付會所において三ヵ年本道税品凡一萬石を府縣人民へ貸與する方法を設けたが、貸付會所は規則改正以來、貸付金の未納者ようやく多く困難の狀況にあることから、貸付會所閉鎖の議も起り十一年遂にこれを閉鎖し貸付金の始末は舊用達の負擔となった。その後十四年の調査によると貸付未納金凡二十七萬二千八百圓あり用達のうち破産または事故のため免ぜられたるものありて現員四名のうち眞に負擔に堪えざるものに對しては未納金を舊公債證書額面を以て返濟することを許した。

また漁業開發のため五、六年ごろ鹿兒島、長崎方面の漁民を移住せしめ、七年には西地の例に倣い東地に漁業資金を貸與した。同年西部各郡は非常の大漁であったが、今後の準備のため小樽外四郡へ漁業資本金三萬八千圓を貸與し同時に勸業資本金貸與は廢止せられた。

八年七月根室支廳は根室釧路兩國漁民の漁業物資仕入方につき便宜を計って、根室は藤野喜兵衞、厚岸は鹿島萬平外二人へ資金三萬圓を下付し諸物資の仕入を委任し漁業の大小に應じ金員または漁業物資を渡さしめ、利子年八朱とした。また十二月西地石狩國對雁（ツイシカリ）移住の樺太土人に漁業資本金初年一萬千六百九十二圓、第二年三年は諸費合計三千圓ずつ無利息貸付した。

九年新開漁場開業資本金として岩内、古宇二郡の漁業者二人へ二千五百圓を貸與し、十月には人民の興益を目的とし、昆布、煎海鼠、干鮑、鯣の四品につき勸商局と打合せ、支那輸出の振興のために人民の物品買上を請う者には資金を貸與した。その手續は左の如きものである。

一、資金貸與は一ヶ年六朱の利子(中略)開拓使之を人民へ分貸し該地收獲の產物を以て同局へ償還す云々

一、資本金貸與を請願する者は昆布、煎海鼠、乾鮑、鯣各種の數量及び其代價等前三ヶ年を平均し豫算を出さしむ云々

一、資本金貸與其他一切の事務は函館支廳の管理にして勸商局豫定の金額に照し酌量概算し(中略)廣業商會出產人總代一同札幌に集會す

一、資本金分貸の方法は各自前三ヶ年平均收獲豫算の內より收稅額を除き其八分より多からさる貸價を目的とし貸與すへし云々

支那貿易を保護助長せんとするこの貸與條項は後に廢使置縣の際に名稱の變更はあったが二十年まで繼續し廣業商會も廢使と前後して閉鎖した(廣業商會に就ては後出)。

十一年根室支廳は藤野喜兵衞、同伊兵衞の請願に基き抵當品を收めて漁業資本金二萬五千圓を年八朱を以て貸與し年賦返濟とした。このときの貸與契約は當時の實情を知る上に參考となるから、その要點を記すと、

各場の費用を區別し一郡仕入物の品類を分けて戶長に報じて價格を付し各場へ分散し消費殘額を表に記て戶長に報じ產物を精製し聲價を落すことなく、小利に甘んじて輸出の減退を防ぎ、舊土人を勸誘して獨立の道を立たしめ、物品賣買には時價により正貨を以て取引し、米味噌そのほかの日用品を購入するは自由であるが各自の所得給料のうち一割から二割を衣食住のため貯蓄せしめて戶長これを保管した。

これは九年漁場持廢止後、北見、斜里外三郡及び千島國々の舊土人の生活を失い日に困窮するを防止せんためであった。十一年開拓使は漁業資本金貸與規則を定め札幌本廳管下に三萬圓、函館根室兩支廳管下に各々一萬圓を請求者に貸與したが、その趣旨は漁業者資本乏しく、供給を他に仰ぎその利息の重きと産物の低價により漁業の利潤はなはだ薄しと明言している。貸與規則の要點は、

一、資本金は姑く本廳管內三萬圓函館、根室兩廳管內各一萬圓と爲し云々

一、資金は財産物を抵當とす、償還は正貨産物各自の望に任せ戶長之を管し（中略）三ヶ年賦返納を許す

一、資金を貸與するは民産興起自立の基礎を固ふする爲なるを以て一ヶ年一割二分の利子を納めしめ內五分は官收し六分は資本貯蓄として年々貸與の額に加へ而して其金額を官貸より遞減し一分は取扱の諸費に充て積貯より生する利子一分を除して諸費と爲し其他は積貯へ加入し終に其積貯を以て資本に供し餘あるに至らしむへし云々

一、産物を以て償還するは鰊（漁況に依り胴鰊及身缺等を取交るも妨なし）鱒鮫粕及鹽切鮭（昆布外三品は勸商局資本貸與方あるを以て之を除く）とし完納せさる間は他の販賣を許す能はすと雖も若し正貨上納を爲すか爲め收獲の産物を販賣せんと欲する者は別に所有の動、不動産の內或は漁具等を以て抵當に充て區戶長をして保證せしむへし

一、物品の價格は該地の賣買時價を以て貸金母子を算し領收の後現品賣買等の順序を爲すへし

一、貸金を爲すは資力の多寡を檢し上中下三等に分ち下等より順次請願を推糾し、三人乃至五人を一團とし保證人連署申出しむ

一、物品販賣の後一ヶ年純益金一割迄は損失あるときの償に充て蓄積し若し超過するときは其超過の半額を別に蓄積し造艦費（漁民共有）に充て半額は諸費に編入す

十四年八月漁業資本金貸與規則を設けてより次第に金額四十九萬餘圓を備うるに至ったが、明年一月定額滿期につき、

更に大蔵省と貸與の件を稟議し、本年度貸與金四十八萬八千五百餘圓は定額滿期大蔵省に償還すべき兌換證券引換元金二百五十萬圓の内を以て貸與し明年六月に完納すべき指令を見た。

然るに十五年二月廢使置縣となり（三縣分立時代に入る）三月漁業資本金及び昆布採收資本金四十八萬八千餘圓を十五年度より五十萬圓とし右の内四十萬圓を漁業資本とし十萬圓を昆布採收資本に充つとの指令が札幌、函館、根室、三縣に達し、右の昆布採收資本の内三萬圓を札幌縣下へ、七萬圓を根室縣下へ貸與し、漁業資本金は十九萬圓を札幌縣下に、十四萬圓を函館縣下に、七萬圓を根室縣下に貸與することに決した。かくて十七年三月千島國擇捉郡栖原角兵衞へ漁業資本金四萬圓貸與十ヵ年賦返還の儀につき根室縣令より大蔵、農商務兩卿に申請して裁許せられ、十二月には漁業及び昆布採收資本貸下げより生ずる利子年一割二分の内三分を官收し、殘餘は雜收入として大蔵省に上納し、さらに委託金として交付を受くることとなった。

然るに間もなく十八年十二月三縣分立制廢止され十九年一月より本道開拓の本格的行政官廳としての北海道廳の制度となるに及び五月に資本金より生ずる利子は直に勸業委託として大蔵省より下付せられることになった。

北海道廳設置後二十年三月官金の貸與停止され、かくて開拓使以降の貸付金は一切を勸業委託金として同廳へ下付せられた。

かくて道廳は二十三年三月に漁業及び昆布採收資本貸付の未納處分に着手し、その結果は二十二年度末現在貸付高五十一萬千二百三十圓餘にして内費消二萬四千六百十八圓餘利引法（二十ヵ年乃至八十ヵ年の利引法）にて控除せし金額十二萬百二十七圓餘その他は悉く棄捐に付せられた。惟うに資本貸與はその人の窮乏を救助するにありといえど、要は人民を移植し漁場を開き本道開拓の目的を達せんためである。然るに彼等の大部分は郷土における生活困難のため、いわゆる一旗あげてその運命を打開せんとする植民地氣質の人々であるところから、昨今のように水産物價の低落と生活の急迫にある彼等から強いて徴收せんとすれば結局において身代限りの處分をとる外に道なきこととなり、かくては當初保護の趣旨も根本から失われることになるから、特別の取扱によって一切棄捐に付したものと思われる。なおこの問題は後に再吟味するとし、ここでは開拓使以降の貸付金概況を表記する。

水産資本貸付表（自明治二年至同二十三年三月）

年度	種類	貸付額	殘貸額
二年	勸業資本	圓 三七、〇三五、七一九	圓 三七、〇三五、七一九
三年	同上	三七、八〇〇、五七九	三七、八〇〇、五七九
四年	同上	六二、〇五六、〇七九	三九、五五六、〇七九
五年	漁業資本	九、〇五五、一一一	九、〇五五、一一一
	產業資本	三、四九七、八〇二	三、四九七、八〇二
	勸業資本	三九、五五六、〇七九	三九、五五六、〇七九
	計	五二、一〇八、九九二	五二、一〇八、九九二
六年	漁業資本	九、〇五五、一一一	九、〇五五、一一一
	產業資本	三、四九七、八〇二	三、四九七、八〇二
	勸業資本	五五、〇七四、二〇二	五五、〇七四、二〇二
	計	六七、六二七、一一五	六七、六二七、一一五
七年	漁業資本	四七、五五五、一一一	四七、五五五、一一一
	產業資本	三、四四二、五四三	三、四四二、五四三
	勸業資本	七九、〇七四、二〇二	七九、〇七四、二〇二
	計	一三〇、〇七一、八五六	一三〇、〇七一、八五六
八年	漁業資本	五九、二四七、四八一	五九、二四七、四八一
	產業資本	三、二四四、五九〇	三、二四四、五九〇

（自一月至六月）	勧業資本	九八、〇八二、一一〇	五六、四七四、二〇二
	計	一六〇、五七四、一八一	一一八、九六六、二七三
八年度	漁業資本	五九、二四七、四八一	五九、二四七、四八一
	産業資本	三、二四四、五九〇	三、二四四、五九〇
	勧業資本	五六、四七四、二〇二	五六、四七四、二〇二
	計	一一八、九六六、二七三	一一八、九六六、二七三
九年度	漁業資本	五九、二四七、四八一	五九、二四七、四八一
	産業資本	三、二四四、五九〇	三、二四四、五九〇
	勧業資本	八一、四二八、一八六	八一、四二八、一八六
	計	一四三、九二〇、二五七	一四三、九二〇、二五七
十年度	漁業資本	八二、一八七、四九四	八二、一八七、四九四
	産業資本	三、二四四、五九〇	三、二四四、五九〇
	勧業資本	一一一、一〇四、八八五	一〇〇、六二一、〇〇〇
	計	一九六、五三六、九六九	一八六、〇五三、〇八四
十一年度	漁業資本	二一三、六八四、七八三	二一三、六八四、七八三
	産業資本	三、二四四、五九〇	三、二四四、五九〇
	勧業資本	一〇〇、六二一、〇〇〇	三二、一〇六、〇〇五
	計	三一七、五五〇、三七三	二四九、〇三五、三七九
十二年度	漁業資本	三一三、〇四五、六四〇	三一三、〇四五、六四〇
	産業資本	一五二、三三〇、二九〇	一五二、三三〇、二九〇
	勧業資本	三二、一〇六、〇〇五	二八、八八九、三〇〇
	計	四九七、四八一、九三五	四九四、二六五、二三〇
十三年度	漁業資本	五五四、〇四〇、二二一	五二七、五五九、七五六
	産業資本	二九八、五二一、二一九	二九八、五二一、二一九

	勧業資本	二八、八八九、三〇〇	一一、一八五、三八八
	計	八八一、四五〇、七四〇	八三七、二六六、三六三
十四年度	漁業資本	五二七、五五九、七五六	三九六、八五九、一三二
	昆布資本	九二、三九七、五九三	六三、一八七、〇四七
	公有金	二五、四九四、八七三	二五、四九四、八七三
	産業資本	三七九、一八八、四〇二	三七六、七二七、六五二
	勧業資本	一一、一八五、三八八	一一、一八五、三八八
	計	一、〇三五、八二六、〇一二	八七三、四五四、〇九二
十五年度	漁業資本	三九六、八五九、一三二	三七四、五七七、八九〇
	昆布資本	六三、一八七、〇四七	六三、一八七、〇四七
	公有金	五一、四六〇、七五六	五一、四六〇、七五六
	勧業委託	八、〇九二、四一〇	八、〇九二、四一〇
	産業資本	三七六、七二七、六五二	三五六、二一四、二一四
	勧業資本	二一、五四九、七〇五	二一、五四〇、七〇五
	計	九一七、八七六、七〇二	八七五、〇七三、〇三二
十六年度	漁業資本	三七四、五七七、八九〇	三七四、五七七、八九〇
	昆布資本	七六、三一四、四〇四	七六、三一四、四〇四
	公有金	五三、四八一、一一四	五二、三四二、〇六二
	勧業委託	一三、三九〇、二一一	一三、三九〇、二一一
	産業資本	三五六、二一四、二一四	三五三、五六八、八四四
	勧業資本	二一、五四〇、七〇五	二一、五四〇、七〇五
	計	八九五、五一八、五三八	八九一、七二四、一一六
	漁業資本	四〇五、七九七、九〇五	三五〇、一〇〇、九五四
	昆布資本	七八、九六〇、六九四	七八、九六〇、六九四

十七年度	公有金	五二、三四二、〇六三	五二、三四二、〇六二
	勧業委託	五二、一五二、二一八	五二、一五二、二一八
	産業資本	三五三、五六八、八四四	三四三、一六一、六五二
	勧業資本	二一、五四〇、七〇五	一〇、三六四、三二一
	計	九六四、三六二、四二八	八八七、〇八一、九〇一
十八年度	漁業資本	三五〇、一〇〇、九五四	三五〇、一〇〇、九五四
	昆布資本	八二、五三九、〇五七	八二、五三九、〇五七
	公有金	六五、一八四、五三三	六五、一八四、五三三
	勧業委託	五二、九三四、四五三	五二、九三四、四五三
	産業資本	三四三、一六一、六五二	三三一、一六一、六五二
	勧業資本	一〇、三六四、三二一	一〇、三六四、三二一
	計	九〇四、二八四、九七〇	八九二、二八四、九七〇
十九年度	漁業資本	三五〇、一〇〇、九五四	三五〇、一〇〇、九五四
	昆布資本	八二、五三九、〇五七	八二、五三九、〇五七
	公有金	六五、一八四、五三三	四八、七八四、五三三
	勧業委託	五二、九三四、四五三	三五、四三四、四五三
	産業資本	三三一、一六一、六五一	二二九、六六三、五二三
	勧業資本	二四、四九七、〇五八	一二、一九七、〇五八
	計	九〇六、四一七、七〇七	七五八、七一九、五七八
二十年度	勧業委託	七五八、七一九、五七八	七〇九、五七三、二七八
二十一年度	同上	七〇九、五七三、二七八	五一一、二三〇、一〇一
二十二年度	同上	五一一、二三〇、一〇一	處分了

二、内國移出

重要な若干の水產物については後に紹介することとして、ここでは一般的に保護の目的を以て施設した大概を記すことにする。

先ず舊幕期における寛政十年の幕府直轄の時代に內地販賣を擴張する策を立て江戶伊勢崎町に產物取扱所をおき、蝦夷產物賣下げと漁場物資仕入方を取扱わしめ十一年に蝦夷地御用係と江戶町奉行と協議して靈岸橋傍に蝦夷地御用取扱所を置き、移入水產物の取扱を行わしめたが狹隘のため二百坪を增加した。文化元年さらに二百坪を加え家屋を河岸に增築し他方では大坂其他各地の豪商に蝦夷地御用達を命じた。

販賣方法の要點は漁場需用米鹽諸品仕入方をこれらの用達に負擔せしめ、一方漁場請負人と契約して收納の水產物を以て之を償却せしむるのである。それ故に用達とは漁場仕入の業務に從う豪商である。

從って幕吏は用達と請負人の契約履行または拔荷、脫稅等を監督するのがその職務である。產物取扱所は文政五年松前氏復封と同時に廢止された。安政初年に再び幕府の直轄となるや、寛政度の例に據り四年江戶に產物會所をおき、大坂、兵庫その他の便宜の港に用達をおき蝦夷地の元取締となした。

一方では箱館支配組頭以下を大坂に派し會所仕法を調査せしめ兵庫に出張所を、江戶新大橋傍植物場に會所をおき、五年には大坂會所と兵庫出張所が落成し、文久元年試年限滿ちて永續方法取調として、箱館支配組頭以下を大坂、兵庫、長崎、下關に遣し大坂奉行に照會して步合金取方その他を整理し、泉州堺、越前敦賀に會所を設け同二年箱館產物會所を建て各地入津の蝦夷地產物を檢查せしめ、更に京都其外の商家を蝦夷地產物元仕入として出金の者は箱館會所へ廻送し、請負人、問屋及び出稼人へ貸付け、その出產物を收むる方法を定めた。

然るに維新後になると、明治元年函館に生產方をおき產物取扱所を東京八丁堀におき函館御用所と稱え蝦夷地產物の取扱を爲したが、仕組みの立て方は舊幕期のそれに倣ったにすぎない。同二年開拓使は東京、大阪、兵庫、敦賀、新潟、下關、長崎、那珂諸港に北海拔荷運上所を設け取締をなすべきことを大藏省と議決し、同年九月函館生産方を廢し、通商司會所中に開拓御用係をおき、函館に商社をおき産物取扱方なるものを定めた。三井八郎右衞門が總頭取となりその下に目代以下四人をおき函館に派遣し十一月北海道産物諸國廻送契約が行われた。その要點は、

一、開拓使と通商司合併取締をなし東京大川端に會所を設け官員出張價格、入札等のことを取扱ひ、賣捌、仕切金繰替渡等は商社に委し歩合金は物品に依り商社規則の税金を引去り餘は開拓使に領收す

一、諸藩支配所荷物は東京着船次第送狀を以て會所へ屆け賣買方は賣荷と同しく税金を納めさせ、仕切金はその藩々へ引渡す

一、買上荷物は北海道より東京開拓使へ宛回送品に付原價書を商社へ相渡し賣捌の上は税金を引去り元代價益金とも開拓使へ領收す

一、札幌使廳直轄收納荷物は附屬船藩船を問はす肥料は大阪及敦賀へ回送し取扱は都て東京に倣ひ土地の歩合に應し税則を定め領收し賣荷歩合とも渾て大藏省へ預けおく

一、大藏省より日々北海道産物取締税金取立は歩合金都て從前の仕方に基き新規場所は其地收入の多寡に由り取調へし

一、是迄問屋口錢として税銀半高下付の例を改め、商社に四分を下付し都て其港に入津の時は先つ商社に屆け商社より會所へ屆け水揚けの際は會所より吏を派して檢査せしめ商業取引の上は仕切金は商社より渡し、賣渡代金は税金共十日以内に納めしむへし

そこで、産物取締會所を立て、開拓使と通商司と地方を分擔して監査し、東京會所附屬問屋は商社に組入れ會所掛を申付け、その外の用達は廢止し、新潟その他の商社出張所なき地方はその地の營業者を商社に組入れ會所掛と爲し、産

物は總て通商司一手に取扱い、函館會所を東京大橋際に設け產物を一旦商社に收入し、その經費を除く外、四分稅を通商司に徵收する旨を民部省より各府縣に達した。然るに北海道產物稅は開拓使に收入定例の制あり今さらに四分稅を收納するときは重稅を課する結果となるとの議起り開拓使と民部省との間に問題を引き起したが、審議の後、稅品賣下は普通の賣品と異なるから課稅の限にあらず、今後は商法上の稅金は一切納付せざることに決定した。

同三年三月東京その他の函館會所（卽ち產物會所）の通商司所管を止め開拓使に專屬せられ、通商司世話役二名は開拓使用達を命ぜられ栖原角兵衞外七名は從前通り取締をなし一割稅のうち四分は納稅し四分は問屋に收め殘二分は商社積金となすべきを達し、東浦賀に產物取扱方二名をおかれた。四月には各地に會所をおき、常陸の那珂、長門の下ノ關、阿波の撫養に委員を派し、大阪、兵庫その他より回送の身欠鰊、鰊鯑類を濱吉組に取扱わしめた。そして產物會所事務順序を定めて稅金其他會所に屬する金員は用達に預け、收支共官吏立會證印を押すことを例規と定め、五月左地に官吏を在勤せしめた。

大阪　堺　敦賀　新潟　出雲崎　酒田　佐渡　兵庫　下ノ關　三田尻　長崎　撫養　青森　能代　鰺ヶ澤　石巻　那珂

前記した三井八郎右衞門外十一名は用達を命ぜられ產物取扱方を擔當したが、直轄漁場元仕入金用達規則の要旨は、

一、元仕入金を二萬五千兩とし返濟は五月より八月迄の間、產物を以て下渡し、その間一ヵ月一分五厘の割を以て利子を下付する。

一、借入金下渡方は直轄漁場產物のうち昆布、絞粕、鮭、鱒、魚油、身欠鰊、鱒粕、干鱈等その場所に於て函館價格の一割安を以て相渡し、產物積取方取極の節利子を下渡する。

一、產物渡方は借入金高より五割增の高に至るまでは前項同一に一割安にて下渡し、その餘は場所の價格を以て時宜

に應し賣下借入金元利引去たる返上金は函館出張所に納むること。

一、凡金六萬五千兩並に米壹萬俵（自三斗五升至四斗）鹽二萬俵（以上六月入用）凡金一萬兩並鹽一萬二三千俵（以上七月入用）

（但書略）

右約定によると、例えば借入金一萬兩に對し函館時價昆布百石五百兩なれば昆布二千石外に五割増千石合計三千石（代價一萬五千兩）を下渡し内一割引殘金一萬三千五百兩となる。この内より借入金一萬兩及び利子を引去り、その殘額は函館出張所に納付ということになる。

かようにして、開拓使は各會所を通して産物輸送の便を開きその趣旨を一般に布達した。

その後は各地産物會所の新設、廢止、移轉等しばしば行われ、また用達の任免など屢〻あったが一々記さない。

これを要するに産物會所の直接の目的は幕府以來移出産物販賣のため拔荷、脱税取締が主要であって必しも移出奬勵に力點があったのではない。從って政府から見ても徒に手數をかけるだけでその割に收入の增加なく、また民間からいっても商家、需用者に重税と手數の繁雜をかけるだけで産物の賣買にも時機を失し官民ともに不利不便であったことを承認せざるを得ないのである。かくて八年、十三年と出港稅の問題とか物産取扱所の設置など可なりの曲折を經て、十五年一月廢使となり二月以降十八年までの三縣分立時代に入ったのであるが、開拓使時代末期の魚粕荷造の改善についてはその若干を記す必要がある。十一年九月本使は荷造の粗大を改善し一俵重量十五貫目内外を適當とし、十三年再び諭達して一箇二十貫を超えざる旨を傳え内地の荷造用莚産地に照會して縱五尺三寸幅三尺二寸の製作を勸誘した。間もなく三縣分立時代に入って三縣合議の上、十八年四月管内に左の要旨を諭達した。

荷造方法

一、兩口は米俵の如く可なり緻密に絨り胴三ツ繩（二節を以て）竪十文字に（二筋なり）結回す。

一、建莚は津輕本間（五百圓より五百五十圓位）敦賀尺長（五百五十圓より六百圓）及び之に類似のもの。

一、横竪の縄は大間（タイケン）を用い小口兩緘は中間縄（チュケン）を用う、小口莚は適宜のものを用い此量目横竪の縄共四百目位云々。

十九年北海道廳設立後三月直轄地方（元札幌管下）へ肥料魚粕荷造法を布達した。二十二年身欠鰊の荷造法、また二十四年肥料俵装に注意を与えなどしたが、水産税則施行後現品検査をしないため屢々粗製濫造をなすもの多く需用地の信用を落すこと少なくなかった。

三、外國輸出

本道の海外貿易は舊幕時代にアイヌ土人と露西亜人との間に千島、樺太における物々交易が一番古いものであるが、特に公の輸出貿易は舊幕期の長崎俵物役所設置後である。安政年中に函館開港となり主として清商來往しいわゆる居留地貿易の端を開いた。

維新後になると開拓使は第一に本道水産物の清國輸出を保護奨勵した。このことは特に注意すべき問題である。

元來清國との貿易は専ら銅を以てしたが日本の銅産額は次第に減少し寛永年中に高木喜右衞門は運上金二萬兩を幕府に納め毎年六千貫目のほかに二千貫目合計八千貫目の貿易を許されたが、その二千貫目は代物替と稱し銅の代りに國産品を以てすることを許されていた。

これが水産物輸出の契機となって出入の平衡を保った。當時長崎には長崎會所ありて代替物輸出を取締っていたが、長崎俵物會所をおくに及び同所が専らこの事務を管理した。

かような事情であるから、兩國貿易の消長は主として採銅の増減と比例し、例えば唐船何艘銅何貫目といって、船數と各船の搭載量を決定する權は幕府にあって、しかも代替物は採銅の不足分を補う必要品であるから、幕府は代替物たる水産物の増收を極力奨勵した。その方策として特定水産物の買入代金前貸制を採用し、その資金を各會所に下付し明和年間には貸銀高千八百貫に達したが、實際荷物の蒐集は豫期に反し、この制度の維持も困難になってきた。そこで俵物會所を廢し俵物役所をおき、幕府自ら産物の買入れをなすことに改め純然たる水産貿易の幕府官營を始めたのである。しかし、その實體が資金前貸による問屋制企業體であることは前の制度と變りはない。

ところで特定の水産物たる俵物とは初め煎海鼠(イリコ)、干鮑の二品であったが、明和元年に鱶鰭(フカヒレ)を加え俵物三品となったが、なおこのほかに諸色として昆布、鯣、チギレ煎海鼠、チギレ蟲入干鮑、フジ海鼠、干蝦、乾瀬貝、淡菜、寒天、刻昆布などがあった。本道産としては煎海鼠、干鮑最も古くかつ有名である。昆布は延寶年中に、刻昆布は文化年中に試賣し鯣は最も遲く安政年中より輸出し、その他は安政以後と見てよかろう。

貿易の手順は各品に豫定買上價格たる定直段があって、産地の漁業者に請負高の定めあり、箱館奉行所、長崎俵物役所の協議により、この二者を確定する。つぎに唐船渡直段があって例えば煎海鼠一番一斤九分、十番一斤四匁六厘という類である。

また直增というのがある。これは貿易漸く盛となっても請負高これに伴わず却って減退する。これは漁業者において需用の增大と從って價格の高騰を豫知し、奉行所に對しては漁獲の減少を上申し、その實さかんに漁獲して拔荷、密賣をなすもの逐年增加の傾向が著しくなった。そこで俵物方も定直段に一割乃至二割增となり萬延年中には五割の直增をなすに至った。しかし、ここで考えなくてならぬことは萬延年代になると、安政以前に比較するとその産出額は殆ど半分に減少したという。昆布は初め一兩に付二十七貫目替であったが、二十四貫目替となり、請負人も俵物方も實際に現品の減少を了解し共に直增を奉行所に上申するに至った。かくて最後は多額の買上(出荷)を願い出る者には買上の直增以外に賞與金さえ下付するまでに收獲を奬勵した。

かように增收のため奬勵すればする程、なお一層の直增を歎願し、密賣いよいよ盛となり請負高は減少する一方である。甚だしきは開港以來外商は來箱して漁業者と直接の取引をなすものさえ出てきた。奉行所は令してこれを禁止しても外商を取締ることかたく、一方長崎は依然として唐船との契約價格ありて急に變更することはむつかしく（勿論、多少の上騰はしたが）幕府は年々損失を免れない狀況である。そこで萬延元年十一月堀織部正（ホリオリベノカミ）外四奉行の建議の要は、これまでの買上法は今日開港後に適用すべきではない、今後は直段を增加し長崎俵物方に交付する一部を以て箱館在留外商に賣渡すべし、というのであったが論議のすえ慶應元年に從來の制を一變した。その告示文要旨は、近來俵物の產出減少するは漁民から定直段にて買上げるからである、自今は品位と時の相場に應じて買上げ、かつ商人相對賣買を許すべきにつき出產高の增加に務むべし、というのである。以後幕府の貿易方針は一變して北海道產物買上高と長崎市場の影響を考え、務めて品位を精撰し、箱館、松前にある貯藏倉庫の藏敷料（一九錢四文）を一定し、製品と荷造の檢査、船積の仕方及び定額運賃の定め等を指示した。さらにまた、買上げに當り一種の荷爲替をも採用したことなど注意すべきである。

最後にこれら外國貿易に從事する幕吏は奉行の下に御勘定方、御普請方ありて、その下に俵物受取方十餘人、差配人八九人これに隷屬し、年々箱館、松前に出張し製造から輸出までを指揮監督したという。なお幕末時代に附記すべきことは文久二年幕府の船、健順丸が和蘭領バタビヤに航せんとしたとき北海道水產物を搭載したが物議のすえ中止となり、元治元年上海に航したときは昆布、干鮑、煎海鼠等を積出し砂糖、綿、水銀等と交易し、その後も貿易の議があったが內外多端のため實行せられなかったが、當時として日本官船をして直接に海外市場に向わしめた如き、時代の轉換は特に注意に價する。

維新後になると明治五年正月長崎縣滿川新三とくに淸國貿易の必要を說き意見を開拓使に出した、その要旨に曰く、淸國との貿易品のうち蠶絲を除けば、海參（イリコ）、鮑、鯣魚（スルメ）、魚鰭、昆布、淡菜であって、かの國南海の產物だけでは全國に及ばず、概して日本より仰いでいる。ことに昆布は山東より北方に至る寒中の必需品で、これを食わなければ陽春瘧症を發するとして、舊幕時代には昆布を御物と唱え、松前その他の産地に座方をおき、長崎の俵物役所でこれを管理したが、維新後勝手に賣買を許したため自利のみに走り、中には資本缺乏して廉賣するものなどありて、全く商權を失うに至った。然るに開拓使は物産を增殖し商權の囘復を計るに至ったので、ここに會社設立の必要を述べる云々であった。本使またこの建議を採用し審議のうえ島田八郎左衞門外七名(内國移出の項參照)に北海道産物爲替ならびに諸品仕入方用達を命ぜられたが、本使に提出した用達申合條款草案の要旨は、

一、東京大阪函館各所に取扱所を拜借し三ヶ所開業の上は各港に扱所を設くべし
一、諸仕入品賣捌方とも悉皆會社の責任とす
一、爲替會社經費は都て社中の負擔とす
一、貸付方は確實の抵當品を取り後來の障害なきを要す
一、貸付方には假令借主より返濟方彼是難澁を申立るも都て社中に於て處辨し使廳に關係せざるべし
一、東京に於て諸品出入御用の節は其都度手數料として金高の三分下付を請ふべし(但書略)
一、荷物爲替貸付金取扱は遠近の都合に依り取計ふべし
一、物産は使廳用品賣下命ぜらるゝ時は手數料として金高三分を請ふも代金上納は自然貸賣のみなれば時宜に依り期限を申立べし
一、荷物引當金並諸仕入品は都て社中へ引受け貸付取扱ふを以て元金拜借を請ふべし(但書略)
一、拜借金出納は其都度出納帳を以て各扱人調印し使員の檢印を受くべし
一、函館其他漸次商店を開き荷物囘漕の便を圖るべし
一、經費多端に付金五萬兩無利息十ヶ年賦拜借を請ふべし

以上の條件で開拓使これを許可し適當の手數料を下付する旨の指令があった。

かくて二月本道產昆布、煎海鼠、干鮑その他の產物を淸國上海に回漕し、その地より天津各地へ轉送販賣するに至ったが、開拓使は特に委員を上海に派遣し、その地の商況を調査せしむると同時に、前出の滿川新三を本道物產の上海、香港、天津諸港における回漕事情その他の商況取調べのため派遣した。

四月吉田健三は本道產物輸出に關する意見を本使に建言す。その要旨に、從來の方針では大阪、長崎、東京、橫濱等の商家の手を經て回漕する故に多くの手數と日數を要し、動もすれば越年するも上海に達せざるものあり、ために途中往々に腐敗し損失を免れない。それゆえ今後は諸商人函館に出店し產物の時價に對し七分を前貸し淸國直輸の方針を立て問屋口錢は五分とし、その餘は總て荷主に渡す、將來、海上保險の行われるようになれば金融の便、一層開け取引また盛となるべし云々。また明治六年一月開拓使用達木村萬平橫濱在留英一番館組合員等と協議し淸國貿易品回漕船保險及金融仕法書を開拓使に提出し、その採用を申請した。その要點は、從來の各港を經ての輸出を淸國直輸出の方法に改め汽船庚午丸を初めとし良船を撰び海上保險を附し、荷爲替金貸付取扱所を函館におき、橫濱、大阪に出張所を設け荷爲替を望む者には原價の五割乃至七割を貸與し利子一ヵ月百圓に付一圓とし問屋口錢は百圓に付五圓とし、その責任は英一番と木村萬平一切を負擔し、荷主もし上乘（ウワノリ）を乘り込ませんと欲する場合は斡旋の勞を辭せずというのである。かくて八月本使は木村萬平等に命じて淸國輸出物產取調を命じ、十月用達榎本六兵衞、木村萬平等十名結束して、北海道物產淸國輸出方法を協定し出願す。本使これを政府に稟申し實現するに至ったが、いまその條款の骨子を記すと、

第一　北海道產物淸國直輸は專ら國益を圖る旨趣を以て結社同盟し、追々上海へ開店既に該地出店の內國商と合議協力し貿易の道外交の誼に從て厚く注意し從來事業の盛大を圖る

第二　產物類淸國地方輸出の間、都合により長崎、橫濱、神戶へ藏置或は當分其地に於て賣却することあるも終には

北海道より直に淸國各港へ輸出の事に著目すべし
第三　稅納產物は其地の通價を以て賣下若し時宜により淸國直輸許可の時は手數料として賣込金高の五分を請ふべし
第四　諸商人貨物賣捌も手數料前の如し
第五　荷物爲替金は原價金高の七割まで貸渡利子一步の割を限りとし淸國各港囘船は内外に拘らず堅牢の船を撰むべし
第六　彼地より歸船に積取貨物は其機會を考へ買入遺算勿るべし
第七　彼我產物輸出入納稅は各港運上所規則を遵奉すべし
第八　貿易上條規細目は實地踏檢の上開申すべし
第九　稅品直輸賣買の外貿易上損益本使關係なし

かような經過をへて保任社を創立し總頭取以下は用達榎本六兵衛等その命を受けて開業の準備に從った。當時開拓使より政府に申稟し許可を得た難破保險法の要點は、北海道は航海とくに危險で、東京丸覆沒（三月二日尻岸內）後、人心ことに恐れを抱き私社を結んで運輸に從うものなく、從って官費を以て保護勸誘する外なかった。そこで北海丸の如き堅牢な船を選び、船長以下の船員も熟練の外國人を雇い東京大阪間の定期航路を開き、且つ海上保險のため本使は十萬圓の準備金を備え、荷爲替金等は用達に取扱わしめ、萬一の場合における荷主の損失を保證し、將來人心の靜まるを待って自費による獨立の結社たらしめ官費の保任を廢止すというのである。

かくて保任社は東京江戶橋詰に本社を設けたが、成立の事情及び構成の內容から見るとき、社の實態は明らかに半官半民の結社であって海上保險は國內に止まるも、本社創立の目標は淸國需用の主として北海道水產物直輸出にあったことは前文した通りである。六年一月黑田開拓次官は保任社總頭取榎本六兵衛に本社創立の趣旨を說明し、左の創立規約書を決定した。

今般政府の允裁を得て保任社を創立し海路の危險を保し貨物運輸を便にし人をして危疑の意勿らしむ。夫れ人民の信用を得るや基本金を保全し積金を增加し準備の本を固ふするに在り。素より官庫を富し蓄積を圖る爲に非れは寧ろ目前の益なきも巧利に趨り前途の業を害する勿れ。人々厚く此意を躰認し各其力を竭し始終怠らす、人民の信を失はすんは百貨流通旅行安全窮海僻遠の地も永く其資助に賴らん。然る時は獨り社中の榮のみならず實に國家の幸ならん。

本社創立規約は二十二條から成り準備金は官金十萬圓を基礎とし社の積金、荷爲替等の利息を合せ八ヵ年間に凡そ二十五萬七千六百五十九圓餘を豫算して將來の大成を期し、五月函館、大阪等に取扱所を設くると共に上海に出張店を設け開通洋行と稱した。しかし如何なる事情ありてか僅に一年七ヵ月を以て本社は廢止された。

その後外國貿易については內務省、開拓使しばしば審議をかさね、九年十月本使と勸商局と打合せのすえ笠野熊吉（間もなく死亡のため笠野吉次郎代る）を社長とする廣業商會を設立せしめ清國貿易に當らしめた。同社は十一年支店を香港に設け斯業のため活躍したが、設立後九年間存續し十八年に閉鎖された。しかし二十二年田中平八、北村英一郎、下村廣畝、鹿島萬兵衛の諸氏發起人となり資本金五十萬圓の日本昆布會社（後年日本昆布株式會社）が五月に創立され本社を函館に出張所を東京坂本町におき清國貿易に新發足をなすに至った。

この間における本道水產物の淸國輸出に關する問題ならびに開拓使、三縣分立、北海道廳（現代まで）三時代に亙る本道水產政策の根本及びその批判については旣に拙著「支那輸出日本昆布業資本主義史（慶應義塾經濟史學會紀要第二冊）」第二編、第三編に詳述したからここでは省略する。

北海道漁業の種類は舊幕時代より多種多様であって、内地で行われている種類の外に本道で特に重要の漁業としてはいうまでもなく、鰊、鮭、鱒、鱈漁等のいわゆる北方漁業であるが、中でも鰊漁業は本道漁業中の最も主要な産業であって、斯業の盛衰とその變遷を知ることは、やがて本道水産業の總括的大勢を知る上の重要な指標ともなり得るものと考えられるから、斯業に關する生産機構ならびにその推移過程を幕末から明治の兩期に亙り具體的に述べて、前項に記した漁業制度と鰊漁業の現實との交渉を見ようとするのが、この項の目的である。

鰊漁業

北海道鰊は二大別して一は産卵のため群來（方言クキル）する冬鰊、春鰊と一は食餌を索めて群來する兒鰊（コニシン）（小鰮を含む）であるが、前者は主として西地、後者は東地を主たる地域とする。

冬春鰊は土用前に來るものを走鰊、八十八夜前に來るものを中鰊、最後に來るものを後鰊といったが、明治以後になると殆どこの區別がなくなると同時に總漁獲高もズット減少してきた。

文化九年東蝦夷地を直轄した當時の奉行所調査によると、鰊出石高凡そ二萬石とあり安政四年東地請負人の申立高によると、六千八十三石とあって前者の約三分の一に當る。その他の舊記によるも、多きは二萬五、六千石、少きは七、八千石である。西蝦夷地も天保年間松前城下及び西蝦夷地鰊出石十萬六千七百五十石（松前秘説）、また安政元年箱館奉行所調査では西地十二萬石餘とある。嘉永元年より五年までの西蝦夷地ヲタスツよりアツタ鯡出石高は、

申年より子年まで五ヵ年間平均

鯡惣石高　十二萬二千四百五十七石五斗九升

此代價　三十六萬七千三百七十二兩三分ト永四十九文三分、但し場所相場百石金三百兩積

（内譯略）

また北蝦夷地(樺太)産額は

北蝦夷　五千九百九十二石五斗三升四合五勺

以上五ヵ年平均調を以て見れば蝦夷地、北蝦夷地全産金額二十萬圓内外のようである。

維新後明治四年開拓使の調査によれば二十七萬七千五百八十四石代價百十萬七千五百九十八圓。明治八年調査では産額四十九萬二千九百九十七石、代價百九十四萬二千六百六十五圓。明治十三年調査では九十一萬千八百四十一石に達する大漁であったという。同十五年には九十八萬三千四百八十六石、十七年には九十五萬千七百二十七石。同二十年には六十六萬六千九十三石。同二十四年には未曾有の大漁で、百七萬六千百五十八石餘に達し十三年より二十二年まで十ヵ年平均八十七萬餘石代價四百二十三萬圓餘。同十七年より二十六年まで十ヵ年平均八十八萬餘石代價四百四十二萬餘圓。これを水産物總額に比すれば十ヵ年平均において三分の二强に當り、漁場別に見れば八分强は西地春鰊である。

いまこれを漁民各自の収得について示せば二十二年統計によると、

普通建網一統收獲高

地名	收獲高	漁夫數	漁夫一人高
爾志	二五〇石	一八人	一四石
瀬棚	二五〇	二〇	一二
壽都	二七〇	二〇	一三
磯谷	三〇〇	二〇	一五
岩内	三〇〇	二〇	一五
美國	四〇〇	二〇	二〇
余市	三〇〇	一六	一八

忍路	三五〇	一八	一九
厚田	三五〇	二二	一五
増毛	二五〇	一八	一四
留萌	六五〇	三四	一九

普通差網一戸収獲高

地名	収獲高	漁夫數	漁夫一人高
江差	一〇石	二人	五石
熊石	一四	二	七
壽都	四〇	四	一〇
磯谷	七〇	五	一四
岩内	六八	五	一四
余市	三〇	二	一五
小樽	三五	三	一一
厚田	三五	二	一七
増毛	五〇	五	一〇

十ヵ年（自十七年至二十六年）平均収獲高

年次	収獲高	概價
明治十七年	九五一、七二七石	三、五四二、二六二圓
同　十八年	八六六、二七一	二、八四八、八二〇
同　十九年	九〇〇、〇二八	三、〇四九、四五二

同　二十年	六六六、〇九三	三、三〇六、二五一
同　二十一年	九〇二、八〇八	四、二四三、五〇六
同　二十二年	八五二、六六四	四、六〇五、九七四
同　二十三年	九四七、六三八	五、七七一、三八五
同　二十四年	一、〇七六、一五八	六、〇七四、二三〇
同　二十五年	七九四、九〇一	四、九一二、九六九
同　二十六年	八八四、四六八	五、六一八、四五八

しかし、これを幕末期の嘉永年間に比較すると漁場別に見て例えば磯谷は四倍、岩內、古宇は三倍增となり、その他も二、三倍の增收を見ないところはない。しかしこれは維新後の漁民の增加と漁撈法の發達した結果であって、果してそれが健全な漁業生產力の增進によるものか否か可なりの疑問をもつのみでなく或は漁民數增加の割合から考えると却って反對の結果になっている地方もないではないようである。

漁船漁具について記すと、いうまでもなく漁場の自然的條件により一概にいうことは出來ないが、先ず次の順で記述する。

南海岸では建網、差網を併用し漁船は胴海(ドウカイ)（西海岸の保津船）持符(モチプ)磯船である。建網とは角網の一種で、西地のそれと可なり違っている。袋は落し袋または釣袋（俗にワク）の二種である。以前は西地と同様に行成網（俗にエキナリ）であったが後に角網に改良した。胴海（四枚敷）は網の起し船で、持符は神威船（元船）または通船に用い、西地に比し總ての生產用具はるかに小である。

西海岸は松山、檜山、爾志三郡、久遠より增毛まで、增毛以北の三區に分ける。第一區は本道鰊漁業の起源地でしかも差網漁により開發され、いま（明治年代）なお差網漁は盛で全道差網の六分はこの三郡が占める。網目一寸五分乃至二寸一分にて大さ幅三十九目長さ五尋、五把を一放とする。網絲は越後產五割掛の細絲を用いる。船は磯船及び保津を用い、漁夫は三、四人乗を普通とする。爾志郡は建網漁の盛なところ、網は小舌二十反乃至二十四反、船は三半、保津である。第二區は後志國及び増毛までにて本道鰊漁業の最盛地區である。網は建網、差網であるが差網漁は第一區ほど盛でない。建網は最も重要な漁具で全道建網の過半數を占める。島牧、壽都の網は最も大で、枠船（釣袋を附けたもの）起し船それに應じて大きい。第三區の漁業は發達前者に及ばない。船は沿岸に暗礁が多いから艜船を用いる。

北海岸の漁具は全く西海岸と違い差網を用いず、枝幸北東では角網と建網を用い、宗谷では建網のみを用いる。構造は増毛地方と同じである。運送船は海浅く潮も靜かであるから艜を用いる。枝幸の建網、角網は構造南海岸と同じである。船も三半、保津を用い、紋別、網走地方では北海岸で初めて角網を用いた地方であることから最も多くこれを使用し殆ど建網を用いない。船は長老（保津の一種）及び圖會（三半の一種）を用いる。

東海岸は開拓使時代に差網を禁じた地方であって、いまなおこれを使用しない。主として建網、角網であるが、なおこの地區で注目すべき網に、沿岸地勢の關係から引網（地曳網）を用いている。野付郡の引網は長さ二百四、五十尋嚢は十二尋切十二反乃至十四反合せとし一統に五乃至七を具う。釧路國では各郡共に引網のみを用い大なるものは長さ三百尋乃至四百五十尋である。網目の小なる理由は皃鰊、コマイ等を漁するからである。

製　造

鰊産額一ヵ年四百萬圓内外とすれば生魚販賣が約六、七千石でその他は總て製品とする。大部分は肥料であって、重なるものは胴鰊、二ツ割、白子、絞粕、鰊鯑粕で、このほか脊割、早割（以上二ツ割）、笹目、メ、カ、ボタなど共に副産物である。食用品としては身缺鰊、鰊鯑を主とし鹽漬、糟漬、丸干などあるも多くは自家用にする。鰊油は粗製のまま輸出していた。明治二十六年製産高を示すと、

品目		產出高	價格
肥料	絞粕	六〇四、一三四石	三、七三六、〇七一圓
	鰊鯑粕	七、八二二	三七、一九九
	白子	一七、七九〇	一二二、七四七
	笹目	二一、四五四	一二二、六七四
	其他	一一、八八〇	六一、六五六
食料	身缺鰊	六七、七七八	五一〇、五五二
	鰊鯑	二五、二〇四	一八一、七六一
工業用鰊油		一〇、五一四	四五、四一一

これら商品の起原は不明であるが、一般に肥料品として製造されるに至ったのは可なり近代になってからで、ことに絞粕製造の如き天保以前には僅かに下場所（國後根室地方）、北蝦夷地（樺太）、奥地（濱益以北）に止まり、中場所及び近場所では却って肥料の製造を禁止していた。

從って絞粕製造の一般化は安政以後と見るのがよいようである。かくて舊松前藩の直轄地であった爾志郡以南の如きは慶應前後に至って絞粕を製造した。かような事情であるから初めは主として食料品の目的で漁獲されていたのが近代的な農業立國の要請と共に肥料生產に主力をおくに至ったものと考えられるが、それは同時に建網、角網、乃至地曳網の如き大量漁獲の技術的進步の結果としてその原料を比較的短期間に處理する方法として肥料絞粕製造が最も適當な處理法であったからであろう。（この點再出す）かように推考してくると、絞粕の製造が建網の發達と表裏して、先ず建網の本場である奥地から發達し漸次に後志渡島に及ぼしたのみでなく、全道中最も優良な絞粕の生產地が後志國以北ことに天鹽、北見、根室、釧路であり、中にも厚岸產兒鰊粕は市場において最も聲價あることも、或る程度かような沿革上の事情もあることと思われる。尤も通例鰊粕の上品は根室粕でありとし、その理由として海産干場が優良濱であることと、絞粕製造に專念するからだといわれているのは當然であろう。

身缺鰊は西地の特産で中でも松前より小樽間を名産地とする。これは走鰊場で漁期も早く新鮮な原料を寒氣に處理し、魚體も充分に肥えて、まだ産卵前のものが多い事情もあろうが、それが厚田以北になると暖氣も增し放卵後のものが多くなり、主として絞粕製造に主力をおくことになるのも理由の一つであろう。

かように地勢と魚群廻游の遲速により、絞粕製造は建網の發達と表裏の關係があるように身缺鰊製造と差網の發達にも同樣の關係があるように考えられる。それはいうまでもなく差網の本場である第一區から第二區の小樽方面へ發展してきたのである。かくて小樽高島地方は品質良好の身缺鰊を産出すると同時に副産物である優良な鰊鯑の産出となったものであろう。

一、販　賣

鰊絞粕の販賣は舊幕期には前文したように松前藩において海關取締方があって取締り主として薄弱な日本船による大坂以西への販路に過ぎなかったが、幕末ことに文政、安政年代になると可なり廣くなってきた。

絞粕	江戸、大坂、四國、下ノ關、秋田、酒田、庄内
身缺鰊	江戸、大坂、敦賀、越後、新潟、秋田、庄内
胴鰊	大坂、下ノ關、敦賀、加賀、越中
鰊鯑	江戸、大坂、下ノ關、越後、酒田
白子	大坂、下ノ關、敦賀
笹目	越中、佐渡

これら仕向地から更に各需要地に分送するのであるから既に東北各地は素より四國、九州まで送られていたものと思われる。

文久三年箱館問屋の書上には、

問屋商標	粒（ツブ）鰊	生鰊	絞粕
圤	二六九丸	—	九三、三三〇石
〇̅	一、二五八石	—	一二、七六八
丅̣	—	—	一、四一九
××	—	一四〇丸	七、七三五
仌	—	—	六、七六八
㊉	—	六〇〇丸	二、四五五
不詳	二五三石	六八一丸	二三、六二四

この外松前、江差からの輸送を加えると恐らく二、三十萬石以上に上るならんという。

いま明治十二年以降二十一年までの各種鰊類の輸送數量を示すと次表の通りである。

年次	數量
明治十二年	六〇〇、〇六一石
同　十三年	六〇五、八六六
同　十四年	六三五、二七四
同　十五年	七五七、二四七
同　十六年	六一八、七二八

年次	數量
同　十七年	一、〇四二、五七〇石
同　十八年	一、一〇八、〇五八
同　十九年	九一二、六六二
同　二十年	五八一、三五七
同　二十一年	一、〇〇五、八〇五

つぎに明治二十一年北海道廳が各府縣より蒐集した販路別數量を示すと、

鰊粕

府縣	數量	府縣	數量
大阪	一三四、六一二石	富山	二、九五〇
兵庫	一七九、二三五	島根	一、九四一
新潟	七、五三七	岡山	三八、四三六
千葉	四、八〇二	廣島	四九、一五〇
奈良	八、二一九	山口	一四、三七七
三重	五三、一六一	和歌山	五、七五九
愛知	一〇五、〇四四	徳島	八四、八九七
静岡	八、六八〇	香川	二、九八一
滋賀	七七八	愛媛	一二八
岐阜	三、七五〇	福岡	五、一四八
長野	一、三四〇	大分	一、三〇七
山形	三〇〇	佐賀	四二
宮城	五、〇〇〇	宮崎	一五二
福井	二二、九〇八	鹿兒島	三二八
石川	一、四〇七	合計	七四四、三六九
合計代價	六、〇〇九、三九〇圓		

胴鰊

府縣	數量	府縣	數量
大阪	一九、八〇〇	秋田	九九
兵庫	六一、五二五	福井	二七、八三〇
新潟	五、六三二	石川	一七、〇七二
奈良	一七九	富山	一〇四、五六六
三重	四、四二二	島根	一、二二五
愛知	一、〇八八	岡山	二五、〇五〇
滋賀	一三、六三九	廣島	二四、二三八
	五、八四六（箇）	山口	九、三四一
岐阜	五三〇	和歌山	一、五八〇
長野	七六三		

山形	一九	合計	三一八、五九八 五、八四六（箇）

合計代價　二、三六九、三九八圓

白子

大阪	三、八四一	廣島	一、三七五
新潟	一五六	山口	三〇〇
奈良	二六八	島根	一四、五二〇
滋賀	九、四二二 三五六（箇）	岡山	九〇九
岐阜		大分	二二
長野		佐賀	一四四
福井		合計	五五、四八五 三五六（箇）

合計代價　三一二、〇七三圓

笹目

大阪	一六三	石川	二、五二七
新潟	二、四五〇	富山	五九、六二四
奈良	一八	島根	五〇一
愛知	九五四	岡山	一、一三〇
靜岡	一五〇	廣島	九、四九一
長野	六三八	山口	一、三二〇
山形	一、二七五	愛媛	五八
福井	三、八〇〇	大分	一〇四
		合計	八四、二〇三

合計代價　六一一、八三八圓

二割鰊

新潟	三五一	秋田	一四五
奈良	八一	石川	一五〇
岐阜	五〇	島根	一一
長野	五七二	大分	三
		合計	一、四六三

合計代價　二七、九三七圓

鰊鯑粕

奈良	一、二五〇	岡山	一、三八五
三重	二、六二五	廣島	二、七七五
愛知	二、九八七	山口	四五〇
福井	二五〇	大分	五
島根	五六九	合計	一二、二九六

合計代價　九〇、四九八圓

總計　數量　一、二一六、四八二石
　　　代價　九、四二一、二五五圓

備考　この府縣輸入高を北海道輸出高及び出産高と比すれば大なる増加となるも、これはその府縣よりの現輸出高を集めたものなれば、甲縣の輸入品中には再び乙縣へ輸出し乙縣はこれを輸入として報告したものもあって重複したものもあったと考えるから、この點をお斷りしておく。

つぎに水産物價格のことであるが、往時アイヌ人を相手に彼等の需用する酒、煙草などの日用品と、その漁獲物と現物交易をなした時代は暫らくおき、請負制時代に入ると漁獲物賣買上の直立方法も漸く定まってきたことは前文した通りであるが、文化年代の「御用留」または「北海道志」などからこれを見ると明和安永ごろは鰊十八束（一束＝二貫目）丁銀六百匁（金壹兩は錢四貫文）換えであり、天明寛政ごろは二束を以て六百に換えであった。いま左に幕末から明治初年にかけて、重要水産物價格を産地別に抜萃すると、

	品目	産地	價格
文政四年	身欠鰊	美國、積丹、古平	金百十兩（百石）
	鰊鯑	古平積丹	金百二十兩（同上）
	胴鰊	同上	金六十五兩（同上）

	絞粕	同上	金百兩（同上）
	白子	同上	金九十兩
	笹目	同上	金二朱ト千五百文（廿貫目）
天保四年	身缺鰊	小樽	金百六十兩（百石）
	胴鰊	同上	金六十兩ゟ八十一兩（同上）
	絞粕	同上	金九十兩ゟ百十一兩（同上）
（弘化、嘉永略）			
安政元年	胴鰊	古平	錢五十文（一束二貫目）
	絞粕	同上	金百六十兩（百石）
慶應三年	身缺鰊	小樽	金四百五十兩（同上）
	胴鰊	同上	金三百二十兩（同上）
	絞粕	同上	金四百兩（同上）
明治元年	絞粕	美國	金八十兩ゟ九十兩（同上）
	胴鰊	積丹	金六十七兩（同上）
明治二年	絞粕	高島	金三百兩（同上）

○明治十年、十五年、二十一年函館平均相場

年度	絞粕	胴鰊	鰊鯑	白子	笹目（以上百石）	身缺鰊（十貫目）
明治十年	八三八圓	二三九圓	五八七圓	五一八圓	一七一圓	一、〇六八圓

十五年	六四〇	四五〇	一、〇四六	七五九	三九三	二、三〇〇
二十一年	六一一	四一七	七四七	四五四	—	一、四八〇

備考　絞粕根室産、胴鰊江差産、鰊鯑、白子小樽産

○明治二十二年以降二十六年迄小樽根室函館相場

絞粕（中等品十貫目卸平均相場）

		二十二年	二十三年	二十四年	二十五年	二十六年
函館	平均	一、七三二圓	一、六〇〇	一、七二二	一、六五〇	一、九四四
	最高	二、四〇〇	一、六五〇	一、六一三	一、六五〇	二、〇六〇
	最低	一、四五七	一、五五〇	一、七〇六	一、八六六	一、七六〇
小樽	平均	一、六〇八	一、四〇五	一、七〇六	一、八六六	一、八九四
	最高	一、七〇〇	一、四二五	一、八一〇	二、〇〇〇	二、一二五
	最低	一、五三〇	一、三七五	一、六〇〇	一、七〇〇	一、七五〇
根室	平均	一、五〇〇	一、四五五	一、六四五	一、七〇七	一、五三三
	最高	一、五〇〇	一、五〇〇	一、六七五	一、七五〇	一、七七五
	最低	一、五〇〇	一、三七五	一、五七五	一、六八五	一、四五〇

身欠鰊（中等品百石平均相場）

		二十二年	二十三年	二十四年	二十五年	二十六年
函館	平均	七八一圓	九四〇	八六二	九四八	九一〇
	最高	一、〇〇〇	一、〇八〇	九九〇	一、〇八三	一、一〇〇

	最低	五九〇	八三一	七二七	八〇〇	八〇〇
小樽	平均	八〇〇	九三五	七九五	九九一	八一九
	最高	八〇〇	一、〇五〇	九一二	九九五	九〇〇
	最低	八〇〇	八六〇	七三八	九八五	七四四

鰊鯑（中等品百石平均相場）

		二十二年	二十三年	二十四年	二十五年	二十六年
函館	平均	七八六圓	一、〇六五	九四〇	九〇五	一、〇三七
	最高	一、〇五〇	一、一五〇	一、〇〇〇	一、一六〇	一、二〇〇
	最低	六四七	八一〇	八八〇	七二〇	八〇〇
小樽	平均	七〇〇	八二九	七七六	八一七	七九三
	最高	七〇〇	一、〇五〇	八八〇	八七〇	九五〇
	最低	七〇〇	八六〇	六六〇	七六〇	七〇〇

いうまでもなく價格高低の基本條件が鰊漁の豐凶にあることは勿論であるが、直接には日々の相場の高低は主として當日の賣買取引上の諸狀況によって定まるものであることは他の商品と同樣である。しかし例年を通じ一般的には、五月上旬より六月初旬にかけ相場たち始め、それより漸次下押しとなり、いよいよ奧地肥料類の出廻りを見るようになるといよいよ低廉となり、各地の肥料、凡そ三分の二以上出おわると價格再び騰貴する。小樽市場では五月下旬、附近の錢函、祝津方面の絞粕はじめて市場に出で百石六百八十圓乃至七百二十圓で取引されれば六月下旬より七月にかけ、奧地、利尻、禮文、宗谷などの肥料類續々と小樽市場に集り或は直接に產地より內地に輸送せらるるに及びて再び下落し六百圓以內に低落するというような類である。或は近場所豐漁にて奧地の凶漁なる年は例年のような季節的高低を見な

いのを普通とする。

つぎに問屋口錢も時代により變遷を見たが安政年間に檜山奉行の達には、

粒鰊　四分口錢　賣物　貳分口錢　買物　二分半口錢

但し賣買共貳分であったのが、寶曆四年二分半と定められたとのこと。

元治元年問屋より產物會所へ届け出た、場所買付及び諸掛調のうち絞粕類について引用すると、

一絞粕類

御場所入御役錢代金貳分御間尺丈內貳割御用捨あり

御場所改宿吏用同問屋口錢代金貳分

但御番所御改高

右二口は請負人持

出帆御役錢代金貳分御間尺丈內貳割御用捨あり其時相場直段出帆問屋口錢

代金貳分但積入丈

問屋藏敷百石目に付四貫八百文

右三口買人持

近年絞粕、身缺鰊、胴鰊は函館百分の二分五厘、小樽三分、根室百分の二分五厘。しかし實際は双方の信用、その時の掛引などにより增減ありて前引の如きも大概をいうに過ぎない。

さて、これまで本道に來り肥料魚粕を取引する人々（仕入親方を除く）の信用程度を見ると一般に信用も厚くかつ取引高も多い者は主として加賀、能登、越中、大坂、敦賀方向の豪商乃至豪農であって長年に亙り函館、小樽の問屋仲買につき豫約

しおき、季節になると本人または番頭手代を派し價格を定めて買取るのである。この間に數十年來の商慣習ありて兩市場とも長年のお得意先である。派出された人々らは問屋を以て旅宿に宛て長きは五十日短きも三十日位滯在し豫定の絞粕數千石を買込み汽船を雇いて搭載し（往時は自己所有の日本形船により）直ちに本國に輸送する。賣買は明治初年ごろまでは多く現金取引であったが、その後金融の道ひらけ主として荷爲替を取組むようになった。しかし以前は途中でしばしば積換えをするとか、荷物を毀損して改裝するとか、或は中間で他物を混入して粗悪品にするとか等々の不正の行われる場合が少なくなかった。これらの事情のため、これまで或は大阪、尾ノ道、玉島等の中間市場で買入れた人々で、直接に本道市場から買入れるようになった場合も少なくない。

以上は前文した資力、信用ある需要者（商人農民）の場合であって、その他の多數は依然として舊來の手續により內地市場の問屋仲買人より買入れるのが普通である。

二、資　本

鰊漁業において自己資本を以て從事するものは極めて少なく、多くはその土地の豪商乃至問屋より融通を受けるから、利率は高く漁獲物は安値に引取られるを普通とする。そこで開拓使創置以後は專らこの點に着目し試に若干の地方に漁業資本を貸與しその效果をみたがそれだけでは一時の困難を救う程度に止まり、とうてい漁民の獨立の基礎を建て得るものではなかった。そこで明治十一年同使は漁業を振興し漁民の永久自立の基礎を强固ならしむる目的の下に新に漁業資本金貸與法を設け實行に移したが、十四年には現在貸與金額四十九萬圓餘に上り、十五年廢使置縣のとき、一おうとの金の處分法を立て、再び貸與し、明治二十二年（北海道廳設置十九年一月）その一部分を徵收し他は悉く棄捐に付した。（この問題次項詳說）

いま參考のため鰊建網漁と差網漁につき營業の一般を示すと、

○差網漁業　規模小にて一戸使用網數百放內外で漁夫も四、五人である。各地差網漁民の豫算では一人の漁夫に對する額約三十圓にて、使用網數普通に十放であるから、五十放に對し百五十圓を要する計算となる。しかし實際上は地方により多少の相違がある。

差網營業資本各地比較

江差	四五圓	余市	二〇〇圓
熊石	五〇	小樽	二五〇
壽都	一二〇	厚田	一八〇
磯谷	二〇〇	増毛	二八〇
岩内	二五〇		

岩内地方の內譯を示すと、

岩內地方差網營業資本內譯（漁夫五人）

一金十六圓	網修繕費
十一圓	漁船ノ費用
二圓七十九錢	納屋ノ費用
一圓三十一錢五厘	製造器具費
一圓二十五錢	簾五十枚
九十六錢	繩十二束
二圓八十錢	莚七束
五圓	薪五敷

百七十五圓	雇夫給料
三十六圓	米四石五斗
三圓	味噌二樽
一圓二十錢	鹽二俵
二圓八十錢	酒二斗
三圓	煙草
二圓十錢	草鞋三足
五圓	食器其他雜費
五圓	税金及收税所費
七十錢	組合入費

合計金二百七十四圓九十一錢五厘

以上は漁夫を雇う場合の計算であるから、自家勞働とすれば漁夫給料を全部省くから約三分の一を減ず。

松前地方自家營業資本內譯

一金五圓	網修繕費
五圓	船修繕費
一圓	製造器具費
八十錢	繩一丸
一圓六十錢	莚四束

三圓　薪一敷半
二十圓　米二石五斗（一石八圓）
二圓五十錢　味噌一樽
八十錢　鹽二俵
二圓　雜費
五圓　稅金及收稅所費
五十錢　組合入費
　合計金四十七圓二十錢

つぎに建網漁業の自家營業の實情を余市郡について記すと、

　余市地方建網一統營業資本內譯
一金二百三十八圓　白米二十八石（一石八圓五十錢）
五圓五十錢　味噌五樽（二斗入一樽一圓十錢）
八十九圓二十五錢　薪八十五敷（一敷一圓五錢）
百圓　網類修繕費
五十圓　船修繕費
三十圓　網碇修繕費
八十圓　繩莚費
百二十五圓　雜具修繕費及雜費

六十圓　　　　　　　　税金及組合諸費

五百四十一圓五十錢　漁夫十九人給料（一人平均二十八圓五十錢）

合計金千三百十九圓二十五錢

すなわちこの場合は自營業であるが、これに對して漁場及び資本を他借して營業するとき仕込營業といい、それだけ内容が違ってくる。この自營、仕込兩企業の比較を地域的に示すと、

建網一統營業資本比較

地方	自營	仕込
禰志	八〇〇圓	一、〇〇〇圓
瀬棚	一、一〇〇	一、五〇〇
壽都	一、二〇〇	一、四〇〇
磯谷	一、三〇〇	一、五〇〇
岩内	一、〇〇〇	一、二〇〇
美國	一、六〇〇	一、七二五
余市	一、二七〇	一、四二〇
忍路	一、二六〇	一、四四〇
厚田	一、七〇〇	一、九一〇
增毛	一、二〇〇	一、五〇〇
留萌	二、五〇〇	三、〇〇〇

仕込内譯の漁場借賃は各地不同にて一ヶ所最低五十圓最高三百圓位

つぎに鰊漁業資本の融通方法についてその要を記すと、自己資本、普通貸借、仕込（周年仕込 漁期仕込）、青田、收獲抵當、の五

種であるが、最も廣く一般に行われるものは仕込であって、これに次ぐものは自己資本である。數の上からいえば仕込とそれ以外の四種と相半するであろう。自己資本の多き地方は渡島國では爾志郡、後志國では壽都、歌棄、磯谷、古宇、美國、余市、忍路、高島諸郡、石狩國では厚田、濱益二郡、天鹽國では留萌郡であって、これら各郡の漁家數は他より比較的に少數だが、何れも大漁民であるから網數は割合に多い。普通貸借は各地ともに多少行われ、何程かの資産と信用ある漁民間においてであるから、その數は多くない。仕込によるものは渡島國檜山、爾志、後志、天鹽國各郡に亙り、その數も最も多い。青田は渡島國には見ないが、後志國奥尻島、久遠、太櫓、瀬棚、島牧、積丹、石狩國厚田、天鹽國燒尻、天賣兩島、北見國利尻、禮文兩島、宗谷、枝幸、根室國根室等である。最後の收獲抵當は僅かに函館、枝幸等の商人が僅かにこの方法により資本を融通する。

つぎに以上の資本を融通するものは、大別すると、有力漁業家、海産問屋乃至仕込親方、金融乃至庶業、內地の廻船乃至肥料商の凡そ四種となる。

第一は自ら漁業家であると同時に漁業資本を他に貸付くるもので、渡島國では松前、爾志二郡、後志國では壽都、歌棄、磯谷、古宇、美國、古平、余市、忍路、高島、天鹽國では濱益、增毛、留萌諸郡に多く、ただ松前郡の金主だけは他地方に對しても資本を融通するが、他は何れもその所在地に對してのみ融通するを普通とする。第二の金主は主に函館、江差、小樽等の海産問屋であって、その地方の漁業家に貸付けるが、函館商人は過去よりの沿革もあって厚岸、根室地方に出資するもの多く、江差商人は檜山、爾志、久遠、奥尻、太櫓、瀬棚の六郡、小樽商人は高島、小樽、厚田、宗谷、枝幸諸郡及び天鹽、北見の離島に向って融資するものが多い。第三の金主は福山、江差、小樽等にありて主にその地方の差網か小規模の建網に仕込するのであるが數は僅かである。第四の廻船乃至內地府縣の肥料商のうち、廻船は主として新潟、富山、石川縣地方の者に多く貸付先は島牧、壽都、積丹、余市、忍路、厚田、增毛、苫前、宗谷方面であってその額は餘り大ではない。また府縣肥料商は東京、大阪、名古屋、四日市等の肥料の主要輸入地の商人であるが、貸付先の區域は一定していない。

かように大部分は經營、資本、勞働の三者は分離して、それを合一して企業化する形態がいわゆる仕込經營であって、これに對し他方に自己資本及び勞働による獨立經營がある譯である。以上の二大經營の外にいわゆる歩方(ブカタ)經營がある。これは主として渡島、後志國瀬棚以南の差網、小形建網漁に行われる。それゆえ一般的にいえば、一、資本と勞働と協同して經營する歩方經營と、二、自ら資本の不足分を調達し自らの勞働による獨立經營と、三、勞働は自ら從事し資本は他に仰ぐ仕込經營との三者である。しかし最も多きは後の第二、第三である。

三、慣　行

ここに慣行というのは廣義に解して漁民及び漁夫の種類乃至階層から、その雇入れ方法、ならびに彼等の給料等に關する鰊漁業經營上の慣例慣行の類を一括し、斯業の實相を知るに便ならしめんとしたに過ぎない。

先ず漁民の種類からいうと、本道鰊漁業者を住所の上から常住者と入稼者とに分ける。入稼者とは他郡區または內地の他府縣より漁期のみに來道し漁業を營み、常住者とは字の如く漁場の所在地に定住するものである。そして二者中、本籍者最も多く、次は寄留者、次は入稼者の順序である。

つぎに鰊漁業經營者は二つの階層に分れ一は大漁業家にて俗に親方と稱し專ら斯業の經營を總括する。この種の大漁業家は建網及び曳網業者である。他の一は差網漁業者で、その中でも、イ、自ら勞働に從事すると共にその經營に從うものと、ロ、勞働は主として雇い漁夫に任せ、自らは專ら經營の面に當るものと二樣の形態があるが、これとても規模は建網漁に比し甚だ小さいから小漁民と稱し得べく、同樣に建網漁業者中でも、その規模と資本において決して一樣でなく、大なるは一經營者にして數十ヵ所の建網漁場を有し資本投額も數十萬圓に及ぶものより十數ヵ統乃至數ヵ統の建網漁を經營するもの、更にまた漁場及び資本を有せずして專ら他借經營によるものもある。但し總じていえば大漁業家とは建網業者中の若干であって、その他は中小漁業者と見てよかろう。

試に地域的に見ると、渡島國は小漁民多く內浦、函館地方は共同して建網一統を營むもの多く、松前、檜山郡地方は一人一統持ち多く、爾志郡では二、三統持ち、後志國久遠、瀨棚は概して一、二統持ちである。しかし元請負人であった人の十數統を經營するものもあるが、これは特例である。その他、島牧、壽都兩郡は二乃至四、五統持ち多く、歌棄、磯谷二郡になると一人三十餘統を持つ大漁業家もある。古宇は十統以上、積丹、小樽は二、三統を普通とし、忍路郡では一人にして四十餘統を持つ大漁業家がある。その他濱益、厚田二郡では十統以上を有するもの若干、その他、增毛、苫前は一、二統、天賣、燒尻二島では二十餘統を持つものもある。その他、宗谷、枝幸地方は二、三統、網走地方は元請負人の所有に屬するもの多く、根室地方は一統持ち多く、釧路は二、三統持ちと一統持ちと半ばしている。

これらは二十年前後當時の狀況で、その後可なりの異動があったと思われるが、三十年前後までは何十統持ちというは多くは元請負人であった者に多いようである。因に明治前期ごろまで本道鰊漁業に三井家の資本が直接間接に可なり投入せられていたことは注意すべきであろう。

差網漁業者にして盛に營業するものでも一戶百放內外を最多とし小なるは十放內外である。漁具は多く業者所有にて資本だけを他借するを普通とする。雇漁夫をなすと自己勞働によるとは地方的に異同がある。松前から島牧の間は概して自己勞働が多く、壽都、岩內、增毛方面は差網漁業の規模最も大で、古平、余市、小樽これに次ぎ、多くは一戶三、四人の漁夫を雇っているが、その他は概して共同漁業か自己勞働である。

つぎに漁夫について記すと、これにも建網と差網の二種がある。建網漁夫は主として渡島地方の雜漁民と南部、津輕、秋田地方の半農半漁民である。前者は鰊漁期の外は自村にありて雜漁に從事し二、三月ころに鰊漁大として雇われ、よく鰊漁に熟練しているから漁夫中の上位であるが、その數は少ない。然るに南部、津輕、秋田方面の漁夫は郷里にあって農漁その他の雜業に從事し漁期になって漁業勞働者として雇われるいわゆる出稼人にて、その數最も多く全道に亙って雇われる。つぎに差網漁夫はこれまた渡島地方の雜漁民と差網漁業者の所在地ならびにその地方の雜漁民にて、建網漁夫に比すれば遙かに少數かつ需要地域も狹い。

さて鰊漁業に從事する漁夫總數は何程であるか、二十五年統計によると、八萬三千七百九十四人にて、その中で內地府縣より雇入れるもの五萬九千四百七十人、北海道內よりするもの二萬四千三百二十四人とある。同年全道各種漁業に要した漁夫數十三萬六千百三十三人に對し十分の六强を占める。いま鰊漁夫の道內外別ならびに働き先を國別に示すと、

國名	管外	管內	計
石狩	二、二一七	一、六二八	三、八四五
後志	二七、六二九	一一、五四六	三九、一七五
渡島	二、七八一	四、六九五	七、四七六
膽振	二二	二八〇	三〇二
十勝	一六四	一〇八	二七二
釧路	一、四三七	五四九	一、九八六
根室	二、六二四	九〇四	三、五二八
千島	五七二	三〇	六〇二
北見	一一、九五七	二、二五一	一四、二〇八
天鹽	一〇、〇六七	二、三三三	一二、四〇〇
合計	五九、四七〇	二四、三二四	八三、七九四

つぎに漁夫の雇入方法について記すと、

一、年々雇付けの船頭に雇入を委嘱し同伴せしめる。

二、雇主が漁夫の郷里につき交渉して雇入れる。

三、函館、小樽その他の勞働者の集合地につき雇入れる。

四、漁場所在地において雇入れる。

の四通りであるが、良い漁夫を雇入れるのは一と二の方法で、三と四の方法では逃亡または違約者を出すこと屢〻である。根室地方では主に二の方法により鰊漁を終れば引續き昆布採集及び鮭漁に雇入れるを例とする。留萌地方では數人共同で汽船を借受け靑森縣方面に囘航して雇夫を搭載し漁場に直航せしむ。渡島、後志地方は多く三、四の方法により、壽都以北より積丹、厚田は二、三により、增毛以北は一、三を主とし、北見、釧路は二、三、四によるもの多しという。また漁夫の支給法も一定でなく一、二による場合は片路旅費支給と往復旅費支給の二樣あり、三、四による場合は片路旅費を與えて雇入れ、期間終了して給料支給のせつ、その內より前渡しの片路旅費を差引く。要は雇入方法の違いによって旅費支給の仕方も相違する。

つぎに漁夫給料につき階層別に地域的に記すと、

漁夫給料比較表

地名	船頭	下船頭	上雇	中雇	平雇
檜山	三〇圓	二五圓	二〇圓	一八圓	一五圓
久遠	五〇	三〇	二八	二五	二〇
島牧	五〇	三八	三五	三〇	二五
歌棄	五五	三五	三二	二八	二五
岩內	六〇	三七	三五	三〇	二七

美國	八〇	三〇	三〇	二八	二七
余市	七〇	三五	三〇	二七	二五
高島	五〇	三五	三〇	二八	二六
小樽	五〇	四〇	三〇	二五	二〇
厚田	八〇	三五	二八	二五	二〇
增毛	五〇	三五	二八	二〇	一七
留萌	六〇	四〇	三〇	二三	一八
利尻	六〇	三五	三〇	二五	二〇
宗谷	六〇	三五	三〇	二五	二〇
網走	二〇	一七	一五	一〇	八
根室	三〇	二〇	一八	一五	一二
厚岸	二五	二〇	二〇	一五	一三

但、網走根室地方は主として年給にて別に漁獲一割二分乃至二割の手當あり。

ところで、給料を渡す手續にも三通りの別があって、第一は皆金前渡し、第二は三分の二以上前渡し、第三は漁場までの實費を貸與するのである。第一は函館近在その他の信用ある漁民の雇入れに適用し、第二は靑森その他各府縣にて雇入れる場合に、第三は函館、小樽等の町場にて雇入れる場合に適用する。また特別の例に松前地方には漁業者自村の小漁民に對し周年米噌類を仕送り鰊漁期になると、彼等を引率して留萌地方に入稼し終漁のとき給料と周年の仕送りとを差引する。

元來、漁夫は給料のみでは、その額必しも多くはないが、給料以外に廣義の手當として九一、外九一、五分九一などの歩合を受くるのが普通である。なお外に漁獲百石に付若干の賞與を給する地方もあるが、これは一般的でなく、西海岸壽都以北に多く以南には殆どない。

明治二十年北水協會の調査によれば、

	鰊漁雇人員	給料	給料外所得
男	五六、七〇七人	一、二四四、八九三圓	一一五、四三五圓
女	二、六四一	一九、二五九	一、七九九
計	五九、三四八	一、二六四、一五二	一一七、二三四

この外に臨時雇（手間取という）がある。主として大漁のせつ俄かに近隣より雑業者、婦女子を晝夜の別なく出來高拂にて雇入れ、従って彼等の收得は割高である。多くは現銀でなく漁獲の生鰊を以て仕拂う。通常は男一人五畚乃至十畚（モッコ）（一畚百五十尾）、女一人二畚乃至五畚である。

四、沿革

北海道漁業の中心は鰊漁業であるから斯業の沿革は本道漁業史の骨子と見て差支なく、しかも鰊漁業發達史の重要な要素である海産干場、漁場請負、租税等に關する諸問題はすでに前項に述べたから、ここでは主として地域別に沿革その他の變遷を概括する。

松前氏以前の文安四年陸奥人馬之助は今の松前郡白符に來り鰊漁に從事し、慶長六年爾志郡突符村で鰊漁を始めたとのことであるが、本格的な斯業の發達は松前氏移住後とくに慶長以降のことであって、しかも當時はアイヌ人自らの生活のため漁撈に從事し、漁船、漁具も自己製作のもので、いわゆる自給自足の漁業であった。當時主たる漁具は笊形の網であるところから笊網（タモ）と稱した。その後、松前藩は漁場區域を定め家臣の采邑に充て、やがて漁場請負制が成立し、初めは主としてアイヌ土人を使役して漁獲に従事したが、その後次第に發達して各請負主は漁夫を内地から雇入れるようになって笊網を廢して差網に改め、漁船も新に三半船、保津船、磯舟を用いるに至って漁獲力も急に増大したが、文化年代の初期から建網を用うるようになって、その漁獲力は劃期的に増大した。序にいうが漁網のこの種の變遷過程は内地漁業においても全く同様である。

鰊漁業に關する保護取締のことは享保年代以後に創始されたものが多く、同四年松前藩は東西兩地に鰊その他の漁獲物現品税を課し、延享三年沿岸各地に定札五ヵ條を掲示した。

一、海上ひゞき候處にて鐵砲打申間敷候附野火付申間敷事
一、鰊網解放しに致間敷候並に「うけ」切申間敷候事
一、夜網揚申間敷候事
一、干置候網盗取申間敷候事
一、「なつぽ」並に「なや揚」の鰊盗取申間敷候事
　右之者相背に於ては急度可申付者也

その後、安政五年に收税事項を附加するなど頻りに收税に關する布令が出た。

明治維新後開拓使創置され本道開拓の基礎が一おう定められたことはとくに注意すべき問題であると思えるから、開拓使事業報告、ならびに北水協會その他の本道關係の雜誌報告書の類から各郡の鰊漁沿革を概括すると、

小樽郡　鰊漁に關し可なり古く慶長年代に福山の人八木氏この地に鰊漁を營み延寶年間菩提樹皮を以て網を編み木の輪に笊形に結びつけてこれを使用し寛政年中に始めて煮釜を使用し嘉永年代に袋網（落し袋）を使用した。建網を始めたのは安政年間で、吊枠網の使用は慶應年間だという。文政中に惠比須屋彌兵衞請負人となり天保年間には三萬七、八

千石を漁獲して絞粕に製し福山經由で內地に輸送した。安政以降は販路頗に擴まり絞粕は四國、九州に、身欠鰊は江戶、越後に仕向けた。收獲高は弘化、嘉永年代平均一ヵ年三萬五千石で、安政年代は輸出高四萬三千五百餘石に達したというから當時この地方は鰊漁の最も盛な地方であった。しかし維新後は增減平均せず明治二十一年三萬六千餘石が二十六年に一萬七千餘石となり、往時に比すれば漁獲大いに減少した。

高島、忍路二郡　高島は小樽につぎ鰊漁はやく開け文政中住吉屋助治請負人となり漁獲大いに增加し漁獲物は福山經由にて內地に輸送した。忍路は安政元年凡そ三千石、高島は五、六千石の間である。文政中に笊網を用い嘉永以後は建網を用いたが、明治後は收獲年に增加し、十一年高島收獲高二萬四千餘石、忍路二萬九千八百餘石を漁し、二十六年高島一萬三千六百餘石、忍路一萬七千七百餘石の收獲を見た。

余市、古平二郡　文化年間藤野喜兵衞請負人となり、漁獲漸く增加し、その後、上余市、下余市ともに竹屋長左衞門請負人となり漁業年毎に盛となり安政六年收獲總高凡そ一萬七千八百餘石、明治以降も次第に增加し、十一年二萬六千石、二十一年四萬餘石に達したが、二十六年には減少して二萬六千餘石となった。漁具は小樽と殆ど同樣である。古平は文政八年漁場請負人が定まってより美國、積丹と共に開け、安政中釣枠と名づけ建網場の海上に木枠を組み網袋を結び付け漁獲鰊を入れる一種の副漁具を採用した。差網は文政年間より多く用い漁夫一人四、五放を使用する。弘化中笊網を用い嘉永四年建網に變った。安政元年漁獲凡そ二萬五千石、明治十一年二萬三千石、二十六年これとほぼ同高である。

美國、積丹二郡　寶永中藩が漁場請負人を定めてより間もなく美國には文政四年澤田屋求兵衞請負人となり、積丹は同五年岩田屋金藏請負人となり漁獲漸く開け美國は鰊漁場八十ヵ所となった。嘉永四年南部の移民はじめて建網の袋網を使用す。この袋網に二種あって一つは落し袋一つは繰込袋という、共に五十目幅八枚長さ八尋乃至十尋で建網に附屬する。前者は漁獲魚を入れ沈めおき、後者は海岸の淺所に引き投ず、容量は約四十石にて建網一統につき三、四個を使用し漁夫十六、七人を要すと。

差網は古平に同じ、弘化中笊網を用い嘉永四年建網に變った。安政四年美國郡建網二十三統、差網三千八百五十放あった。安政元年美國一萬千石、積丹七千五百石、明治十一年美國一萬四千八百餘石、積丹一萬六千三百餘石、同二十六年美國、積丹各二萬石以上の收獲を見た。ここで注目すべきことは美國、積丹二郡は明治以降の小樽、高島などの如く甚だしき增減のなかった點である。

古宇郡　寶暦二年初めて田付新助請負人となり當時の漁獲高五、六百石に過ぎなかったが、文政六年福山の福島屋新右衞門代って請負人となる。そのころは漁民の移住者も增加し安政年代に入って漁獲大いに增加し商船の往來も繁くなり販路も漸く擴まり嘉永年間に始めて鰊詰袋を使用し建網一統に五袋乃至八袋を付し漁獲鰊の陸揚げを便にす。絞粕製造には、搾筒及び煮釜を用いるに至った。漁網は寶暦まで凡て差網であったが天保年間始めて起網を使用し笊形に似たるところから笊網と稱えた。嘉永初期に建網を使用するものもあって、同六年一萬三千石、明治十一年二萬三千石、同二十一年三萬五千餘石、二十六年三萬八千餘石を漁獲した。

岩內郡　享和年代すでに請負人ありて漁業も盛となり文政年代に加賀屋多左衞門に代ってより、漁獲次第に增加し文政以前は笊網、差網を專らとし嘉永五年建網を使用してより、絞粕を製造し安政元年に千七百石、運上屋取上高二千五百餘石、二八高二千八百餘石、濱中總積出高九千二百餘石となった。明治十一年出產高一萬六千餘石、同二十一年四萬七千餘石、同二十六年四萬三千餘石に達した。

壽都、島牧二郡　壽都は文政年間に柳屋新兵衞、島牧は同上新屋武八請負人であって漁獲高もそう多くなかったが、嘉永末年より建網を用い五千石內外の收獲があって、後に山崎屋新八代って請負人となったが漁獲はそう多くなかった。

しかし、明治以降は漸く增加して十一年一萬三千餘石、二十一年二萬七千餘石、二十六年は減少して一萬八千餘石となった。島牧は往時、漁獲多くあったが、安政三年より明治六年まで極めて少なかったが、その後增加し十一年八千四百餘石、二十一年四萬石に激增したが二十六年二萬四千石となった。漁具は壽都と同じである。

歌棄、磯谷二郡　往時は差網を用い文政以後は小樽、增毛方面の漁民の勸めにより笊網を用い弘化中より建網に改めたと。一說に二郡とも安政年代に始めて建網を使用したと。その後、請負人もしばしば代った。嘉永六年歌棄漁獲高千五百石、磯谷七千餘石。明治十年以後三、四年間は歌棄は每年二萬六七千石、二十一年以降三ヵ年平約一萬八千餘石、二十六年二萬石餘の漁獲あり、磯谷は十一年一萬七千餘石、二十六年二萬餘石を收獲した。

太櫓、瀨棚二郡　瀨棚は文政年間高田屋吉次郎請負人となり太櫓は阿部屋甚右衞門請負人であった。明治初年まで兩者とも漁獲は少なかったが、太櫓は明治十一年二千四百石、二十一年三千二百石その後增減一定せず、二十六年三千七百石、瀨棚は安政中僅かに四百石內外であつたが、明治十一年一萬四千石、二十六年一萬五千石の漁獲をした。

久遠郡　文久年間始めて建網を用い慶應年中漁獲大いに增加し請負人は文政年代より石橋屋松兵衞繼續し明治十一年二萬三千石の漁獲があった。

奧尻郡　漁具の沿革は久遠と同じ。文政年中河內屋小兵衞・佐野屋權治郎請負人となり明治二十一年六千六百石、二十六年三千餘石に過ぎない。

爾志郡　渡島國は松前藩直領であったから請負人をおかず、安政年中熊石村に建網を試み收獲が多かった。近隣の漁夫等これを以て鰊魚の減少を引起すものとし紛議が起ったが、漸くその利を悟り逐年建網を使用するもの增加し、明治十一年三萬千五百餘石、二十一年三萬三千六百餘石、二十六年四萬千餘石の收獲を見た。

檜山郡　沿岸諸村のうち伏木戸、田澤、泊、五勝手、上の國、木の子、石崎、汐吹、小砂子及び江差は漁業頗る盛んであったが、嘉永年中より年を逐うて衰え安政初年には一尾も漁し得ない程になったが、明治五年より魚群の回游やや復舊し明治二年より建網を始め、その後も年々增收し十一年二萬千餘石、二十一年二萬二千三百餘石、二十六年二萬五千餘石に達した。

松前郡　檜山郡に比し四、五割を減少す。明治十一年二萬石が十五年以來は大いに減少し、二十一年一萬三千餘石、二十六年僅かに九千二百餘石に達した。

上磯、龜田二郡及び函館　上磯等は建網を用い毎年十一、二月の交に鰊の鮮魚を函館、青森方面に輸出す。一般にこの地方の漁獲は決して多くなかったが、明治以降は年々減少し鰊漁場としての價値を失うに至った。

茅部郡　往昔は鰊收獲高二萬五千石内外であったが、明治十年より建網を用いて好成績を收めたという。

山越郡　文化九年由利屋與兵衛、荒屋新右衛門請負人となって收獲大に增加し天保年間千二、三百石に達したが、明治以降は大いに減少し二十六年の如きは百餘石に過ぎなかった。

蛇田、有珠二郡　二郡とも請負人の沿革は前者と同じであるが、虻田は和田屋茂兵衛、有珠は加賀屋宇兵衛であった。明治以降の收獲は殆どいうに足らない程度である。

石狩、厚田、濱益三郡　寶永年代に三郡とも請負人があった。文政年間石狩は阿部屋傳次郎、厚田は濱屋與三右衛門、濱益は伊達善五郎であった。明治初年厚田は一萬四千餘石、濱益は千五百石、外に石狩より出稼人收獲四百四十餘石であった。二十一年厚田二萬六千四百餘石、濱益二萬八千餘石、二十六年厚田、濱益二郡各二萬二千餘石であった。

增毛、留萌二郡　天明年間請負人始めて增毛以北に從事してより漁業大いに開け鰊漁は差網を以てする。文政中に增毛は伊達善五郎、留萌は栖原茂八請負人となった。弘化年中始めて建網を用い、嘉永安政になると各場所請負人は漁事を競い逐年漁獲の增收を計った。安政元年增毛鰊收獲高三千九百餘石、留萌二千五百餘石あった。明治以降いよいよ增加し十一年増毛二萬四千餘石、留萌二萬五千餘石、二十一年増毛三萬五千餘石、留萌五萬九千餘石、二十六年増毛四萬二千餘石、留萌六萬六千餘石にて石狩、後志、渡島三國中一郡もかような多獲の地方はなかった。

苫前郡　請負及び漁具の沿革は前者と同じで、文政中に苫前は栖原茂八請負人となり、漁業大いに發達し安政元年苫前は千二百石であったが、明治以降は大いに増加し十一年には一萬八千餘石、二十一年四萬三千餘石、二十六年七萬八千石に達し一郡の收獲を比較すると全道第二位であった。

利尻、禮文二郡　二郡は海中の二島であるから、請負人も二島一名にて請負った。天保年間始めて請負人あり文政中は惠比須屋源兵衛請負人となって漁獲大いに増加し、天保八年利尻島は千七百石、安政年間はさらに増加し兩島にて八、九千石の漁獲あり、明治以降も逐年盛況で、十一年利尻一萬二千石、禮文七千四百餘石、二十一年禮文三萬千餘石、利尻四萬九千餘石であって一郡の收獲を比較すれば全道第一である。

宗谷、枝幸二郡　請負沿革は前者と同じで、文政中宗谷は柏屋喜兵衛請負人となり安政年間には漁業も次第に盛になり、宗谷五百八十餘石、明治以降は著しく増加し、十一年には千三百餘石、二十一年九千五百餘石、二十六年宗谷二萬七千餘石、枝幸二萬餘石に達した。

紋別、常呂二郡　紋別郡は享和中引網を用い安政年代に建網を使用した。文政中柏屋喜兵衛請負人となり漁業漸く盛となり常呂は明治五年始めて建網を用う。明治十一年紋別二千五百餘石、常呂百餘石、二十六年紋別一萬四千七百餘石、常呂二百餘石に過ぎない。

網走、斜里二郡　寛政中引網を使用し文化年代建網を用う。逐年漁獲増加し、斜里は元松前藩直轄漁場であったが、文政中始めて柏屋喜兵衛を請負人とした。網走は慶應年中藤野喜兵衛請負人となり、明治十一年には二、三百石であったが逐年増加し、二十五年千八百餘石、二十六年千餘石、斜里は僅かに百餘石である。

根室、花咲二郡　根室は鰊漁はやく開け、文化九年請負人に材木屋七郎右衛門を定め、文政年間高田屋嘉兵衛に代り、後に藤野喜兵衛これに代り漁獲は逐年增加し、安永年間根室以下四ヵ村引網を使用し、文政年間建網を用い、前者は圖合船を後者は胴海船を用いた。しかしその頃より漁場變遷し漁獲も次第に減退した。明治三年より漁獲また增加し十年以來一萬石内外、二十一年二萬二千餘石、二十六年一萬八千四百餘石に達したが、花咲は殆ど衰滅した。

野付郡　寛政十一年始めて引網を用い文化年中建網にかえる。明治五年以來いよいよ盛になり十一年二百石であったが、逐年增加し二十六年七千五百石の收獲。

標津、目梨二郡　大なる魚群回游するも海底岩石多く高浪のため引網の使用も充分でない。漁者は增加したが、漁獲高は減少した。目梨は文化年中始めて引網を以て起業し、可なり有望であったがその後遂に廢業した。原因は潮流の急と海底に岩石多きとによる。

厚岸郡　霧多布の漁場を最も重要とす。安永年中始めて引網を用い、享和年中いよいよ盛大になった。嘉永年中に建網を試用し好結果を收めた。建網一統につき多きは千石の漁獲あり。明治二十一年全郡收獲九千二百餘石、二十六年三萬四千六百餘石、この地の請負人は文化年中米屋藤兵衛、その後しばしば請負人を代えた。

釧路、白糠二郡　文化年中、川内屋長三郎外一人釧路漁場請負人となって始めて建網を用い逐年盛大となった。後に釧路、仙鳳趾兩村は引網を使用し漁獲高ほぼ厚岸と同じであったが、その後減少し、明治十一年ころは收獲二百石に達せず、二十一年やや回復して絞粕千二百石、二十六年さらに增加して五千八百餘石に達した。白糠は文久元年始めて引網を使用し明治以後百石内外に留まる。

國後郡　安永年中引網を用い文化に建網を使用し漁獲やや增加した。當時の請負人は笹木屋藤五右衛門であった。天保年中の舊記によると千五、六百石の收獲を見たという。明治十一年絞粕千八百石、二十一年三千五百石、二十六年九千六百石の大漁があった。

擇捉外三郡　文化年間高田屋嘉兵衛により開島され後に建網を使用し漁獲大いに増加したが、その後魚群の回游少なく明治以後は二、三百石の收獲に留まった。

以上は北海道鰊漁業の沿革を地方別に大観したに過ぎないが、それらの記事だけから判定すると大要つぎの如き傾向を示しているものではあるまいか。摘要して將來の參考に供したい。

一、北海道鰊漁業が一つの産業として本格的に成立したのは松前藩時代以後のことで、しかも斯業が本道漁業の根幹をなすに至った原動力は、たとえその間に幾多の弊害と缺點を無視する譯にはいかないが、舊藩時代の漁場請負制と、明治維新後における北海道開拓使の採用したアメリカ式拓殖計畫であったことを見遁してはならない。

一、鰊漁業開發の年代は地區により一様でなく、同地域でも或る地區は早く他の地區はズット後年のこともあるが、恐らくこれは同一地區内でも、その自然的條件の相違とか、または經營者たる漁民側の人的事情に基く場合もあって、現に長く開發されずにあった場所が後に創業してみると既に開かれた場所よりも遙かに良い場所であったなど稀れな例ではなかった。

一、しかし本道鰊漁業の開發とその後の發展過程を全體の上から見ると年代的には徳川中期以後から着手され、幕末期とくに文化文政ごろから本格的な漁場開發が一様に進められてきたようである。これを地域的にいうと東海岸(東地)の開發は西海岸(西地)のそれよりも遙かに早期であったが、鰊漁業に限定すると西海岸の重要さは遙かに東海岸を凌ぎ、その後の發達も本道鰊漁場といえば松前、江差を中心とする西海岸いわゆる西地の漁場であった。さらに漁期の上からいうと、西地は春鰊場で主として産卵のため回游する大鰊(三、四年乃至五、六年のもの)であるが、東地は夏鰊場で索餌のために回集するいわゆる小(兒)鰊を主とし、これに多少の小鰯を混合する集團であるから、西地のように絞粕、その他の食用品を製造することなく主として絞粕専門の漁業であることを注意すべきであろう。

一、かような相違があるが特に鰊漁場として最も重要であり問題となるのは主として西地であるから、ここでも西地の春鰊漁を對象として概括する。

一、春鰊の回游は地域的に走、中、後の三場所に分ち、大體のところ松前、江差方面から積丹半島までを走り場所、積丹半島から後志、石狩灣までを中場所とし、石狩灣ことに留萌、増毛方面から天鹽、宗谷ならびに離島を後場所と漁期によって三分していたが、そのうち走り場所は二月末乃至三月上旬早々に回游する魚群で精子、魚卵ともに未熟であるが走り鰊であるだけに價格も高く鮮魚乃至粒鰊として東北方面に輸送またはこの地方より直航船を仕立て漁場につき買付ける。往昔交通の不便と海難の多かった時代には積丹半島が有名な危險海域であるから舊幕期の鰊漁場の經營もこの半島が一大難關であって、つまり走場所と中場所の區分は回游魚群そのものの生物學的成熟の相違以外に右に述べた經營上の難易もこれを境にして區分せられている。具體的にいうと、中場所の魚群は季節の進むに從い魚體も肥滿し精卵ともに成熟し、放卵、受精のための群來（クキル）の結果として大漁の節などは海水白濁し、浪によって打寄せられた放卵は海岸線に沿って長い堤を作ったとさえいわれていた。從って中場所では食用品としての身缺、數ノ子の製造から胴鰊、白子その他の肥料の製造に忙殺され、なお季節の進むに伴い氣溫が上るので、到底、上に記したような食用品と肥料品の兩生產は不可能となり、やがて絞粕一途の製造に沒頭するという狀態である。いうまでもないことであるが食用、肥料兩品の製造の方が肥料品としての絞粕一途の製造よりも原料品としての魚體一尾の利用價値は遙かに大であるが、從來の生產設備では已むを得ないのである。但しこの問題は單純にそれだけの見地からのみで云々すべくには問題は餘りに複雜であったことを著者自ら經驗したことを附記しておく。

つぎに後場所になると、群來の魚群は殆ど放卵後のものであると同時に氣溫も可なり上昇してくるから、漁獲物の全部を絞粕に製造するから、同じ百石でもその製品價値は中場所よりも小であるが、またそれだけに製造設備も簡單であるから全經營の上から見て何れが有利であるか一概にはいえない。

一、鰊漁業の漁具は走り場所は總じて差網を以て起り差網の本場であると同時に、その地帶が本道鰊漁業の最初の開發地域であったことは、甚だ興味ある問題であると思われる。元來この差網漁具は技術的に見ても最も簡單かつ資本も小額で着業し得られるだけに差網漁業は最も庶民的で、優に家內勞働によって經營し得られることは本道鰊漁業の沿革を考える上に興味ある問題である。ところが內地の商業資本家が請負制度の下に植民地的企業家として本道に企業するようになると、必然的に技術と資本を極度に活用して建網漁業經營の段階に發展するに至ってそこに庶民的差網漁業と衝突する一幕を演ずることとなったのであるが、漁業のかような發達過程―差網業者と建網漁業者の對立―はそのまま內地漁業にも當嵌まることであって、これを裏返せば畢竟するに資本對勞働の對立であることを知らねばならない。だが漁業そのものの發達からいえば前にも一言したように請負による內地の商業資本家とくにいわゆる江州商人乃至その系統をもつ商人資本家の活動と本道漁業の開發とは密接不可分の關係にあったことを看過してはならない。

一、最後に北海道鰊漁業の將來について私見の要點を述べてみる。（著者の大正元年から同七年まで北海道水產試驗場調查部在職中の調查に基く）近年本道鰊の回游狀況は走、中、後の回游亂れ、往昔の走場所ことにその中心とされた江差、松前地方は殆ど廢滅狀態となり僅かに岩內地方が可なり盛大であったが、これも昭和以降殆ど前者と同一運命に陷入ってきた。それでも中場所はさすがに盛で、ことに余市はその中心地であったが、ここも近年は以前の盛時を昔語りとするほどに衰頹した。そして現代においても多少ながら往昔の狀勢を持續しているのは僅かに後場所のみで、それも宗谷方面は早くから衰亡の一途を辿った。從って今は僅かに留萌、增毛方面から離島に多少の漁獲を見る程度である。少なくも幕末から明治大正年代の斯業に親しんだ著者にとりては、北海道の鰊漁業は全體としていえばすでにその最盛期を經て下降線上を彷徨しつつある段階だと考えている。明治末期ごろから鰊回游の全體觀として當時斯業のエキスパートは、近年鰊の回游狀況は全體として可なりの變化を來すと共に昔からの有名な漁業中心地が次第に北上し、今では以前の後場所がその中心地になった、といわれたが、このことはやがて本道鰊漁業の衰亡を意味するものだと考えられる。しかしこれを以て直ちに本道漁業全體の運命を決するものと即斷してはならない。なぜなれば海產水族の生存と人間の經濟的活動とはそれぞれの世界において偉大な調和と對立によって結び付けられた一全體としての有機的存在であろうから。

第二節　明治前期の北海道漁業とその推移

明治初期から中期前後にかけ官民の本道及び千島、樺太の調査に出かけるもの可なり多くなって、それぞれ貴重な著述乃至記錄を殘しているが、いまここで主として所依し引用せんとする文獻は明治九年「千島三郡取調書（開拓使出仕時任爲基 同中判官長谷部辰連）」、明治十七年「北海道巡回日記」、明治十八年「千島警備及び北海道開拓に關する金子堅太郎の七議案」、明治二十四年「（侍從片岡利和）一行　千島探檢實紀（多羅尾忠郎著）」の四著述である。そして前三者は「（明治初年）北海紀聞（清野謙次編）」に據った。この際あつく編者清野氏に謝意を表する。

ところでここでも、もう一度舊幕時代の場所請負制度に觸れねばならない。元來この制度の要點は初めは一定の運上金を松前藩に收め、その場所のアイヌ土人との物產の交易權を獨占させることであったが、後にその場所の土人を指揮し請負人自ら漁業を經營していたが、三轉して主として內地漁夫の雇入れ、いわゆる「二八取り」という內地人稼漁夫の自前漁業を許して、その漁獲物の一部を徴収したものである。然るに幕末から維新後にかけ內地人の移住者も激增してきたが、請負人等は從來より場所を支配し新來者の割込む餘地は殆どなかった。そこで明治二年九月これまでの場所請負制を廢止することになり、明治二年九月布達となったのであるが、これに驚いた西地請負人等は從來の營業繼續の連署訴願を提出し、その結果として同年十月二十九日布達を以て當分「漁場持」と改め舊場所のうち若干の場所を出願せしめて從來通りの漁業を繼承せしめた。しかし幌泉場所の杉浦嘉七、浦河、樣似場所の萬屋專右衞門、三石場所の小林重吉、河西、廣尾、當緣場所の杉浦嘉七は全くその場所を退去せしめられ、いわゆる「官捌」となして官廳が直接に場所支配をなし、漁場仕込、產物販賣、土人撫育を行うたから、舊幕期の「直捌」と同樣のものであった。また維新改革による當時の失職武士階層の救濟方策を兼ねた諸藩の分管地も、大體において上の方策と同樣のものであった。同年十一月開拓使が舊請負人に諭達（本文省略）を發したが、その目的とするところは、從來の獨占的請負制ならびに漁期中だけの入稼漁業を廢止し永續の漁村創設にあった。しかし長年に亙る經營慣行を簡單に打破することは甚だ困難であったのみでなく、地域によっては過去の請負制必しも惡くないとの見方もあったのである。例えば松浦判官の「官捌」贊成論に對し松本判官の反對論もあった。

かような時代であったから、本道經營に對する關心は、開拓使は無論のこと朝野の一大緊急事であった。前揭の四著述は當時の北海道を知る上に最も信賴すべき文獻であろう。

○明治九年 千島三郡取調書

千島國三郡取調書

但畫圖十四葉添

千島國着手見込書
海獺密獵取締見込書
右ハ折田幹事トモ協議之上進達仕候條御指令相伺候也

明治九年十一月　　五等出仕　時任為基
中判官　長谷部辰連

黑田長官殿

この調書から漁業上つぎの諸事實を知り得るが、ここでは要點のみを引用する。因に「此寫本は古く東京地學協會第十四年、第十五報告」に轉載せられたとの由である。

物產ハ山野ニ狐アリ、洋海ニ海獺(ラッコ)、膃肭(オットセイ)、海馬(トド)、海豹(アザラシ)等アリ。蓋シ海獺ハ南方ノ島嶼ニ多ク北方ニ至ルニ從テ漸ク寡シトス。故ニ占守郡第一島ニ至レバ絕テ其產アルコトナシ、尤モ魚介ノ如キハ紅鱒(ベニマス)、大口魚(タラ)、鯡(ニシン)白魚等アリ。然レドモ島人之ヲ製シテ他ニ輸出スルノ法ヲ知ラズ。（中略）故ニ卽今千島全州ノ景況ヲ概視スルニ、擇捉國後兩島ノ如キハ固ヨリ草木魚獸ニ富ミ得撫島ハ稍之ニ亞グト雖モ、其他ノ諸島ハ此兩島ニ比スレバ更ニ面目ヲ異ニスルモノニシテ殆ンド不毛ニ幾シ。

島民ハ二種アリ。一ハ「クリル」島固有ノ人種ニシテ、北海道土人種ト異ラザル如ク、尤モ言語物名等モ唯大同小異アルノミ。一ハ「アレウート」人種ニシテ往年魯國政府ノ茲ニ移住セシメタルモノナリ。此兩種ハ共ニ一島中ニ混居スルナク「アレウート」人ハ得撫郡第一島ト新知郡第一島トニ居シ「クリル」人ハ占守郡第一島ニ住ス。（占守郡第五島「ヲネコタン」及ビ第七島「シャスコタン」ニモ住スルコト客歳「クリル」島請取手續書（樺太千島交換手續書ならん―著者）中ニ見ユルト雖モ、本年巡回ノ際兩島ニ於テ居民ヲ探リ得ズ。是レ本年占守郡第一島ニ集會センガ爲ニ頃日既ニ居島ヲ發シタルナラン、過日占守郡第一島ニ於テ、該島酋長ノ語リシ所ト符合ス。詳細ハ占守第一島酋長談話ノ部ニ載ス。）蓋シ「アレウート」人ハ既ニ魯國ニ去ランコトヲ決セリト雖モ「クリル」人ハ未ダ去就ヲ決セズ。

居宇ハ兩族（アレウート人クリル人）都テ土室ニ穴居シ、業ハ單ニ獵獸ニノミ從事シテ未ダ農桑ノ事ヲ務ムルヲ知ラズ。其風俗ノ如キハ皆歐米ヲ模擬スト雖モ固ヨリ文字ナク（中略）然レドモ性質溫和ニシテ深ク宗教ヲ尊信シ、自ラ禮讓ヲ知ルモノ、如ク、且長者ヲ敬ヒ老幼ヲ慈シミ孤獨病者等ヲ相協力シテ救助スルノ美風アリ。

蓋シ此島民ハ從來魯國政府ノ給與ヲ仰ガズ、又收税スルコトナク、唯魯商「ヒリペウス」ノ扶助ヲ受ルノミ、其所以タルヤ「ヒリペウス」ナル者ハ曾テ魯國政府ト條約ヲ結ビ、一千八百六十二年以來東察加地方及ビ占守郡第一島、新知郡第一島、得撫郡第一島ニ出店シテ諸島ノ人民ヲ使役シ獵獸ニ從事セシメ其獵獲セシ毛皮海獺（オーネップ）狐ヲ買收シ、島民各自ノ需用品ヲ交附ス。然レドモ其間習弊亦尠ナカラズ、恰モ昔時（松前氏所轄スルノトキ）我北海道各地請負人ノ其土人ニ於ケルガ如シ。

○得撫郡　第一島ウルップ

（中略）

一、海草

黒菜

此質沃陳及曹達多少ヲ含有ス（中略）産生ノ景況ハ新知島ノ沿海ヨリモ減少ス。

眞珠菜

裙帶菜

鹿角菜
石花菜
食料トシテ尤モ美ナルコトハ衆人ノヨク知ル所ナリ、性分モ亦前ト同質云々。

一、魚類
紅鱒
（中略）

一、獸類
海獺
狐
海馬
海豹

一、村落　一村
小船港畔ニ在リ村傍一條ノ溪水環流シテ港中ニ注入ス。

一、村名　無之　英稱「ボート・ハーボア」又「タワノ」
右ハ港名ニシテ村名ハ無之趣酋長語レリ。

一、戸數　十一軒

一、人口　三十三人
酋長ノ姓名ペートル、ナイグニク。

一、人種　アレウート

黒髪黒瞳。

一、言語　アレウート固有ノ語

皆魯語ニ通ズ。

一、文學

稀ニ魯文ヲ綴ル者アリ。

一、職業

常ニ海獺及ビ其他ノ獸類ヲ獵獲シ毛皮ヲ魯商「ヒリペウス」ノ支店ニ蓄藏スル物品或ハ諸邦ヨリ此地ニ來ル所ノ船舶ニ附シ各自欲スル所ノ物品ト交換スルニ過ギズ。交易法ハ海獺皮上等一枚ノ價、魯商ハ四十弗、米人ハ三十弗ト定メ、其價ノ物品ヲ以テ之ニ與フト雖モ、其物品ノ數量ハ甚不相當ニシテ我拾圓内外ノ品ニ過ギズ、唯愚民ヲ欺クノミ云々。

一、風俗情態　洋風ニ倣フト雖モ陋習甚シキモノナリ

男ハ芟髮剃鬚スルモノアリ。又剃ラザルモノアリ。女ハ結髮スルモノアリ。又斷ズルモノアリ。老婆ハ頤下ニ刺靑スル者アリ云々。

都テ猛烈ナル酒ヲ嗜ム（ジン或ハブランデー）此島ニ在テ獵業ヲ爲スモ、唯一盃ノ酒ヲ傾ン事ヲ歡樂トナスノミナリト語リキ。

一、衣服　洋裝ヲ模擬ス

舶來製ノモノヲ着スルモノアリ、亦金巾ヲ以テ自カラ裁縫スルモノアリ、皆極メテ粗惡（中略）帽ハ其形狀諸種ナリ。沓（トルバサ）ハ都テ海豹皮ヲ以テ自カラ製スルモノニシテ、男女共ニ之ヲ穿ツ、其狀長沓ノ如ク膝下ニ紐ヲ以テ之ヲ

固結ス。女ハ衣裳及罩頭ノ巾多ク金巾ヲ用ユ。

一、飲食　麪包、魚獸等ノ肉類

麥粉ヲ以テ粗ナル麪包ヲ製シ粉盡レバ魚獸ノミヲ常食トス。亦之ヲ鹽肉、乾肉等ニシテ冬間ノ食ニ貯フ。

一、家屋　穴居

其結構ハ土中五六尺許ヲ穿チ、柱ハ流木ヲ用ヒ（稀ニハ伐出シタル雜木、荒木ノ儘用ユ）屋根ハ草葉ヲ以テ葺キ其上ニ土ヲ蔽ヒ平地ニ接續セシム。（中略）家内ハ土上ニ草ヲ敷キ中央ニ爐ヲ設ケ團欒之ヲ圍ミ、烹肉ヲ炙ル。屋隅棚ヲ架シ諸品ヲ列ス、其不潔名狀スベカラス、雨時ニハ臭氣最甚シ。

一、宗門　希臘教

老若男女ヲ問ハズ深ク宗門ヲ信仰ス。各戸室隅必棚ヲ架シ、神像ノ額ヲ安ズ。棚上二個ノ蠟燭ヲ供シ朝夕火ヲ點シテ拜スト。

一、儀式　魯國ノ制ニ倣フ

出生、死亡、婚姻等ノ禮式ハ都テ僧侶ノ常ニ此地ニ住セザルガ爲ニ酋長之ニ代リ或ハ自身ニ行フモアリト云。

一、漁獵具　革船（バイダルカ）、鋼叉、鈎、銃、弓矢

革舟ハ新知郡ノ部ニ記載ス。

鋼叉弓矢ハ其現物當使縱覽所ニアルヲ以テ爰ニ贅セズ。

銃ハ米魯等ノ製作ニシテ、沖獵ニ用イルコトナク、唯海獸ノ岩上ニアルヲ射殺スルニ用イルノミ。

鈎ハ唯自用ノ食魚ヲ捕ルニ使用スルノミ。

一、器具　歐米ノ器

一、家畜　鶏、犬

一、暦數　魯暦ヲ用ユ

得撫郡第一島酋長ノ話（明治九年七月七日）

一、此島中ニハ樺ノ樹林アリ其大ナルモノハ一圍餘ニシテ多ク家財ニ用フルヲ得ベシ。（中略）昔時魯人ノ此島ニ來リ住セシ時ハ、皆此樹木ヲ以テ家屋ヲ經營セシト云ヘリ云々。

一、紅鱒ハ該島ノ西部湖水ノ流落スル灣中ニ最モ多ク群游シ、且其湖ニ泝ル又少シトセズ云々。

一、此小船港ヨリ其湖畔ニ至ラントスレバ山路通ゼズ。（中略）是ニ於テ皆船行ヲ取ル。其里程凡八ミーリ（我十里許）ナリ。又其邊ニ屋宇ノ跡アルハ昔時魯人ノ來テ玆ニ住セシナリ。

（二項略）

一、魯商「ヒリペウス」ハ本年七月五日汽船クリヱル號ニテ來リ、此地ニ殘餘ノ食糧及ビ其他ノ物品都テ相携ヘ柬察加ヘ向テ發セリ。故ニ我等食物ニ乏シク頃日ハ獸肉ノミヲ食ス。

一、本年海獺獵船ハ桑港ヨリ三艘、横濱ヨリ三艘來航セリ。內桑港ノ風帆船フワーネー號ハ（船主テベ船長シヤルラ）五月同港ヲ發シ既ニ歸帆セリ。該船ノ獵獲セシ皮ハ百二十二枚ナリ。然レドモ平年ニ比スレバ少シトス。其他ノ船舶皆之ヨリ多數ヲ得タルナルベシ。

一、千八百七十年（我明治三年）サカレン島在留魯國ノ奉行此地ニ來リ島民各自ノ取獲セシ獸皮ハ何レノ國人ヲ問ハズ高價ヲ以テ求ムル者ニ賣却スベシト云渡セリ。

一、我等移住ノ爲魯政府ニ於テ出スベキ運漕船ハ今ニ至リテモ其帆影ダニ見セズ。過日「ヒリペウス」ハ何等ヲ語ラザレバ我等未ダ進退ノ如何ヲ知ラズ。既ニ食物盡ルモ何ントモ爲スベキナシ。故日本在留ノ魯國領事ニ一書ヲ呈寄センコトヲ欲ス。願クバ貴船函館丸歸京ノ日傳達アラレンコトヲ、依テ披封ノ一書簡ヲ託ス、其譯文左ノ如シ。

日本在留魯國領事貴下へ

願書

現今該島ノ居民甚ダ困厄ニ及ビシ憫然ナル情實ヲ魯國政府ニ告通アランコトヲ擧テ懇願ス。

是マデ該島ヘ需用品等ヲ運輸準備セシ商人アレキサンダル、ヒリペウス氏來航シ、自己ノ店藏ニ貯蓄スル食糧品及ビ火藥、鉛等ヲ悉ク積ミ、一塊ノ麵包モ殘サズ我等ヲ捨去レリ。是ニ因テ困苦窮厄ニ逼リ且後來何人ニ附屬シ統轄ヲ受クベキヤモ了知セズ。唯忙然トシテ煩勞ニ堪ザルノミ。只管此事情ヲ魯國政府ニ告通センコトヲ伏願ス。

酋長ペートルナイクニ氏無學ニ就キ依賴ニ應ジ同人ノ文案ニ依リ代記ス。

ライモヘイ、ガルキン

一千八百七十六年七月廿六日八月七日

得撫島ニ於テ

（中略）

○新知郡　第一島シムシール

一、魚介

鱸魚

鯡

膠魚

栗貝

（中略）

一、獸類

狐

赤、斑、黑色ノ三種アリ本年ハ種類合シテ二十四頭ヲ獲タリ。

海獺

此島ノ沿海ニ住セズ、多分ハ第四番ラスワ島ニ到テ獵獲スト云。

海馬

海豹

野鼠

産生極テ多シ。

一、村落

ブロトン港ノ東岸ニ在リ、村傍清泉湧出ス。

一、村名

港名ヲ「ブロトン」或ハ「ブレスナヤブーフタ」清泉灣ト云義ト云テ村名ナシ。故ニ居民ハ清泉灣ノ稱ヲ以テ常ニ之ヲ呼ブ云々。

一、戸數　拾三軒

外ニ魯商ノ一戸アリ「ヒリペウス」手代「ガランベルハ」居住ス、又其店藏アリ。余輩方ニ去ラントスル時手代ハ日本ニテ此家屋ヲ買ハンコトヲ語レリ。其店ト藏ハ未ダ朽敗ニ至ラズ、尙數年ヲ支ユベシ。

一、人口　五十七人

但昨八年交換ノ節ヨリ當九年七月迄出生二人、死亡四人ニシテ現員如斯。酋長姓名キリーロ、ガルキン。

一、人種　アレウート

得撫ニ同ジ。

一、言語　アレウート固有ノ語

一、文學　無之、稀ニ魯文ヲ綴ル者アリ

一、職業　定業ナシ

都テ得撫島ニ同ジト雖モ此地ハ常ニ魯商ノ居住スルヲ以テ、島民需用品ヲ得ルニ得撫島ヨリ一層自由ナルガ爲メ負債常ニ絶ユルコトナク、故ニ獸皮ハ悉ク魯商ノ手ニ落ツ（姦商ノ負債ヲ以テ愚民ヲ控制スル術ハ何レノ地方モ異ナルモノナシ）

一、風俗情態　洋風ヲ模擬スト雖モ極テ陋習ナリ。都テ得撫島ニ異ナルコトナシト雖モ唯婦女ノ頤下ニ刺青スルヲ見ズ。

此島民等既ニ昨八年交換ノ節ヨリ魯國ニ去ルコトヲ決セリト雖モ未ダ魯政府ノ船來ラズ唯其船ノ來着スルヲ待ツノミト云ヘリ。

（衣服、飲食、家屋、宗門、儀式は得撫島と殆ど同様であるから省略する。）

一、漁獲具　革舟、鋼叉、銃、弓矢

革舟（ハイタル）ハ一人乃至三人乘アリ船骨ハ數條ノ木片ヲ以テ縱横ニ編作シ、要所ニ鯨骨ヲ用ヒ（或ハ用ヒザルアリ）外面海豹皮ヲ以テ包ミ上部ニ穴ヲ穿テ坐スル所ト爲ス。（二人乘リハ二ケ所三人乘リハ三ケ所穴ヲ穿ツ）其製頗ル輕便ニシテ片手ヲ以テ陸上ニ引揚ルヲ得ベシ。又駕ルトキハ巧ニ波上ヲ輕走ス。（嘗テ一日試ニ力ヲ極テ疾走セシメタルニ驚クベキ迅速ニシテ水面ニ密錯浮漂スル海菜ヲモ顧ミズ進駛スルコト恰カモ水鳥ノ波際ヲ飛ガ如シ、故ニ自在ニ海獸ヲ獵獲スル推シテ知ルベシ）櫂ハ皆流木ヲ削リ長サ六尺許ニシテ兩端箆ノ如ク兩手中央ヲ採テ船ノ左右ヲ漕グナリ。（得撫島ハ片端箆ノ如キヲ用ルモノ多シ）假令大洋ニ航シ怒濤ヲ衝テ數十里外ノ諸嶋ニ到ルモ木製ノ舟ヲ用ルコトナク、唯此革舟ノミナリ云々。

（器具、家畜、暦數は得撫島と同じ。）

○新知郡　第二島ケトイ

余等既ニ家具厨器ヲ納メ行裝已ニ成リ、唯「ヒリペウス」來航ノ日ヲ期シテ此地ヲ去ラントスルノミ。且余ハ當島ニ來テ既ニ十八年ノ星霜ヲ經過セリ。

第一島魯商「ヒリペウス」手代ガランベルハノ話（明治九年七月十九日）

（前略）「ブロトン」港中ニ春秋兩度鯡ノ群來シ來ルコトアリ。然レドモ島民之ヲ漁獲スルコトナシ。十餘年前ハ網ヲ以テ海獺ヲ漁獲セシモノト雖モ、近年ハ海獺漸ク減少セシヲ以テ絶テ之ヲ用ユルコトナシ、然レドモ擇捉島ノ如キハ現ニ産生ノ顆多ナルコトヲ傳聞セリ。故ニ該島ニ於テハ今尙之ヲ用ユルモ其效ナキニ非ザルベシト想像セリ。且此網ヲ使用スルノ方法ハ一條ノ網ト數個ノ浮子トヲ附シテ夜間海菜ノ繁茂セル水面ニ綏カニ張リテ海水ニ漂ハシム、尤モ海獺ハ其繁茂セル海菜或ハ岩礁等ノ上ニ憩ヒ、曉天ニ臨ミ海洋ニ去ラントシテ此網ニ陷ルモノトス。但シ一網ニ八頭位ヲ獲シタルコトアリ。

余等ノ海獺及ビ其他ノ毛皮ヲ保存スルノ法ハ第一濕氣ヲ豫防スルヲ以テ緊要トス。故ニ唯濕氣ヲ包含セザル櫃中ニ納メ、而シテ乾燥ノ室内ニ置クノミ。若シ久シク貯蓄ヲ要スル時ハ樟腦ヲ毛皮ノ裏面ニ附シ之ヲ圍フノミニシテ曾テ其他ノ方法ヲ用ヒシ事無シ（占守島ノ説モ同ジ）

同島「アレウート」人ノ話（但酋長アレドモ愚者ニテ對話成ラズ）

（前略）此島中ニハ斑狐（黑赤）アリ、然レドモ産生甚ダ少クシテ客歲ハ僅ニ廿四頭ヲ獲タリ。海獺ハ昔時此沿海ニ多ク産出セシト雖モ、當今ニ至テ栖息スルコト甚ダ稀ナリ。其故ハ近年米國ノ海獵船年々數艘來テ頻リニ銃獵スルヲ以テ其數漸ク減少シ終ニ今日ノ如ク蹤跡ヲ見ザルニ至ル。之レ實ニ余等ノ常ニ憂患スル所ナリ。故ニ余等海獺ヲ獵セントスレバ皆他島ニ赴カザルヲ得ズ。既ニ一ケ月半許「ヲソワ」島（新知島第四島）ニ到テ十一頭ヲ得テ五六日前ニ歸島セリ。余等ノ「ヒリペウス」ヨリ交換シ得ル麥粉ハ一「フード」ニ就キ「アスクナイツヤ」十「ルーブル」ノ價ナリ（「アスクナイツヤ」ハ第一占守島會長說話ノ部ニ細記ス）

○占守郡　○第一島シユムシユ

（前略）

一、海草類
　昆布
　黑菜
　眞珠菜
　裙帶菜
　鹿角菜
　石花菜

（中略）

一、貝類
　ホッキ
　海扇

ヌカヽイ

一、魚類

ヤヽホ

鱈

カヂカ

比目魚

キルラ

アイナメ

鮭

紅鱒

星魚

（中略）

一、獣類

赤狐

昨八年中獵獲高百二十頭。

野鼠

産生極メテ多シ。

海豹

オットセイ

ヲーネップ

多カラズ。

一、村落

一村ハ「コタンニー」ト稱シ島ノ西北部湖水ノ流落スル海濱ニアリ。（酋長茲ニ住居ス）一村ハ島ノ西南部「チボイネ」一名「マイロッパ」灣畔ニ在ツテ村名ハ酋長モ未ダシラズト云リ。（千島誌ニ「シユムチエカガン」村トアルハ此地ナランカ云々）「チボイネ」灣ヨリ「コタンニー」村ノ間ニ魯國里程六ウイヨルスト半ノ一小徑路アリ。（「ウイヨルスト」ハ我九丁四十五間二尺八寸三分三厘強）島民常ニ往還スルヲ以テ一ウイヨルスト毎ニ必ズ流木ヲ以テ製シタル里程ヲ建ツルト雖ドモ、只刀痕ヲ一字形ニ彫リシノミニテ一文字ノ其跡ヲ見ルモノナシ、蓋シ未ダ測量セザルニ似タリ。余輩此路ヲ過ルニ約二里ニ下ラザルヲ覺エタリ。此コタンニー村ニ一大沼地アリ。北ハ海ニ面シ南ハ湖ニ瀕ス、湖長キコト一里有許廣サ半里弱鱒魚多ク海ヨリ入ル。

一、戸數　九軒（七軒コタンニー村　二軒チボイネ）

外ニ魯商「ヒリペウス」手代名ハ「ブシユエフ」チボイネニ居住ス。店藏モ一棟アリ。チボイネ村ヨリ東北三四丁一丘ヲ少シク高ク抜出ス。其腹部ニ魯宗ノ一寺アリ。又舊屋ノ敗頽セシモノアリ。今日尚角組ノ板壁ヲ殘セリ。先年米國人ノ建シモノト云。

一、人口　三十五人　酋長姓名クリヽヤン・ストロジエフ

但シ昨八年交換後本年ニ至リ二人出生シ現員如此シ

一、人種　クリル島固有ノ人種

黑髮、黑瞳、鬚髯濃厚、性質從順ニシテ都テ北海道土人種ト異ナラザル如ク唯少ク眼圓ク面平ニシテ顴骨高キ

ヲ覺フノミ。

一、言語　クリル島固有ノ語

言語物名共都テ北海道土人ノ語ト大同小異アルノミ。且男女共ニ魯語ヲ解ス。

一、文學　無之

一、職業　定業ナシ

都テ業ヲ營ムヤ「ヲネコタン」「シヤスコタン」二島ニ出張シテ海獺ヲ獵スル外ハ冬間狐ヲ獵テ毛皮ヲ魯商ニ附シ需要品ト交換シ、或ハ海馬海豹ヲ本地沿海ニテ獵獲シ革ヲ晒セドモ粗ニシテ鞣革トナスヲ知ラズ。其肉ヲ食料トスルニ過ザルノミ。總テ千島ニアル「アレウート」人ハ其職業ヲ單ニ言ヘバ終歲食料ノミニ從事スルナリ。婦女ノ如キハ魚肉ヲ烹、骨ヲ去リテ細末トシ日下ニ曝シテ（北海道ニ行ハル魚飯ノ如シ）之ヲ貯テ冬間ノ糧トナスコト亦北海道土人ニ異ナルナシ。是其機杼（工夫すること―著者）ヲ知ラザル故ナリ。

一、風俗情態　洋風ヲ模擬ス

男ハ斷髮且鬚髯ヲ剃ラズ。女ハ頭髮ヲ斷ズルアリ、結ブアリ、又口唇ニ刺青シ耳ニ鐶ヲ穿ツ。（口唇ノ刺青ハ往時ノ風ニシテ魯國ノ領スル以來ハ之ヲ止ムト云リ、尤モ若キ者ニ見ズ）

老幼病者等自ラ食ム能ハザル者ハ衆者協力シテ之ヲ助ケ、一人品物ヲ得ルコトアルモ之ヲ衆ニ分與シ足ルヲ以テ足ラザルヲ補ヒ、各戶貧富樂憂ヲ共ニシ、闔村恰モ一家ノ如シ。此僻遠ニシテ亦此美風アリ。其他得撫新知ニ異ルコトナシ。（この傍點したところはアイヌ生活の眞相を示す重要な點である。小著「アイヌ社會經濟史」一七五頁參照）

一、衣服　洋風ヲ摸擬ス

衣服帽沓都テ得撫新知ニ同ジト雖モ鷲或ハ水鳥ノ羽皮ヲ以テ製シタル上着（袖袢）ヲ纒フ。新知「アレウート」人モ稀ニハ之ヲ用ル者アリ。

一、飲食　魚肉

蒸餅（パン）ハ好ムト雖モ容易ニ得ルコト難ク唯魚肉（紅鱒、鱒、カヂカノ類）ヲ以テ一般ノ常食ト爲スノミ。

一、家屋　穴居

其結構ハ新知ニ同ジト雖モ穴深ク、屋上ノ土厚クシテ一層堅固ナルヲ覺フ。

一、宗門　希臘教

都テ得撫新知ニ同ジ。但シ此島民ハ土人ニシテ昔時ハ宗教ノアルヲ知ラズト雖モ魯國ノ領スル以來漸次深ク之ヲ信ズルニ至レリト云。

（中略）

一、漁獵具　銃、鋼叉、網、鈎、小舟

銃ハ歐米ノ製ト雖モ極メテ粗惡ニシテ多間野狐ノ獵ニ用ルノミ。鋼叉ハ土人之ヲ「マレップ」ト云。北海道土人ト其製作モ物名モ同一ナリ。其製ハ一丈許ノ木竿ノ片端ニ鈎形ノ銕ヲ倒ニ附ス。柄ハ都テ流木ヲ用ヒ（此島樹木ナク、家材船木薪柴等モ皆流木ヲ用ヒ）唯自用ノ紅鱒等ヲ獲ルニ用ルノミ。鈎形ノ銕ハ海岸ニ漂寄スル破船材ノ釘ヲ取テ自ラ製スルモノナリ。其使用スルヤ双手之ヲ採テ河岸或ハ淺流ノ中ニ立チ、紅鱒ノ海ヨリ川流ニ泝ルヲ認メ巧ニ之ヲ突ク、一投必ズ誤ルコトナシ。幼童亦熟練セリ。小舟ハ流木ヲ以テ自ラ之ヲ造ル。其製ハ板ノ接續スル所ヘ海草ヲ齕セ、木皮ヲ以テ綴シ銕釘ヲ用ヒズ。（北海道土人ノ造ル所ニ同ジ）又稍大ナル船ヲ作ルモ其製猶小舟ニ異ルナシ。（我五十石内外ヲ積ベシ）稀ニハ歐米ノ形ト固有ノ風トヲ折衷シタルノアルヲ見タリ。

一、器具　歐米ノ器

都テ洋品ヲ用ルト雖モ極メテ粗悪ナルモノナリ。昔時ハ皆自ラ製セシト云リ。

一、家畜　鶏、犬

鶏ノ飼料等ハ昨八年請取ノ時ニ閲申セルガ如シ。犬ハ土室ヲ別ニ作リ、冬間室中ニ飼フ其形人居ニ異ナラズ。土人ノ習俗出入徘徊必ズ犬ヲ伴フ。他邦ノ人其主人ノ家ニ近ントスレバ大ニ吠テ方ニ人ニ觸レントス。故ニ其猛ナルモノヲ縛シテ木ニ繋ギ置クコト熊ヲ飼フガ如シ云々。

一、暦數　魯暦ヲ用ユ

第一島長ストロビエフノ話（明治九年七月六日）

此島中ニハ未ダ礦物アルコトヲ知ラズ。沿海ニハ海獺ヲ産セズ。唯廣原ニ赤狐有テ冬間之ヲ獵スルノミ。客歳捕獲ノ數ハ僅ニ一百二十頭ナリ。故ニ當島ノ住民ハ甚ダ貧困ニシテ需要品ダモ意ノ如ク得ル能ハズ。

余等ノ舊負債ハ客歳中「ヲネコタン」島（占守郡第五島）ニ於テ海獺皮ヲ以テ「アスクナーツヤ」（是ハ魯國ニテ舊時行ハレタル紙幣ノ名ニシテ既ニ之ヲ廢スト雖モ僻遠ニハ今其唱ヲ存ス）四千「ルーブル」（一「ルーブル」ハ我凡二十一錢四厘ニシテ則三「ルーブル」五十「コペーカ」ヲ以テ現今ノ魯銀貨二「ルーブル」我七十五錢ニ當ル）ノ價ヲ「ヒリペウス」ニ拂ヒ戻シタリ。

（前略）其兩島ニアル老人等ト協議スルニ非ザレバ余等之ヲ擅斷スル能ハズ。（中略）且此去就ノコトタルヤ不日來集スル老人等ハ如何ノ所思アルヲ知ラズト雖モ、余等ノ思想スル所ニヨレバ、假令永ク此地ニ就ンコトヲ欲スルモ猶從來ノ如ク更ニ日本ヨリ我宗教ノ僧侶ノ隔年ニ回島シ來ランコトヲ願フナリ。若シ然ラザレバ或ハ皆魯領ニ去ンコトヲ欲スルモ亦量ルベカラズ。

（前略）此ノトキ傍ニ酋長ノ兄ナル老翁ノ坐スルアリ。仍テ試ニ汝等ハ如何ノ思慮ナルヤヲ問ヘバ唯默然終ニ涙ヲ催シテ敢テ答ザルノミ。蓋シ其狀態ヲ觀察スルニ老人等ハ宗教ノ貴キヨリ猶居島ヲ去ランコトヲ愁歎スルノ情切ナリト雖モ酋長等ノ傍ニ在ルヲ以テ自己ノ眞意ヲ陳述シ得ザルガ如キ趣アリ。

酋長ノ兄ナルモノ曰ク、余等ノ祖先ハ皆日本領近島ニ居住セシヲ昔時騒擾ノコトアルヲ以テ之ヲ避テ漸ク北方ニ移住シ終ニ此島ニ到テ永ク居ヲ占ルニ至レリ。蓋シ日本近島ニ在ルノトキハ常ニ鷲羽及ビ獸皮等ヲ以テ專ラ日本人ト交易セシコトアリト傳聞セリ。

然レドモ今猶之ヲ嘉ミスルヤ否ヤヲ知ラズト雖モ此地既ニ日本ノ版圖ニ歸シ本年ハ諸君ノ來ルヲ知レリ。仍テ試ニ其鷲羽ヲ貯ヘ置タリ。卽チ今之ヲ呈セント欲ス請フ之ヲ容レヨ。（此鷲羽ハ今般千島州ヨリ持越品ノ中ニアリ）我ガ「クリル」島ノ語タルヤ則チ一種ノ語ニシテ魯國人モ尙未ダ解スル能ハズ。然ルヲ此地交換ノ擧日尙淺クシテ今諸君ノ能ク我ガ語ニ通ズルハ余等頗ル奇異ノ思ヒヲナセリ。（此土言ハ既ニ言語ノ部ニ載ルガ如ク北海道土人ノ語ト大同小異ナルヲ此土人等ハ未ダ之ヲ知ラザレバナリ）

同島魯商「ヒリペウス」手代「ブシーエフ」ノ話

余等既ニ此地ヲ引拂ツテ歸國セント欲シ豫メ旅裝ヲ整頓セリ。然ルニ主人「ヒリペウス」ハ猶未ダ來ラズ云々。當島土人等ノ「ヒリペウス」ヨリノ負債高ハ客歳「マチーニン」氏（魯國理事官）ノ調査セシマヽニシテ今ニ增減アルコトナシ。其所以ハ交換後土人等ノ一切辨償スルコトナク、又「ヒリペウス」ヨリモ諸物ヲ貸與スルコトナケレバナリ。

此ノ負債ノ事ハ上ニ載スルガ如ク酋長四千「ルーブル」ヲ拂戻シタリトノ說話ト齟齬スルト雖モ孰レガ是ナルヲ知ラズ。

「ヒリペウス」ハ「クリル」島ノ營業上ニ就テ曾テ魯國政府ヘ收稅スルコトナシ。其所以ハ魯國政府ト曩ニ條約ヲ結ビ常ニ東察加地方及ビ「クリル」島居民ノ爲ニ二年間ノ需要品ヲ準備シ置キ、然シテ之ヲ扶育スレバナリ。但シ其條約書ハ余等未ダ一讀セシコトナシ。

「ヒリペウス」ノ「クリル」島ニ於テ買收スル毛皮ノ代價ハ占守島ノ相庭ニシテ海獺皮ハ凡魯銀貨四十「ルーブル」一（「ルーブル」ハ我七十五錢）「ルーブル」、赤狐皮ハ同二「ルーブル」、紫猫皮（マルスコイコート）ハ（北海道ニ於テハ「オーネツプ」ト稱スルモノ）同五「ルーブル」位ナリ。其他海馬、海豹等ノ毛皮ハ之ヲ買得セズ云々。

「ヒリペウス」ノ買收スル毛皮ハ總テ魯京彼得兒府ニ齎スモノナリ。「ハッチンソンコール」社中ハ其社員ヲ「ベートル、ハウロフスク」ニ置キ其以北ニアル「ベーレング」及ビ「メドノイ」ノ兩島ニ於テ獵業ス。然レドモ該社ハ「クリル」島ニ關係セシコトアリヤ否ヲ知ラズ云々。

以上で漁業關係のうち重要と思われる點を紹介した譯であるが、淸野氏の解説によると、目錄に見る千島國着手見込書と海獺密獵取締見込書ならびに十四葉の地圖は原本の見出された安場家の土藏中にも、また後に掲載された東京地學協會報告の中にも省略されていた由である。

何れにしてもこの文獻は明治八年樺太と千島を交換した翌年に開拓使から、千島住民の去就ならびに同島の諸事情、ことに目錄にある千島國の治政及び海獺密獵取締の根本資料を蒐集する目的を以て時任・長谷部兩氏が派遣せられた時の取調書であるから、明治初年當時の千島漁業を知る上に大切な記錄である。細部のことは本文に譲るがその要點をいえば、「アレウート」人ならびに「アイヌ」人共に交換後の去就について、まだ明確な最後的決定までには至ってないようで、これから酋長等の集會を開き、この問題を決せんとする様子である。しかし個人としての意見ことに老年者は魯領時代と同様に年何回か牧師が來て神の道を說いてくれるなれば永住しても差支ないと思っているものもあるようだが、青年達は何といっても生活上の問題が一番先きであって、この問題に大なる關心をもっていたようである。それというのも、もう明治初期になると、米國その他の密獵船のため天然資源が可なり涸渇し、ことに最も大切な生活資源であった各種の貴重海獸の棲息も昔に比ぶれば絶無ではないが、可なり減少し、島によっては全く荒廢した場合もあったことは事實である。つぎに魯領時代の土人政策の根本は北海道本島に行われた、松前時代の漁場請負制と類似したもので、當時の植民地内地商人に、土人の生活を保護せしむると共に彼等の漁獵物と生活必需品との交易權を獨占せしめたことは特に注意すべき問題である。

最後に兩人種は何れも溫厚かつ醇朴で、ことに千島アイヌも北海道本道アイヌの一派であることは確實のようであるが、ただ千島アイヌには地理上の關係からか多少「アレウート」の血が交っているのではないかとも考えられる。

○安場保和 北海道巡回記

前掲淸野氏によると「安場保和が明治十七年に巡視した時は丁度三縣分置の時代であつた。此時に北邊、殊に千島の警備を如何にすべきか、また北海道開拓の根本方針を如何に決定す可きかが中央政府の問題であつて、保和は實地取調に行つて自分の意見を提出する役目を帶びて居つたのである。（中略）東京に歸來した後に中央政府に意見書を提出した。保和の意見書は其まま採用せられはしなかつたが、之れに若干の改變を加へて今日の北海道廳が設置せられるようになつたのは疑ひ無い云々」とある點から見ても後に引用した「千島の沿革」と共に是非とも參考すべき文獻と思うから、特に必要と考える漁業關係の記事を拔萃する（括弧内は著者）。

(1) 橫濱より根室まで

明治十七年六月北海道巡回の命を奉十三日午後三時運輸會社尾張丸乘込云々。

（十六日函館港。十八日）切昆布製造所へ行、一ヶ年製造高凡千五百石斗、一石四十貫目、一箱五十斤、百石五百圓位。右位の製造所函館に三ヶ所ありと云外、大坂ニ出す葉昆布、菓子昆布となすもの多分あり。

(2) 根室より占守島を經て再び根室に歸るまで

三十一日午前九時シムシュ海峽に入る。（中略）

是コタンキチ酋長アレキサンドルの迎へ來りしなり。（前略）是アライト山なり。（中略）茅造の矮屋四五戸あり。卑陋不潔臭氣鼻を掩に不堪、鳥皮を服し魚肉を食ふ。アザラシ生肉未だ皮を去らざるあり。直に土砂上に切り、煮て喰ふ。魚トヾの肝を干して魚獸の油を貯ふ。（中略）土人一昨年の調三十餘人の男女なりしが、今六十餘を增す。（中略）七月一日北風强し、縣令其他上陸、物を土人に給す。狐皮十二枚を出すものを上とす。其數に應じ一般救助品外物を給す云々。

〔末喜日記〕（末喜は保和の養子、隨員の一人）七月一日晴　（中略）端船ニテ「カバル」港ニ上陸ス。（中略）此「カバル」港ニハ土人ノ假住居三戸アリ。此ノ土人ハ「ヲヒコタン」島ニ曾テ住居シ居リタル處、亞米利加「ラッコ」船ノ爲ニ辛キ目ニ逢ヒシガ爲ニ遂ニ嶋又嶋ヲ越エ、遂ニ此嶋迄來リシ由、依テ未ダ住家モ草ヲ以テ編ミタル莚、內地ニテ云ヘバ「トマ」ノ如キモノヲ覆ヒ家トス。尤モ古キ穴居ハ四、五箇アリ。是ニハ目下住人ナシ。此穴居ハ或ハ破壞シタルモノアリ。或ハ存スルモノアリテ、嘗テハ住居シタル舊穴居ナリ。何ヲ目的トシ土人ハ住居ヲ構フルカト尋ル時ハ惣テ川ニ沿フカ、或ハ沼ニ沿テ必ズ部落ヲナス。但シ漁業ノ爲メニシテ鯡等ノ秋期ニ至テ上ルモノヲ取テ食料トス。故ニ必ズ住居ハ川ニ沿ハザレバ沼ノ傍ニアリ。此ノ島民ノ住家ハ一般ニ穴居ニ非ラザルガ如キモ實ハ穴居ナリ。其ノ穴居ノ模樣ヲ記セバ、先ヅ粗末ニモ家ノ結構ヲナシ、其上ヲ芝ニテ覆ヒ、其內ニ窓一ツ二ツヲ切ル。入口ハ一方ナリ。小供ニアラザレバ立チ這入ル能ハズ。其窓ハ大人ノ身體ノ漸ク這入ル位ニテ餘程腰ヲ折ルニアラザレバ這入ル能ハズ（簡單なる圖あり）。此ノ「カバル」港ヨリ（中略）我里程ニ替レバ二里計ノ處、山川ヲ踰ユレバ「セレニー」ト云フ部落アリ、凡ソ人家十二三戸、人口六十名餘。此ノ所ハ大ナル沼ニ沿ヒ村落ヲナス。西ハ「カムチヤツカ」ニ相對シ、海上凡ソ十里餘、此間ハ土人常ニ往來スル由。（中略）此ノ村落ニ一人ノ酋長アリ、之ヲ「アレキサンドル」ト云フ。此ノ酋長ノ穴居ハ酋長丈ニテ、結構、平土人ヨリ大ナリ。座敷トデモ云フ處ニハ「テーブル」樣ノモノアリ、椅子ノ代用ノモノアリ、臥床ノ如キモノアリ、鐵砲三挺程備ヘアリ、是ハ內地ニテ「ゲツヘル」ト云フモノナリ。「テーブル」ニハ引出付、金具モ付、稍ヤ「テーブル」ニ背カズ。物入レ庫ト云フベキモノアリ、是ハ四本ノ柱アリテ、凡ソ地上六七尺之所ニユカヲカキ屋根ヲ葺キ、常ニ堅ク戸ヲ塞ギ、用アル時ニ開クモノナリ。地上高クユカヲカクハ鼠害ヲ懼ルヽ由。酋長ノ座敷ユカハ板ヲ以テ敷キ詰メタリ。第一番ノ這入口ハ犬ノ住居ニテ、左右ニ物置ノ室アリ、其次ニ土間ニ枯草ヲ其儘ニ散布シタル十疊敷アリ、其次ハ座敷ナリ。其室エ入込ハ皆小ナル口ニテ恰モ窓ノ如キモノナリ。（中略）島民ハ能ク魯西亞語ニ通ズ尤ナリ。前ニ魯西亞領地ナリシ故ナリ。氣質ハ割合ニ怜悧ナリ。最初ニ上陸シタル「カバル」ニ天主教ノ寺院アリ、今日ハ頽敗ニシテ雨漏ル有様ナレドモ、モトハ説教シタル所ナルベシ。（中略）酋長ノ宅ノ裏ニ少シ畑アリ、凡ソ四坪、五升イモヲ摘種スル由、畑作物ハ此外ニナシ。（中略）其日土人男女ニ酒飯ヲ與フ。夷皆大ニ歡ブ。遂ニ皆土地ノ踊ヲナシテ歡ニ入レタリ。土人舟ヲ有ス。其ノ形ハ熊本邊ニテハ沖獵船ノ如クニテ大分（二倍程）大ナリ。其船ヲ製スルニハ木ハ惣テ漂着シタル木ヲ板ニシ、釘ナキヲ以テ蔓ヲ以テ編ミカイヲ以テコグ。大抵一方カイ四五人、兩方ニテ十人計、男女混合水手トナル。

（中略）海産鱒、リヤムシヤ（ロリン鮭の類）海獸「アザラシ」「シウーチ」亦少カラズ。獵虎ハ氷塊ニ乘リテ流レ來ル。（中略）

島ノ南西面ニハ三ケ村アリ川流ヲ望デ立ツ。「チユムチエカガン」村ハ今ハ「ロシヤ」「アメリカ」商社ノ居留地ニシテ「ベジブー」川ノ岸ニ在リ。此島ノ「クリル」人ハ「カムチヤツカ」種（カムチャッカ人の意ならん）ナリ、魯人ノ「カムチヤツカ」ニ來レルヨリ避テ「ラパワク」岬ニ走リ、轉テ此島ニ來リ、爾來漸クニ當嶋ノ「クリル」人ト相交リ相婚嫁シ來タリシヨリ其性質言語風俗等太ダ「クリル」人ト相似タリ、一同親類。（中略）

「シムシユ」島ニ於テ最モ奇トスベキハ一商社ノ番頭ニシテ「ロム」ト云ヘル者、此島ニ獵虎ヲ獵シ三年ニ滿タザルニ大利益ヲ得、ソノ謝恩ノ爲メトテ千七百五十七年（寶暦七年）ニ建立セル「サンニコラス」ト呼ベル辻堂ナリ。此辻堂千八百三十年（天保元年）頃迄ハ依然其舊形ヲ存シ此島ニ來ル獵者ドモノ最モ尊敬シテ其福ヲ祈ル所タリシナリ。（中略）

七月三日、晴（中略）同日ニ至テ土人移住ノ旨ヲ承諾シタルヲ以テ議變リ全島ノ土人「シタコン」島エ移住スルコトニ決シタリ云々。（中略）

七月五日晴（中略）初メ上陸ノ際、移住ノ旨ヲ傳エタル處、稍ヤ頭ヲ振フノ氣味アリシ處、果日ノ談判遂ニ其功ヲ奏シ、今日土人悉皆本船迄乗セ入レルコトヲ得タリ。（中略）今回ノ移住ハ土人ニ取リテハ非常ナル事件ニテ容易ナルコトニアラズ。然レドモ果斷ノ氣象ト日本人ヲ信ズル處ヨリ遂ニ意決シ、爲事非常ナル英斷ヲ爲セリ。然レドモ流石ニ故郷ノ事ナレバ老人女子ノ如キハ流涕スルモノアリ、其情實ニ憫然ニ思ハレタリ。

占守島土人ハ元ト「ラシヤヲ」島ニ住居シ漁業ノ爲メ（以下欠字）千島第二島「ホロムシロ」島中獵虎夥多ヲル處アリ、此ノ所ハ長キ海岸ニテ砂磧ナリ。

〔末喜日記第二〕（前略）日沒ニ至ツテ俄然海上ニ浮ブモノ二頭アリ。或ハアザラシト云ヒ或ハラツコト云ヒ衆説紛々銃ヲ携フルモノ進ンデ之ヲ射撃スルコト數回、一人アリ呼ンデ曰ク之ヲ射殺セリト。（中略）何ゾ圖ラン前ノ海獸ハ其ノ蹤跡ヲ匿シ昆布ノ根海上ニ浮ビ遠ク之ヲ望メバ海獸ノ彈丸ニ中リテ死シタルノ形ニ異ラズ云々。（中略）

〔保和日記〕七月九日晴（中略）エトロフの北端なり（中略）一時半上陸、スハラ番や休息、スハラ（前掲栖原氏―著者）は元紀州の産、全島漁場總て引負ふ、家屋構大。又土人引網を見、マス九尾山魚を得たり。土人巨家高木重吉の宅に至る。此嶋の土人の俗を脱せり。シコタンへ移す土人も四人上陸、重吉と對語通辯を用ゆ。彼は魯俗になり是は本邦の化に浴す。須原角兵衛番家にて入浴、（須原＝栖原なり―著者）食事、午後六時歸船云々。

七月十日（フルヘツ着）七時上陸（中略）遠藤一藏オンネヘツ、ラツコ獵取締出張、フルヘツより五里山道。ラツコ獵海岸四五里の間に在り云々。（中略）

〔末喜日記〕七月九日晴　同日午前十時擇捉島、紗那港ニ入ル。（中略）紀州ノ豪商栖原ノ番家アリ、是ハ漁業ノ爲メ本店ヨリ出張スルモノナリ。然ルニ其家屋ノ結構ノ高大ナル恰モ内地ニテ大壯屋、大バクロウノ家屋ノ如シ。此ノ九戸ノ中土人アリ、内地人アリ、雜居ノ體ヲナシ、栖原自ラ是等ガ親方ノ景況ナリ。此港ノ土人ハ殆ンド内地人ニ異ナラズ、茅屋ヲ脱シテ内地風ノ家屋ニ居ルモノアリ。言語モ惣テ内地ノ言語ヲ能クシ、一目殆ンド内地人タルカ將タ土人タルカ別タザルガ如シ。同港ノ人ニ聞クニ曰ク、同港ノ土人ノ子ニシテ十二、三歳ノ者ハ已ニ土語ヲ知ラザル由、一般土人モ互ニ當今ニ至リテハ内地語ヲ以テ話シ、土語ヲ話サヾル由、又土人ノ情自ラ土人ニシテ土人ト人ニ見ラル、コトヲ頗ル恥トシ、内地人ト思ハレンコトヲ喜ビ榮トスル由自然ノ勢ナルカ。又婦人ノ如キハ土人ニ嫁スルコトヲ好マズ、内地人ヲ欲スル由云々。（中略）

同港ニ土人ニテ高城重吉（前掲高木重吉と同人ならん―著者）ナルモノアリ、是ハ土人中ノ才子ニテ栖原ノ次ニ位シ盛ニ漁業ヲナシ常ニ人夫ノ三十人モ使ヒ素ヨリ内地風ノ家屋ニ住居ス。内地ノ上等ノ漁夫ヨリモ遙カニ優等ナル家屋ニ住居シ、柱時計、屏風、床飾等百事美麗ナルモノアリ。同人ノ質ヲ見ルニ怜悧ニシテ才幹アルモノ、如ク、風俗モ全ク内地人ニ異ナラズ、言語ノ如キハ言ヲ待タズ、之ヲ土人ナリト云ザル以上ハ迚モ土人タルコトヲ識別スル能ハズ、實ニアイヌノ境ヲ蟬脱シ文明ニ近キノ人ナリ。一體同港ノ土人餘程俗ヲ改メ内地ニ化シ、又種族モ已ニ内地人ト餘程混ジ、所謂ル雜種ノ人數多々アリ、今少々ノ星霜ヲ經バ種族モ大ニ變化スベシト思ハル。尤モ漁業ノ時節ニハ内地ヨリ出稼人夫當港中エ壹千人モ入込様子ナレバ前言ノ景況モ已ムヲ得ザルベシ。學校アリ、教師ハ津輕ノ人ニテ小野須賀ト云フ。生徒ハ二十三人ナリト云フ。（中略）今餘ル所ノモノハ九名、是ハ總テ土人ナリ、然レドモ雜種ノ人多シ。一行學校ヲ見ル。教師祝詞ヲ朗讀、又生徒ノ中一人、又祝詞ヲ朗讀ス。此生徒ハ女子十歳計ノ者ニテ雜種ノ子ナリ。（中略）其朗讀スルヤ一字一句ノ誤モナク、又忘ル、コトモセズ、悠然タル様子ニテ讀ミ終ル。（中略）實ニ土人ニシテ斯ル景況、後ノコト思フベキナリ云々。午後九時過振別港ニ入ル。

（振別港上陸後の記事）紗那人口百二十人餘、本地人三戸、土人十六戸。振別人戸四十戸、人口百二十三人、内寄留内地人六十人、外六十三人ハ土人ナリ云々。七月十日晴、（中略）同所ハ幕政ノ頃ハ仙臺藩ニテ支配セシ由ニテ陣屋ノ跡未ダ依然トシテ存シ（中略）當陣屋ノ此所ニ出來タル所以ハ嘗テ魯西亞襲來セシコトアリテヨリノ設置ニカヽル由。同港ニハ栖原ノ番屋アリ、之ハ寛政ノ頃設立セシモノノ由。同港ノ土人ノ風俗人心ハ紗那ト一般更ニ替ルコトナシ。（中略）全體此振別ハ便利ノ地ニ非ラズ、漁業等モ紗那ニ劣リ（中略）當島ニ住ム海獸ハトヾ、アザラシ、ヲツトセイ等ナリ云々。（左の記事は清野氏によれば「此記事は占守島に於て『クリル』人から聞書きしたものらしい」とのことである。）

「ウルツプ」島之記

「ウルツプ」ト云フハ中ノ島ト云義也。（中略）其北面ニ湖アリ「トポ」ト云フ、此ノ湖ニ赤魚アリ（中略）川モ數アリテ何レモ海ヨリ泝ル魚アリ云々。此岬（チルプイ十七島に對する岬）ノ東方ニ四小島アリ、「ムシル」ト云（小島と云義也）四島相距ル互ニ一「ウヨルスト」（一ウヨルストは一里）ヲ出デズ。海島、臘虎「ネルア」類多ク是ニ群ヲナス。

「エトロフ」島之記

（前略）島ノ北面ニ「カモイカムクイン」ト云所アリ。「バイダル」（著者曰、原文にはこの下に（?）の疑問符あるも、バイダルは革船のことである）ヲ寄スベキ灣ナリ。此所ニ酸味ニシテ惡臭アル湧泉アリ。（中略）「クリル」人等ハ酒泉ト稱シ喜デ之ヲ飲ミ、且ツ神トシテ之ヲ祀ル云々。「ピネペツ」川アリ、毛人其畔ニ住スルモノ多シ。「キムヤト」湖ヨリ流ル、一川アリ其海ニ入ル所ニ沙濱アリ、此所ノ最貴人ナリト云領主「チエタヲカイクカムイニヤミ」ノ住居アリ。此川ヨリ三「ウヨルスト」許ノ所ニ高丘アリ。其所ニ住ムハ舊領主ノ子孫ドモナリト云。（中略）「ソツキヤ」灣アリ、此處ハ鱒「リヤムシヤ」「パルツース」等ノ魚多シ。是ニ小川アリ其濱ニ領主「タミマソクル」ノ住所アリ。（中略）「ポルペト」川アリ、領主「ニンクラフト」ノ住所ナリ云々。

領主等ノ詞ニヨレバ毛人ハ二十番島ノ方エ差出タル岬、並ニ其他島中各所ヘ散在スレドモ其數多カラズ云々。（中略）

〔末喜日記〕七月十一日快晴　同日午前六時三十分支古丹島に着船ス。（中略）占守島ヨリ乘セ來リタル土人ハ悉皆當島ヘ擧ゲ、衣食ヲ給シ、農器ト贈與事物ヲ供給シ、漁業ノ事等迄教授シ、祝酒ヲ與ヘ、皆々欣々然トシテ踊ヲナシ、禮ヲ述テ別ル云々。（中略）

七月十二日深霧（中略）午後一時三十分根室港に入る云々。

（ここで清野氏の記事を引用することが必要であろう。「余は『本篇執筆の理由』中に鳥居博士著『千島アイヌ』中の第四頁からの文章を引用した。之れによると同博士は明治十七年に千島アイヌが何人色丹島に移住して來たかを知るに苦心せられたものらしい。そして結局同博士は『九十五六人ありたるものと見て可ならん』と云はれて居る。然し保和日記で見ると正確に數が分る。卽ち占守島から南下した總人員は九十七名であつて、其内四人は擇捉島に上陸し、九十三名が色丹島に移住したのであつた。（中略）湯地縣令が山縣内務卿宛の上申書（中略）占守島退去の千島アイヌは九十七人で（中略）之れは極くざつとした報告で、實際には九十三人丈けが色丹島へ上陸したのである。然し他日の參考となるから湯地縣令上申書の全文を左に揭げる」として）

得撫島以東警備之義ニ付上申

明治八年十一月魯政府ト御交換相成候、本縣下千島得撫新知占守郡之義ハ、縣廳ヲ距ル近キモ貳百六拾里、遠キハ六百五拾餘里ニ亙ル、絕海ノ島嶼ニシテ一歲中船舶ノ往來絕ヘテ無之、隨テ島ノ狀況ヲ知ルニ由ナシ、舊開拓使管轄ノ時ニアリテハ每三年特ニ官船ヲ遣リ土人ヲ撫育シ來リ、本縣ニ於テモ舊開拓使ノ例ニヨリ去十五年官吏ヲ派遣シ親シク島ノ狀況ヲ視察セシメ、本年モ其期ニ際會致候ニ付兼テ要路ノ官員派遣ノ義其筋ヘ上請ノ末、去月廿五日安場參事院議官、芳川內務少輔、小澤陸軍少輔等來縣、其翌廿六日小官同船當港出帆、本月一日占守島ニ着シ去十二日ヲ以テ歸縣仕候、抑占守ノ地タル唯一帶海水ヲ隔テ、魯領カムチヤツカト相接シ島民常ニ來往スルヲ以テ言語風俗一モ魯人ト異ナルコトナク、今ニ魯西亞ヲ以テ本國トスルノ情實アリテ毎三年特ニ擧行セラル、撫育モ別ニ其效ヲ見ハサズ、而シテ外國船ハ千島諸島ノ間ニ出沒シ擅ニ海虎其他ノ海獸ヲ獵シ殆ンド獸種ヲ剿絶セシメントスル勢ニ有之、又時トシテ右ノ密獵船ニ雇ハレシ日本水夫等モ外國人ト共ニ島民ヲ虐遇シ財物ヲ掠メ去ル、彼ノウシ、ル島暴行ノ如キ擧動往々之レアルモ地方官其取締ヲナス能ハズ、此上片時モ難默視場合ニ付將來保護上便宜ノ爲メ今般渡航ノ序ヲ以テ占守島土民ヲ諭シ、男女合セテ九拾七人小官等乘込ノ汽船ニ搭載シ管下根室國花咲郡支古丹島ニ移住セシメ候

既ニ占守島ノ土人悉皆移住セシメ候ニ付テハ、千島諸島ノ中得撫以東ハ全ク無人ノ島嶼ニ歸シ候處、本ト此島嶼ハ本邦北門之要地ニシテ將來如何ナル外務上ノ關係ヲ生ズルカモ難計候ニ付、取締ニ於テハ決シテ忽諸スベカラザルモ、本縣有限ノ費額ヲ以テ充分邊境警備ノ用意モ不相立候ニ付、今般巡囘相成候諸官員トモ協議シ密獵船取締及北境警備ノ儀ニ付至要ト認メ候條件左ニ開申致候

一、凡ソ外國密獵船ノ水夫ハ皆日本人ニシテ是等多クハ横濱ニ於テ雇入ラル、モノニ候ヘバ、先般御布告相成候第十六號ノ規則ニ基キ我水夫ノ密獵船ヘ雇ハル、ヲ得ザル方法ヲ御設ニ相成度、若シ其方法相立日本水夫ノ密獵船ヘ雇ハル、コト不相叶候ヘバ此地方密獵ノ業ハ自然衰微スベク候

一、前ニ陳ジ候禁ヲ犯スモノ又ハ外國人乘込ミノ密獵船取締ニ於テハ勿論、北境警備ニ至テモ海軍ノ實力ニ依ラザルヲ得ザル義ニ付、擇捉以東ノ諸島ハ總テ海軍省ノ管轄ニ附セラレ海軍省ヨリハ軍艦碇泊ノ場所ヲ撰ビ、毎年海獸獵ノ時節凡四月末ヨリ十月下旬マデ、軍艦一二艘モ相廻サレ密獵船取締ハ勿論、此方面航海ノ測量等ニ着手相成度然ルトキハ北境警衞モ充分行屆可申ト存候

右其筋ヘ御協議ノ上御詮議相成度別紙千島諸島略圖相添此段上申候也

明治十七年七月十五日　　　根室縣令湯地定基

內務卿　山縣有朋殿

(3)根室より國後島を經て網走に行き三度根室に歸るまで

（前略）

〔末喜日記〕七月十六日曇（中略）午前八時「クナジリ」島巡視ノ爲メ矯龍丸ニ乘込ム。（中略）午後一時前ニ「クナジリ」島泊ニ着岸ス。同所人家人口ハ〇〇、（中略）良港ニアラズ、物産ハ硫黃ヲ以テ第一トシ、昆布之ニ次ギ帆立貝、鮭、鱒、ナマコ、外ニ少々獵虎ノ產アリ云々。（中略）

〔保和日記〕七月十八日　午後網走着、直上陸、藤野喜久藏番屋止宿。根室より宗谷迄は藤野、宗谷より西海岸は栖原、（藤野、栖原は前出した舊幕時代よりの有名な請負人—著者）エトウ。東海岸佐野番屋多し、今は竹富跡引受ると云。アバシリ二百四十六人、內六十八人（二十五戶）外百一人雇人、惣戶五十五戶、土人に比するに戶より人口少きはバタ取に山に入る故なり。四月末より五六月までニシン。マスは六月より。夏の土用より昆布九月中。九月より十一月までサケ。ホタテ貝は六月盛り。海鼠七八月。カキは冬より春に至る云々。

七月十九日（サルマ行き）（前略）サルマ沼中央に臨めり。十一時半食事、トウブツに着。（中略）又小舟にて湖中を徘徊す、湖中カキの名產あり、土人をしてとらしむ。湖縱七里、幅二里ありと云。（中略）三時建部丑之助宅にて酒食、カキの料理あり。土人は男女共千島人より勝れり。婦人は口邊にイレズミする多し云々。

直に出船、二十日午前八時シベツ着。（中略）シベツ川（中略）產マス、サケ、ニシン、水源二十里ありと云。（中略）シベツ川內、凡二千石程、海邊五千石鮭。土人の住居は內地人に同じ、婦人口邊入墨するの別あるのみ。（中略）十一時出船。野付崎を越、別海着、西別と一水を隔つ。此川のサケ北海道第一とす。戶五十、口二百五十、內土人十二戶。第一場藤野又十、第二第三場丸本（柳田）外に海漁六ヶ所又十三ヶ所あり、丸本の漁場年々純益あるは此場に限ると云ふ。西別に丸本の番屋あり。農商務省の鑵詰製造所あり、マスの詰方を見る。場長黑江幸彌太、官吏十一名、一周年の經費を割當てれば二十三四錢の元價となる。昨年迄二十五錢に賣却、本年は十二錢と云、官の製造考ふべし。

〔末喜日記〕七月十八日雨　同日正午十二時過網走着船。（中略）產物ハ重ニ秋味（鮭のこと―著者）、鱒、昆布ハ立タズ云々。

（中略）

七月十九日晴　網走午前七時乘船。（中略）同十時五十分猿間着船。（前出保和日記に見る）同所ハ猿間湖ト云フ湖邊ニアリ。少シク離レテ土人ノ村落戶數四五戶アリ。湖ハ純粹ノ水湖ニアラズ、潮之レニ混ジ、蠣澤山ニ生ジ同所ノ一產物ナリ。（中略）蠣島ヲナシ水表ニ白色ヲナシ、殆ンド暗礁ノ如ク、瀨戶ノ如キ形ヲナス。物產ハ鮭、鱒アリ、此ノ湖水ニ海ヨリ溯ルモノナリ。此湖ハ海ニ接スル尤モ近ク、湖ヨリ一條ノ川トナリ海ニ注グ。然ルニ嚴冬ノ頃ハ結氷シ海モ亦氷ルコト海岸ヨリ洋中ニ至ル。夫ガ故ニ川流モ風ノ爲メニ沙ヲ埋メ川流ノ跡ヲ絕ツニ至ル云々。

⑷根室より陸路、日高を經て札幌に至る

〔保和日記〕（前略）七月二十三日晴　（中略）食事了て二時半小舟を雇てキリタツプに至る。本月四日頃よりニシン漁あり、內山利兵衞七百石に及ぶ、其他二百石三百石以下十四五軒あると云。是より八月初旬には大漁ある見込。濱中地方昆布、十五年は一萬八千、諸產物元價十四萬餘北海道へ輸出の分。三萬六千餘內地へ輸出の分。當地の產物昆布、ニシン。漁家多分函館其他より仕出し多し。伊藤兼吉當嶋の巨豪濱中地方の人物と云。七年より移住す云々。

七月二十四日（中略）五時厚岸着、山口與三郞宅止宿（新築巨宅なり）。當港二百戶、尤も寄留共一戶平均四人位と云。

七月二十五日　午前八時十五分前、鑵詰所に至る休業中。本年より販路乏を以、乾カキの業に變ずるの趣向と云。

別に兒島利久乾カキ專業とす、十六年二千斤、本年一萬斤を製す。百斤二十枚、原品二斗入、生味六十錢に買入て上げ六斤となる、代價一圓二十錢となる。又廣島の移住民三戸、（中略）乾カキ業をなす云々。

七月二十六日晴　（中略）八時釧路着。原田幸吉止宿。百五十戸程、濱邊散居を加へれば三百戸に過ると云。（中略）豐島三右衞門八十六歲、元松前人、十六歲より北地跋跡遂に釧路に移住す、家族を纏しは維新後、佐野孫衞門の親類、此家始は石狩の請負人なり。初て來りし時分は文政午の歲、兒白糠の番屋にありしが當所の番屋支配人となり、後に白糠に居れりと。當時はイカリと云處に七十戸、トマリには漁家あり、濱の先に十二戸あり、其前に多分ありしが山崩れて死す。以前の土人はアバシリの種にて多分アバシリに歸れり。（中略）當時番屋支配人番人二十五人、常吉と云支配人あり。アイノ人（原文のまま）に番屋の日本人誤りて釜の湯をかけ、養生すれども不立、遂に死す。アイノ大に憤り多人數擧て弓矢を取り廻したるに、今の仙法趾に在る原太郎なるものの祖々父、番屋惣小使シワリチテなるものアイノに向、支配人を殺さば先吾を殺せと云て動ぜず、日本人皆隱る、土人如何ともする能はず、後遂に和談すと云々。

（中略）

〔末喜日記〕七月二十七日晴　（中略）午後六時釧路驛ヲ發シ五十石積ノ和船ニテ釧路川ヲ登リ午後七時三十分「トウロ」ニ着ス。釧路驛ヨリ「トウロ」迄ハ里數未ダ確實ナル測量ナシト雖モ、凡ソ里人ノ云フ所ニヨレバ八里ナリト。「トウロ」ノ上流ニ「クチヤル」ナル一部落アリ、凡ソ八里計、是ハ土人ノ都會繁昌ノ地ノ由。（中略）「トウロ」ハ土人二十四戸、人口百三十三人、土人ノ大部落ナリ。（中略）同地ハ湖邊ニアリテ村落ヲナシ山川ヲ漁獵シ職業トス。湖水ニハ鮒、鰻、ウゴイ、川ニハ鱒、山（熊、鹿）。山川ハ漁獵ハ充分收納アリ云々。

七月二十八日　午前朝食前村内ヲ巡視ス。伍長（昔の酋長―著者）ノ宅始メ一統ノ宅遺リナク見舞フ。家十五疊位、一窓アルノミ。中央ニ大爐ヲ設ケ是ニ團欒シ居ルナリ。室内魚肉ヲ釣リ下ゲ殊ニ火爐ノ上ニ掛ケアブル心ナルベシ。是等ノ譯ニテ室内ハ臭氣甚シク、床ハナシ、直ニ土ニ板ヲ敷キ、其ノ上ニ蒲團ヲ敷キ、室ノ廻ニハ漆器ヲ具フ土人ノ所謂寶物ナリ。又太刀二三振ハ必ズ所持スルモノ、如シ。「アツシ」ノ産地ニテ大抵戸毎ニ女子ハ「アツシ」ヲ織ル。其織器具ノ模様並ニ織方ハ内地ノト大同小異。毎戸ニ犬二三匹ヲ飼フ、是ハ山獵ノ爲ナル由。又戸毎ニ畑ヲ有シ、稍ヤ耕作ノ緒ニ付キタリ云々。（以下、安場氏の「北海道巡回記」省略）

最後にこの旅行から得た安場保和の北海道開拓計畫上申案と思われる草稿（清野氏所引）を引用して参考に資する。

北海道殖民ノ措置ヲ改正スルノ議

凡ソ事ヲ爲ス、人心ヲシテ之ニ趨向セシメ、而シテ之カ適應ノ制規ヲ定メサルヘカラス、人心既ニ之ニ趨キ制規能ク之ニ適セハ、其業ノ成之ヲ止ムルモ、勢ヒ禁スヘカラサルモノアリ、抑北海道開拓殖民ノ擧ノ如キ宜シク人心ヲシテ之ニ趨向セシメ、隨テ之カ適應ノ制ヲ設ルヲ以テ一大緊要トス、請フ試ニ其方策ヲ陳セン、維新ノ始メ北地開拓ノ議ヲ定メ、次テ開拓使ヲ置キ、荊蕀ヲ開キ、嶮峻ヲ鑿シ、廣野ヲ通スル等、拮据經營茲ニ十年移植ノ民漸ク聚落ヲ見ルニ至レリ、然リト雖モ、該道疆域ノ莫大ナル僅カニ十年ノ星霜ヲ以テ功ヲ奏スヘキニ非ス、宜シク之ヲ創始ノ初期トナスヘキナリ、曩ニ廢使置縣ノ擧アリ、是レ時ヲ量リ宜キヲ創スルモノト雖モ、抑該道事業ノ成否ハ本邦ノ盛衰ニ關スル尠少ナラサレハ、前途永遠ノ策講究セサルヘカラス、今ヤ第一期既ニ了リ、正ニ第二期中ニ際ス、宜ク速ニ之カ措置ヲ改良セサル可ラサルモノアリ、何ヲカ改良ノ要トナス、各省直轄ノ事業ハ現行ノ儘据置キ、三縣分管ノ事務ヲ一轄ニ歸セシメ、更ニ内地ト其制ヲ殊ニスルヲ得ルノ活法ヲ設ケ、内地畫一ノ制ニ檢束セラル、ノ患ヲ免レシメ其施設ノ大綱ヲ一ニシ、又各地適應ノ措置ヲ爲サシメ、主任官ヲシテ專ラ民ヲ殖シ、地ヲ闢キ物産工業ヲ盛大ニスルノ目的ヲ達セシメ、人民各自ニ於テモ之ヲ大ニシテハ北門ノ鎖鑰トナリ、之ヲ小ニシテハ私家永遠ノ産ニ就クノ基ヲ謀ラシムルトキハ、人心自ラ之ニ趨キ制規宜キヲ得テ現今三縣分立ノ制ニ比スル其得失果シテ如何ソヤ、依テ試ニ其概目ヲ

左ニ列陳ス

一、北海道函館外二縣ヲ廢シ、更ニ北海道殖民局ヲ置ク、位置札幌

一、函館ヲ除キ其他全道悉ク本局ノ所轄トス

但シ函館ニ府ヲ置キ市政ヲ統轄セシムヘシ、抑該道ノ地タル北門ノ一大要衝ニシテ本邦ノ寶庫ト云フモ過言ニアラサルヘシ、故ニ函館ニ府ヲ置キ市政ヲ布キ之レニ離宮ヲ設ケラレ夏秋ハ候必ス親臨該道ノ施設情狀ヲ明察セラルヘキナリ

一、凡北海道ハ內地ト其制ヲ殊ニスルコトヲ得

一、北海道殖民局ニ局長一名ヲ置キ內務省ニ屬ス

一、北海道殖民局長ハ土地人民ヲ牧宰スル內地府縣知事縣令ニ同シ

一、殖民局長ハ裁判事務ヲ兼掌ス

一、殖民局長ハ一般成法ニ拘ハラス土地適應ノ規則方法ヲ撰定シ、政府ノ裁可ヲ得テ之ヲ施行スルコトヲ得

一、北海道ノ土地ハ本籍人ニアラサレハ所有スルコトヲ得ス

但シ從前開墾ノ勞費ヲ掛ケ現ニ所有シ來ルモノハ此限ニアラス

一、北海道開墾地ハ五十年以上百年以下ノ年間渾テ地租ヲ免除ス

但シ年限後ニ至リ所得ノ幾分ヲ納稅セシムルモノトス

一、北海道移住民自今開墾資金及ヒ旅費等一切之ヲ給貸スルノ法ヲ止メ、自己ノ資力ヲ以テ支辨シ得ヘキモノニ限リ移住開墾セシムルヲ目的トス、夫レ資本家タル者獨力ノ氣性ヲ存シ北邊肥沃ノ地タルヲ覺リ自カラ奮テ移ルノ念慮ニ非サレハ效ヲ奏シ難ケレハナリ

右北海道殖民開拓ノ方法改良ノ大綱ナリ、然レトモ亦業ニ大小難易ノ別アリ、實際移民ノ力ニ能ハサルモノニ於テ官專ラ負擔セサルヘカラサルノ要件アリ、之ヲ以下ノ數項トス

一、道路ヲ開キ橋梁津渡船及ヒ驛遞ヲ設ケテ行旅ノ往來、運輸投宿ニ便ナラシム等ノ方法ヲ設クル事

一、排水ノ爲メ大ニ溝洫ヲ開鑿シ、或ハ田土灌漑ノ大水路等ヲ疎通スル事

一、內地ト定規ノ通路ヲ開ク事

一、北海道物産ノ販路ヲ開ク事

一、漁場雇人被雇人ノ間ニ嚴重ナル取締法ヲ設ケ舊弊ヲ除去スル事

一、以上ノ五項目ニ於ケル移民自己ノ力ニ及ヒ難キノ事業、且ツ人心ヲシテ趨向セシムヘキ緊要件タリ、故ニ政府ノ義務トシテ專ラ之レカ保護ヲ盡スヘシ、爲メニ毎歲金若干萬圓ヲ定額トナシ、緩急ヲ度リ十ケ年ヲ一期トナシ專ラ之ヲ經營スヘシ、旅費開墾資金ヲ除クノ外移民保護ノ法ハ規則ニ依リ之ヲ支給スヘシ（北海道收稅額ヨリ之ヲ支出スルモノトス）

一、北海道收稅金額ヲ以テ殖民局一切ノ費用ニ充ルモノトス

但シ函館府及ヒ各自直轄ノ事業經費ハ別ニ國庫ノ支給タルヘシ

右改良ヲ圖ル處ノ大要ニシテ既ニ法律ヲ以テ內地ト其制ヲ殊ニセシノ後ハ官員專ラ虛飾鄭重ノ弊ヲ去リ、率先シテ事業ヲ奬勵警戒シ從來內地諸官吏ノ病弊ヲ洗淨スヘシ、且ツ勉テ官吏ノ人員ヲ寡少ニシテ淳良方正材能ノ士ヲ撰擢シ、其俸給旅費ヲ豐ニシ、功ヲ賞シ勞ニ報ヒ廉恥ヲ勵スヘシ

以上拙策數件是ヲ左右ニ進ム、若シ電矚ヲ賜ヒ大意採ルヘキアリトシ、更ニ細目ヲ記シテ再覽ヲ乞フニ至ラハ幸甚

年　月　日　　　　官　姓　名

官　姓　名　殿

さて安場氏の本道拓殖方策に就いては、さすがに肯綮に値するものありと思われるが、中にも三縣分立制を否定して北海道殖民局を設け本道拓殖を一手に本局に綜攬せんとの基本的所見は――殖民局制では餘りに小さ過ぎるとは考えるが――恐らく實地巡檢からきた方策であろう。しかしそのことは程度の差こそあれ結局において三縣分立前の開拓使的拓殖方策に類似した一元的開拓方針を採るという點では軌を一にするものであって、いわば當時の三縣分立制はたとえ制度そのものとしては一層進歩した制度であっても北海道及び千島の現實から見ると、まだ可なりの距りがあったように思われる。かくて氏の本道拓殖に關する根本の方策は當局に可なりの反應を與えたとみえて――無論そのことだけではあるまいが――明治十九年一月には北海道廳の設立を見るに至った。

最後に特記したい一事は函館を特別の商港に仕立て、その地に市制を布き本道物産の輸出と内外地よりの輸入物資の中心點たらしめると共に、この地に離宮を設けて夏秋の親臨を仰がんとする考案の如き注目に値する考えであったと思われる。

〇千島の沿革

前掲清野氏の解説によると「ところが上記北海道紀行下の最後の部分に北海道紀行附錄がある。此附錄丈けは參事院の罫紙で無くつて太政官の公用罫紙が使用せられて居り、且筆跡も北海道紀行と異なつて居る。此附錄の部分には、いきなり日本地誌提要拔萃として北海道の沿革が簡單に記されて居る。然るに之に續いて千島の沿革が大變詳細に記されて居る」とあるから、ここでは重要な問題の中心點であった千島の沿革とくに擇捉島の開發について參考する。

千島諸島ハ素蝦夷「クルムセ」ノ部落ニシテ本邦ノ屬島ナリ。「クルムセ」ハ「イチセコツチヤカムイ」トテ蝦夷地ニ於ケル一種ノ夷人ノ末裔ニシテ、次第ニ奥地ヘ移リ「ラツコ」島「カムサツカ」地方ニ往テ部落ヲ爲セリ。其人種ハ北海道ノ舊土人ニ異ナル事ナクシテ髮眼皆黑シ。又千島ヲ「クリール」ト稱スルハ外國人蝦夷ヲ「クリースコイ」

ト言フ。「クリール」島ハ卽蝦夷ノ島ト云事ナリ。久シク蝦夷土人ノ占居シテ海產ノ業ヲ營ミ來リシガ、魯國此邊ノ土地ヲ侵略セシハ正德五年ノ頃ニシテ今ヲ距ルコト凡ソ百六十年前ニアリ云々。

（前略）此ノ如ク北邊ノ諸島ニ力ヲ用ヒ人民ヲ撫恤シ、產業ヲ開キ以テ外國蠶食ノ策ヲ防遏シ、終ニ擇捉ヲシテ彼ノ有ニ歸セシメズ千島諸島ノ經界トナセリ。惜カナ得撫、新知島占守ノ諸島ヲ以テ魯國ト交換セリ。嗚呼此諸島ヤ昔時邊要ノ策ヲ惰リ、遂ニ魯ノ占有スル所トナリ、又樺太モ同ジク魯ヲシテ蠶食ノ計ヲ逞フセシメ終ニ之ヲ讓與シ今却テ代フルニ前ニ失フタル所ノ島嶼ヲ以テセリ。惟フニ此千島諸島ハ昔時官民之ヲ放擲スルニ因リ、彼ヲシテ志ヲ逞フセシメタリ。今亘大ノ樺太ヲ與ヘテ僅ニ此些小ノ島嶼ヲ有シ、而シテ又之ヲ放擲スルニ至テハ他日如何ナル不利ヲ受クルニ至ルモ知ベカラズ。故ニ此諸島ヲ開クハ又急務トスル所ナリ。

（著者曰、魯國が東察加方面に進出してきたのは元祿前後からであって、魯帝アンナの時に千島諸島に侵入し、日本、中國との貿易の根據地にせんとし、ウルップ以北を占居した。幕府も大いに驚き天明六年初めて幕吏（山口鐵五郎、青島俊藏）を遣し擇捉、國後を巡視せしめ、寛政三年には最上德內、和田兵太夫に蝦夷諸島を、同十年には近藤守重、最上德內に再び擇捉、國後を巡視せしめて北邊の忽せにすべからざることを痛切に自覺し、ことに魯西亞と境を接する擇捉島に力を盡すべきを決心するに至ったのは實に寛政の末年であったから、魯國の東進を始めた元祿前後から見ると遲れること殆ど一世紀の後である。かくて享和元年にはさらに富山保高、深山運營を得撫に、翌二年には再び近藤守重、山田嘉充を擇捉に遣し、魯人及び漁業の狀況を窺わしめておる。）

擇捉開業

擇捉島漁業ノ盛ンナルコトハ本邦稀ナル地ト雖昔時ハ只土人ノ食料ニ供スルノミニシテ、之ヲ漁獲シテ他ニ販鬻スル事ナシ。獨リ獵虎ハ著名ノモノニシテ舊來魯西亞人大ニ之ニ注目シ尤世ニ貴重スルモノトス。魯人初メ得撫以北ヲ占領シ遂ニ擇捉ニ來ツテ居住ヲ爲スニ至レリ。茲ニ於テ幕府策ヲ決シ擇捉ヲ以ツテ本邦ノ疆界トナシ、外人ヲシテ一歩ヲ容レザラシメントス。然ル時ハ該島ニ我人民ヲ移殖シテ本邦ノ藩籬タルヲ知ラシムルヲ急務トス。依テ船舶ヲ造リ航路ヲ開キ來往ヲ便ナラシメンコトヲ謀リ、寛政十二年近藤守重、山田嘉充ヲ擇捉ニ遣ハシ（前文には兩氏の派遣は享和二年―著者）兵庫ノ商人高田屋嘉兵衞屢々松前ニ往來シテ能航海ニ熟達スルヲ以テ命ジテ船長ニナシ、數百ノ貨物ヲ裝載シテ該島ニ至リ、且嘉兵衞ヲシテ該島ニ漁業ヲ行ハシム。守重等初メテ國後ニ至リ夫ヨリ該島「トリカマイ」ニ着船シ、「オイト」ニ會所ヲ建ツ、是該島本邦風ノ家ヲ作リシ初ナリ。而シテ漁場數所ヲ開キ魯西亞人建ツル所ノ十字架ヲ棄テ我ガ木標ヲ建テ魯西亞風ヲ除テ總テ本邦ノ俗ニ改メシム。亦土人ニ衣食ヲ與ヘ漁具ヲ授テ漁獲ノ法ヲ教フ、土人其勞少ク收獲ノ多キヲ知リ愈業ヲ寛メテ倦ムコトナシ。而シテ高田屋嘉兵衞該島ノ漁場ヲ熟視シ後會所ヲ「シヤナ」ニ移シ、漁場十七ケ所ヲ開キ爾來愈漁業ヲ盛ンナラシメン事ニ力ヲ盡セリ。茲ニ於テ該島ノ漁業益々開ケ人民生業ヲ安ンジ國家ノ恩典ヲ感悦ス。嘉兵衞江戸ニ歸テ之ヲ具狀ス、幕府吏ヲ遣ハシ之ヲ檢ス。享和三年嘉兵衞功ヲ以テ俸米ヲ賜ヒ官船ヲ支配シ、年々來往シテ土人ノ用ヲ足シ漁收益々盛昌ニ赴ケリ。嘉兵衞遂ニ別店ヲ松前函館ニ置キ巨萬ノ富ヲ爲シ北海道著名ノ豪商タリ。又其人ト爲リ少ニシテ大志ヲ懷キ、且魯西亞ニ囚ハレ其行爲感賞スベキアリ。嘉兵衞死シテ弟金兵衞業ヲ繼グ。然ルニ魯西亞ト船標密約ノ事ニ因リ、天保四年家產沒收セラレ生國淡路ニ屛居セシム。之ニ依テ擇捉漁業モ終ニ廢業ス。天保十二年ニ至ツテ栖原仲藏、伊達林右衞門兩人ニ漁場請負ヲ命ズ。爾來兩人ニテ漁業ヲ行ヒ來リシガ、維新ノ後開拓使ヲ置カレ大ニ北海道ヲ開クノ策ヲ建ラレ、全道ヲ諸藩ニ分配シテ之ヲ開拓セシメントス。明治二年十一月該島ノ中擇捉郡ヲ彥根藩ニ、同十月紗那郡ヲ仙臺藩ニ、同三年五月蘂取、振別ノ二郡ヲ又仙臺藩ニ命ゼラル。茲ニ於テ明治三年紗那一郡ヲ仙臺ヨリ榊富右衞門ニ受負ヲ爲サシメ、他ノ三郡ハ栖原、伊達ニテ舊ノ如ク營業ヲ爲セリ。四年ニ至ツテ榊富右衞門ヲ廢シ、佐藤半兵衞、鈴木左吉ヲシテ振別、紗那、蘂取ノ三郡ヲ行ハシメ、栖原、伊達ハ擇捉一郡ハミトス。然ルニ此年諸藩ニ分配ノ制止ミ、該島一圓舊ノ如ク栖原、伊達ニ復ス。明治九年二月伊達林右衞門業ヲ止ム。玆ニ於テ該島ノ漁業栖原小右衞門ノ一手ニ歸ス。

栖原ノ北海道ニ來ルヤ古ク其年月ヲ詳ニセズト雖モ天明六年天鹽並ニ「テウリ」「ヤンケシリ」ノ漁場受負ヲ爲シ、翌年又留萌、苫前二郡ノ受負者トナリ、漁場數十ヶ所ヲ有シ當今北海道漁業家ノ巨擘タリ。今栖原、擇捉漁場ノ數十七ヶ所ナリト云。而シテ近年漁獲愈增多ノ景況アリ、今明治三年以來該島收獲高ヲ擧グレバ左ノ如シ。

	鯡粕(石)	鹽鱒(石)	鹽鮭(石)	鱒粕(石)	鱈(石)	魚油(石)	布苔(石)	鱈粕(石)
三年	○	三、九八四・二	二、四八四・九	○	三六・九	○	二・六	○
四年	○	三九九・○	三、五○○・○	○	四○・○	○	一・六	○
五年	○	六、四一三・一	一、八七一・五	九七四・九	一一・六	四八・○	○	○
六年	一五二・五	四、九○五・一	一、八七一・五	一二三・○	四○・一	六○・○	○	四・二
七年	○	八、六九○・○	一三二・○	六○六・七	四○・七	○	○	九・○
八年	○	五、五○○・○	一、五四七・三	五八三・○	○	○	○	○
九年	○	八、○○○・○	三、○○○・三	五六四・四	○	○	○	○
十年	八七・五	九、三二八・一	三、四二三・一	一、二八二・一	三九・七	九七・五	○	○
十一年	○	一○、一六七・九	四、三七一・○	一七九・七	八九・八	四九・五	○	○
十二年	四三・五	一四、六六八・三	四、○五二・○	一四九・二	九六・一	○	五・一	三・四

栖原小右衞門は十二年ヨリ試ニ得撫ニ漁場ヲ開キタリ。

以上は右の文獻中の漁業關係の要點を引用したものであるが、これから見ると魯西亞が東漸を始めたのは元祿ごろからというのであるが、日本幕府が千島というものに對し心配し出したのは寛政末期ごろからのようである。してみると大體からいっていわゆる寛政の三偉人の出現と同時代である。その後のことはここで記すことを省くが、かような經過を經て幕末から明治初期にかけ千島は兩國間の或は廣く一般對外政策の重要地帶として明治維新前後に跨る政治乃至産業上の舞臺であったから、明治漁業史の重要な一環としての北海道漁業の上においても最も注目すべき地域である。

○千島警備及び北海道開拓に關する　金子堅太郎の七議案

以上の經過につづいて翌十八年には金子堅太郎の北海道巡視が行われた。編者淸野氏はこの巡視記を「當時に於ける北海道の生活狀態を窺知し得るのが吾々に取つて甚だ有益であるし、史家は又北海道統治史の根本資料の一として此書を取り扱ふ事が出來ると思ふ云々」と言っておられるが、ここでも私のこの仕事にぜひとも參考したいと考えられる部分の引用に止める。但し次の金子氏の「北海道巡視復命ノ一書ハ前已ニ之ヲ奉ゼリ（中略）然ルニ別冊卑見書成ル（中略）乃チ目次ヲ附シテ之ヲ左右ニ奉ズ云々」で明らかなように、次の引用文は氏の實地巡視から得た意見書である點に於て甚だ重要な文獻であることを前書きしておく。（以下の引文中、前項に引用したものと重複せるところもあると思うが、已むを得ない次第である。）

謹デ白ス。北海道巡視復命ノ一書ハ前已ニ之ヲ奉ゼリ。而シテ其書ノ終リニ其開拓事業等ニ關スル卑見ハ更ニ書ヲ具シテ之ヲ上申センコトヲ述ベタリ。然ルニ今別冊卑見書成ル乃チ目次ヲ附シテ之ヲ左右ニ奉ズ、冀クバ一覽ヲ賜ハランコトヲ。頓首

明治十八年十一月十二日　　太政官大書記官兼參事院議官補
元老院大書記官制度取調局御用掛　金子堅太郎

參議兼宮內卿伯爵伊藤博文殿

目次

一、明治五年第三百四號布告北海道土地賣買規則第六條改正ノ議

一、道路開鑿ノ議
一、殖産會社設立ノ議
一、物産稅ト出港稅トノ區別ヲ廢シ單ニ出港稅ヲ課スルノ議
一、千島警備ノ議
一、北海道ノ普通教育法ヲ改正スルノ議
一、移住士民ノ狀態
以上七議

明治五年第三百四號布告北海道土地賣買規則第六條改正ノ議

謹デ按ズルニ(中略)其實地ニ就キ開墾ノ事業ヲ視察スルニ如何セン玆ニ一ノ障碍アリ是レ他ナシ、北海道土地賣買規則第六條ナリ。其文ニ曰ク、土地買下ノ後開墾其他共上ノ地ハ十二ケ月、中ノ地ハ十五ケ月、下ノ地ハ二十ケ月ヲ過ギ不下手ハ上地申付ル事ト。而シテ此法律アルガ爲メニ北海道ノ沃野ニシテ開拓セザルモノ幾千町ナルヲ知ラズ。(中略)唯壹萬坪ノ上地ニシテ其價金十五圓ニ過ギズ。(中略)然ルニ顧ミテ已ニ所有者アリシ土地ノ實況ヲ視レバ、草木繁茂シ禽獸人ニ逼ルノ景狀ニシテ、未ダ一耒一耜ヲモ入レタルコトアラズ、依然數百年前ノ蝦夷地ニ異ナラズ云々。

(前略)彼ノ法文ニ據レバ買下ノ後開墾其他共十二ケ月乃至二十ケ月ヲ過ギ不下手ハ上地申付ルトアレドモ、其不下手ノ區域判然セザルガ爲メ所有者ハ壹萬坪ノ土地內ニ於テ僅ニ壹坪又ハ二坪ニ當ル土地ヲ晝シ、其樹木ヲ伐採シ之ニ雜穀ヲ播種シ、以テ下手シタルモノト主張シ、(中略)依然荒蕪ノ形況ヲ存スルノ弊アルノミナラズ又此ノ如キ所有者ハ皆東京又ハ其他ノ內地ニ住居スルモノニシテ該道ニ現住セズ云々。

(前略)目下開墾熱心ノ農民ニ與ヘテ之ヲ開墾セシメナバ該地ノ道路モ頓ニ通ジ、該地ノ物産モ俄ニ殖センコト眼ヲ

刮シテ見ル可キナリ、是ニ於テカ北海道土地賣買規則第六條改正ノ議ヲ進ム。頓首再拜

道路開鑿ノ議

（前略）然ルニ開拓使以來今日ニ至ルマデ前後十有七年三千萬圓餘ノ金額ヲ消費シテ其開拓シタルノ土地ハ僅ニ四千町歩餘ニ過ギズ。（中略）是レ皆開拓使以來施政ノ順序其末ヲ求メテ其本ヲ務メザルノ致ス所ニシテ今日之ヲ如何トモスベカラザルナリ。抑其本トハ何ゾヤ物品消流ノ路ヲ開ク是レナリ。物產消流ノ路開クニアラザレバ開拓ノ事業終ニ能ク其效ヲ見ルベカラザルハ理ノ正サニ睹易キ所ナリ。之レヲ是レ務メズシテ紊リニ不急ノ土木ヲ起シ、頻リニ開拓ノ事業ヲ裝ハント欲スト雖モ何ヲ以テカ其目的ヲ達スルヲ得ンヤ。（中略）實地ニ就テ該道海陸運輸ノ景況ヲ見レバ到ル所道路ハ僅カニ鹿、熊ノ往來ニシテ樹木茂深ノ山道ニアラザレバ即チ草茅生繁ノ曠原タリ云々。海運ニ至テモ亦陸運ト同一ノ感ナキ能ハズ。（中略）沿海良港ニ乏シク、殊ニ暗礁海底ニ羅列シテ大ニ航路ヲ妨ゲ（中略）數年北海ノ航海ニ熟練シタル者ニアラズンバ能ク該道ノ沿岸ヲ航行スルコトヲ得ズ云々。

（前略）而シテ北海道ノ各地概ネ皆海產物ニ富ムヲ以テ沿岸ニハ數里ヲ距テ、一小漁村アリ、人烟稍々相接スルノ姿アルガ故ニ云々。

（前略）是ニ由テ之ヲ觀レバ、此道路ヲ開築スルニ方リ豫メ先ヅ其順序方法ヲ按ズルコト目下ノ急務ナレバ其要領ヲ左ニ摘錄セントス。

（著者曰、上文に續いて、第一　委員ヲ命ジテ道路線ヲ畫定スル事　第二　集治監ノ囚徒ヲ道路開鑿ノ事業ニ使役スル事　第三　道路ヲ開築スルト同時ニ排水路ヲ開通スル事　第四　新開ノ道路ニ沿ヒ屯田兵ヲ置ク事　の四項目ヲ擧げ說明を加えてある。）

殖產會社設立ノ議

謹デ按ズルニ北海道ハ海産物ニ富ムヤ、人ノ普ク知ル所ニシテ内地ニ於テハ未ダ其比ヲ見ザルナリ。（中略）然ルニ堅太郎曩キニ該道ニ赴キ親シク海産物收獲ノ實況ヲ觀察スルニ、各地ノ出産人ハ概シテ薄資ノ漁民ナレバ、海産ヲ河海ヨリ引上グルヤ直チニ之ヲ賣却シテ生計ノ用ニ供セザルヲ得ズ。奚何ゾ自ラ進ンデ之ヲ他府縣ニ輸送シテ販賣スルノ餘地アランヤ。故ニ皆其戸外ニ立テ日夜購求者ノ來ルヲ待ツアルノミ。而シテ偶々購求者ノ來ルアルモ、漁民ノ薄資ナルヲ熟知スルガ故ニ、出産人ノ言ヒ出ス代價ヨリ非常ノ低價ニ之ヲ買ハント謂ヒ、以テ遷延數日ヲ費シ漁民ノ困迫スルニ及ンデ、始メテ非常ノ低價ヲ以テ之ヲ買取ルノ風アリ。又甚ダシキニ至テハ冬季ニ迫リ航海モ將ニ閉塞セントスルニ當リ、米穀、鹽、味噌等ノ日用品ヲ携帶シテ漁民ガ越年ノ準備ヲ急グニ乘ジ、賣込ム品ニハ非常ノ高價ヲ附シ、而シテ買取ル物産ハ無比ノ低價ヲ以テ之ヲ買フガ如キ弊習アリ云々。

又出産人中少シク資産アリ、委托販賣ヲ依頼シテ函館又ハ其他ノ市街ニ於テ之ヲ賣捌カント企ツルモノアリト雖モ、委托販賣ノ方法未ダ嚴確ナラズ、加之積荷ノ方法粗漏ナルト運賃ノ高キトニ依リ、到底之ヲ輸出スルモ利益ナキヲ如何セン。又陸産ノ穀物ニ至テハ道路ノ開通セザルト運輸ノ不便ナルトニ依リ、海産物賣買ノ情況ヨリ尙ホ一層甚シキモノアリテ云々。（中略）故ニ北海道ノ物産ヲシテ隆盛ノ域ニ赴カシメ、未開ノ土地ヲシテ肥沃ノ田圃トナサント欲セバ、殖産會社ヲ設立スルコト今日ノ急務ナリトス。其設立方法ニ關シ、精細ナル事項ヲ記載セバ事頗ル冗長ニ渉ルヲ以テ唯其要領ヲ左ニ摘錄セントス。

第一、殖産會社ハ其本店ヲ函館ニ置キ、各出産地ノ重要ナル場所ニ支店ヲ設ケ、出産人ガ其物産ノ販賣方ヲ委托スルトキニハ荷爲替ヲ付ケテ之ヲ引受ケ、二八掛ケノ法ニ據テ元價十分ノ八ハ出産地ニ於テ現金ヲ以テ之ヲ出産人ニ渡シ、而シテ其物産ニハ保險ヲ付シテ之ヲ船舶ニ積込ミ、賣捌先ニ於テ賣却シタル仕切書ニ依リ、手數料、船賃、運送賃、倉敷料、保險料ヲ引去リ、其殘餘ノ金額ハ之ヲ出産人ニ渡スモノトス。此方法ニヨリ根室縣下ニ於テ昆布ノ委托販賣ノ事ヲ廣業商會及ビ出産人ニ下問シ、其計算ヲ出サシメシガ上海賣捌ニテ百石ニ付二拾圓、函館賣捌ニテ八圓ノ増額ヲ見ル、此二拾圓又ハ八圓ノ増額ハ出産地賣拂ノ慣習ヲ廢シテ委托販賣ヲ設クルノミニ依テ得ル所ノ利益ナリ云々。

第二、殖産會社ヨリ積出ス所ノ北海道物産ニ限リ、政府ニ於テ特別ノ保護ヲ與フルヲ要ス。幸ニ方今日本郵船會社ヲ創立シ、政府ハ其株券ニ付キ八朱ノ利子ヲ保護スルモノナレバ之ニ代ユルニ、日本郵船會社ヲシテ殖産會社ヨリ積出ス所ノ北海道物産ニハ通常ノ運賃ヨリ一割半乃至二割ノ割引ヲナサシムルノ方法ヲ設クルヲ必要トス。是レ歐米各國政府ガ殖民地ノ物産ヲ繁殖セシムル政策ナリ云々。抑現今北海道ニ於テ尤モ人民ガ困難スル所ノモノハ運賃ノ高價ナルニアリ。運賃高價ナレバ漁業、農業共ニ衰頽シテ隆盛ヲ期スベカラズ。今一例ヲ擧レバ、根室縣下擇捉ニ於テ鱒百石ノ代價ハ百貳拾五圓タリ、而シテ之ヲ東京ニ輸送スルトキニハ、其運賃ノミニテ貳百三拾圓タリ。又函館ヨリ昆布ヲ上海ニ輸送スル内外商人ノ運賃ヲ比較スルニ、支那人ハ昆布百石ヲ上海ニ輸送スルニ僅ニ銀三拾枚ヲ要ス。日本ノ商船ニ之ヲ托セバ運賃ハ百石ニ付百貳拾弗タリ云々。

第三、殖産會社ハ各支店所在地ニ於テ倉庫ヲ作リ、艀船ノ都合ト風波ノ穩否トニ依リ、其地方ノ物産ヲ時々其倉庫ニ積ミ込ミ、汽船來着ノ時直チニ之ヲ荷積シテ出航セシムルノ途ヲ設ケザルベカラズ。何トナレバ（中略）各出産地ハ海ニ於テ一里乃至六里ヲ距テ、羅列セリ。而シテ其物産ヲ積取ルトキハ一々汽船ヲ各所ニ寄セ、一二ノ艀船ト少數ノ人夫トヲ以テ數ケ所ヨリ積込ム、故ニ數多ノ日數ヲ費スノミナラズ（中略）數日ノ荷積中或ハ風波ニ逢ヒ荷積ヲ中止シ、終ニ空船ノ儘引返ス事アリ云々。

第四、殖産會社ノ株券ハ鐵道會社及ビ郵船會社ノ先例ニ倣ヒ、政府ニ於テ年若干ノ利子ヲ保護スルヲ要ス。又開拓使官貸資金ノ未納額ヲ年賦又ハ即時上納スルモノアレバ、其半額ハ殖産會社ノ株金ニ編入シテ其株券ヲ本人ニ下付スルノ法ヲ設ケラレンコトヲ希望ス。何トナレバ此官貸資金ト稱スルモノハ一種特別ノ性質ヲ帶ビタルモノニシテ、彼明治ノ初メ政府ガ頻リニ官金ヲ貸下ゲ、以テ北海道ノ殖民ヲ奬勵セラレタル時ニ起リタルモノナリ。故ニ精密ニ法律上ノ見解ヲ下セバ、一種ノ下賜金タル姿ヲ存シテ、政府ト人民トノ貸借ニ依テ成立シタルモノニアラザルナリ。是ヲ以テ出産人ハ之ヲ政府ニ返納スルノ念慮ニ薄ク官吏モ亦強テ其返納ヲ促スコトヲ得ズ云々。今其金額ヲ擧レバ根室縣ノミニテモ、金六拾六萬貳千九百拾七圓ノ多キニ上レリ。故ニ今若シ殖産會社ノ株金トシテ下付スルノ法ヲ設ケバ、出産人ハ負債ヲ變ジテ殖産會社ノ株券トナシ、且ツ爾後利益ノ分配ヲ受クルモノナレバ各々爭テ上納スルニ至ラン云々。

物産税ト出港税トノ區別ヲ廢シ單ニ出港税ヲ課スルノ議

(前略)抑北海道物産税ノ由テ起ル所ヲ按ズルニ、昔者幕府ノ世、松前藩該道ヲ領セシ時ニ當リ其物産ヲ收獲セシムルニ東西各地ニ受負人ト稱スルモノヲ置キ、之レガ收獲地ノ區畫ヲ定メ、各其物産ヲ收獲セシメ其場所及ビ收獲ノ如何ニ由テ、其物産ニ五分乃至貳割ノ税ヲ課シタルニ起因シ云々。然ルニ此法タルヤ租税ノ原則已ニ明カナルノ今日ニ方テハ決テ適合シタルモノト云フ可カラザルノミナラズ、又言フ可ラザルノ不權衡ト不平均トヲ生ズルニ至レリ。卽チ今日ノ如ク內地ノ人民漸次北海道ニ移住シ、漁業次第ニ隆盛ナルノ時ニ方テハ各地ノ區畫東ヨリ西ニ、西ヨリ東ニ自然ニ接近シ、東方ヨリスル者ト西方ヨリスル者ト各々其場ヲ密接シ、而シテ一方ノ者ハ五分ノ定税ヲ納メ、一方ノ者ハ二割ノ定税ヲ納ムルノ差アルヲ見ルモ、其收獲スル所ノ物品ヲ問ヘバ此レモ鮭ナリ、彼レモ鮭ナリ。又其收獲ノ多寡ヲ尋ヌレバ彼是同一ニシテ毫モ差異アルコトナシ。(中略)差アルモノハ全ク、昔時松前家ニ於テ受負人ヲ立テタル場所如何ニ由ルモノト謂ハザル可カラズ。(中略)是レ此法ノ改正セザルベカラザル所以ナレバ請フ之ヲ左ニ陳述セン。

物産税ヲ徴收スルニ之ヲ檢査スルノ法二アリ。第一水揚檢査、第二收獲檢査是レナリ。其水揚檢査ト稱スルモノハ日々收獲スル所ノ物産ヲ海ヨリ陸ニ移ス時之ヲ檢査シ、其收獲檢査ト稱スルモノハ其已ニ海ヨリ陸ニ移シタル收獲物産ヲ檢査スルモノニシテ、一ハ其時々之ヲ檢査シ、一ハ其期々之ヲ檢査スル法ナリ。而シテ課税即チ現品ヲ徴收スルノ法ハ主トシテ此收獲檢査ヲ本トスルモノナリ。

然リ而シテ其徴收シタル現品ハ（中略）其荷造リ及ビ運搬等ノ費用ハ一切出産人ノ負擔トスルガ故ニ人民ハ其檢査ノ嚴重ナルト其手數ノ繁雜ナルトニ苦ミ云々。彼鮭鱒檢査ノ實況ノ如キハ、檢査官吏各漁場ニ立會ノ上壹尾宛之ヲ檢査シ之ヲ帳簿ニ記載シ、日出ヨリ日沒マデ終日ノ勞ヲ費シテ僅カニ六百石内外ニ出デズ、是ヲ以テ出産人ハ人夫ノ日給及ビ食料ヲ費シ、政府ハ官吏ノ旅費日當ヲ費シ、官民倶ニ非常ノ手數ト非常ノ費用トヲ糜耗シ唯損スルコトアルモ決シテ益スルコトナシ。

（前略）是ヨリ更ニ北海道人民ト内地人民トノ租税負擔額ヲ摘載シ、併テ北海道出産者ノ物産税及ビ出港税ヲ負擔スル割合ヲ示サントス。

歐米各國政府ハ殖民地人民ヲシテ納租ノ負擔ヲ減少ナラシメ以テ其生活ニ餘裕ヲ生ジ其財本ノ繁殖スルヲ勉ム、然ルニ我北海道人民ノ納税負擔額ヲ視ルニ、遠ク内地人民ニ超過スルノミナラズ本邦第一ノ多額ニ上レリ。今左ニ其表ヲ掲ゲン。

國税地方税協議費賦金ノ總高ヲ人口一人ニ割賦シタル表

一、北海道三縣　一、一四五、〇五一圓
　　人口一人ニ付　四・六三圓

一、滋賀縣（内地ニ於テ尤モ多額ノ負擔）　二、二四六、一八〇圓

一、鹿兒島縣（内地ニ於テ尤モ少額ノ負擔）　人口一人ニ付　三・五八圓

二、〇四〇、七八六圓

人口一人ニ付　一・六〇圓

一、東京府　二、五三五、八四〇圓

人口一人ニ付　二・二四圓

此表ニ依レバ北海道人民ハ其職業ノ如何ニ係ラズ、本邦ニ於テハ諸税負擔ノ最多額ヲ占メタリ。今又爰ニ物産税及ビ出港税ヲ論ズルニ付キ、試ニ北海道ノ出産者ガ漁獲スル物産ニ課スル税額ト其人口負擔ノ割合トヲ示サントス。

一、物産税出港税總高　明治十六年　七〇〇、三二三圓

一、出産者人員　同年調査　七四、九七九

出産者一人ニ付　九・三四

此表ヲ以テ前ノ表ニ比較スルニ、北海道ノ出産者ハ全人口ノ諸税負擔額ニ二倍スル租税ヲ上納セリ。然ラバ則チ何ヲ以テ北海道人民ノ財本ニ餘裕ヲ生ゼンヤ。往昔松前家ノ受負人トナリ漁業ヲ營ミシトキハ海産干場ノ丈量モ寛大ナリ。又漁業ニ使役スル土人ハ金錢ノ價格ヲ知ラザレバ唯漆器、織物等ノ玩弄物ヲ以テ其賃錢トナシタリ。然ルニ今日ハ大ニ之ト異リ地盤ノ丈量ハ縣廳嚴ニ之ヲ管督シ土人モ亦日給ノ賃錢ヲ求メ、而シテ税則ハ日ニ月ニ緻密ニ赴キタレバ決シテ昔日ノ如キ巨萬ノ利益ヲ期スベカラザルナリ。

以上排列スル所ニヨレバ、物産税ナリ出港税ナリ其一ヲ廢止シテ北海道人民ノ負擔額ヲ減省シ、其財本ヲ養殖セシムルコト今日ノ急務ナレドモ、如何セン方今政府ノ財政尤モ究迫シタル際ナレバ減税ハ暫ク之ヲ措キ（中略）先ヅ物産税ヲ廢シ、北海道物産ハ各地ヲ出港スル時、其原價ニ由リ單ニ出港税ノミヲ課スルコト、センニハ、官民ノ費用ヲ

省キ簡便ナルコト言フベカラザルモノアラントス。（中略）今爰ニ物產稅ニ關シ每年政府ノ費ス所ノ金額ヲ擧ゲテ其巨大ナルヲ示サンニ、札幌縣一管内ノミニテモ十七年度豫算三萬二千二百三十圓ナリ。其他二縣ノ調査ハ未ダ之ヲ詳ニセズト雖モ亦假リニ札幌縣ト大同小異ナルモノト看做セバ、北海道三縣ニ於テ物產稅ノ徵收ニ費ヤス金額ハ八萬圓内外ニ下ラザルベシ。（中略）然ルニ今此物產稅ヲ廢シテ單ニ現今ノ出港稅ノミトセバ財政究迫ノ際國庫歲入ノ經濟上言フ可カラザル事情ナキヲ得ズ。然ラバ則チ如何ニシテ可ナラン乎。顧フニ物產稅ヲ廢スルニ方テハ宜ク又出港稅ヲ增加セザルベカラズ。卽チ今日出港稅ヲ課スルノ方法ハ現價百分ノ四ヲ定率トスルモ若シ果シテ物產稅ヲ廢センニハ宜ク其割合ヲ增シ以テ物產稅ヲ徵收スルノ今日ト非常ノ差異ナク、政府ノ財政上大ナル影響ヲ生ゼザルヲ要ス。

（前略）十五年度ノ計算ニ據レバ、物產稅五十四萬六千百四十三圓、出港稅二十二萬四千五十九圓此合計七十七萬二百二圓ナリ。而シテ此出港稅廿二萬四千五十九圓ハ價ヲ問ハヾ則チ現價百分ノ四ヲ賦課スルノ原則ニ由リ、五百六十萬千五百圓ナリ。然ルニ今試ニ此物產稅ヲ廢シ、殆ンド此合計七十七萬二百二圓ニ相當スベキ金額ヲ得ント欲セバ、現價百分ノ四ヲ賦課スル出港稅ノ原則ヲ變ジ、假ニ壹割二分ヲ賦課セバ、則チ六十七萬二千百八十圓ヲ得ベシ。此金額タル前ノ合計七十七萬二百二圓ニ比スレバ九萬八千二十二圓ノ不足卽チ差異ヲ生ズベシト雖モ夫ノ物產稅ヲ廢止シテ減少シタル八萬圓内外ヲ此九萬八千二十二圓ヨリ引キ去レバ、其殘餘ノ差異ハ實ニ些々タルノミナラズ、彼レハ無益ニ費シ、此レハ然ラザルノ利害ヲ參觀スルトキハ其損其益果シテ如何ナリヤ云々。

千島警備ノ議

謹デ案ズルニ千島群島ハ根室縣ノ管轄スル所ニシテ（中略）東方ノ極端占守島ハ、則チ本邦ノ國境ニシテ海峽纔カニ七里ヲ距テ、魯領柬察加ト相隣リス。（中略）然ルニ從來國事多端、政府意ヲ玆ニ專ラニスルコトヲ得ズ。又縣政ノ下ニ屬シテ以來僅々ノ定額金未ダ以テ千島ノ警備ニ用ユベキノ遑ナク、遂ニ明治十七年ニ及ンデ占守島ニ居住シタル土人數十人ヲ擧ゲテ色丹島ニ移住セシメ、得撫以東ノ五十餘島ハ總テ無人ノ島嶼トナルニ至リシハ畢竟施政ノ極東ニ及ビ難キノ然ラシムル所ナリ。而シテ彼擇捉、國後等ノ諸大島ト雖モ漁場纔カニ沿岸ノ各所ニ散在スルノミニシテ、警備ノ點ニ至テハ未ダ曾テ着手セズ、殆ンド抛棄シタル現狀アルハ實ニ慨嘆ノ至リナラズヤ。千島近海ニシテ若シ海獸ノ棲息スルコトナク、漁介ノ呼吸スルコト多カラズンバ、外國人ノ之レニ注目スルモノナシト雖モ、漁介ノ不盡藏ナルアリ、海獸ハ多ク棲息スルアリテ數十年來外國人爭テ彼島ニ輻湊スルニアラズヤ。然ルニ獨リ警備ノ忽セルノミナラズ、諸島皆無人ノ實況ナルガ故ニ外國殊ニ魯國ノ船舶常ニ此近海ニ往來シ密獵ヲナシ、或ハ上陸シテ薪水ヲ採リ、甚シキニ至テハ小屋ヲ掛ケ越年スルモノアルニ至ル。此有樣ニシテ久シキニ渉ラシメバ、彼等ハ終ニ無人島占領權ヲ主唱シテ之レヲ以テ我藩土ト看做サル、コトナキヲ保チ難シ、現ニ往古ニ遡リ千島該島ノ沿革ヲ徵スルニ諸島ハ古來我版圖荒服ノ地タルモ、魯國其邊防ノ備ナキヲ覗ヒ遂ニ得撫以東ノ諸島ヲ蠶食ス。然ルニ松前藩微弱ニシテ之ヲ郤クル能ハズ、却テ事ヲ幕府ニ蔽フテ空シク魯國ニ屬セシコト百三十有餘年タリ。（中略）故ニ目下千島群島ノ爲メニ最モ急務トスル所ハ警備ノ法ヲ立ツルト外國人ノ密獵ヲ防禦スルトノ二事ニアリ。（中略）然ラバ則チ如何ナル方法ニ據テ之レガ警備ヲ嚴ニシ、且ツ外國人ノ密獵ヲ防禦スルコトヲ得ベキ乎。堅太郎聊カ微意アリ、乞フ其要領ヲ左ニ陳述セン。

第一　千島群島中ノ一ニ屯田兵ヲ置ク事

（前略）屯田兵ヲ置キ適宜ノ方法ヲ設ケテ千島全島ニ關スル警備ハ凡テ之レニ委任シ（中略）先ヅ自今年度ヲ定メ每年若干ヲ增加シ（中略）屯田兵設置ノ地ハ擇捉島ヲ先キトシ、追次ニシテ國後ニ及ボス云々。蓋シ擇捉ハ（中略）海獸魚介此近海ニ棲息スル決シテ他島ニ讓ラザル所ナリ。（中略）是ヲ以テ擇捉ノ屯田兵ハ他方ノ屯田兵制ヲ多少變更シ、左ノ職業ヲ與フルヲ要ス。

第一　擇捉島ノ屯田兵ハ漁業ヲ主トシ傍ラ牧畜ニ從事スルモノトセバ、則チ擇捉適當ノ事業ニシテ且ツ其利益モ亦

巨多ナラントス云々

第二　罐詰所ハ擇捉島ニ設置シ、屯田兵ノ漁獲シタル鱒及ビ其牧畜ニ係ル牛、豚ヲ罐詰トシ適宜販賣ノ方法ヲ設ケ、其所得ハ屯田兵費用ノ一分ニ充ツルモノトス

第三　臘虎獵ノ爲メ帆船二三艘ヲ擇捉近傍ニ繋泊セシメ氷解ノ時期ニ至リ屯田兵ノ幾分ヲシテ其獵ニ從事セシメ、又氷結後ハ黑狐、三毛狐、赤狐等ノ獵ニ着手セシムルモノトス

根室農工事務所ノ計算ニ依レバ、此臘虎獵及ビ狐獵ノミニテモ毎年壹萬七千圓餘ハ所得アルベシ云々

第二　汽船一艘ヲ擇捉近海ニ備ル事

擇捉ニ屯田兵ヲ設クルモ、未ダ以テ千島ノ警備ヲ完フシタルモノト云フベカラズ。宜シク汽船一艘ヲ購入シテ千島諸島ヲ巡回セシムベシ。(中略)其往來スルトキハ官民ノ行旅及ビ荷物ノ運搬ニ從事シ、傍ハラ外國船密獵ノ取締ヲナサシメ(中略)其收入モ亦千島警備ノ費用ヲ幾分カ償却スルニ近カラン。

第三　海軍省ハ氷解ヨリ氷結マデ毎年軍艦ヲ千島ニ送ル事

(前略)今ヤ北海道ノ各地ニ航海スルモノハ舊幕府ノ時英人某ノ測量ニ係ル海圖ニ依ルモノナレバ頗ル不完全ニシテ(中略)實地ト相違スルヲ以テ、十數年間此近海ニ慣熟スルモノニアラザレバ敢テ此海ノ危險ヲ冒シテ航行スルコトヲ得ズ。(中略)之レニ反シテ外國人ハ千島海ノ淺深港灣ノ良否等精密ニ調査シテ臘虎獵ノ用ニ供シ且ツ國家有事ノ備ヲナスト云ヘリ。就中魯國ノ如キハ毎年夏秋ノ期節ニハ軍艦ヲ北海道沿海ニ派遣シ(中略)以テ海圖ヲ調製スト。(中略)是ヲ以テ海軍省ヲシテ毎年軍艦一艘ヲ北海道ニ送リ先ヅ千島近海ノ測量ヲナサシメ、而シテ漸次之レヲ他方ニ及ボサシムベシ。(中略)夫レ近海ヲ測量シ、精密ナル海圖ヲ製スルハ獨リ警備ノ爲メノミナラズ、通常ノ航海ヲ完全ナラシムルモノニシテ、實ニ今日ノ急務トスル所ナリ。世人常ニ巨文島臍州島ニ關シテハ大ニ苦慮スル所タリト雖モ、未ダ

一人ハ論者出デ北門ノ鎖鑰タル千島警備ノコトヲ説クモノナキハ抑々亦慨嘆ノ至リナラズヤ云々。

北海道ノ普通教育法ヲ改正スルノ議

謹デ按ズルニ歐米諸邦ノ其殖民地ニ對スル政策タルヤ、專ラ實利勸業的ニアリテ智育ノ點ニアラズ。（中略）其普通教育卽チ小學校等ノ實況ヲ視察スルニ、大ニ此ニ反スルモノアリ。（中略）所謂殖民的教育ニ適當セザルモノ多シ。

（中略）

果シテ然ラバ今日北海道普通教育ノ方法ヲ改正スルコト萬止ムヲ得ザルノ事狀ナリ。其之ヲ改正スルノ方法ハ如何、請フ之ヲ左ニ略陳セン。

米國國領地（テリトレ）及ビ「メイン」「バマント」等諸州ノ教育法ハ堅太郎曾テ米國ニ留學セシトキ親シク之ヲ臨視セシニ、春季雪融ノ際ニハ人民ハ皆其子弟ヲ率ヒテ開墾耕耘ノ業ニ從ヒ、其間ハ學校ヲ止メテ各其時季ニ適スル所ノ職業ヲ營ミ、婦女子ノ如キモ或ハ牛乳ヲ絞リ、或ハ羊ヲ養ヒ老幼男女皆耕作牧畜ノ間ニ從事セザルナク、而シテ其冬候雪降ノ間ニ在テハ農事ノ復營ムコト能ハザルヲ以テ所謂「冬季學校」ト稱スルモノヲ設ケ十戶乃至十五戶ヲ一組トシ、其中央ニアル農家ヲ以テ假校ト爲シ、村內ノ教僧又ハ村長、然ラザレバ少シク學識アル者ヲ擧ゲテ以テ之レガ教員トシ、冬季六ケ月ノ間ハ各其學業ニ從事セリ。（中略）是レ米國未開ノ村落ニ行ハルヽ教育方法ナリ。

今我北海道ノ季候ヲ問フニ、彼米國ノ「メイン」「バマント」諸州ト同ジキノミナラズ、其耕耘牧畜ヲ必要トスルノ點ニ至テモ亦同一ナリ。（中略）宜シク米國ノ教育法ヲ參觀折衷シ、以テ北海道適當ノ教育方法ヲ設クルコト今日ノ急務ナリ云々。

移任士民ノ狀態

謹デ按ズルニ北海道各地ハ皆海產ニ富ムヲ以テ、沿岸ニ村落ヲナスモノハ一トシテ漁業ニ據テ其生計ヲ營マザルモノナシ、殊ニ漁期ニ際セバ內地ヨリ出稼人ノ該道ニ來リテ漁業ニ從事スル者其數實ニ夥多ナリトス。是レ皆漁業ノ容易ニシテ且ツ利益ノ尤モ多キガ爲メナラザルハナシ。故ニ漁業ハ政府敢ヘテ干涉保護ノ勞ヲ取ラザルモ其振起ヲ自然ニ任シテ可ナルモノトス。獨リ該道ニ移テ農業ニ從事セントスルモノ、如キニ至テハ、大ニ之ト趣ヲ異ニスルモノアリ。是皆農業ノ困難ニシテ且ツ利益少ナキガ爲メナラザルハナシ云々。

（中略）

（前略）堅太郎北海道各地ノ移住民地ヲ巡回シ其家ニ入リ、其人ニ問ヒ其慘狀ヲ親シク見聞シ、悲歎ノ情未ダ胸裏ヨリ消散スルコト能ハザルガ故ニ此一文ヲ起草シ謹デ上呈ス。頓首再拜

以上で金子氏七議案中の漁業に關係ある事項と考えられる部分の摘要を終った譯であるが、通してその骨子と思われる點は　イ、現行の北海道土地賣買規則第六條では身を以て開拓に從事せんとする、いわゆるハダカ一貫の內地移住民にとりては殆ど土地（海產干場を含む）の分配にあずかることは不可能で、優良な未開地は道內及び內地の資產家によって獨占せられ、しかも、その土地は實質的に未開のまま放任せられている傾向が著しい。　ロ、何よりも先ず國家の手によって道路を開通し、宿驛を整えて物資流通の安全と交通費の安價を計らねばならない。　ハ、北海道物產の輸出乃至販賣のために、生產者自らが共同して殖產會社を創設し、この機關を通して生產物を取引し、これまでの如き問屋商業資本の支配から脫却すること。　ニ、物產稅を全廢する代りに多少の出港稅率を高め國庫收入に著しい減少を招かないようにすること。　ホ、北門警備のため軍艦の派遣と屯田兵を創設し兼て密獵船の侵入を防ぐこと。　ヘ、現實生活を離れた教育を廢し、住民の職業に應じて實際教育に改むること。　ト、本道沿岸に見る澤山の村落は殆どその總てが漁村であって、漁期になれば澤山の出稼人の來道を見るが、これは漁業の比較的に着業し易いのと、かつ利益の大なるものがあるからで、從ってさまで政府の干涉保護を必要としないが、農業は利益も少なく着業も困難だから政府も充分の努力が

必要だといっておる。

○侍從五位片岡利和公一行　千島探検實紀

この「千島探検實紀」の著作者多羅尾忠郎氏の緒言によると、「侍從片岡利和　叡旨ヲ奉シ北海道千島探検セラル、ニ際シ、北海道廳ノ命ヲ受ケ隨行、明治二十四年十月三十日札幌ヲ發シ同二十五年九月十一日歸着復命ス（中略）此間取調ヘタル地理風俗人情海陸物産等調書ヲ集メ千島探検實紀ト名ク云々」とあるから、讀者もこの文獻の成立と一行の目的が那邊にあったかをほぼ推知し得ると思われる。先ず初めに目次を掲出する。

目次

○留別村字年萠(トシモイ)

○振別村(フレベツ)

○老門村(オヒトウ)

○內保村(ナイボ)

○丹根萠村(タンネモイ)

○海氷上旅行ノ實況　寫眞一

○積雪上旅行ノ實況　寫眞一

○海川氷上魚ヲ漁スルノ實況

○冬期鷲及鴨ヲ捕フルノ實況

○鱒漁業ノ實況

○冬期旅行具

◎擇捉島ノ狀況

○古來ノ沿革　寫眞一

○地理山林　部落、港灣、山川湖沼、名所、舊跡、山林

○漁業　漁業ノ開始、漁業ノ盛衰、漁夫雇入、栖原鑵詰場ノ沿革、平出喜三郎漁業、漁業家傳、統計表

○農業

○鑛業　硫黃、溫泉

○商業

○鳥獸類
○陸上草木及海草
○郡役所戸長役場、各郡村別戸口表
○警察署及衞生
○教育
○宗敎
○病院
○風俗人情
○殖民スベキ土地
○開クベキ港灣

◎得撫島ヨリ東北諸島巡囘ノ實況

○總說
○ウルプ島　寫眞一、地圖二
○チリポイ島
○ブラツトチエルボエフ島
○ブロトン島　寫眞一
○シムシル島　地圖一
○ケトイ島

○ウシシル島
○スレトネハ島
○ラサヲ島
○マタヲ島
○磐城島
○ライコケ島
○ムシル島
○シヤシコタン島
○エカルマ島
○チルンコタン島
○ハルムコタン島
○ヲンネコタン島
○シリンキ島
○マカンルシ島
○アポスル島
○アライト島
○鳥島
○ポロムシリ島

寫眞一、地圖一

○シムシュ島　寫眞一

○風帆船難風ニ遇ヒシ實況

○密獵船ノ實況　寫眞一

○植物　見本採集ノ分　圖二

○鳥類　見本採集ノ分　圖二

○將來ノ急務事項

○第一號千島丸獵獲表　寫眞一

○氣象表　自廿四年十二月一日 至廿五年九月三日

色古丹島

(前略)此島民ハ明治十七年七月十一日占守島ノ土人ヲ移住セシモノニシテ現今戸數十六戸人口五十九名(男二十七人 女三十二人)酋長ハ「ストローソツプヤーコフ」ト云フ戸長一名筆生一名ニテ之ヲ所轄セリ云々

宗教ハ皆希臘教ヲ奉ジ土人ノ病氣ハ多ク呼吸機〔器〕病ヲ患フ

産物(前略)獸類ハ狐(赤、斑、黑)、海豹、海馬、等(中略)魚類ハ鰈、鮭、鱒、鱈、大鮃、鯟、鯇、カジカ、アブラコ、チカ、等、海草ハ昆布、布海苔、其他(略)

擇捉島總説

本島ハ千島國中ノ大ナルモノニシテ(中略)擇捉、紗那、振別、蘂取ノ四郡ニ分チ又之ヲ九ケ村トス(中略)戸數三百三十戸人口九百九十人ナリトス

蘂取村　舊土人生活ノ有様　本村ニ於テ川畑庄介、川島龜太ノ兩人ハ舊土人ニシテ獨立營業ヲナシ既ニ相應ノ資産

ヲ有ス、他ノ舊士人等ハ概ネ傭夫トシテ栖原角兵衞ナル漁業家ニ雇ハレ冬期ハ獸獵又ハ伐薪ニ從事シ其賃銀ヲ以テ衣食ノ料ニ充ツ（中略）彼等ハ今日既ニ內地人ノ風ニ化シ沙流十勝地方ノ土人ノ如クアラズ、蓋シ維新前ヨリ仙臺、南部、津輕、松前諸藩ノ屯衞所ニ使役サレ且ツ沿海漁場ニ於テ數々內地人ニ接シタル故ナラン（中略）戶數十八戶人口七十三人（男四十人 女三十三人）（明治二十五年一月一日調査以下倣之）云々

商家　當村ニ於テ商賣ヲナス家二戶アリ概ネ現金ヲ以テ販賣スル能ハザルニ依リ利潤ヲ見ル鮮少ナリト、畢竟花主ハ之レ概ネ村民並ニ毎年漁期ニノミ出稼ニ來レル傭夫ナルヲ以テ給金ヲ得ザレバ支拂フ能ハズ、且ツ彼等ハ囊中一錢ダモアラバ以テ酒ニ代フルノ弊アルヲ以テ其借ヲ濟ス能ハズ、之ヲ以テ商估ハ所謂片商賣ニシテ幾分カ其利ヲ見ルハ只漁期ニアルノミ（移住民二戶、寄留十七戶人口九十人）

漁業　本村ニ於テ漁業ヲ爲スモノハ栖原角兵衞、後藤喜三次、大越市右衞門、鳥海義映、近江市太郎、川畑庄介、川島龜太ノ諸氏ニシテ漁獵ノ重ナルモノ鮭、鱒、鱈等ナリ

漁具　平田船（中略）磯船（中略）持符船（鱈釣船ニシテ三人乘長三間幅四尺）、圖合船（鱈漁ニ用ユ、四人乘）、小舌網、建網、引網（鮭鱒漁ニ用ユ）

（前略）大漁ノ時期ニハ如何アラン現ニ一昨年ノ如キハ一網ヲ投ズルモ凡ソ二千本ヲ得タリト、今爰ニ其獲高ヲ擧グレバ、栖原角兵衞一家ニテ鮭八百石（四萬八千本）鱒二千五百石（三十萬本）〆粕鱒百五十石（一萬八千本）鱈百束（二千本）ノ如シ、而シテ之ニ使用セシ漁夫ハ鱒獵ニ五十人鮭獵ニ六十五人鱈獵ニ五人ナリト云フ、此等ハ重ニ青森、岩手、福山ヨリ來リ毎年五月ヨリ十一月迄漁獵ニ從事シ賃銀各二十圓ヨリ十七圓迄ヲ得、其者ノ內ニテ尙ホ當地方ニ越年セントスルモノハ望ニ任セ薪材ヲ伐採シ舟網ヲ修理シ或ハ小屋ノ破損ヲ繕ヒ其他諸事ニ役セシム

魚類　河中ニ棲息スル魚類ハ「ヲシヨロコマ」（內地ノユワナニ似タリ）鯇等ニシテ就中「ヲシヨロコマ」尤モ多シ、是ヲ獲ルニハ河水凍結ノ際穴ヲ穿チ綸ヲ垂レ以テ得ルナリ（餌ハ鮭ノ筋子ヲ用ユ）、「ヲシヨロコマ」ノ如キハ瞬時ニシテ五十尾ヲ獲ル難カラザル

モ鯇ニ至リテハ氷結溶解ヲ俟チ罟ヲ引カザルベカラズ、之又一網ニ二十本ハ難カラズト云フ云々

乙今丑村　人口戸數　土人戸數三戸人口十二人男五人女七人移住民ナク云々

本村ハ栖原角兵衛漁獵場ニシテ（中略）去ル明治二十三年大獵ノ時「トウロ」ニ於テ一網ニ鮭百五十石ヲ得タルヿアリ云々

トウロ孵化試驗場　明治二十三年十一月「トウロ」ニ栖原家孵化試驗場ヲ設ケ同月ヨリ事業ニ着手シ翌年一月迄ニ鮭、鱒、紅鱒ノ卵ヲ絞リ取ルヿ五十三萬粒之ヲ孵化器ニ容レ置キ翌廿四年五月上旬ニ至リ悉皆發生セシモ其後暴風雨等ノ爲メ斃死スルモノ十萬餘云々

（中略）

擇捉郡老門村（オヒトウ）　本村ハ振別村ヲ距ル二里「ヲタヲモイ」ノ砂濱ニアリ、昔時高田屋嘉兵衛ナルモノ初メテ玆ニ來着シ漁業ヲナセシ所ナリ

土人戸數九戸人口三十一人男十六人女十五人移住民一戸人口六人男三人女三人寄留者戸數二戸人口七人

漁業　漁獵ハ鱒鮭ナレトモ收獲多カラズ、栖原氏ノ漁場ニシテ土人多クハ之ニ使役セラル（中略）留別學校附屬ノ鱒漁場「ランケヲツチツクシベ」、布施平次郎ノ鱒漁場「ルイビツトツクウスモイ」、平山美之作ノ鱒鮭漁場「アフンルイポ」、名取傳作ノ鱒鮭漁場「ウヘンルクシ」、本間勇左衞門ノ鱒鮭漁場アリ

同郡内保村（ナイボ）　（前略）漁業　鮭鱒ニシテ收獲稍多シ、老門ヨリ内保間「ヲンネトリモイ」ニ栖原角兵衛漁場、「ヲツタラウシ」ニ伊藤和一漁場、「ヲサンケナイ」ニ高城重吉（前出、舊土人―著者）漁場、「ポロポロ」ニ栖原及本間貞左衞門ノ漁場、「コタンソテレケウシ」ニ平山美之作ノ漁場、「レタレベツ」ニ船越清八漁場、「ポンウエンシリ」ニ栖原漁場、「サンヂオチ」「ビトカツプカルシ」共ニ栖原漁場、「フシコウタスツ」ニ高橋直孝漁場、「モイノスケ」ニ平出漁場、「ポン

ビラ」ニ佐藤忠次郎、高橋直孝ノ漁場アリ、（中略）土人戸數十六戸人口七十九人（男四十三人 女三十九人）移住民ナク寄留者戸數七戸人口廿六人ナリ

（中略）

海川氷上魚ヲ漁スルノ實況

藻取川ハ廿四年十二月八日初メテ氷リ翌年三月十三日ニ解ク（中略）其後厚サ二尺餘トナリシコトアリ、其氷上ニ釣ヲナスニ「オショロコマ」（ユワナノ類ニシテ 羮又ハ灼リ食ス）魚ヲ得ル、明治廿五年一月廿二日ノ如キハ二時間ニシテ一人百五十尾餘ヲ釣リ得タルコトアリ、其釣ル法ハ小ナル釣針ニテ鮭筋子ヲ餌トナシ尺餘ノ竿ヲ以テ先ヅ氷上ニ五寸四方位ノ穴ヲ穿チ氷上ニ板ヲ敷キ此ノ上ニ坐シ以テ釣ルナリ、時々風雪ノ來ルヲ以テ筵ニテ高五尺横三尺位ノトヤヲ作リ何クニテモ持チ行クニ便ナル様ニシテ氷上魚ノ集ル所ヲ捜索シテ穴ヲ掘ルヲ要ス、故ニ試ミテ魚ヲ見ザルトキハ處ヲ變ズルヲ要ス、十二及一二ノ三月尤モ可ナリ、又海氷上ニテ二三月頃沖ニ出テ氷上ヘ一尺四方位ノ穴ヲ穿チ、カジカニ類シタル魚形ヲ作リ（木皮ヲ以テ造リ色ヲ付ク）之ヲ麻絲ニテ繋キ海中ヘ下ケ動カシツ、アル中、カジカ來リ其魚形ニ觸レントス、此時氷上ヨリヤスニテツキ捕フルヲ法トス、又氷開カントスル四月下旬頃ニ至レバ、カジカ、鰈等ヲヤスニテツキ捕フルヲ得ルナリ

（中略）

鱒漁業ノ實況

鱒ハ水産物中輸出ニ於テ尤モ見込アルモノナレバ之ヲ盛ニシ其需用ニ應ゼザル可カラズ、而シテ擇捉ノ産ハ尤モ多ク且ツ油氣少ク能ク乾燥シ腐敗ノ憂少キヲ以テ市場ニ出テ一割乃至一割半ノ高價ヲ有ス、從來ノ經驗ニヨレバ其收支決算凡ソ左ノ如シ

支出之部

一金貳百貳圓拾錢

内

金四拾圓　河埼船、附屬品

金貳拾三圓　配繩五十枚代、配繩ザル、ヤメソ、釣針等

金貳圓　鱈切庖刀五個代

金貳拾圓　人夫五人船賃函館ヨリ擇捉迄一人ニ付金四圓宛

金六拾圓　人夫雇賃五人分食料ノ外一人ニ付金拾貳圓宛

金三拾圓六拾錢　白米三石六斗代一人ニ付一日八合宛四五六三ヶ月分

金壹圓五拾錢　味噌半樽代

金貳拾五圓　諸雜費小屋掛料及鱈掛竿筵及稅金共

收入之部

一金百九拾貳圓五拾錢

内

金百七拾五圓　干鱈三百五十束（七百貫目）一束二貫目トナシ一圓ニ付四貫目替、但尤テ不漁ノ年ヲ見積レリ

　大漁ノキハ千束以上ヲ得ベシ

金拾七圓五拾錢　鱈粕五石、一石ニ付金三圓五拾錢

差引合計

金九圓六拾錢　不足

右初年ニハ不足ヲ生ズルモ實際ノ損失ニ非ズ船及小屋漁舍ハ翌年ノ用ヲナス故ニ翌年ニ至レバ一艘ノ舟ニテ八十圓餘ノ利益アル割ナリ、且ツ船數多ケレバ人夫流用ノ都合モアリ利益稍多シ、如此ニテ船ヲ增シ年ヲ重ヌレバ利潤モ亦大ナラン（不漁ノ年ヲ見積リシナリ大漁ノ年ハ千束以上ヲ得ル難カラズ此ノ場合ニ於テハ初年ニテモ大利ヲ得ルナリ）、通常二艘以上ニテ漁スレバ初年ニ於テモ若干ノ利潤ヲ見ル難カラズ、尤モ鱈漁ハ人夫ヲ選ブヿ必要ナリトス、擇捉島中鱈漁場ナレバ目下何レニテモ出願スレバ許可ヲ得ラルベシ、干場ハ官地貸下ヲ願ヒ得ベシ

釣リニ用キル餌料ハ「スルメ」ヲ尤モ可ナリトス、其方法ハ「スルメ」ヲ二三寸位ニ切リ鱒又ハ鰊等ノ油ヲ附ケ用キルナリ、且ツ幾回ニテモ其餌ヲ失フ迄ハ用ヲナスベシ

（中略）

擇捉島狀況調

古來ノ沿革

本島ハ東蝦夷ノ一部ニシテ享德以來松前氏ノ所領タリ然レトモ（中略）其土民ヲ待ツ甚ダ嚴酷ニシテ五穀ノ種ヲ與ヘ耕牧ノ事ヲ知リ文字ヲ敎ヘ內地ノ言語ヲ習ヒ簑笠ヲ被リ脚絆草鞋ヲ著ケ凡內地ノ敎化ニ染漬スルヲ禁ジ土民ヲ愚ニシテ益々治メ易ラシム、故ヲ以テ邊疆ヲ警衞シ土民ヲ撫綏スルヿヲ務メズ徒ニ漁場ノ商估ニ任セ敢テ土民ノ困苦ヲ問ハズ商估ハ詐僞瀆歷爭テ奸利ヲナシ己ノ囊槖ヲ肥シ土民ヲ虐使ス土民ハ衣食匱乏シ日ニ月ニ凋弊シ皆松前氏ノ苛政ヲ怨望シ魯人ニ親狎ス、而シテ魯人ハ既ニ北隣ノ得撫島ヲ蠶食シ遂ニ本島ノ備ナキヲ覗ヒ煽動誑惑シテ竊ニ土民ヲ服從シ魯風ニ浸漬シ殆ンド呑噬ノ勢アリ松前氏恐慌禦グ能ハズ初メ幕府天明五年ヲ以テ勘定奉行松本秀持ヲ遣シテ蝦夷ヲ巡視セシム（中略）松本氏魯人伊如欲等ヲ召シテ諭スニ國法異域ノ人ヲ留メズ宜ク速ニ去ルベキヲ以テス（中略）寬政四年最上德內命ヲ奉ジテ千島ヲ按撿ス歸府スルヤ痛ク擇捉島ノ警衞忽ニスベカラザルヲ論ズ、十年幕議目付渡邊胤、使番大

河内政壽、勘定吟味役三橋成方等ヲ遣リ蝦夷地方ヲ巡察セシム、十一年書院番頭松平忠明、目付石川忠房、使番大河内政壽、勘定吟味役三橋成方、安藝守羽太正養ヲシテ專ラ土地開拓夷民保護ノ事ヲ掌ラシム、閣老戸田氏教、參政立花種周其事ヲ總司シ東蝦夷地並ニ附近ノ諸島ニ至ルマデ七ケ年ヲ限リテ幕府ノ措置ニ從ハシム、次デ屬吏近藤守重、山田嘉充島中ヲ按察シ魯人伊如欲樹ル所ノ十字ノ棒杭ヲ倒シ「カムイワツカヲイ」ニ日本國標ヲ立ツ、是ニ於テ幕府南部、津輕兩藩ニ命ジテ各兵五百ヲ出シテ要地ヲ防守シ非常ニ備フ、後又松前氏ノ禁制ヲ解キ夷人ニ和言ヲ訓ヘ文字ヲ習ヒ日本衣裝ヲ與ヘ日本家居ヲ敎ヘ病疾アルモノニハ臥蓐醫藥飲食ヲ與ヘ土人嫁娶ノ道ヲ廣メ漸次我ガ德化ニ感ジ我ガ政教ニ服シ朴直ノ風ヲ變ジテ誠懿トナシ夷種ヲ化シテ良民トナサシム（中略）幕府近藤山田二氏ニ命ジテ地ヲ闢キ民ヲ撫シ專ラ警衞ヲ嚴ニセリ（中略）此年幕府又攝津商人高田屋嘉兵衞稍航海術ニ長ズルヲ以テ御用船義温丸ノ水先船頭ト爲ス、七月番人二名ト蝦夷船二艘ヲ率ヒ本島ニ渡航シ汐路海岸碇泊場ヲ認メ漁場創設所ヲ蹈撿ス、翌十二年手船辰悦丸（千五百石積）外一艘ニ漁具貨物ヲ裝載シ直ニ本島「老門（オヒトウ）」ニ至リ貨物ヲ頒チ夷人ニ贈給シ新ニ漁場十七ケ所ヲ開キ漁具ヲ授ケ生業ヲ教フ（中略）是ヨリ先（七年前）魯人ヘシトウセワシリコンネニチ等三十三人得撫島ニ來リ網ヲ以テ臘虎ヲ獵シ東蝦夷ノ土民ト交易シ嚴然トシテ去ラズ、當初松前氏令ヲ下シテ之ヲ郤ケズ故ニ魯人ハ得撫島ヲ以テ已ノ有トナシ意ニ任セテ漁獵シ放縱ニシテ憚ルナシ（中略）享和二年幕府東蝦夷地ヲ收メ南部、津輕兩藩ヲシテ警衞セシム、文化元年九月魯國公使トサノフ軍艦ナデシダ號ニ駕シ我漂民四人ヲ載セ長崎ニ來リ通商貿易ヲ請フ（中略）トサノフ望ヲ失シ二年三月ヲ以テ長崎ヲ發シ歸路日本北西岸ヲ究メ樺太島ニ至リ轉テ阿哥斯海ヲ航シ久里留諸島ヲ巡察シテ甘察加ニ着シ出帥ノ企ヲナシ（中略）四年四月廿三日魯人船二艘乘組凡六十五人ヲ率ヒテ本島內保灣ニ投錨シ廿五日突然上陸（中略）廿九日一船ハ紗那（シャナ）ニ一船ハ內岡（ナヨカ）ニ投錨シ兵士ヲ上陸セシメ紗那警備ノ本陣ヲ襲擊ス（著者曰、この間の彼我の衝突は全部省略す。）五月十四日（中略）羽太正養直ニ江戸ニ報ジテ南部津輕兩藩ニ增兵ヲ佐竹、仙臺、庄內、會津四藩ニ援兵ヲ令ス、然レ𪜈變亂後十數日ヲ經過セルヲ以テ事既ニ遲レタリ、文政四年冬十二月蝦夷地ヲ以テ松前藩ニ還ス(註)(中略)安政元年正月幕府目付堀利煕、勘定吟味役村垣範正ニ命ジテ松前蝦夷ノ事ヲ管知セシム、松前氏復封ノ後復タ苛酷ノ禁制ヲ發シ漁場ヲ商估ニ委ネテ顧ズ只其税ヲ徵スルノミ、故ヲ以テ支配人番人ハ横虐ヲ極メ或ハ需品ヲ粗悪ニシ秤量ヲ恣ニスルヲ以テ夷民ハ類年貧困ニ陷リ殆ンド飢餓ヲ免レザルニ至ル、甚シキハ夷婦ヲ奪フノ醜行アリ其慘狀言フニ忍ビザルナリ、皆文化年代直隸ノ政ヲ慕ヒ百方其毒手ヲ免レンコヲ願フ(中略)堀村垣二氏ハ專任ノ命ヲ受ケ蝦夷ヲ巡視シ屢土民塗炭ノ苦極ト漁場商估ノ弊害トヲ認メ復命シテ曰ク、松前氏ハ夷地ヲ開創シ功績少カラザルヲ以テ封度ヲ復セラレシト雖モ封内至小、兵力寡弱ニシテ邊疆ノ戎備防海ノ警衞等松前氏ニ放委スルハ策ノ全キモノニアラズ(中略)若シ或ハ愚蒙ノ土人ハ松前氏ノ苛政ト支配人番人ノ虐役ヲ免ル、ヲ幸トシ魯人ノ煽動誑誘スルニ歡欣歸依セバ此土地人民ヲ擧テ彼レニ奪ハル、モ計リ難シ(中略)故ニ文化年代ノ舊章ヲ斟酌シ官之ヲ直隸シ麾下ノ士及子弟倍隸布衣ノ徒ヲ徙シ邊境ノ戎備ヲ充實スベシ(中略)幕府之ヲ納レ二年又東西蝦夷地及附近ノ諸島ヲ治メテ直轄トス(中略)因テ商估ニ諭シテ曰ク全蝦夷地官府ノ直轄ニ歸スルモノハ固ヨリ深意アリ此歲外舶出沒夷地ヲ窺ヒ邊防ノ大計甚ダ急ナリ官府ハ大費ヲ厭ハズ務メテ夷民ヲ撫恤シ戍堡ヲ築テ之ヲ警衞ス爾等宜シク其意ヲ體シ漁業ノ暇耕耘ヲ兼ネ物品ヲ製シ勵精勉メテ怠ラズ以テ國ニ報ズベシ云々、又土人ニ諭シテ曰ク全蝦夷地再ビ官ノ直轄ニ屬スルニ依リ土人ノ撫順ハ官之ヲ掌ル漁業諸般ノ事務ハ從前ノ如ク漁場支配人及番人ノ指揮ニ應ジ宜シク勵精從事スベシ嫁娶ハ元ト郷ヲ出ズト雖モ務メテ其道ヲ廣クシ男女怨曠ノ者ナカラシメ戸口ヲ增殖シ耕耘ヲ務メ糧食ヲ貯蓄スベシ結髮魁頭內地ノ風ニ傚ヒ和語ヲ學ビ文字ヲ習フハ皆其意ニ任ス云々

明治二年併テ千島國トナシ開拓使ニ隸ス(中略)四年本陣ヲ廢シテ全島ヲ開拓使ノ直轄トナシ五年改メテ根室支廳ニ隸ス(中略)七年臘虎獵取締所ヲ置キ外國人ノ密獵ヲ防ガシム(中略)十五年根室縣ニ隸ス(中略)十九年北海道廳ニ隸ス

註

著者曰、當時の模様につき四年後の文政七年の次の文書はまことに重要な文書と考えるからここに引用しておく。(江戸會雑誌明治二十二年六、七月號上野圖書館藏)

海防議

近來英吉利漁船度々東海へ渡來仕候に付愚意見申上候書付

近年英吉利漁船度々東海へ罷越候儀去ル寅年午年浦賀へ入津當年常州大津濱へ入津上陸之者演説並去年漁船へ送り候横文字書面等心見候得共皆鯨漁之船に御座候元來東蝦夷地にて鯡を取候は毎年三四月の間にて其比鯡夥敷南海より集り鯨も多く鯡を追來り候由左候得ハ夏中陸奧常陸之沖合を鯨夥敷往來仕候を近來ヱキリスの漁船にて風(フワ?)と見出し夫より年々東海へ鯨漁に罷越多利を得候事を彼國の漁人共追々聞傳へ候て年々漁船相增來候義と奉存候(中略)此後幾度も處々之地方へ參り野菜物等望み可申畢竟是迄之御仕法にてハ諺に云飯の上の蠅を逐とやらんにも可有御座哉(中略)然れは迚も行屆間敷奉存假令我地方へ寄間敷と申儀を堅く相守候共沖合へ鯨漁に參り候儀は相止み不申(中略)又夷人等は永久年々此海上に參り漁魚致候事故野菜抔必用之事に候へハ我國之漁人に親み度存候處より自然彼國之敎法を勸誘仕候儀も難計候既に去未年松平右京大夫領分之漁船へ夷國船より敎法之書一册投込同年松平陸奧守領分漁船へ敎法之書一册投込又候當五月にも同處漁船へ投込候事に有之候云々

夷船渡來の度々諸家警固之人數多く差出候儀夷船へ對し嚴重に相見御手厚之義にハ候へ共僅之漁船警固に夥敷士卒を出し幕を張り弓銃兵仗を備へ浦賀にてハ只一艘之夷船を數十艘にて幾重にも取圍み候抔實に割鷄に用牛刀候よりも甚しく如何にも夷船を怯れ候様に相見夷國人共之存(マヽ)する處も却て嘲りも仕間敷哉と奉存候(中略)且又其近邊百姓並漁人共賦役に出、農時を失ひ家業を休み幾何之歎きに御座候半右之次第に御座候間何れにも御手當無之候てハ相成間敷奉存候依之御備之儀愚案左に申上候云々

(なお阿蘭陀人を介して英吉利漁船の今後日本東海に出漁しないよう「カルクット」駐在英吉利高官宛傳言狀を委囑している——著者)

日本國より囑託之事

近來英吉利之漁船年々多く日本の東海地方に近く寄來り鯨漁をなし度々地方へも乘り寄せ薪水野菜の類を乞へり其度々聊望の品を與へ日本の掟にて常に來らさる他邦の船を寄る事嚴禁なれハ重て來らハ其儘にハ返す間敷(中略)此後猶諭しを不用地

方に來らハ海岸を去る事凡十里を過きれは是非を論せす打拂ふへし日本之漁船も海岸を去る凡十里にすきす因て十里以内へ來り魚を漁する事なかれ（中略）願くは其方の漁人に不洩様に嚴敷申諭し堅く禁止給ふへし其上にも猶來らハ必打拂ふへし恕むへからず

文政七年申七月　　天文方御書物奉行高橋作左衞門景保

（閣老大久保加賀守はこれを採用し翌八年二月異國船無二念打拂令を發布しておる。渡邊華山、高野長英等の天保己亥の獄もその源はこの上書に發している――著者）

漁業の實況

鮭鱒ハ全島産セザルノ地ナシ殊ニ擇捉郡內保、紗那郡留別、紗那、有萌、別飛、振別郡振別、蘂取郡蘂取、當路ノ諸村ニ多シ、其他各地ノ川流湖沼ニモ多ク産ス（中略）鯡ハ漁獲極メテ僅少ナリ、鱈ハ全島海岸悉ク産セザル所ナシト雖モ鱈漁業未ダ盛ナラザルヲ以テ漁獲甚ダ多カラズ、昆布ハ擇捉郡ノ沿岸ニ多ク産スレドモ採取スルモノ少シ（中略）魚族ニテハ雨鱒、櫻鱒、鰯、鰈、（中略）甲貝族ニハ海鼠、フレツ、ホヤ、海老、蟹、海扇、海膽、海草ニハ布苔、海苔、裙帯草等ハ全島大抵産セザル所ナシ、漁場ハ西海岸ニハ充塞シテ大概空地ナキガ如シト雖モ尙良好ナル鱈場數十ケ所、鮭場ハ六七ケ所、鱒場ハ十四五ケ所アリ、東海岸ニハ得茂別、年萌等ニ開場シアレドモ未ダ盛ナラズ、鱒場十七八ケ所、鮭場七八ケ所、昆布數十ケ所良好ナル空漁場アリ（中略）今後沖漁ヲ盛ニシテ合セテ鱈、鯡等ヲ漁スルトキハ漁獲舊ニ倍シ漁事益隆盛ニ至ラン云々（著者曰、明治十六年以降二十四年までの鹽鱒、鹽鮭、干鱈、鱒粕、布海苔、雜魚粕、鮭筋子、生鱒、海馬の產物收獲高及び代價の連年統計あるもここでは省略する。）

漁業之開始

本島ハ昔時內地人ノ渡來セシモノナシ其產物ハ土人國後島ヲ經テ根室領霧多布ニ渡航シ松前商船ト交易ス、寶暦中根室納布岬航路開ヶ根室運上屋ヲ設クルニ及ビ該地ニ抵リ交易ス、寛政十一年七月番人二名ト蝦夷船二艘ヲ高田屋嘉兵衛義温丸水先船頭トナリ之ヲ率ヒ本島ニ渡航シ（中略）同十二年手船辰悦丸（千五百石積）一艘ニ幕吏乗リ組ミ貨物漁具等ヲ装載シ直ニ本島老門ニ至リ漁具貨物ヲ土人ニ給シ番屋ヲ造ル（以上前文と重複―著者）、南部正津川村川口寅吉漁業ニ熟スルヲ以テ新ニ漁場十ヶ所ヲ開ク、之ヲ大船ノ此島ニ航シ本邦人ノ越年シ漁業ヲナスノ始メトス、文化十一年幕府直捌ヲ廢シ高田屋嘉兵衛ニ請負ヲ命ズ、文政十二年嘉兵衛歸國ニ際シ弟金兵衛ニ請負ヲ讓ル、天保二年ニ至リ故アリテ廢業ス、於此箱館ノ商人大木屋濱田屋ナルモノ二人高田屋ニ代リテ全島漁場ヲ請負ヒ又二三年過ギテ更ニ關東屋ナルモノ請負トナル、其後岡田屋其他松前福山ノ商人三人ノ請負トナリシガ天保十三年ニ至リ皆廢業シテ更ニ伊達林右衛門栖原仲藏二人ノ請負トナル

明治七年伊達林右衛門廢業シテ栖原小右衛門一手ニ歸ス、同十三年石川縣人永田高致等數名汪網社ヲ設立シ紗那郡留別村別飛村ニ漁場ヲ開ク、此年舊土人高城屋重吉（前掲―著者）、川嶋龜太、佐々木吉作等ニ漁場ヲ賜フ、同十四年汪網社分レテ一ハ仲榮助ノ有トナル、同十六年石川縣人堀喜久馬等起業社ヲ設立シテ漁業事務所ヲ紗那郡留別村ニ置ク、此ニ於テ汪網社全ク廢業ス、爾來漁事隆盛ノ運ニ至リ西海岸ハ概ネ漁場充塞シテ殆ンド空地ナキガ如シ、現今栖原氏ノ外ニ平出喜三郎、高城重吉其他大小ノ數名アリ

漁業之盛衰

本島漁業開場以來漸次盛大ニ進ミ衰弱ノ傾キヲ見ズ而シテ全嶋ノ漁場西海岸ニテハ概ネ栖原家ノ有ニ屬スト雖モ東海岸ニ於テハ（年カ）利萌、得茂別ヲ除クノ外皆空場ニシテ一人ノ漁獵ヲ營ム者ナシ、從來鱒鮭ノ漁獲多ケレ𪜈鱈及海草ヲ漁採セザルハ眞ニ是鮭鱒ノ外其收利アルヲ知ラザルト雖𪜈畢竟漁事ノ沿岸獵ニ止マリテ其沖獵ヲナサザルニ起因スルモノナラン、然ルニ今日漁業家ハ漸ク鱈獵ノ收益アルヲ知リ互ニ競爭スルニ至ルモノアルハ更ニ從來ノ漁法ヲ改メ其業

ヲ盛ニスルニ注目セシニヨルヲ以テ今後愈其業ノ隆盛ヲ欲セバ宜シク只其沿岸ニノミ止ラズ進ンデ饒多ノ魚族ノ集穴ナル沖ニ出デ獵シナバ尙一層收利アルナラン

漁業家漁夫雇入ノ實況

本島漁業家ハ大抵南部、津輕、福山、秋田、越後ヨリ漁夫ヲ雇入ル其賃銀ハ年勘定ニテ四月ヨリ十二月ニ至ル九ケ月ノ期限ヲ定メ一等ハ五十圓以上七十圓以下、二等ハ三十五圓以上五十圓以下、三等ハ十五圓以上三十五圓以下ヲ通例トス、漁夫ニハ續年雇入ルモノアリ一年限リ雇入ルモノアリ最初ハ一年ヲ限リ賃金ヲ拂フヲ以テ年々新舊相替ルノ有樣ナリ

栖原鑵詰場

栖原鑵詰場ハ先ニ北海道廳ノ設置ニ係リ紗那鑵詰所ト稱セシモノニシテ明治廿年一月栖原角兵衛之ガ拂下ヲ出願シ同年二月北海道廳ノ允許ヲ得製造場及附屬舍共各一棟敷地三百坪及製造ニ要スル諸器械悉皆備付ノ儘拂下ヲ受ケ同年五月現場ノ授受ヲ了シ爾來栖原鑵詰場ト稱シ多年官業ニ從事シタル技手及職工ヲ雇入レ同年六月ヨリ着手セリ、該年ハ鱒鑵詰九萬斤ヲ製出シ同年十一月之ヲ函館ニ輸送シテ三井物產會社ニ委托シ佛國ニ輸出販賣セシム

廿一年度ヨリ漸次事業ヲ擴張シ倉庫及役夫止宿舍等ヲ建設シ蒸汽ポンプ裝置シ更ニ職員ヲ增シ同年度ニ於テ鱒鑵詰十二萬斤ヲ製出シ前年ノ如ク之ヲ佛國ニ輸出シタルニ外商ノ爲メニ妨ゲラレ頓ニ販路不振ノ景況ヲ見ルニ至レリ、因テ同年限リ佛國輸出ヲ中止セリ

廿二年度ニ於テ更ニ製造場ヲ增建シ倉庫及職工寄宿舍ヲ新築シ蒸釜及其他諸器械ヲ購入シテ一層事業ヲ擴充ス、然ルニ同年度ハ鱒不漁製品ノ材料ニ乏シク僅カニ鱒鑵詰七萬五千斤、鮭鑵詰五千斤合計八萬斤ヲ製出シ函館及東京ヘ販賣セリ

廿三年度ハ鱒鑵詰十二萬斤鮭鑵詰一萬斤合計十三萬斤ヲ製出シ之ヲ横須賀鎮守府及呉鎮守府等ヘ特賣シ内國軍艦ノ需用ニ供ス、同年第三回内國勸業博覧會ヘ出品シテ二等有功賞ヲ受領セリ

廿四年度ハ鱒鮭共ニ非常ノ大不漁ニテ原料ニ乏シク充分ノ製造ヲナスヿ能ハズ僅カニ鱒鑵詰四萬五千斤鮭鑵詰三萬五千斤合計八萬斤ヲ製出シ長崎港ニ輸送シテ佐世保鎮守府ノ需メニ應ゼリ

當鑵詰場ハ去ル明治廿年ヨリ同廿四年迄五ケ年間製造ニ從事シ事業ノ擴張ヲ謀リタリト雖モ一ケ所ノ製造場ニテハ原料ヲ多ク得難ク多量ヲ製造スルヿ能ハザルヲ以テ内外市場ノ供給ヲ充タス能ハズ、因テ廿五年度ヨリハ本島沿岸鱒鮭漁獲多キ箇所ニ就テ數ケ所ノ製造場ヲ設ケ益事業ノ隆盛ヲ謀リ目下既ニ其建築準備ヲナセリ

（中略）

風俗人情

往時土人ノ風俗ハ男子ハ髮ヲ被リ鬚髯ヲ長クシ額上ヲ剃リ耳ニ銀環ヲ貫キ遍身毛ヲ生ズ毛人ノ稱アル所以ナリ（中略）其出ルヤ必ズ弓矢ヲ携ヘ鎗刀ヲ持チ背ニ長鋏ヲ負ヒ腰ニ小刀ヲ帶ビ徒跣シテ履ヲ着ケズ雨行ニハ笠ヲ戴カズ、婦人ハ髮ヲ被リ白布ヲ抹額シ耳ニ連環ヲ貫ク已ニ嫁スルノ後面ヲ黥シテ手ヲ刺シ縱横文ヲ爲ス誓テ他ナキヲ表スル所以ナリ（中略）男子ノ業トスル所ハ漁獵ヲナシテ生計ヲ營ムニアリ、婦人ノ職トスル所ハ薪ヲ採リ赤服ヲ織リ禽獸ヲ養フニアリ良人出テ漁スレバ婦亦之ヲ助ク、家居ハ土窟アリ茅屋アレ𪜈居處常ニ定マラズ魚鳥ヲ逐ツテ移住ス其移ルヤ家累ヲ率ヒ器財ヲ携ヘ餘ス所アルナシ、食事ハ定時ナシ飽ケバ終日食ハズ飢ユレバ深夜ト雖モ亦食フ、魚介鳥獸ノ肉ヲ以テ常食トシ或ハ生食シ或ハ炙食ス、多クハ鹽味ヲ用ヒズ時トシテハ乾肉ヲ食フ又草根ヲ掘リテ之ヲ食フ、烟草ハ貿易シテ得ル處ナリ（中略）偶マ米ヲ得ルモ飯ニ炊カズ釀シテ濁酒トナス、土人性愚直深ク多種ノ神ヲ尊信シ自ラ禮讓ヲ識ルモノヽ如シ、其長者ヲ敬ミ老幼ヲ慈ミ喜憂貧富相共ニスルノ美風アリ（中略）農耕ノ業ヲ知ラザルヲ以テ家居ヲ定

ムル能ハズ（中略）土人祖先ヲ祭ルノ大禮アリ熊ヲ以テ犧トナス（中略）歳時ヲ知ルハ寒暑ノ往來草木ノ榮枯禽獸蟲魚ノ隱見ヲ以テシ月ノ盈虧ニヨリテ旬朔ヲ量リ（中略）故ニ病ヲ恐レ死ヲ忌ミ病者アレバ父子兄弟モ相扶持セズ捨テヽ之ヲ避ケ死シテ後歸リ其家ヲ毀チ慟哭シテ其地ヲ去リ又他ニ轉住ス云々

　幕府ハ寛政年間ヨリ土民ヲ撫綏セシニヨリ皆淳朴ノ良俗ニ至リ（中略）幕府ノ直隷トナルヤ從來ノ酋長ヲ以テ總庄屋トシ一部落ニ土人ヲ撰ミテ乙名、脇乙名、總小使等ヲ置キ部落ノ取締トナシ又並乙名、小使、土產取等ヲ置キ漁獵ノ取締ヲナサシム（中略）聞ク處ニヨレバ部落ノ乙名ハ一家一己ノ事ニ關シ一部落ニ關スルヿハ乙名、脇乙名、小使ノ三役ノ協議ニ決ス、部落相爭フニ至テハ總庄屋ノ裁決ヲ取ルモノトス、且土人ノ一般利害得失ニ罹ルモノハ事細大トナク總庄屋ノ取扱ヲ經タル後ニアラザレバ官ニ直訴スルヿヲ得ザルモノトス、並乙名以下ノモノハ漁獵ヲ監督シ平土人ノ日課ヲ掌ル、而シテ漁獵上ヨリ生ズル利害ハ漁場ノ支配人及總庄屋ニ報告シ時トシテハ官ニ報告スルヿヲ得ルモノトス、給料ハ總庄屋ハ一日白米一升五合、乙名、總小使ハ一升トシ、並乙名、小使、土產取ノ三役ハ白米五合、平土人ハ玄米五合トシ其婦女ニシテ漁業ニ從事スルモノハ（中略）一日玄米四合ノ割ヲ以テ幕吏調査ノ上請負人ヨリ之ヲ給セシム（中略）收獲ノ海產物ハ年ノ豐凶ニ拘ラズ鮭千石ヲ干製ニシテ納メシメ之ヲ軍備トシ其餘ハ請負人之ヲ取ル云々

開拓使ノ初メ又令ヲ下シテ婦女ノ黥面ヲ禁ジ土人ヲ戶籍ニ編シ子弟ヲ誘テ學ニ就カシム（中略）只內地人ト雜處親近シタルヲ以テ今ヤ少ク人事ヲ辨ズルモノハ樸愚至直ノ俗ヲ變ジテ浮薄ノ風ニ移リ遠ク昔日ノ撲直ニ及バサルモノアリ（中略）又土人ノ習トシテ男女皆勞力ヲ以テ物品或ハ貨幣ニ易フ故ニ男女共ニ夏秋ノ間ハ漁業ニ傭役セラレ冬春ノ間ハ男ハ山獵ヲナシ女ハ「ムリ」ノ細工又ハ「ケリ」「シタボテツコツ」等ノ裁縫ヲ以テ傭役セラレ多クハ自立ノ營業ヲナス能ハザルモノヽ如シ（中略）然レ𪜈土人ニシテ猶能ク輪偉ノ家ヲ造リ百餘ノ人夫ヲ役シ儼然漁業ニ就クモノアリ一概ニ論斷スベカラズ、且ツ本島土人ハ皆內地人ノ雜種ニシテ所謂純夷人ナルモノヽ今日絕ヘテ見ザルガ如シ云々

（中略）

得撫（ウルプ）島

本島ハ北西及南西ニ蜿蜒シ其長サ凡八十五海里（中略）東北凡ソ五里ニ延長セル一帶ノ岩脈アリテ數小岩嶋ヲ爲セリ是ヲ飛岩岬ト云フ臘虎多シ云々

港灣數所アリト雖モ稍碇泊ニ便ナルハ（中略）西部ニ於テハ「アナマ」「ヲトイマモイ」「トコタン」等ナリ、小舟港（得撫港トモ云）ニ瀕シ一小部落ノ跡アリ一條ノ溪水環流シテ注グ所ナリ、元ト亞米利加人（臘虎獵出張所）ノ住セシ所ニシテ本嶋交換ノ際本國ニ引揚ゲ目下其舊跡ヲ存スルノミ

物産（中略）紅鱒、本鱒、鱈、アブラコ、カジカ、オショロコマ等ノ魚類、狐（赤黒斑）、海豹、海馬、臘虎等ノ海獸類、稀ニ膃肭臍ヲ見ルヿアリ云々

チリボイ島

（中略）

物産　臘虎（霜降リ臘虎ニシテ尤モ貴重）多ク住ス云々

ブラツトチエルボイフ島

（中略）

港灣（中略）東方一里ニ擴延セル一礁一脈アリ恰モ人造ニ成ル防波堤ノ如シ、其左右ニ船舶ヲ碇泊スルニ便ナリ昔時米人ブロトン氏ノ臘虎出獵場アリシ處ナリ云々

物産（中略）陸獸ニハ狐少シク住ス、海獸ハ臘虎、海豹、海馬等、魚類ハカジカ、アブラコ、鰈、鱈、鮃ヲ産ス云々

（中略）

新知島（シムシル）

（中略）

港灣　島ノ北端ニブロトン港アリ（中略）此港口ヲ開鑿スレバ高山ヲ以テ圍繞セルニ依リ大船巨艦ノ入港スルモ外海ヨリ帆影ヲ見ズ以テ軍港トナスニ足ル尙殆ンド千島ノ中央ニ位シ尤モ樞要ノ處ナリトス、港內ニ寄木多ク小屋掛ヲナスニ便ナリ（中略）港內南方ニ亞米利加人出獵場ノ舊跡アリ西洋形ノ家ニシテ明治十一年頃硝子ストーブノ破損セルモノ存在セリ、且ツ其家屋內木ニテ作レル靴形數十アリ又製造中ノ靴モアリ其用皮ハ多クハ海馬ナリト認メタリ且ツ海馬又ハ鯨ノ筋ヲ集メ絲ノ如キモノヲ製シタルモノアリ之レ靴ヲ縫連スルニ用ヒタルモノナラン、其他破損セシ器具等數個アリ、港口ハ丘陵ニ大砲ノ車アリ獵船ノ積ミ込ミシモノハナランカ、米人ブロトン氏ノ居住セシ所ナリト云フ云々

計吐夷島（ケトイ）

（中略）

物產（中略）狐ハ黑斑赤共ニ群棲シ臘虎、海狗共ニ少シ（中略）魚類ハアブラコ、カナガシラ、カマス、カレイ等ニシテ稀ニ鯨及鷲ヲ見ル

宇志知島（ウシシル）

（中略）

物產海草ハイワノリ、フノリ、カイロツパ等ナリ、魚類ハカナガシラ、カレイ等（中略）南北兩島ノ間ハ數多ノ小磯アルヲ以テ臘虎、海馬ヲ產スル所多シ

須禮吐寧皮島（スレトネハ）

（前略）夏季ハオツトセイ群集スル所ナリ又臘虎、海馬、海豹等モ少シク住ス、海草ハカイロツパ、トコロテン、ノ

如キ一種濃鳶色ノ物アリ、魚類鮮シ想フニ海獣多ク之ヲ食スル故ナラン、周圍暗礁多ク船行恐ルベシ然レﾄﾓ密獵船ノ出入多キ所ナリ

羅處和島（ラサオ）

（中略）

産物（中略）黒狐、斑狐頗ル多ク、膃虎、海馬、海豹ハ南北兩端水冠リ磯邊ニ住ス云々

（松輪、盤城兩島略）

雷公計島（ライコケ）

松輪島ヨリ東北凡ソ六海里ノ處ニアリ東西凡四海里南北凡三海里、周圍嶮岨ニシテ頂上常ニ硫烟ヲ噴出ス之ヲライコケ山ト云フ

産物　ヨモギ、ムリ草、キハナグサノ野草、魚類少ク毎年五月頃鱈ノ遠海ニ群來スルヿアリ、海底深ク膃肭ヲ産ス千島第一トス

牟知島（ムシル）

雷公計ヲ距ルヿ東北凡二十三海里（中略）海馬、海豹多ク四島ノ間ニ露艦ノ投錨スルヿ毎年ナリ、蓋シ密獵巡視ノ爲メナリ

捨子古丹島（シャシコタン）

（中略）

ルボモイ及ホーホノチ近岸ニハ膃虎多ク又赤狐少シク住ス

（越賀留摩（エカレマ）、知林古丹（チルンコタン）兩島略）

ハルムコタン島

（前略）魚類棲息セズ、ペードスト沼ノ近傍ハ原野ニシテ百合多ク（中略）沖合ニハ臘虎多シ

温禰古丹島（オンネコタン）

（前略）「テショコタマイ」ニ土人舎四戸アリ「メンダリ」ニ土人舎若干アリ、共ニ土人ノ出獵止宿所ナリ「ヤーコフ」土人曾テ他ノ他人兩三名ト一冬ニ臘虎三頭ヲ獲タリト冬期ハ沿岸氷結スルモ沖ハ然ラズ故ニ冬期漁業ニ障害ナシト云フ、「チユペユベツ」ノ沖合ハ風帆船ヲ碇泊スルニ足レリ深サ七仭ヨリ十仭ナリ陸ニハ百合多ク其他野草繁茂シ樹木モ亦多ク赤狐多ク海馬、海豹ハ少ク臘虎稍多シ

（シリンキ島略）

マカンルシ島

東西七海里南北五海里、峨々タル高岳ニシテ（中略）水ハ消雪ト共ニ缺乏ス、周圍臘虎頗ル多ク海豹、海馬、諸鳥ヲ産スルコ亦多シ

阿頼度島（アライト）

波羅茂知島ノ西二分一、北凡ソ二十二海里ニアリ（中略）樹木ハ短少ニシテ野草茂生シ飲料水アリ、赤狐群居シ海馬、海豹多シ、此島ノ近海ハ鱈群集ノ處ニシテ遠洋漁業家ノ寶庫ナリ（中略）皆期節ニヨリテ群集ス

鳥島

波羅茂知島（パラムシリ）（ポロムシリトモ云フ）

波羅茂知島ノ北東端ヨリ凡ソ十五海里ノ處ニアリ（中略）海豹殊ニ多ク臘虎モ亦少シク住ス

（中略）

赤狐多ク熊ハ眞黒色帯褐色ノモノ多ク群居シ（中略）航行者常ニ熊、狐ノ海岸ニ遊歩スルヲ見ル、臘虎ハカパリウ岬沿岸ニ多シ

海ニハ紅鱒、本鱒、鮭、櫻鱒、鮃、鰈、カマス、鱈、カジカ、鯨等ヲ産シ（中略）又海豹、海馬ヲ産ス、予等一行本島北方沿海ヲ航行中鱈ヲ釣リシニ腹中鰊ヲ見タリ故ニ鰊モ産スルナラン、就中鱈尤多シ、米國遠洋漁船ハ此近海ニ來リテ漁獲スルニ數日ナラズシテ滿船歸航スルト云フ

占守島（シムシュ）

波羅茂知島ヲ距ル東凡ソ一海里半ニアリ此間ヲ千島小海峡ト云フ、磐城艦此海峡ヲ實測セルニ最深二十三尋ナリ、東經百五十六度十分ヨリ百五十六度三十七分ニ盡キ北緯五十度四分ヨリ五十度五十五分ニ盡ク、之レヨリ魯領カムサツカペートルポールスキ港迄凡ソ百九十海里ナリト云フ、北東ヨリ南西ニ亙リ長サ十五海里幅十一海里周回凡ソ五十海里面積凡ソ百平方海里アリ、地勢丘陵ニシテ海面ヨリ最高ノ處四百尺ニ過ギズ土壤極メテ肥沃ナリ（中略）東北端ハ魯領カムサツカノ「ロバトカ」岬ト相對シ此距離八海里ニ過ギズ（中略）モヨロツプ灣ハ半月形ヲナシ（中略）從前ハ魯國汽船又ハ風帆船ノ碇泊セシ所ニシテ魯商「ヘリビーワス」手代「ブシユエフ」居宅ヲ玆ニ定メタリ、其他魯國商人ノ家屋及希臘教寺院ノ跡アリ（中略）ベツトブ（沿海ノ砂濱ニテ、モヨロツプヲ去ル三里餘）ニハ舊土人ノ居住セシ跡アリ該土人ハ今ノ色丹土人ナリ、其色丹ニ移住以前ハ本所ヲ以テ本居ト定ムト雖モ四時水陸ノ鳥獸ヲ逐フテ縱横群島ヲ跋渉シ以テ生計ヲ營ム故ニ皆假居ヲ構ヘ其構造ニ用ユル材木ハ流木ノ巨大ナルモノヲ以テセシ如シ（中略）

例年降雪ハ十月ニ始マリ五月ニ終ル積雪二尺強ニ過ギズ（中略）陸ニハ熊、狐、鴨、鷗、エトピリカ、チシマウガラス、臘虎、海馬、海豹、稀ニ狼、貂ヲ見ル、魚類ニハヒラメ、カジカ、鱈、カマス、カレイ、時々鯨ヲ見ル、海草ニハ昆布、イワノリ、ヒジキ、布海苔、カイロツパ等多シ云々

（風帆船ニテ難風ニ遇ヒシ實況略）

密獵船ノ實況

明治二十五年七月五日午前十時五十分占守島字モヨロツプノ西方凡ソ三、四海里ニ密獵船風帆船ヲ見ル、此時千島丸碇泊中ナリシヲ以テ該船ハ直ニ方向ヲ變ジテ北方ニ去リ帆形ヲ見ザルニ至ル

同年七月十八日占守島字モヨロツプ滯在中同日午前九時西南ヨリ風帆船ノ來ルヲ見ル、暫時ニシテモヨロツプ灣ニ入港ス、直ニボート二艘ヲ卸シ人員拾四名上陸セリ皆外國人ナリ、依テ何レノ船ニシテ何レヨリ來リ何レニ至リ又何ノ業ヲナスヲ問フニ英國船ニシテ魯國カムサツカ地方ヨリ來リ日本橫濱ニ往ク而シテ航海中難風ニ遇ヒ且ツ飲水缺乏ノ爲メ入港セシト、同月二十四日迄碇泊シ同日午後二時出帆西南ニ向ヒ去レリ、密獵船ノ横行實ニ惡ムベキナリ

同年七月十九日占守島字モヨロツプノ西方五、六海里波羅茂知島近傍ニ於テ火煙ヲ見ル、之レ密獵船員ノ上陸シテ野草ヲ燒キシニヨルナランカ

同年八月十九日風帆船西北方ヨリ占守島モヨロツプ灣ニ向テ來ル、此ノ時ハ磐城艦乙前灣ニアルヲ以テ之ヲ見テ大ニ驚キタル樣子ニテ直ニ船ヲ戻シテ占守島ノ北岸ニ去レリ、之レ又密獵船ナルベシ

（千島植物調略）

千島諸島ニ於テ將來爲スベキノ急務事業

汽船航海ヲ開クヿ

波羅茂知島乙前灣（根室ヲ去ル凡六百四十四海里汽船三晝夜ニシテ達ス）ハ良港ニシテ汽船碇泊ニ便ナリ（中略）故ニ先ヅ此島ニ一ケ年二回以上ノ定期航海ヲ開カバ移住スルモノモ多カラン、是レ千島諸島ヲ開クノ最急務トス

築港ヲナスヿ

新知島ブロトン灣ロヲ開鑿シ（中略）千島航海上急務トス

燈臺ヲ設クルヿ

千島ニハ只國後島ケラムイ埼ニ只一ノ燈臺アルノミ（中略）左ニ其安全ヲ計ル爲メ燈臺ヲ設置スベキ場所ヲ示ス

擇捉島單冠灣シヤマンベ灣、モヨロ灣、得撫島小舟灣、新知島ブロトン灣、波羅茂知島乙前灣、占守島モヨロップ灣

色古丹土人ヲ占守ニ移スヿ

色古丹土人ハ明治十七年占守島ヨリ色古丹島ヘ移ス所ノモノニシテ（中略）今後定期船ヲ開始シ移住民モ占守島ニ至ラントスルキハ該土人ガ地理ニ熟スルヲ以テ先キニ該地方ニ住セシメ之ガ案内者トナス尤モ便利ナリトス

軍艦ヲ巡航セシムルヿ

千島各諸島測量及移住民保護並ニ密獵船取締ノ爲メ小軍艦ヲシテ四、五年間巡航セシムルハ尤モ必要ナリトス

島司ヲ置クヿ

千島諸島ハ合併シテ島司ヲ置キ之レガ管轄トシ（中略）諸事該地ニ適スルノ行政ヲナサシムルヿ緊要ナリトス

測候所ヲ設クルヿ

波羅茂知島乙前灣ニ二等又ハ三等測候所ヲ設ケ氣象ヲ觀測セシメ移住ノ參考トナス尤モ必要ナリ

屯海兵ヲ設置スルヿ

占守、波羅茂知、新知、得撫諸島ニ屯海兵ヲ設置シ其制ハ屯田兵ノ如クナラシメ兵備ノ傍ラ海陸物産ヲ起サシムルヲ必要トス

（以上）

明治廿五年四月ヨリ十月ニ至ル帝國水産株式會社所有第一千島丸

千島各島ニテ獵獲シタル臘虎其他ノ海陸獸類收獲高調

月日	獵獲場所	種類	頭數
六月一日	知理保以島	膃虎	中一
同六日	得撫島日和崎	同	大二
同六日迄	得撫島各所	海豹	中三
同十九日	同島穴間灣ヨリ三浬東	同	大一
同二十一日	穴間灣	同	中三
同二十八日	知理保以島	膃虎	中二
同二十八日	同島	海豹	中四
同二十九日	同島	同	中二
七月七日	波羅茂知島北岸	同	中二
同九日	鳥島	膃虎	中一
同九日	同島	海豹	中四
同十八日	波羅茂知島南岬	同	大一
同二十七日	同所	膃虎	大一
同三十一日	同島西岬	海豹	大一
八月十八日	雷公計島西岸	膃肭	大一
同十八日	同島	海馬	中四
同二十二日	宇志知留島東北岬	膃虎	大一
同二十五日	同所	同	大一
同三十日	計吐夷島東岸	同	大一
八月三十日	同所	海馬	大中十二
九月七日	知理保以島	海豹	大二
同八日	同島	同	大二
同二十七日	同島	膃虎	中一

七月　七日	波羅茂知島北岸	茶褐色熊	大一
八月　三日	占守島西岸	黒色熊	大一

臘虎合計十一頭
海豹合計二十五頭
海馬合計十六頭
熊合計二頭
外廿七尺餘ノ鯨一頭
總計五十五頭

以上で明治九年時任爲基、長谷部辰連の「千島三郡調査」、明治十七年安場保和の「北海道巡回日記」、明治十八年金子堅太郎の「北海道巡視復命書」ならびに明治二十四年片岡利和千島巡行の隨員多羅尾忠郎の「千島探検實紀」の要點を紹介したが、通してその要旨を記せば海陸交通の完備、內地移住民の永久的定住、アイヌ土民の保護蕃殖、海陸開拓に關する下付制度の改廢、三縣分立制を改めて統一行政機關の創設、最後に密獵船の侵犯に對する防禦策として帝國軍艦の派遣と屯海兵制度の創設などが主たる題目であろう。しかし、ここに注意すべきことは以上の調査乃至報告は何れも政府當局乃至宮內官の公的視察の結果であるから、これらと對照的に民間側からの數多い資料のうち、次の三著につき簡單に漁業關係を紹介し結尾としよう。

○千島探検誌　從二位伯爵副島種臣君題辭　從五位岡本監輔君序幷校閲　關熊太郎著述　明治二十六年三月

○密獵問題　千島拓殖論　北海道協會々頭　近衞篤麿公序　同會員關熊太郎著　明治二十六年十二月

○北氷洋洲及アラスカ沿海見聞録　阿部敬介著　明治二十八年十月

○千島探檢誌

著者關熊太郎氏についてはこの方面の權威者である有名な岡本監輔撰に「茨城縣。有二憂國之士關熊太郎一。嘗入二第一高等中學校一。孜々修レ業。聞三余唱二千島說一。慨然投レ筆。傾二家貲一合二同志一。從三余于擇捉一。親服三捕魚一。未レ至二成功一。力盡而皈。與レ余相依。情如二父子一也。(中略)展而閱レ之。自二土質氣候。物產人情風俗一。及二外客密獵等狀一。(中略)末附二意見六條一。曰。宜レ從三色谷土人于二占守一。曰。宜レ置二島司一。曰。宜レ開二定期航海一。曰。宜下探二查港灣一。以築中泊船場上。曰。宜レ解二海狸(臘虎)之禁一。曰。宜下改二借地法一。以防中壟斷上。其他設二鹽倉一。架二電線一。置二海兵團一。移二諸囚徒一之類。(中略)若夫庶民企三圖報效一者。莫レ如下從三住各處一。以營中事業上。必有三財本維三持三年一。然後能致レ有レ益。其言切中二時弊一。(中略)如二青魚鮭鱒一。毎歳豐歉無レ常。其要二財本一尤大。故不レ得レ不レ待二三年一。是屬二毫民專業一。至レ於三大口魚。及其他諸魚。與二海草諸物一。則年年收獲。無レ有二豐歉一。其財本亦不レ要レ多。從三事于レ此。零細網羅。今年卽有二今年之收一。而明年以後。其收愈大。未三必待二三年之後一。是屬二小民分業一。專業多レ失。分業寡レ過。今之言二拓殖一者。宜下自二分業一始上。云々」とあって著者關氏の一面と撰者岡本氏の北海拓殖に關する所見の一端とを知り得る。つぎに著者關熊太郎氏自序からこの著を爲すに至った經過の要旨を引くと、

「余嘗在二第一高等中學校一受二敎韋庵岡本先生一。先生罷免。遨遊二千島一(中略)先生謂レ余曰。樺太千島。均爲二我之遺民一。失二樺太一而得二千島一。是出下於同胞畏二沍寒一虞中强隣上。噬レ臍無レ及已。千島今日之勢。而附二之不問一。將レ爲二樺太之貳舞一也。足下爲二常陸人一。常陸本屬下武甕槌神垂跡。日本武尊經營之區上。及二輓近一。有下若二源義公及烈公一。憂國志士前後輩出上。足下豈知レ之乎。(中略)余曰。某欲レ從三先生於二千島一。不レ藉二先代神人之靈一也。終立二殉國不渝之誓一矣。先生曰。(中略)

及二維新初一。余叨二恩命一。赴二任其地(樺太)一。曾無下一夷之二魯國一者上。(中略)大半歸二我之政令一。而國人往々不レ服二余所一レ爲。終至下擧二一大島一。與二得撫以北一交換上。千島全土始復二我舊一。爾後因循。經二十六星霜一。附二之無人荒域一。山川之神飢餓既久。有二望祀者一。將二直享一レ之。何問二內外人一乎。是危急存亡之秋也。余曰。某得レ之矣。先生爲二樺太一盡レ心拮据。土人不レ忍レ背レ之。故魯國無三辭取二樺太一。而至下以二千島一易上レ之。國人亦未三盡非二先生一。故無三辭舍二樺太一。而得二千島一以自解焉。則知樺太之歸二彼領一。非二先生之罪一。而千島之復二我舊一。卽先生之功也。爲二先生一計。宜下以二交換日一。直赴二千島一。以報中聖天子簡拔之恩上。而因循不レ決。至レ今始唱二憂國之說一者何也。先生曰。彼一時也。此一時也。前日余之不レ問二千島一者。豈余之本意哉。余於二樺太一。竊有二忠臣烈女之感一。天地鬼神皆知レ之。而全國人士未三嘗知二之。所三以曠二棄千島一也。及レ今欲レ救レ之。豈得レ已乎。足下宜レ盡二足下分一。大丈夫行レ事。要自二誠意一始。公明正大。如二青天白日一。志業成否。本有二天命一。余之於二千島一。未レ必二於我身親爲一レ之。足下之功。卽余之功。所三以報二聖天子一也。余於レ是。爽然自失者久レ之。決レ志從二事千島拓殖一。遂致レ有二此書一。殆先生之賜也。因敍二前言一。以辨二卷首一云。」

目次

第八　蟲類
第九　海藻類
第十　鑛石類
第十一　密獵船
第十二　港灣及河川
第十三　擇捉島民の現況
第十四　千島拓殖策私見
　　政府に向ひての希望
　　千島事業者に向ひての希望

ここでは右目次のうち第十四の要點を引用するに留める。

　第十四　千島拓殖策私見

我輩常に曰く千島の拓殖は國體上より言ふも國防上より言ふも國益上より言ふも一日も忽諸に附すべからざるものなり云々。

千島の往古は（中略）歴史上に於て帝國の版圖たりし充分の證跡は認め難しと雖も（中略）明治八年千島樺太交換條約の成りてより今日に至るまで星霜既に十七年（中略）魯國の領に屬せし時は人民も住し交通も稍開けたるに我手に入りてよりは土着の民をも引揚げ寂莫無人の境に委し（中略）千島と交換になりたる樺太は魯の移民次第に多く本邦人は稅金を納れて出稼するに非ずや密獵船に縱横跋扈して巨利を攘奪せらるゝを知りながら袖手傍觀するに非ずや（中略）亞非利加に南洋に北亞に營々として殖民地を求むる歐州人は之を見て何とか曰はん若し一朝事あるの日に當りて一强國が我に向ひ

宇内各國の均勢を保つに必要なりといふ口實を以て我不用の千島を借らんことを求め來らば我は何の辭を以てか之を拒むことを得ん我獨立帝國の體面を汚すこと千島より甚しきものあらんや云々

今や内地人口の増殖は殆ど其極點に達し工業未だ振興せざるに世界各國中第二の人口稠密の地となり（中略）外に向ひ殖民地を求めて土地と人口との平均を謀るに非ずんば國家は將に衰廢して救ふべからざるの悲境に陥ゐらんとす（中略）千島は實に我國の僥倖とも云ふべきなり千島の拓殖は何れの點より見るも我國現時の最大急務なり云々

政府に向ひての希望

（前略）千島の利源莫大なる以上は假令百萬の資を投ずるも終に收支相償はざるの理なければ若し大有力者の資を擲ちて之が任に當るものあらば千島の拓殖は期して待つべしと雖モ奈何せん（中略）先づ資金を要する多きの一點より人民の事業とするより寧ろ政府の事業とするの適當なるを見るなり然れども（中略）目今政府は興すべく擧ぐべきの事業脚下に輻湊し緩急辨じ難く專ら力を千島に注ぎ難きの勢あり（中略）今日の策は唯政府と人民と相待ちて互に力足らざるを補ふに在るのみ實際を言へば政府は先づ政府の當に爲すべき所を爲さバ可なるのみ（中略）政府の當に爲すべき所のものとは何ぞや曰く

○色丹土人を占守島に移すべし　（説明略）
○島司を置くべし　（同　上）
○定期航海を開くべし　（同　上）
○港灣を探りて船舶碇繋場を築くべし　（同　上）
○臘虎膃肭臍獵の禁を解くべし

布告第拾六號　自今北海道ニ於テ臘虎膃肭獸ヲ獵獲スルヿヲ禁ス犯ス者ハ刑法第三百七拾二條ニ照シテ處分シ尚

其獵獲物ヲ沒取ス之ヲ賣拂キタル者ハ其代價ヲ追徴ス但農商務省ノ特許アル者ハ此限ニ非ス

明治十七年五月廿三日　（細則略）

政府の此布告を發し次ぎて其特權を水産會社に附與したるは其意必ず膃虎、膃肭臍の蕃殖を謀るに在りしなるべし然れども今日の結果は却て反對に出でしに非ずや明治十八年三月十六日三條太政大臣より海軍省への命令なる根室縣下千島巡視として年々一回軍艦派遣可致此旨相達候事とあるは僅に十九年の龍驤艦航海廿四年の海門艦新知行廿五年の磐城艦小千島海峽測量となりたりと雖も密獵取締に於ては何の功かある蝦夷の童は謡ふて曰く巡査さんお義理に晝間一廻りと政府の千島に對するの處置は實に兒戲に等しきなり（中略）以來法網に觸れしもの幾人ぞ而して貪婪なる密獵船は獨り此禁に乘じて其利を專にすることを得て傲然と飽くところを知らず擇捉以南は膃虎膃肭臍の禁獵地にして水産會社の特權と雖も及ばざる所なり而して（中略）密獵船は屢來りて拾頭乃至貳拾頭の膃虎を竊み去ることありといふ密獵船の如きは今年ありて來年あるを期せざる營業なれば一時の利を恣にせんことを希ひ膃虎の幼兒なるや姙娠中なるやの如きは固より撰む所に非るなり是を以て其數年々に減殺し十年前に比すれば拾分の一の收獲を得がたきに至れり嗟夫膃虎膃肭臍の禁は日本國民に屬すべき特權を奪ひて外人に附與し膃虎膃肭臍の蕃殖を謀らんが爲に出で適以て密獵船をして利を專にせしむるの具となれり云々

○貸下規則を改正して壟斷の弊を防ぐべし

北海道の土地貸下規則の不完全なることは實に甚たしく、狡奴をして公共の利を壟斷せしめ、（中略）漁場の如きは毎三年に營業の功程を屆け出づべきの條文あるがため一人にして甲乙丙三漁場の貸下を受け初年に甲漁場に營業し次年に乙漁場に三年目に丙漁場に四年目に甲漁場に始終循環して營業を爲さば一漁場を營むべきの力を以て三漁場の借地權を有することを得べし又少しく資あるものならば奴僕昆弟の名義を以て更に漁場の貸下を受くること難

きに非ず略言すれば我力に比し三倍の漁場の借地權を有することを得るなり故に少しく伶俐なるものは（中略）己の力相當以上の漁場を所有せり現に擇捉島西海岸の如きは殆ど尺寸無主の地を餘さゞる程なるに漁期に至りて實際漁業を營めるは十の二三に過ぎず竊に恐る無人島多望の漁場は（中略）一二敏捷伶俐なる者の手に壟斷せられ拓殖上に大障害を與ふるに至らん云々

千島事業者に向ひての希望

千島事業の利益多かるべきは疑なき事實なるがため（中略）現今人民の利益事業として適當なるべく殊に合資會社の事業として最も適當なるべきを信ずるなり然れども如何に利益多き事業と雖も方策にして宜しきを得ざらんか支離滅裂して回すべからざるの失敗を招かんとす此の如きの例は世間に乏しからず帝國水産會社の如きは現に其一なるべし云々、我輩は玆に我輩が昨年擇捉に在りて實驗し及び觀察せし所を以て將來千島事業を企つる者に向ひて大に注意を乞はんと欲するものあり

出稼主義を棄てゝ必ず土着主義を取るべし（中略）漁業家と稱する者は今は多く土着すと雖も實際の事業に從事するもの卽ち漁夫は（中略）年々漁期に至れば雇はれて來り漁期終れば解かれて歸り甚だしきに至りては六月に甲漁業家に雇はれ來り鱒漁終りて八月に歸り直に又乙漁業家に雇はれ來り鮭漁終りて十一月に復歸るものあり昨年は樺太に雇はれ本年は十勝に雇はれ明年は擇捉に雇はる（中略）彼等の常習なり一去一來轉移の頻繁なること春燕秋雁よりも甚だし、擇捉越年中の人口は千人に滿たずと雖も漁期に至れば四千人に達す（中略）漁夫の雇給金は鱒鮭期を通して低きは十二、三圓高きは二十四、五圓、船頭（卽ち漁夫の長）に至りては百圓の高給を要するものあり給金の外に通常九一と稱する賞與あり其法漁獲賣場金高十分の一（外九一なれば十一分の一）を勞働者の賞與所得とし力に應じて分配せしめ以て奬勵の法とす兩口通算して平均凡廿五圓なるべし往復の費用と雇役中飮食の費用とは雇主の負擔なれば漁夫を役せんとするには

少くも一人に付五拾圓以上の費用を要すべしとは漁業家實地の談なり（中略）若し又期限外に雇ひ繼がんと欲するには更に相當の俸給を拂ふの外に凡そ六ヶ月間彼等を飲食せしめざるべからず如何となれは年々十一月より翌年五月迄は航海の途全く絕ゆればなり、前に述べしが如き六割以上の高利の資本を以て斯の如き高價の漁夫を役するの故を以て利益少き事業は手を着くること能はず、是を以て鱒鮭の二漁業獨り盛なる外は鱈の如き昆布の如き海羅の如き魚糟の如き多望多利の事業多しと雖も或は越年中に係り或は利益多からざるが爲に未之を興すこと能はず（中略）之に反して土着主義を取らんか第一には費用を節するを得べし、第二には一年間空閑なく事業に從事することを得べきが爲め利益の多き事業も少なき事業も悉く興らざるものなかるべく出稼主義に由りて生ずる弊害は憂へずして自然に除去すべきなり云々

事業の種類　千島事業の最大眼目とすべきは漁業なり殊に鮭、鱒、鱈、紅鱒は其利益最も大なれば第一着に興すべき事業は此四種の漁業なるべし、獵業は其利益或は漁業に劣らざるべけれども熊といひ狐といひ臘虎といひ膃肭臍、海豹、海馬といひ皆生物進化の理として蕃殖既に殆ど止まり近くは十年遠くは三十年を出でずして其利益は全く盡くるものなれば最初に此に從事するは決して不可なしと雖も一の專門業として利益を永久に望むは不可なり云々

移住民撰擇の標準（中略）因習の日久しき舊慣を棄てゝ俄に新法を採用すること能はず是を以て漁具より漁法に至るまで總て在來の舊慣を墨守すれば其粗笨不完全なることは勢免れざる所なり之を房總邊の漁業に比するも猶嬰兒と成童との差あるものゝ如し、巾着網及沖取漁法の未だ全く用ひられざるは北海道漁業を目擊するものゝ第一に遺憾とする所なるべし、兎に角早晩に改良を要すべきは明なれば此改良をして容易ならしめんがために移住民は（中略）生地の寒國なるや暖國なるやは毫も撰むに足らざるなり、東京近海の漁民の如きは移住民として最も適當なるべし然れども經驗に富める漁民のみを以て悉く移住民を編成せんとするは實際に於て成し難かるべし（中略）經驗あるもの六人に經驗なきもの四人を加へて大漁の時と雖も實功上に差問なきを發見せり是漁業の分業中には炊事の如き網を曳くが如き魚類を運搬する

が如き熟錬なる手腕を要するに足らざる勞働多きを以てなり云々

終に臨みて一言し世の水産學者に一の希望する所あり何ぞや、曰く魚類製造新法の發明是なり（中略）我輩同盟の士中に薫蒸製魚法を研究しつゝある者あり稍好成績を得たりと雖も時間を要すること長きに失し千島の如き一網に數十石を獲べき魚類を製造するの法としては未だ完全の良法といふこと能はず云々

○密獵問題　千島拓殖論

千島の風土産物は千島探検誌之を詳述せり、本書に於ては千島に對する意見を縷述せんと欲す、余が千島に對する意見は別ちて前後兩篇とす、曰く何が故に千島拓殖せざるべからざるか曰く如何にせば千島拓殖し得べきか（として前半を、上章國權保護上と下章國家百年の利益上に、後半を、千島拓殖の現實的方法と千島拓殖株式會社定款に分ちて記述しておる。ここでは前篇に重點をおき後篇は大要を紹介するに留める。—著者）

上章　國權保護上

（前略）千島山河千〇三十三方里氣候の冱寒人を殺すに非ず海陸天産の利乏しきに非ず而して此酣戰の際に處して東洋に孤立する一小海國が明に之を已の版圖に有しながら冷然棄てて顧みざること土の如く（中略）本年十月廿五日我千島艦沈沒事件は在上海英國高等裁判所に於て如何なる判決をか受けたる其宣告文の一節に曰く「外國船が法律の檢束を受けずして自由に航行し得べき地は其國の領海と見做すこと能はず」と、道ふ勿れ這般の數文字は單に洋海領圖區域の爭のみと、知らず此精神は推して「其國の主權の及ばざるの地は其國の版圖と見做すこと能はず」と言ふなるを、假に一歩を讓るも一朝强國が宇內の均勢を保つに必要なりといふ口實を設けて無人茫漠の千島を占領することあるも我は抑も何の辭を以て之を拒まんとするや（中略）千島沿海外國獵船出沒跳梁の現狀は實に我政府の無視せられつゝあるものにして

外國獵船の狀況如何、(前略) 本問題に關しては世の風說は實に區々にして未だ孰れが是孰れが非なるを知るべからず
國權の墜落此に至りて極まれりと謂つ可し云々
(中略) 今日に至るまで余の耳朶に入りしものを擧ぐれば(風は風說、證は證據—著者)
(風一) 嘗て兩三回密獵せられしことありしを世に好事者多く甲傳乙唱し漸く誇大して闇黑の恥を白晝に露せしのみ請ふ看よ大日本帝國水產會社は此虛說を信じて莫大の資本を投じ(中略)收支固より償ふべからず逐年損耗を重ねて現に維持にすら窮するに非ずや(中略)是は余が昨年の始に當り東京の豪紳に詣りて往々に聞きし說なり
(風二) 明治元年より同廿五年に至る廿五年間に千島に來りし外國獵船の數は大凡千三百餘艘にして其收獲賣揚金高一億二千五百廿三萬圓に達すべし、是は松島淳氏の調査にして比說に據れば平均一年五十二艘にして一艘に付二十四萬圓の收獲ありしなり
(風三) 明治元年より廿四年に至る間に凡そ四百艘にして收獲は五千萬圓を下らず、是は北海道水產業者の調査なりと云々
(風四) 密獵船は啻に船上に於て漁獲するのみならず陸に上りて目に觸るゝものを獵獲して辭せず殊に臘虎は冬季に於て最も多く獲らるゝを以て外人は便宜の島嶼に一人乃至二人の獵夫を遺し越年獵業せしむる云々、是は郡司大尉が本年一月中余に向ひて語りし所なり
(風五) 密獵船は軍銃彈藥を充分に所持せるは勿論往々に大砲を備ふるを以て容易に近くべからず、是も亦郡司大尉の談なり
(風六) 密獵船は捕拿を免れんが爲に時々船體を塗り替へ或は帆檣の數を增減し云々、以て一艘にして數艘に誤まり數へらるゝこと多し、是は海軍士官某氏より昨年中聞きし所に係る

(風七) 近年千島近海に於て獵せらるゝものは啻に臘虎、膃肭臍に止まらず鯨、鱒、海豹、海馬、狐の類に及び就中鱒漁最も盛にして年々上海市場に輸出せらるゝもの五千石乃至七千石の多きに及ぶ、是は北海道の水產業者の間に往々に聞く所なり

(風八) 日本產臘虎生皮の倫敦市場に上るもの年々七百枚以上に及ぶ、是は出處を確に記憶せずと雖も北海道の某新聞紙上に載せたるものと覺ゆ

(風九) 密獵船は幌莚後島のオットマイ灣(後の柏原灣―著者)を本據とす、是は水產會社の獵夫たりしもの〻語りし所なり

(風十) 密獵船の日本沿海に來るは千島を目的とするに非ず阿哥科海九百海里の間に在る膃肭臍の蕃殖地を主眼とし其途次に於て千島に密獵することあるのみ、是は昨年水產會社第一千島丸船長として千島を週航し本年は泰洋丸の水先案內者として捨子古丹に航せし船長吉田長太郎氏の余に語る所なり

此他種々ありと雖も皆大同小異の說に止まれり云々

唯獵夫雇入の手續は實に奇怪を極めたる風說にして事態頗る人の名譽に關すれば確證を擧げ得ざる限りは余は之を公言するを肯てせず唯一言せん此を見て思ひ當る者は須らく速かに改悛して日本の臣民たるの分を盡すべし今にして悛めずんば(中略)終に賣國漢を入るゝを容さず云々

嘗て擇捉に宮古愛輔と稱せるアイノあり(中略)アイノが性來弓射を能くするは普く世の知る所なれども銃術に至りても亦極めて精練なり就中愛輔は特に此技に達し云々、橫濱にスノーと稱する英人あり年々銃手として獵船に乘じ北海を跋跳し海獸射擊の術に於ては嘗て人後に落ちずと誇稱せしも愛輔に遭ふては三舍を避けしと云々、明治十年來年々獵船に雇はれ獵期終れば橫濱に來り數妾を蓄へ抱へ車を以て市中を縱橫せり云々、愛輔最初は外船に雇はれ銃手として尊重せられしが中頃獨立して業を營み爲に法網に觸れて終に戶部の監獄に病死せり

（證一）愛輔が出獵日記に載せたるものを表に製すれば左の如し

年次	乗込たる船名	種類	皮數	賣揚金額
明治十年	魯船ノシンヨ號	臘虎	一七六	三二七、六〇〇弗
		膃肭臍	一六、〇〇〇	
同十一年	獨船百十四番アチラン號	同	八九	一四八、三〇〇
		同	七、六〇〇	
同十二年	米人ビタシンアテラン號	同	四七	一〇六、〇四〇
		同	七、〇〇〇	
同十三年	米ネツトアサエ號	同	三一	八七、六五〇
		同	六、四〇〇	
同十四年	瑞人ウエリシンハイネル號	同	四三	一五三、〇八〇
		同	八、六〇〇	
同十五年	大倉組竹島丸	同	四七	一四一、〇九〇
		同	八、六〇〇	
同十六年	武富善吉函館より出帆	同	二	沒收せらる
		同	二六一	
同十七年	米人ビタシンダヤナ號	同		四三、〇〇〇
		同	二、四〇〇	
同十八年	愛輔、佐々木元右衛門、野崎兵輔合併	同	五三	沒收せらる
		同	二、一三二	
合計	九艘	同	四八九	一、〇〇六、七六〇
		同	五八、九九三	
沒收を除き平均	一艘	同	六二	一四三、八二三
		同	八、〇八六	

此表に據りて見るときは外國船は實に莫大の利益を占めたるものにして（風二）（風三）の收獲高は强ち妄ならず（中略）此表に於て注意すべきは年々收獲の減少せることとなり（中略）又如何にして愛輔が賣揚金高に至るまでを示し

得しかは少しく疑ふらん余謂ふに蓋し愛輔は收獲賣揚金高の步合に依り報酬を受け居りたるを以て一アイノの身にして能く其獵獲せし獸皮の數及價格を知り得しものならん（中略）雇主は愛輔の配當額を減ぜんが爲に常に愛輔を欺きて賣揚金高を少くして示せしものゝ如し何となれば倫敦市場の相場は明に膃肭臍は一枚二十弗以上、臘虎は方一尺四十弗以上の割合にして一枚百五十弗の價あるべきに本表を精算すれば（中略）極めて廉に過ぐ云々

（證二） 明治八年以降昨廿五年迄に函館入港の外國獵船を函館稅關に於て調査したるを表に製すれば左の如し

年次	船籍	船種	船名	登簿噸數	乘員	仕出港	入港月日	載貨	數量
明治八年	獨	帆	シュピター	四〇	一二	橫濱	九月一二日	輕荷	
同	米	同	ブツフェンディーン	三七	一五	北太平洋	一〇 一	皮	數不明
同十年	同	同	オツトセイ	八〇	一六	同	同 二三		〇
同十一年	同	同	シグネツト	二八	一四	桑港	五 一五		〇
同	同	同	サラアルイザ	四九	五	同	同 一七		〇
同	同	同	サラアルイザ	四九	五	同	一〇 二		〇
同	同	同	シグネツト	二八	一四	同	一一 八		〇
同十三年	同	同	オヒークル	六二	二三	北太平洋	一 一〇		〇
同十四年	同	同	オトーム	六五	一九	ベーリング海	七 二九	臘虎 膃肭臍	一五 二、二一五
同十五年	同	同	アルマ	五五	一六	オコツク海	一〇 二三	膃肭臍	一、七一九
同十六年	英	同	ヘレナ	六〇	七	北太平洋	七 一七		〇
同十八年	米	同	ダイアナ	七五	二一	同	九 二八	臘虎	六九
同十九年	同	同	アークティツク	五〇	二一	同	八 三一	膃肭臍	一一〇
同	同	同	ダイアナ	七五	二一	同	一〇 二五	臘虎 膃肭臍	一一一 一一〇

同廿年	英	同	ネモ	一四五	二八	同	五 二七	臘虎 二七
同	米	同	アークティック	五〇	二四	同	八 一八	臘虎 二六
同	英	同	ネモ	一四五	二七	ベーリング海	九 一七	臘虎 二四
同廿一年	米	同	アークティック	五〇	二三	北太平洋	九 一〇	臘虎 三三 膃肭臍 三四
同	英	同	ローズ	五一	二二	色丹	同 同	臘虎 四三 膃肭臍 三三
同廿二年	瑞典	同	ベンテンサン	七四	一七	北太平洋	八 九	臘虎 一 膃肭臍 三五八
同	米	同	ダイアナ	七五	一七	同	九 一	臘虎 二九
同廿三年	英	同	アークティック	五〇	二一	同	八 二四	臘虎 二 膃肭臍 三九三
同	瑞典	同	ベンテンサン	七四	一七	同	同 九	臘虎 二 膃肭臍 二五六 海馬 五〇
同廿四年	米	同	アークティック	五〇	二〇	オコツク海	同 二〇	臘虎 一 膃肭臍 二〇八
同	同	同	ダイアナ	七五	一七	北太平洋	九 二三	臘虎 三五
同廿五年	同	同	バウヘッド	一〇三	二二	桑港	四 三〇	膃肭臍 二〇一
同	同	同	ソフヒア、スーザーランド	一四五	一二	同	六 六	膃肭臍 五〇〇
同	同	同	アリアア、アイ、アルガア	七五	二〇	スーヤートル	同 二一	同 一、五一七
同	同	同	ケート、エンド、アンナ	二三	一二	桑港	同 七二	同 一、二五二
總計			二十九艘					臘虎 四一八 膃肭臍 八、九〇一 海馬 五〇

(證三) 昨廿五年十一月中横濱より米國海豹獵業會社へ送れる報告中に左の一節あり

本年日本近海の獵業は意外の大獵にして近來稀なる利益あり今後は一層日本北海の海豹業を盛大にすべき企なり比報告にては臘虎、膃肭臍に非ずして海豹の獵業なるは余は頗る意想外の感なき能はず勿論强いて解釋すれば爲にする所ありて故らに海豹の文字を用ひしや知るべからず

(證四) 合衆國桑港の北海捕鯨會社は本年一月中株主に向ひて左の如き報告を發せり

今後合衆國の漁業を盛大ならしむるは國家の一大利源なり捕鯨船の航路は先づ桑港を發し西南に進航しサンドウヰツチ群嶋よりソロモン群島カロライン群島を週航し日本海に至り日本北海に於て捕鯨し暑氣に向ひて北氷洋に進航するを佳とす而して日本海は最も注意すべき處とす(中略)當桑港より出帆する捕鯨船の數は總數五十七艘にして内風帆船四十三艘汽船十四艘なり毎年日本海へ派遣するは十二三艘なれども日本海捕鯨の收益は北氷洋に二倍するを以て今後は日本海に派遣する船數を增加すべし

(前略) 此に日本海とあるは大陸と日本とを別つ所謂る日本海に非ずして日本沿海てふ漠然たる意味に解釋せんこと適當なるべし

橋本小笠原島司の囑託により(中略)農商務技手鏑木餘三男氏が同島二見港に於て見聞し及び乘組の日本水夫より竊に聞き得しものなりとて水產會雜誌に掲載せる要領は下の如し

(證五) 本年二見港に外船の入港せるは二月廿一日を以て始とし三月下旬迄に合計十七艘に及び大概一週日許にして出帆せり内二艘は英國船にして十五艘は米國船なり皆スクーネル形帆前船にして最小は廿七噸最大は百五十噸なれども五十噸以上百噸以下のもの最も多し而して最小のものも必ず六艘の端艇を備へ乘組員二十名以上内銃手は船長共に六名にして一名毎に短銃一挺と精良なる二挺の獵銃とを有し(中略)一船毎に必ず兩三名の日本人水夫あり中に

は十五六年も乘り組み水夫長となれるものあり各船皆結晶食鹽、麥粉、鑵詰類、鹽豚、鹽鱒及び獸皮を貯ふる鐵函を多く搭載せり（前略）昨年は一艘に付多きは三千頭少きも千五百頭以上の收獲あり英京倫敦に輸出して平均一枚二十弗以上に賣揚げたり、本年桑港より日本に來りしもの丶みにて四十餘艘あり、其航路は二途あり一は布哇より小笠原島に來り同島に於て出獵の準備を備へ金華山沖より千島近海に向ひ、一はベーリング海峽より阿哥科海を南下して佐渡沖浦鹽近海を獵し十月に至れば桑港に歸り翌年の準備をなす云々

以上の諸船は一月に本國を發し三月下旬には悉く獵地に向ひ四五兩月間專ら獵業に從事す獵の方法は端艇に四名乘り組み內一名は銃手二名は水夫一名は舵手とす六月に至れば本國より汽船來り獵獲物を積み換へて直に歸國す、獵船は橫濱、函館等に至りて種々の準備をなし漸次本國に歸るを常とす、橫濱には獵業に關する諸務を取扱ふ商館ありて本國と常に電報を往復するを以て生皮の相場の如きは手に取る如くに知ることを得べし（下略）

（證六）本年函館へ入港せる外船の數は極めて多く二月廿日より七月六日に至るまでに合計四拾六艘に及び比噸數總計三千五百四十一噸乘組員九百廿六人積載せる膃肭臍の生皮は三萬八千百三十八枚あり內三萬枚は藏入若くは郵船會社の汽船に移して再び獵地に向へり（中略）之が爲に乘組水夫の上陸する者夥しく函館市中は俄に稀有の繁盛を來し（中略）洋酒忽に缺乏して俄に東京に注文せり云々

（證七）釧路の厚岸港にも四月十八日より六月廿七日迄に八艘の外國獵船入港せり總計比噸數五百廿三噸乘組百六十七人生皮六千九百枚にて其一艘英船ダブリユー、ピー、コール號には西洋婦人一名清國人二名乘組み居たり

（證八）厚岸港の人木下成太郎氏は同港に出入する外船に就き極めて貴重なる調査を遂げたり、其要を聞くに

外國獵船は往時專ら我千島諸島及び柬察加附近の諸島に至りて獵業に從事せしが今や千島は種屬減耗し露國は獵業兼警備艦を發し嚴酷なる手段に依り密獵を嚴戒するを以て渠等は頗る之を畏懼し爾來獵區を探索するの際我近海

に於て獵區を發見し本年の如きは獵船玆に蝟集しビクトリア、バンクーバーより日本に向ひて出帆せしもの百三艘に達し桑港及びシエーローより出帆せしものを合すれば其幾何なるを知るべからず

（前略）其營業法は或は會社組織を以てし或は單獨營業を以てすれども後者は前者より多し（中略）毎年一月中前記の定繫場を發し南太平洋を過ぎ多くは布哇島に寄港して我小笠原島二見港に入港薪水を取り（中略）三月下旬に悉く獵區に向ふ

獵區は犬吠岬沖に起り金華山沖、鮫湊沖、襟裳岬、厚岸沿海より千島に及ぶ而して最も主眼とするは金華山沖、鮫湊沖にして前者は五浬以内後者は八浬乃至廿五浬の洋中に於て獵する也、襟裳岬沖の獵地は九浬乃至十八浬の間に在れども厚岸大黑島近海の如きは三浬以內に在り殊にイルリ島に至りては二浬以內に侵入す時としては噴火灣に入ることあり

獵船は總て小なるスクーネル形帆船にして黃銅を以て外部を被ひ堅牢比すべきなし端艇は形小なれども悉く近時の新形にして落板を具へて顚覆に備ふ、獵銃は十連發ライフル、二十連發スモーハウエンチエスターの如き精巧を極めたるものなり雇夫は多く本邦人(?)にして大概定繫地において傭ひ入る、獵船の獵夫雇入をなすに方りては本邦人の申込者常に數十人に及び中に就きて撰拔する故に熟鍊なる者を得べし俸給は通例船長は五十弗の外に獸皮の步合を取り銃手は一枚に付四弗を所得とし水夫は三十弗とす

獵船は日本沿海に在りては眼に萬國公法なく日本政府なしと雖も露國を畏るゝこと極めて甚だし之を獵船に聞く露の警備艦は獵業を兼ねて海上を縱橫警戒しコンマンダー群島近海の如きは常に其跡を絕たず往々領海外の獵船を捕拿して酷罰を施す（中略）露艦が公法を無視することは獵船が日本を無視すると相並びて好　對と稱すべし

米船アナコンタ號は本年一月シエーロー出帆途次暴風に遭ふて覆沒せんとするもの數次（中略）殊にソサイティー

群島近傍の渦流に陷ゐりし時は船體半ば水に沒し（中略）僅に小笠原島に至るを得て假修繕を加へ同島を發し獵獸しつゝ三月廿八日横濱に入港獸皮を賣りて船體を修繕し端艇を購入し北海へ航行厚岸に着せし迄に百八十餘枚の膃肭獸皮を獲たり船長の言ふ所に據れば此より航路を北に取り露領に入りコンマンダー群島より米領ガレンヂーアン諸島、プリビロフ群島に至らば夥多の海獺及膃肭臍を獲べきも露艦の警戒嚴にして到底近くことを得べからざれば此より百五十浬以内に兩三ヶ月獵業し徐ろに横濱に歸るべしと

厚岸は渠等呼んで喜望港と稱し途次必ず寄港する所とす、要するに獵船の目的とする所は三陸及北海南岸の膃肭臍にして其獵獲高は二千枚乃至三千枚の多きに達す（前略）是に由りて見る時は千島に獵獸する外船は殆ど全く無きが如し

（證九、十、十一、十二、十三省略）

（證十四）近着の桑港通信に曰く

本年日本に向ひし獵船メーリーブラウン號は膃虎皮九百七十枚膃肭臍皮八百三十九枚を獲て九月九日無事歸港せり

是は又一層驚くべき收獲なり（中略）五月卅一日にはメーリーブラヲン號は確に空船たりしなり然るに百日を出でずして桑港に歸港せし時には此の莫大の生皮を携へたり（中略）疑なき能はず此生皮の價格は倫敦市場の相場に照し膃虎十四萬五千五百圓膃肭臍一萬六千七百八十圓合計十六萬二千二百八十圓の價格あり一艘の收獲としては明治十年頃なれば知らず近年には少しく多きに過ぐ（中略）余を以て見れば（中略）（該船の）持主が所有せる數艘の獵船が七月以後に收獲せるものを蒐めて携へ歸れるものなるべし

（明治二十六年度外國獵船及收獲表省略）

合計して五拾三艘（内汽船二艘）之を國別にすれは英船拾九艘、米船三拾三艘、布哇船壹艘は少くとも本年日本沿海に來りし獵船の實數なり然れども（中略）横濱に入港したるものは余未だ調査の道を得ざれば本表全く之を缺けるが如し收獲皮數に至りても日本官吏の目に入りしものゝみ（中略）今假りに本表の平均收獲を以て算するも五拾三艘の總收獲は實に五萬三千九百〇一枚百廿三萬四千圓に上れり鏑木技手の報告には桑港より來りしものゝみにて四拾餘艘ありといひ木下氏の調査にはビクトリア、バンクーバーを發せしものゝみにて百三艘ありといへば本年日本沿海に來りし英米船の實數は百五十艘を踰え收獲は四百萬圓に達すべし云々

（證十九）倫敦のクウキーン、ストリート六十四番地シー、エム、ロムプソン商會より米國紐育市のシー、エー、ウヰルリアム氏に千八百八十八年（明治二十一年）八月二日附書翰の一節に（水産會雜誌）日本より來る膃肭臍の供給は近年大に異動を生ぜり年に由り一年間に毛皮の數一萬五千枚に達せしが或年は僅かに五千枚に過ぎず（中略）去年日本政府は膃肭臍の生産を保助し併せて其生育場を保護する目的を以て海獸の捕獲及其輸入を禁制する嚴酷なる法律を發布したる結果ならん

（前略）當時を回想するに北海道廳は十七年五月廿三日布告十六號を以て膃肭臍獵禁制の命を發し（中略）十八年三月十六日を以て千島巡視として年に一回軍艦派遣を命令し（中略）政府の此擧は能く日本人天與の權を束縛せしも密獵船の取締に於て何かあらん適々以て彼狡童を飽かしむるの具となりしに非ずや、想ふに（中略）當時偶然收獲の減じたるを見て以て日本政府の力に歸したる卽ち商會の買ひかぶりならん云々

（證廿）一千八百八十六年（明治十九年）英國殖民地博覧會の報告に曰く（水産會雜誌）

本年中に英國に輸入せる膃肭臍皮及其産地は下の如し

アラスカ（米領）　十二萬四千〇四十八枚

ロツベン島（露領）	一千八百三十二枚
喜望峰（英領）	四千〇〇〇枚
ロボス	一萬二千〇〇〇枚
コツパー島（露領）	四萬一千七百五十枚
ヴヰクトリア ヴワンクーバー（英領）	一萬〇〇〇〇枚
日本	一萬九千〇〇〇〇枚
合計	二十一萬二千六百三十枚（下略）

（證廿一）前報告書の他の一節に曰く（水産會雜誌）

英國に來る重要なる臘虎の生産地はアラスカ及アリユーシヤン群島にして日本より來るものは年々二百枚に過ぎず

（證廿二）本年一月英船ナラハラ號横濱に在り船長スノー（例の有名なる銃手）は船主の處置に對して平ならざる所あり水夫雇入の爲に房州洲の崎に至り故らに暗礁に乘り揚げたり（中略）本船は無風若くは逆風の日は汽船となり蒸汽力を以て運轉し順風の日は帆船となり風力に依りて馳聘すべき便利なる構造にして外側に黄銅を張り詰めたるは蓋し氷塊を衝くに備へたるものにして其完全なることは觀者の目を驚かせり

（證廿三）（前略）今日まで總て七人の外船に乘り組みし者に遭へりと雖も一も事情の要を知るに足るものなし（中略）獨り昨年三月（中略）房州人姓不詳米吉の談話は頗る內情を詳にするもの多し（中略）米吉の答辯せるものを序述すれば下の如し、米吉が（中略）横濱に出で（明治二十二年）三月廿八日水夫としてアトラン號に雇はれ八弗の月俸を受く（中略）乘組員總て廿二人にして日本人は米吉朋友及びボーイ渡邊某の三人なり同月卅一日横濱拔錨（中略）十三四日にして一港に入港せり其の厚岸港なりしは朋友に聞きて始めて知る（中略）翌朝同港解纜三日を經て又一港に投錨せり船員は此地を呼んでパーンと稱し無人の地なり船長は直に水夫に命じて端艇を卸し上陸して幾もなく一凾を携へて歸船せり（中略）蓋し前年其地に遺せしものなるべし直に同港出帆翌日は大海中に於て端艇を卸し數名宛乘り組みて出獵せり（中略）其行の膃肭臍獵にして且收獲の少かりしを知れり（中略）四日を經て一島に着す其地は數多の小嶼あり西に微に山を認め船員は呼んでブラン島と稱し最好獵地なりといへり（中略）着島するや端艇を解き（中略）水夫は出獵し二夜を經るも歸らず其第二日暴風に遭ひ水夫の少かりし爲に非常に困難せり第四日の午後に至り一同無事歸船夥多の獸皮を獲來れり其翌朝端艇は再出獵今回は數時にして亦夥多の獸皮を獲て歸れり（中略）第四日朝一港に安着船員は之を呼びてヨロ港と稱し（中略）此地に碇泊すること凡そ十日端艇は連日出獵怠らず（中略）米吉は始めて獵獸の狀況を目擊することを得たり大概端艇は一隊を結びて與に進退し銃手は銃を腋下に抱ける儘にして發砲し其神速なること實に目を驚かすに堪へたり命中する時は長き棒の尖に鉤の附けたるを以て鉤するなり然れども逃脫せらるゝもの多し（中略）ヨロ港を出帆して例の如く獵獸しつゝ凡そ十日許にして又パーン港に入港せり此時朋友の語る所を聞くに此行は收獲少かりしも猶未だ鱈を漁するの甚だしきに至らず若し膃肭獸の發見少く收獲の見込なき時は方針を變じて鱈漁をなすを例とせり（中略）六月廿四日横濱に歸港（中略）事業の危險なるに恐を抱き再び雇はるゝの望を斷てり

是は余の得たる證據中にて最も價値あるものなり（中略）渠等の所謂パーン港、ブラン島、ヨロ港の如きは最も研究すべき呼稱にして余は其航海日數より推し四方の眺より考へてパーンを以て色丹島の松ケ濱穴間イネモシリ三灣の一としブランを以て牟知島としヨロを以て片岡灣若くは柏原灣の一とせり

（中略）

一千八百八十九年（明治二十二年）出版合衆國下院の「商船及漁業取調委員報告書」の「アラスカの膃肭臍及其他漁業の調査」と題する項中にコンネティカツト州ニューロンドン市アール、エーチ、チャベル氏が同委員に寄せたる文中に左の一節あり

一千八百五十四年（安政元年）の頃一米人日本海に於て直徑一浬許の一小島を發見す此地年々五萬頭餘の膃肭臍來集す是に於て貿易商人は年々爭ふて同島に至り棍棒若くは小刀を以て獵獲し奇利を博せしが僅に三年を經て種類を滅し殆ど跡を絕つに至れり

（前略）是に由りて見る時は日本には嘗て膃肭臍の生育場若くは遊息場ありたりしが濫獲の結果全く類を絕ち若くは巢窟を轉じたるものなり勿論日本海の意味は極めて茫乎たるものにして此一小島なるもの果して日本領なるや否やは未だ決定すること能はず然れども心を祕めて熟考するに膃肭臍なるものは其性北太平洋海の常に陰霧多くして太陽熱薄く氣候濕潤にして冷氣勝なる地に生育するに適し我千島は明に此資格を備へたり（中略）若此推察の如くんば所謂日本海の一小島は濫獲の爲に安政の終一旦膃肭臍の跡を絕ちしが漸くに恢復して明治廿一年頃には再び膃肭臍の上陸地となりしなり云々

以上縷述せる如く膃肭臍は假に步を讓りて曖昧の中に沒却するも他の種々の證據は下の如き判決を下すに足るべし。

外人（殊に英米人）所有の獵船は遲くとも明治九年以後今日に至るまで年々五十艘以內づゝ東洋に來り往々日本人を雇い入れ獵期を逐ひて奧州沿岸、北海本道沿岸、千島沿岸、ベーリング海、阿哥科海等到處に獵獸し數他國の所屬海に入り臘虎、膃、海豹、海馬、狐、熊の類を密獵し莫大の利益を占め年々毫も衰ふるの色なきのみならず近年に至りては益事業を擴大すべき形勢あり我日本所屬海に於ては千島沿岸最も甚しく密獵せらる、實に我國權は既往に於て

凌辱せられ現在に於て凌辱せられ未來に於ても亦將に凌辱せられんとするものなり

（前略）況んや大和魂の語は卿等が常に口にする所なるに於てをや是に於てか「如何にせば密獵船を驅逐すべき」は日本人が須らく全力を奮ひて講究すべきの策たり云々（進んで軍艦派遣の愚を指摘して「當局諸公が密獵船の取締に策の施すべきなく（中略）天下に對する口實を作らんが爲に無效を知りつゝ派遣するものなり云々」と批難し、更に轉じて―以上著者）東邦協會も本問題に關しては注意する所ありしものゝ如く一策を按出し九月三十日附を以て會頭副島伯より伊藤總理へ建議案を提出せり其要旨は

須らく日、露、英、米四ヶ國聯合會議を我帝都に開き北太平洋漁獵聯合條約を訂結し萬國公法の例規を改め一國の沿海主裁權區域を沿岸線外六拾浬乃至百浬に擴張すべし是密獵船防禦の唯一の策にして軍艦派遣、郡司移住の擧の如きは區々一局の小計のみ如何となれば密獵船なるものは常に沿岸三浬外の公海に獵し其千島に寄港するは只薪水食料を得んが爲なれば例令密獵取締を嚴行せんとするも萬國公法の名分に制肘せられ到底其實を擧ぐること能はず云々

（この主張の基本をなす「常に沿岸線三浬以外に公獵し千島に寄港するは只薪水食料を得んが爲めなりといふは抑も何に據りて斷言せしや（中略）東邦協會は當代名士の團體なるにも拘らず密獵船の調査未だ不完全なるにも拘らず云々」と論難して、次の如く記しておる。―著者）

（前略）是を以て利害の關係最も深き國が卒先して此例規（三海浬說）の改正を唱ふべきものなり而して我日本國は同盟國中最も多くの海岸線を所有せり須らく各國に先んじて改正案を提出すべしとは余が宿昔の持論なれば東邦協會建議案の大體は余の兩手を擧げて贊成する所なれども唯此沿海權區域擴張を以て密獵船防禦の而も唯一の策と爲すに至りては頗る疑を容れざるを得ざるなり（中略）嗚呼天下策士の巢窟を以て目せらるゝの東邦協會にして猶這般迂濶の言を爲す千島の末路嘆ずるに堪へたる哉云々

軍艦の派遣は既に無效なり、東邦協會の建議案は救急の策に非ず、何を以てか我邊海を警め我國權の凌辱を防がん、曰く

（前略）渠密獵船の縱橫跋扈するを得る所以のものは我千島の無人の域に委棄せらるゝが爲なり宜しく先づ第一着に千島に民を植ゑ版圖たるの實を擧ぐべし此に非ずんば沿海主裁權區域を擴張するも軍艦を派遣するも徹頭徹尾密獵船取締の實行を期すべからざるなり（中略）宜しく我不振の遠洋漁業を奬勵し海上に於て競爭せしむべし三千浬の波濤を凌ぎて來る英米船と目前脚下に業を營む日本人との競爭なり之を兵家に聞く天理地利は我既に之を占む焉んぞ僅に人和を得たる渠等が爲に敗を取ることあらんや、此二策（植民と遠洋漁業―著者）に非ずんば邊海を警め國權を保護せんことは決して望むべからず云々

下章　國家百年の利益上

千島拓殖は啻に日本帝國の國權保護上に焦眉の急問題なるのみならず國家永世の福利を謀るが爲に亦緊急なる一問題なり

（中略）

（前略）若し夫れ同胞戮力協心して財源を作り若くは土地を增殖せば何の憂ふる所あらんや、余は殖民地を求めて土地と人口との平均を謀り水產業を奬勵擴張し水產を以て日本國の基本とするの二策を以て人口の增殖に應ぜんと欲するなり

（以上の二方策を實現するために、第一策千島拓殖を最急務なりとし「殖民策は既に方今識者の注意に上り或は墨西哥問題となり或は南洋問題となれるも獨り怪む未だ千島問題に及ばざるを」と斷じ、第二策水產業奬勵を擧げその理由として一日本は農業國に非ず水產國なり。限りあるの土地に依りて國を保たんよりも須らく無盡藏の

水産を取りて國家萬歳の策を立べし」として國の形勢から農業國に不適當なるに反し海産は甚だ豐饒なるに拘らず現狀は日本の事業のうち最も幼稚である。從って本格的の發達をなすための「第一遠洋漁業なる大事業は日本には殆ど全く行はれず」、然るに各國は鋭意その發展に努力し、「前章數萬言を費やせし密獵船は遠洋漁業の一種なり」とし、そのほか製造法、販賣法等に關し日本水産業の極めて幼稚であるだけに「前途は多望に進歩擴張すべきの餘地ある」ことを論述している。―著者)

(中略)

紗那外三郡役所(卽ち擇捉島)の最近統計表中水産に關するものを擧ぐれば

廿三年度は豐漁にして捕魚採藻專兼業者雇漁夫は男女老幼合計千二百三十五人大小漁船三百五十三艘大小網二百六十六統を用ひ其收獲は(表省略)(總計八六、〇八五石三八四、四九九圓にして)諸經費は積極に概算して廿六萬圓差引十二萬五千圓は純益にして一人平均百圓以上の利益を得たるなり

廿四年度は未曾有の歉歳にして漁業從業者老幼合計千二百五十三人船四百四十二艘網二百六十五統を以て收獲は(表省略)(總計一三、二五六石七〇、五五四圓にして)諸經費は積極に概算して十一萬四千圓差引凡そ四萬三千五百圓は損耗に屬し卽ち一人平均三十五圓弱の損失ありしなり

此豐歉兩年の損益を平均すれば以て擇捉島水産利益の額となすべく卽ち擇捉水産の純益は一人平均三十三圓に達するを知るべし云々

茲に頗る注意すべきは漁業從業者の多數は出稼の雇漁夫にして其千島に在るは六月より十月に至る半年間而して實際業に從事するは僅かに三、四ケ月にして(中略)漁業と稱するは殆ど鮭鱒に止まれり、斯の如く事業方針の迂濶なるにも拘らず猶飮食費を差引き一人平均三十三圓の純益ある事業は内地に於ては多く其例を見ること能はず云々

是に至りて余は更に大聲絶叫せんと欲するものあり、何ぞや、今にして千島拓殖の擧を鬪かずんば千島拓殖は愈々困難なる事業となり了らんと、何が故ぞ、我勇往果敢の海國男兒郡司大尉は憐むべし千島の犠牲に供せらるればなり（中略）余は昨年郡司と同様の準備經畫を以て同様の目的を達せんことを試み爲に失敗して今日の如き沈淪の境に墜落するを致せり云々（なお郡司大尉の壯擧に對しその計畫準備等について批判を試みているが、ここでは省略する。—著者）

如何にせば千島拓殖し得べき

（本篇は前文に引用した同人著「千島探検誌」と大同小異であるから特に注意すべき點を箇條書に抄約するに留めた。—著者）

千島拓殖は國家的保護の下に遂行すべきであること。出稼主義を捨てて土着主義に依ること。つぎに漁夫の性格は農工商の人々と違い因循でなく、怯弱でなく勇敢で、容易に故郷を去って絶域に出懸ける。危険を冒すとき「殆ど無神經」である。一般に薄給を以て漁家に使役せられているから、少しく優遇すれば千島に移住するが如きはそれほど困難ではなかろう。千島での事業には「凡そ三年間を維持するに足る資本」を準備して着手すべきである。そのほか企業形式を合資乃至株式組織にすること等々は前文に紹介した通りである。最後に千島拓殖株式會社定款案を擧げているが、ここでは省略する。

以上で紹介の要點を終ったのであるが、要するに密獵問題に關する對策の骨子は現地に於ては千島に屯海兵的殖民を開始すること、中央に於ては全國的に遠洋漁業を創設し漁業上の實力を以て外國密獵船に對抗するというのであって、殊に後者の遠洋漁業創設を唱道したことは北海道開發の上に重要の意義をもつのみでなく國家的觀點から考えて日本の明治漁業經濟史上から最も重要な意義を有するものであることは既に前項に記した通りである。

○北氷洋洲及アラスカ沿海見聞録

簡單にこの文獻の著者來歷を知るために渡邊洪基氏の序を紹介すると、

我邦四面海ヲ環ラシ船艦ヲ以テ八方ニ通ズベシ（中略）是ニ於テカ海事思想ヲ發達セシメ烈風怒濤ヲ凌ギテ平常ニハ交通漁獲ノ利ヲ收メ戰時ニハ護國安民ノ義務ニ當ルノ人物ヲ養成スルハ今日ノ急務ナリトス阿部敬介君ハ陸前ノ人ナリ夙ニ遠洋漁業ニ着目シ其亞米利加ニ渡航スルヤ合衆國巡邏艦ニ搭シテ數々ベーリング海北氷洋ニ入リ或ハバーロー岬ノ避難所ニ嚴冬ヲ送リ具サニ艱苦ヲ嘗メ地勢氣候等ヲ觀察シ親シク土人ニ接シテ人種宗教風俗習慣等ヲ探リ並ニ膃虎膃肭等ノ蓄養獵獲ノ方法ヲ習得シ去年冬一旦鄉里ニ歸省シ滯留數旬其間書ヲ著ハシテ實地觀察セシ一切ノ事項ヲ記述シ之ヲ北氷洋洲及アラスカ沿海見聞録ト名ヅケ我東京地學協會ニ提供セリ本會受テ之ヲ調査スルニ此著ノ純正學術的ノ書トシ水產業者ノ指針トシ又タ間接ニ海事思想ヲ奮起セシムルノ資料トシテ最モ世ニ裨益アルモノト信ジタルヲ以テ直ニ印刷シテ會員並ニ世上同好ノ士ニ頒ツコトヲ決シタリ今ヤ其書成ヲ告グ依テ一言ヲ卷首ニ題シテ其事由ヲ明ニスト云フ

明治二十八年六月

東京地學協會幹事　渡邊洪基

さらに著者自らの記すところによると、

此記録ハ余カ米國稅關巡邏艦ベーヤ號ニ於テ數年間アラスカ沿海及北氷洋巡航中實地目擊セル諸般ノ有樣ヲ見聞ノ儘筆記セル日誌中ヨリ其最モ新奇有益ナル者ノミヲ拔萃シタル者ナリ云々

現今アラスカ地方土族ノ使用シツヽアル器具中歐米人ノ手ニ成リ或ハ其傳習ニ依リ土族ノ模擬製造スル者アリ此等

ハ余之ヲ本書ニ詳載セズ何トナレバ住民本來ノ技藝純粹ノ風俗ニ就テ知ラントスルハ余ノ目的ニシテ（中略）尙ホ其盡サヾル所ハ歐米先輩探檢者ノ記錄ニ藉リ蒐メテ此事實ヲ慥メンヿヲ要シタリ
ベーヤ艦長ミチユル、ヘーレー氏ハ十餘年間北氷洋巡邏艦々長トシテ最モアラスカ及ビ氷洋全體ノ事情ニ明通セル人ナリ余ハ四年間氏ノ艦房司管トシテ氏ノ親愛ヲ受ケ探檢上大ニ便宜ヲ得タルハ氏ノ厚意トシテ謝スル所ナリ
神學博士セルドン、ヂヤクソン氏ハアラスカ全州ノ教育總督トシテ其土族ノ教育上ニ力ヲ盡スヿ茲ニ二十有餘年嘗テベーヤ號ニ乘ジテ余ト與ニ北洋ニ巡航スルヿ三回ナリキ故ニ余ガ土族ノ宗教的記述ハ多ク氏ノ助言ニ依リテ成レリ
北氷洋洲「エスキモー」族ニ就テハ余ガ氷洋ポイントバーロー合衆國避難所ニ於テ三ケ年間在勤中自ラ土語ヲ習ヒ部落ノ間ニ混立シテ事々物々緻密ナル觀察ヲ遂ゲタル者ナリ書中掲グル所ノ插圖ハベーヤ艦長所藏ノ寫眞ヨリ複寫セル者ニシテ盡ク最近ノ採影ニ係ル者ナリ唯「トリンケツト」族ノ器具ニ至テハ其實體寫眞ヲ得ルノ機ヲ失スルヨリ概ネ自畫或ハ先輩ノ筆ニ成レル者多シトス
本書ハ專ラ事實ヲ記述スルニ在ルヲ以テ敢テ文字ヲ修飾セズ讀者請フ之ヲ諒セヨ

明治二十八年二月　著者誌

目錄

土族ノ神仙談　奴隷　○奇癖
家屋　食物
漁獵事業
漁具　○鮭ノ罐詰處　其勞働及賃銀　○鱈及其漁業
結婚
出産　婦女虐待　○幼兒ノ命名
埋葬

一アルーチヤン群島誌

土人ノ來歴
米國諸博士ノ諸論　○人口ノ減縮　○舊習ノ漸化　○現在ノ住居　○宗教ニ對スル感情　○育兒法　○巫女
○最モ適當ナル漁獵者　○臘虎獵法
膃肭獸及其繁殖法
アルーチヤン島ノ海獸　○膃肭獸ノ性質
北海道膃肭獸獵ニ關スル卑見

一エスキモー族（北氷洋住民）

其起原
外貌
住家

衣服
食物
　土人ノ器具　○風習　○女子ノ性質
結婚
埋葬
　産婦ノ虐待　○悪魔拂ヒ　○土人ノ昔話　エスキモー族ノ文字ニ代用スル符號
エスキモー族ノ言語
捕鯨業
　捕鯨器械
鱈
明治二十七年北氷洋ポイントバロー附近ノ海氷ノ運動
北氷洋四季ノ概況
　無日ノ嚴冬
北極光
　夜半ノ太陽
冬期六ケ月間ノ測候表
氷洋ニ於ケル氷山及氷河

（以上）

（插圖四十六圖目錄省略）

さて、ここでは右目錄のうち傍點した項のみを引用する。

北海道膃肭獸獵ニ關スル卑見

本篇ハ余ガアラスカニ在ル日我國水產業家ニ警告セントノ微意ヲ以テ起草セシ者ニテ其調査ハ一昨年七月ノ事ニ係ル故ニ篇中往々過去ニ屬シ又既ニ世人ノ知悉セル事項モ少ナカラズト雖モ第八期ノ帝國議會ハ將ニ此事ヲ議セントスルヲ傳聞シ至情默シ難ク乃チ舊稿ヲ把テ明治二十八年一月八日ノ時事新報ニ投ゼシモノナリ本書編述ノ本旨ト關係スル所深キヲ以テ再ビ茲ニ揭グ

近年外國膃肭獸密獵船ガ頻リニ徘徊出沒シテ以テ其好獵場トナスノ地ハ主トシテ我ガ帝國ノ版圖ナル千嶋群島中新知島ト捨子古丹嶋ノ間ニ散布スル無人島八九嶋ハ附近ナリ昨今兩春同地方ニ於ケル米國及ビカナダ密獵船ガ其本國ノ船主ニ送リタル報道ニモ「未ダ五月上旬ニモ至ラザルニ二十有餘艘ノ獵船ハ平均百五六十頭ヅヽノ捕獲ヲナセリ特ニ昨年ノ如キハ一船尙ホ能ク一期間ニ二千餘頭ヲ捕獲セシモノ五、六艘アリ」トアリ此ハ桑港ニ於テ是等獵船ノ多數ヲ所有スル富裕ノ皮商リーベス氏ガ余ノ知人某船長ニ物語リタル實際談ナリ

以上ノ事實ニ據リテ膃肭獸ノ千嶋近海ニ出沒スルノ時期ヲ察スルニ每歲四月中旬ヲ以テ其初期トナスモノノ如シ蓋シ每年密獵船ノ纜ヲ米國海岸ニ解クハ早キハ三月ノ初メヲ以テシ遲キモ必ズ下旬ヲ越ヘズ風波ノ强弱順逆ニヨリテ多少遲速ノ差異ヲ免カレズト雖ドモ北太平洋ヲ橫斷シ直進千嶋ニ着スル概ネ三十日前後ヲ要スト云フ而シテ此時期卽チ獵船ハ千嶋ニ三々五々集合スルノ日ハ恰モ亦タ海獸ノ東南方ヨリ同嶋近海ニ群遊スルノ初期ナリト云ヘバ彼ノベーリング海ニ於ケル米國所屬ノプロビローー嶋海獸生產地ニ先ダツコト全ク一箇月露領カツパ嶋ニ先ダツコト約ソ二、三週間餘ナルヲ知ル

斯クノ如ク三處ニ於ケル海獸ハ各其群集ノ時期ヲ異ニスルヲ示スノ後チ余ノ最モ注意シテ說明スベキ要件ナリト思惟スルハ此三處ニ於ケル貴重ナル海獸ノ種族ハ皆同一ナリヤ否ヤ又毎夏三處ニ集合スルノ前卽チ冬間屯集ノ棲息地區ニ異同アリヤノ否ヤノ問題ナリ蓋シ此疑問ヲ攻究スルハ異日三處ノ海獸ニ増減ヲ生ジタル際其源因ヲ調査スルニ當リテ最モ必要ナリトス

余ガ北太平洋ヨリ北氷洋間ヲ巡航ノ際多年調査セル結果ニヨリテ之ヲ判斷スルニ以上三處ニ於ケル海獸ノ種類ハ全ク同一ニシテ冬間屯集ノ棲息地區モ亦同一ナルモノヽ如シ加之三處ノ棲息地區中ソノ一方ニ頭數ヲ減ズル時ハ他方ニ於テ必ズ其數ヲ加フルノ觀ヲ呈スルヲ知ル余ハ是ヨリ二三ノ證據ヲ擧ゲ以テ余ガ推測ノ果シテ其當ヲ得タルヤ否ヤヲ讀者ニ示サント欲ス

（第一例）プロビロー群島ニ於ケルアラスカ貿易會社ハ米國政府ノ特許ヲ受ケ凡ソ二十四五年前ヨリ毎歳七八月ノ兩月ヲ以テ島上生産場ニ棲息ノ膃肭獸雄獸十萬頭ヲ屠殺シ島民モ亦食肉トシテ毎期間一萬頭ノ一年雄獸ヲ屠殺シ來リシニ拘ハラズ八、九年前マデハ群集ノ數ニ於テ更ニ減少ノ兆候ナカリシニ其後逐年減少ノ徵ヲ呈シ來リシカバ貿易會社ハ政府ニ稟申スル所アリ共ニ力ヲ盡シテ深ク其源因ヲ究メシニ是ハ全ク密獵船ノ絕エズ北太平洋及ビアルーチヤン群島近傍ニ出沒シ海獸ノベーリング海殖産地ニ往還スル通路ヲ遮斷シ苟クモ高貴ノ獸ト見ル時ハソノ老幼雌雄ヲ問ハズ之ヲ濫殺セル結果ナルコトヲ發見シ次デ此等大膽ナル盜船ノ若干ハ毎夏巡邏艦及ビ島守ノ隙ヲ窺フテ潜ニプロビロー島近海岸マデ進行シ棲息獸ヲモ亂殺スルコトヲ確認セリ此探究ハ端ナクモ彼ノベーリング海漁獵葛藤事件トシテ一時世人ノ注意ヲ惹ケル英米兩國間交涉事件ノ導火線トハナレリ

實驗上膃肭獸ハ年々太平洋暖水ヨリ北上シテアルーチヤン群島間ヲ過ギ五月ヨリ六月ニ至ル間ニプロビロー島ニ集合シ四、五日ヲ經此處ニテ幼獸ヲ生産ス而シテ暫ク之ヲ哺乳養育シタル後十月中旬ニ至リ同島ヲ去リ始メ北上ノ時ト

同方向ヲ取リ再ビ太平洋ノ暖流ニ歸ルヲ常トス是レ卽チ同島ニ來集ノ海獸ハ冬期太平洋中ニ徘徊游泳スルモノト同一種族ナルヲ證スルモノナレバ其冬期棲息ノ地域及ビアルーチャン群島附近ニ於テ初夏北上スル所ノ海獸ヲ濫殺スルトキハ隨テ夏時殖産地ノ頭數ヲ減ズルヤ疑ヲ容レズ

（第二例）露領カツパ島ノ海獸殖産地モ同ジクアラスカ貿易會社ニ於テ之ヲ借受ケ年々雄獸三萬頭ヲ屠殺シ來レリ、始メ會社ガ同島ノ業務ニ着手スルヤ來集ノ獸數極メテ少ナカリシヨリ露國政府ハ殖産上ノ衰滅ヲ來サンコトヲ憂ヒ會社ニ向ツテ一時屠殺數半減ノ事ヲ議セリ然ルニ其翌年卽チ今ヨリ八九年以前ニ至リ俄然群集獸數ヲ增シ漸次多キヲ加フルノ光景ヲ呈シタルヲ以テ目今ニ至リテハ殆ンド當初約束ノ三倍ヲ屠殺スルモ益々ソノ數ヲ增シ殖産愈々盛大ニ赴キタリ是レ他ナシ先ニ米領プロビロー群島ニ棲息スル海獸ノ一部ハ貪慾厭クナキ密獵者ノ亂擊ニ驚カサレテ其保護ノ極メテ嚴重ニシテ且ツ安全ナル露領殖産地ニ轉棲避難セルノ結果ニ外ナラズ（露米兩政府ノ膃肭獸殖産場ヲ保護スルノ方法及ビ施行ノ大略ハ二十六年三月ノ時事新報ニアリ）而シテ此地ニ聚合スル海獸ハプロビロー島ニ先ダツコト二週間餘ニシテ上陸ヲ始メ十一月末ニ至リテ再ビ太平洋ノ狂波怒濤ノ間ニ其影ヲ隱ス嘗テ其來往ノ路線ヲ檢セシニ同ジク北太平洋中ヨリアルーチャン群島ノ西部ヲ通過シ來ルモノナリト云フ故ニ夏季ハ勿論春秋二季間ニ是等海獸ヲ來往ノ途上ニ要擊濫殺スルハ是亦異日島上群集ノ頭數ヲ減ズルノ一源因タリ

（第三例）千島群島近隣ニ出沒スル膃肭獸ハ是亦プロビロー、カツパ兩殖産地ニ群集スルモノト同族ニシテ每春四月ノ下旬東南方ヨリ來集シ十二月ノ始ニ至ルマデ島邊ヲ去ラズ而シテ其去ルヤ同ジク東南方ニ向フトハ彼地ニ數年間出獵スル余ガ知己某米人ガ實驗セシ確說ナリ、然ルニ露米兩國ノ如ク政府ヨリ特ニ堅牢完備ノ官船ヲ送リ其術ニ熟練ノ技師ヲ派シテ四季共ニ專心海陸ノ產出物ヲ探檢調查セシコトアラザレバ今日ニ至ルモ未ダ千島近邊ニ出沒スル海獸ガ果シテプロビロー、カツパ兩島ニ於ケルガ如ク一定ノ上陸地生育場ヲ有スルヤ否ヤヲ確ムル能ハズ又タ我國諸新聞

紙上ニ於テ水産業熱心家ノ報告意見等ヲ閲讀スレドモ北海ノ此貴獸ニ富ムコトヲ警告シテ以テ前途多望ナル所以ヲ說キ之ガ移住者及ビ出獵者ニ最モ肝要ナル海獸群集ノ上陸地ヲ調査報告スル者ナキハ實ニ斯業上ノ一大瑕瑾ト云ハザルヲ得ズ（中略）故ニ初夏我千島附近ニ見ル所ノ膃肭獸ニシテ彼ノ太平洋中冬籠リノ場處ヨリベーリング海ノ殖産地ヘ旅行ノ途上出沒スルモノニアラズトセバ同島數十ノ群島中必ズ毎歲定期ニ上陸シテ以テ幼獸ヲ生育スル一定ノ場所アラン

余ハ膃肭獸ニ就テ、（中略）吾ガ水産事業熱心家ニ望ム所ノ緊急事件ハ、凡ソ動物學ニ又水産事業ニ實際ノ經驗ヲ有スル技師ト完全ノ器具トヲ備ヘタル堅牢ノ官船ヲ千島ニ派出シ專心以テ同島周圍ノ水產物ノ有無、若シ之アラバ其所在、種別、水ノ深淺、海底ノ種類、マタ適當ノ餌料ノ有無等ニ至ルマデ巨細ニ調查シ（中略）此主眼タル膃肭獸去就ノ實況、其寄栖地ノ有無、上陸後ノ動作ヲ探究スルコト是ナリ云々

今ヤ露米兩國ハ英國ト結合シテ益々嚴密ニ密獵船ヲ驅逐スルノ策ヲ講ジ政府特許ノ會社ヲ除キ他ハ一切アルーチヤン群島以北ニ獵スルコトヲ禁ジ同時ニ三國政府ハ十有餘艘ノ巡邏船ヲ北洋ニ浮ベテ其密獵犯則者ノ搜索ヲ事トセリ此結果トシテ現ニ我千島ハ先ニ以上三箇處ニ浮獵セシ密獵船ノ全部集合スル場所トナリ兼テ同地ニ事業ヲ經營シ始メタル我國有志ハソノ職ヲ奪ハレ而シテ我帝國ノ威信亦蹂躪シ去ラレントス豈ニ輕々看過スベキノ秋ナランヤ知ラズ世間余ト感ヲ同フスルノ士幾人カアル　（以上）

さて以上で明治初期から中期にかけての北海道及び千島拓殖に關する朝野の公私人の視察乃至所見の大概を紹介乃至解說し得た譯であるが、通して見ると前の諸著は公人の立場から專ら拓殖政策の觀點から、後の諸著は主として私人としての實際的企業者としての見地から視察し論述されて、それぞれの特徵をもっているから、當時の內地殖民地として

の北海道ことに當時の產業として最も支配的であった北海道漁業の開發に對し、これらの文獻は最も重要な資料を提供すると共に、明治前期に屬する北海道漁業の眞相ならびにその推移を最も忠實に物語っているものと考えている。

其他の重要文獻

北海道史	北海道廳	大正七年
新撰 北海道史	北海道廳	昭和十二年
開拓使事業報告	開拓使	―
二府四縣 采覽報文	開拓使	明治十二年
北海道水產豫察調查報告	北海道廳	―
北海道水產調查報告	北海道廳	―
北海道史要	竹內運平著	昭和八年
北海道金融史	北海道拓殖銀行	大正七年
增訂 北海道要覽 前篇 後篇	村尾元長編	明治十六年
北海道漁業志稿	北水協會編纂	昭和十年
清國輸出 日本水產圖說	農商務省	明治十九年
日清貿易 北海道重要海產志	遠山景直著	明治二十四年
唐方渡俵物諸色大略繪圖(支那貿易說)	陽其二採述	明治十一年
支那輸出 日本昆布業資本主義史	羽原又吉著	昭和十五年

附録一

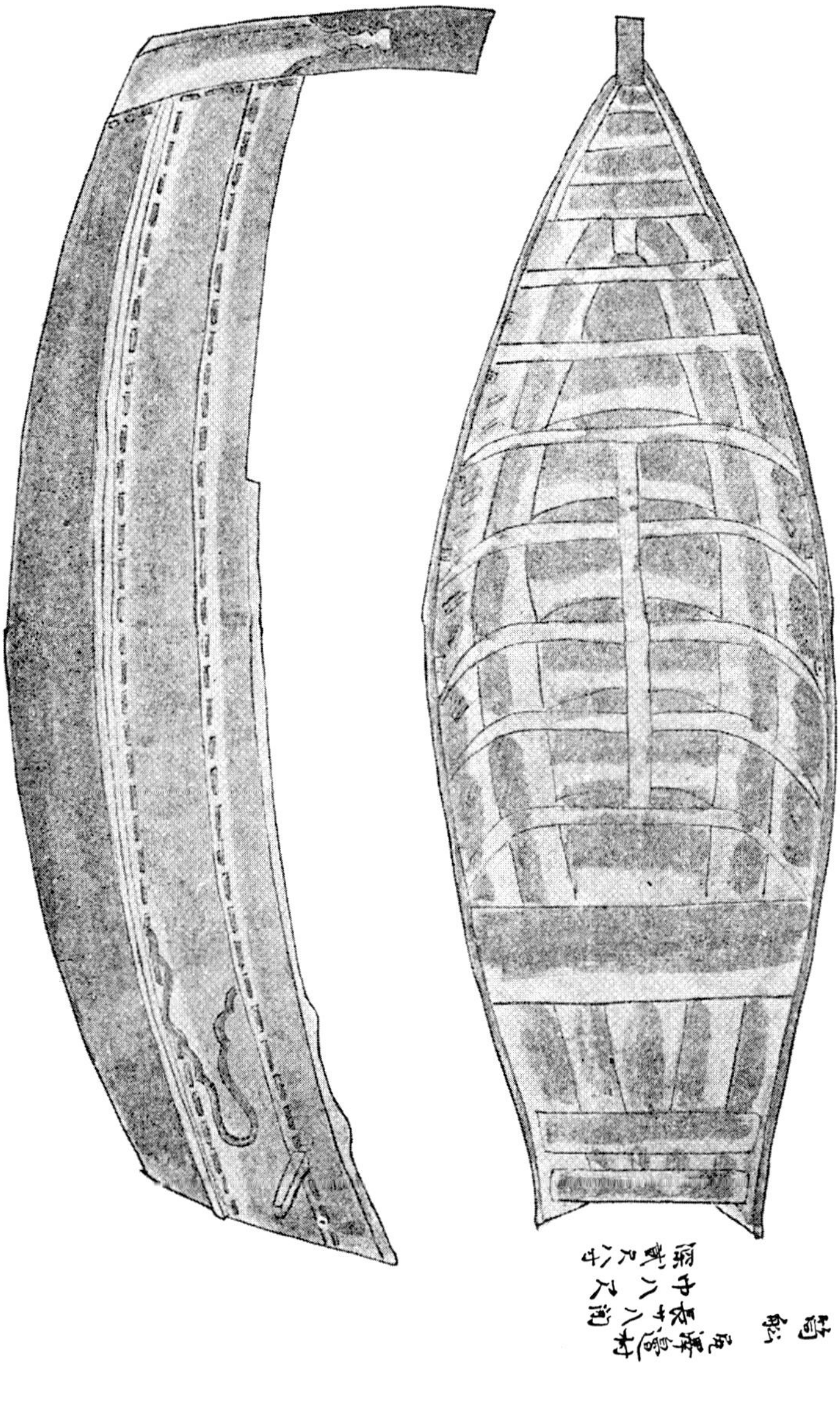

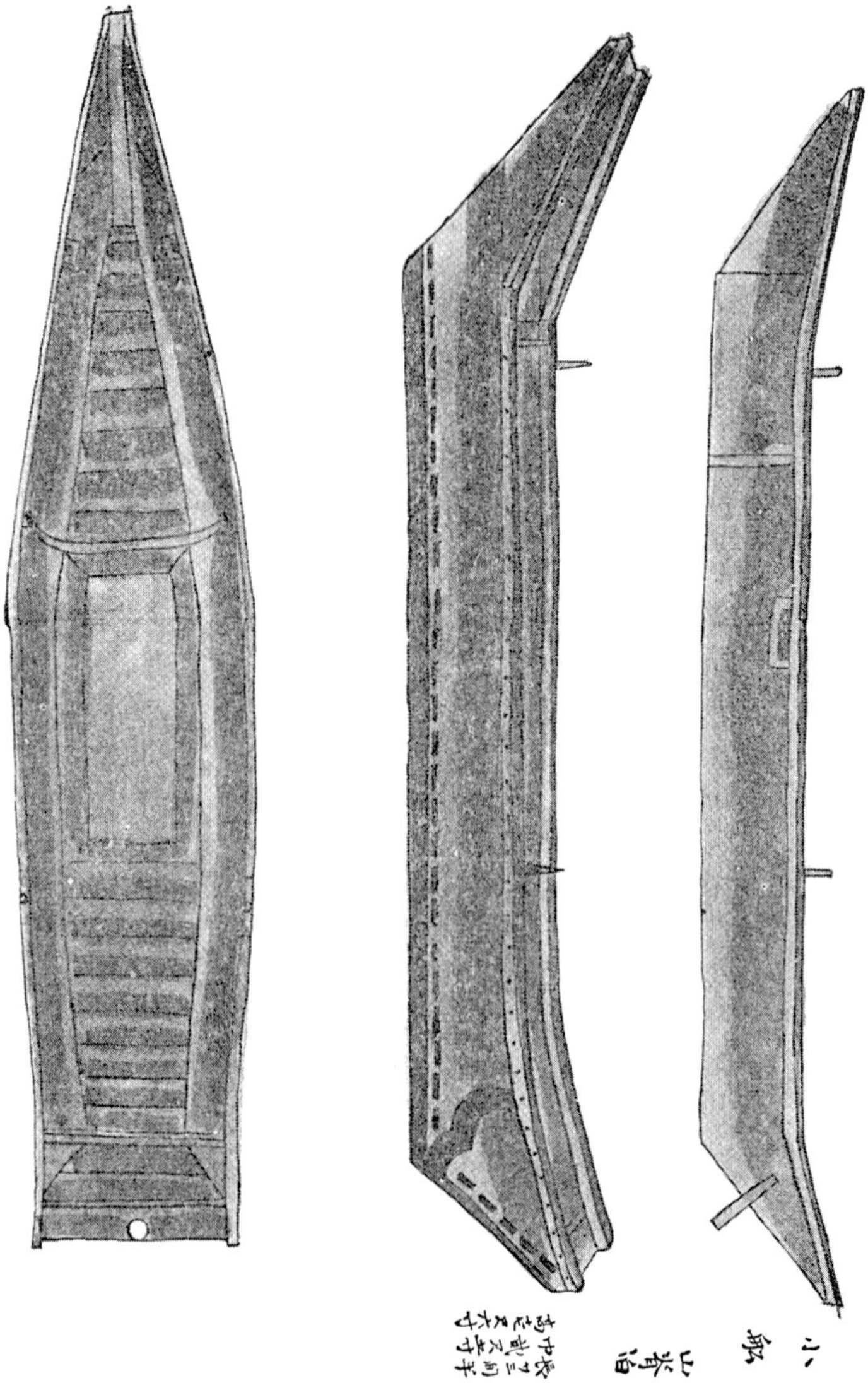

小船

山背首

長サ三間半

巾弐尺五寸

高さ壱尺六寸

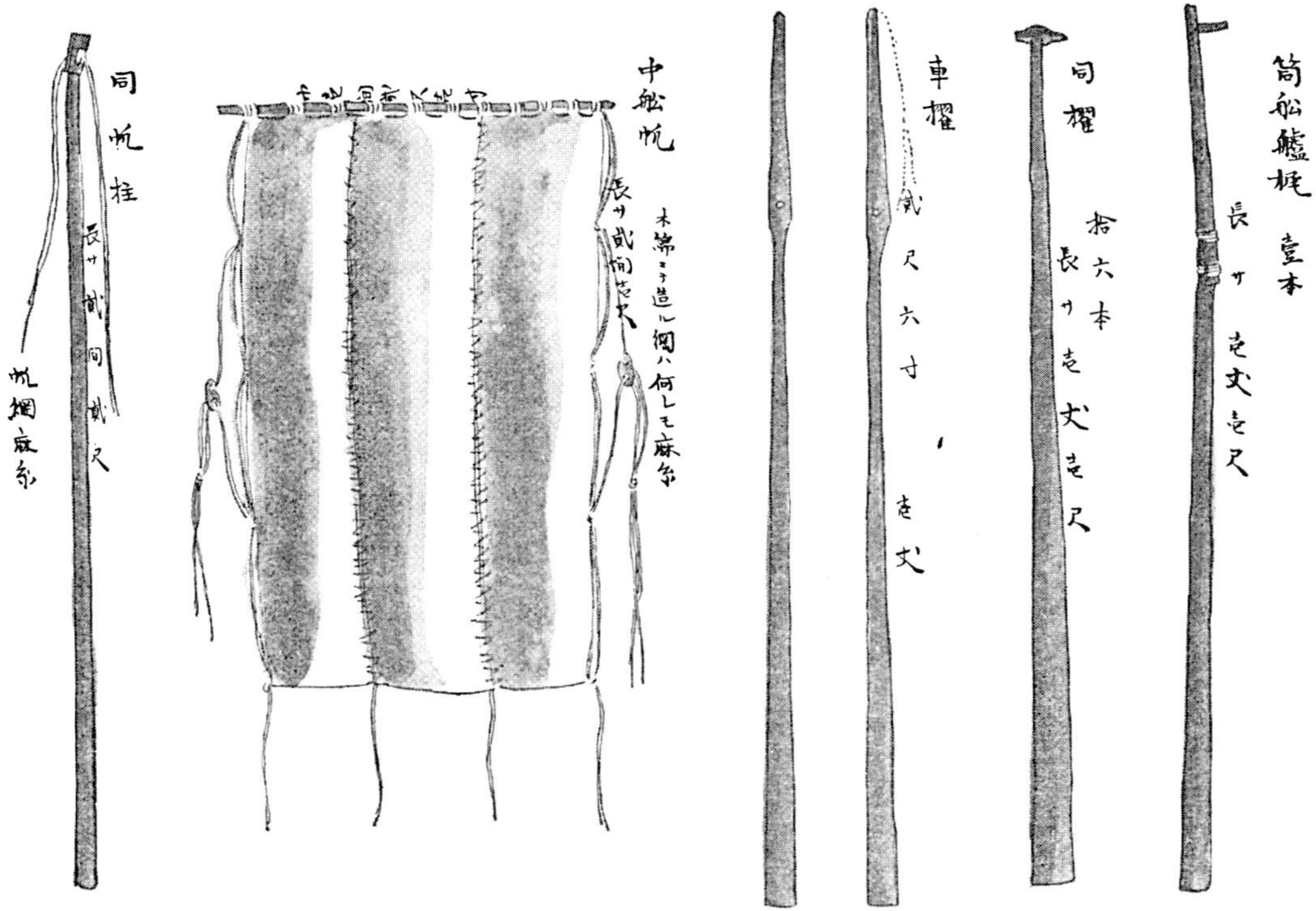
筒船艫梶 壹本
長サ壱丈壱尺
同櫂 拾六本
長サ壱丈壱尺
車櫂
弐尺六寸
壱丈
中船帆
長サ弐間壱尺
木綿ニテ造ル 綱ハ何レも麻糸
同帆柱
長サ弐間弐尺
帆綱麻糸

中船　山背泊　手操ハイ縄　サシ網

長四間五寸
巾三尺五寸
深さ壱尺八寸

仝
梶

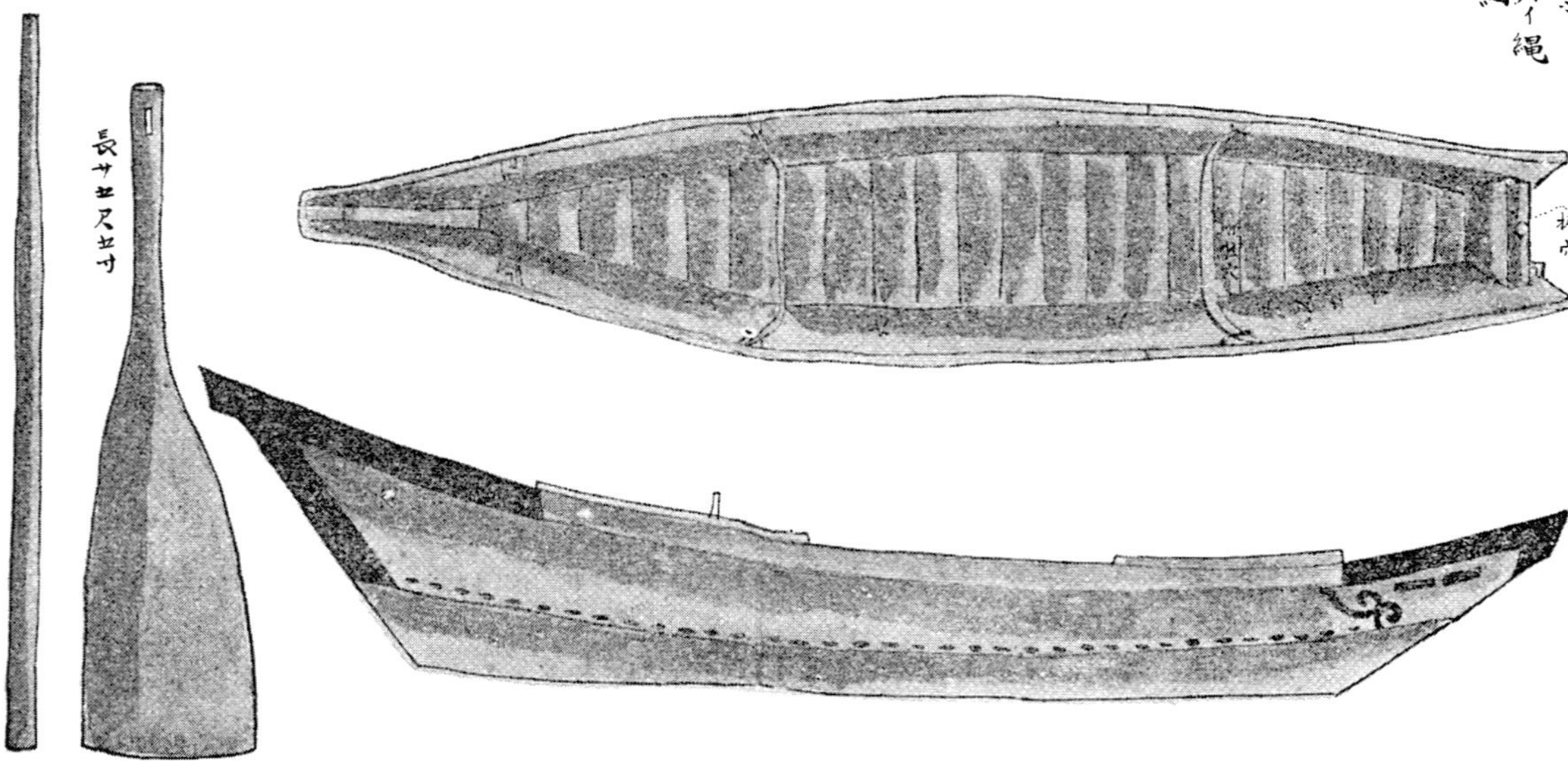

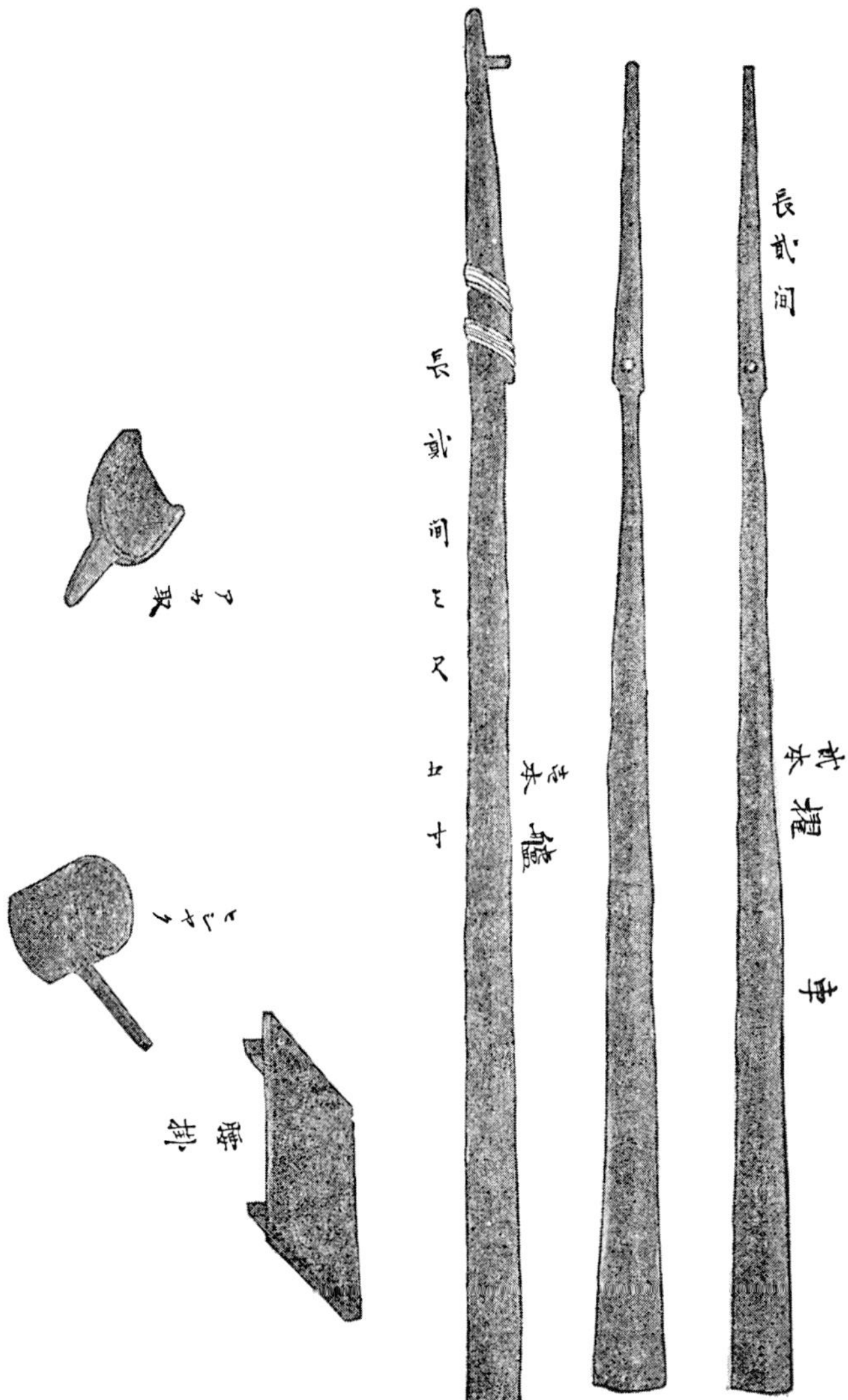
長弐間
弐本 櫓
長弐間三尺五寸
壱本 艪
アカ取
ヒシヤク

鰯引網

如図網拾枚或ハ拾五枚ヲ継合セ壱枚ノ網トナス

尾澤部村

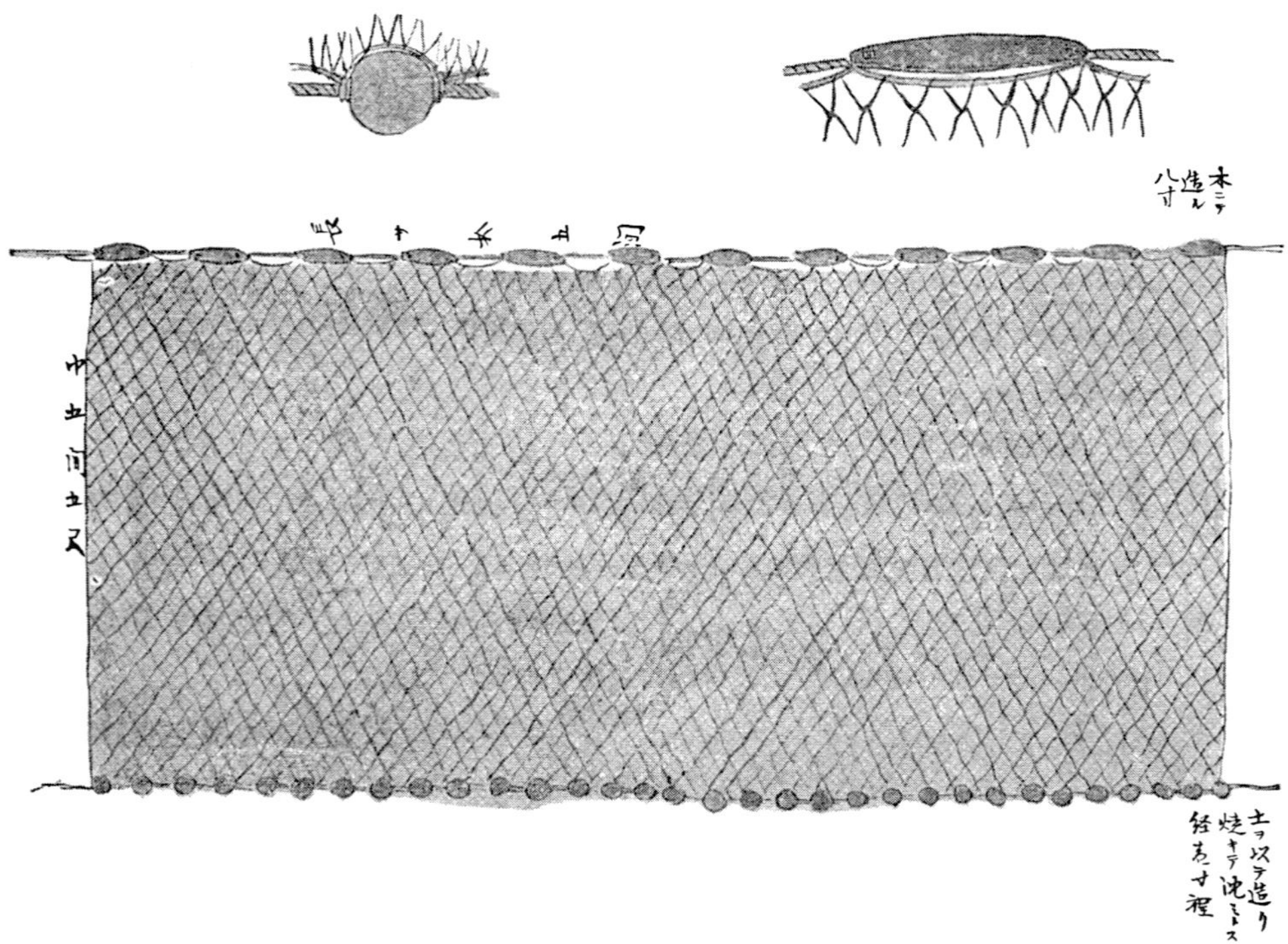

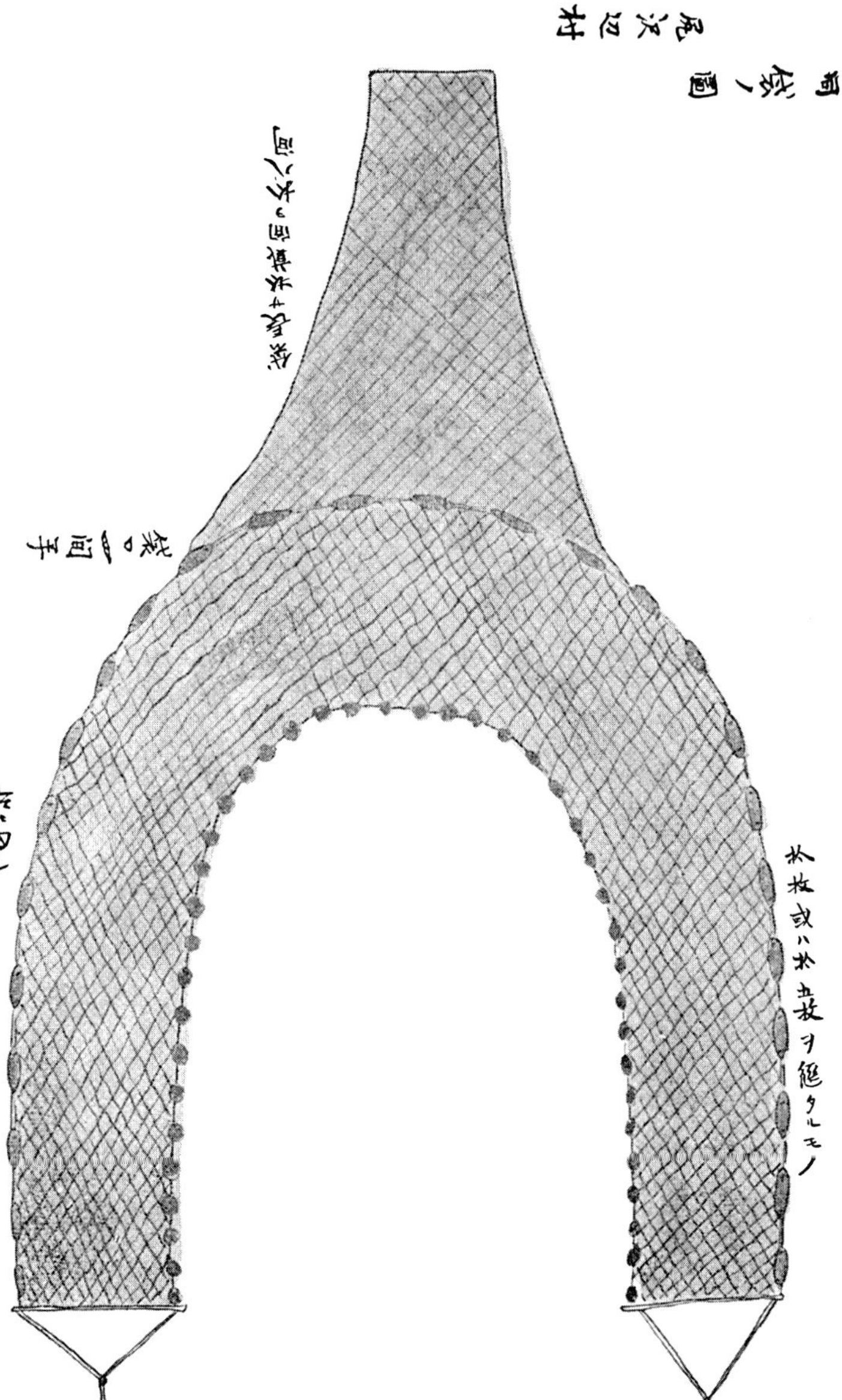

同 袋ノ図
尾次辺村
袋長サ弐貳間ヨリ弐八間
袋口一間半
袖ノ口
杉枚或ハ杉五枚ヲ綴タルモノ

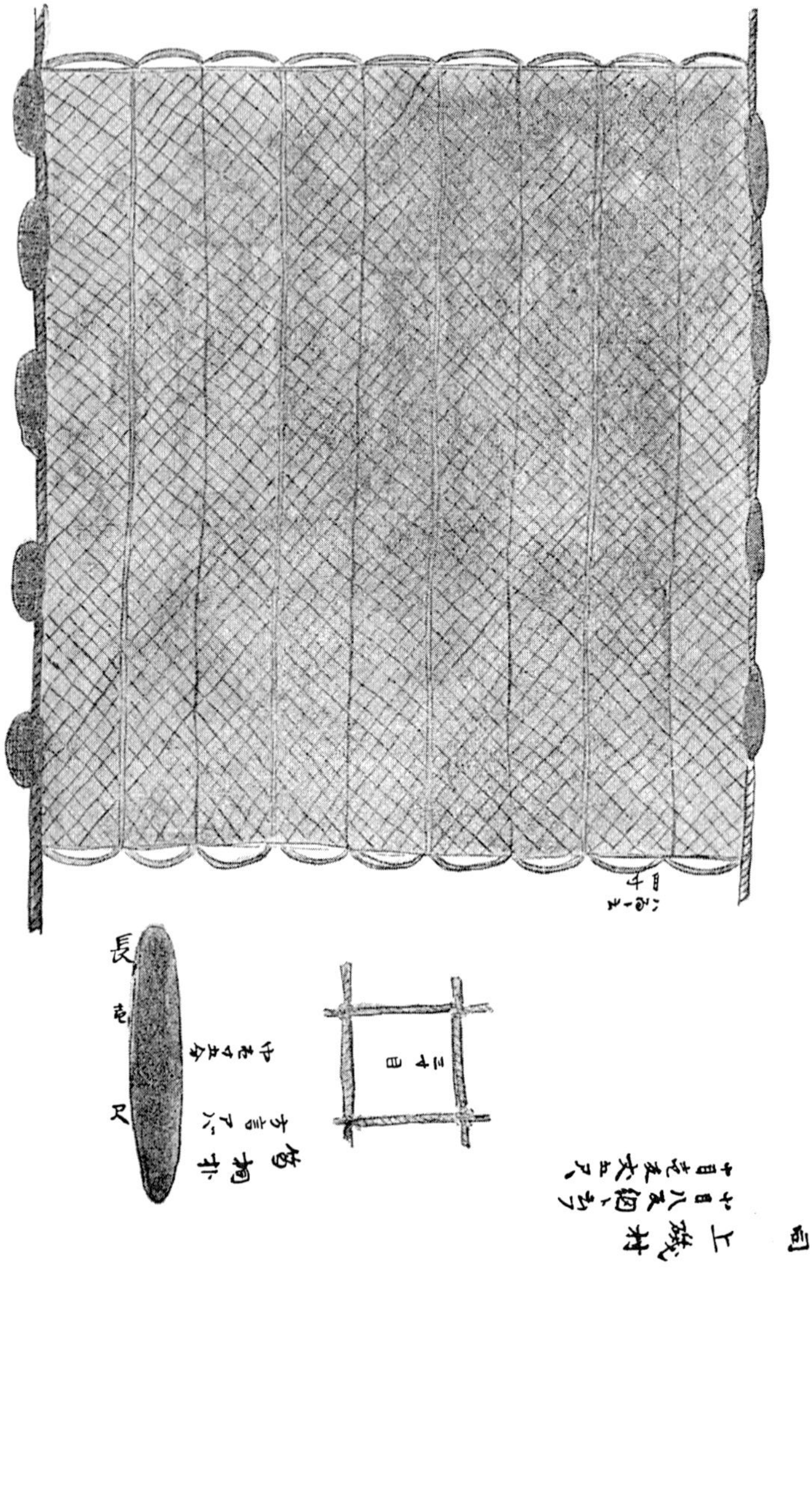

臭油製用具　尻澤辺村

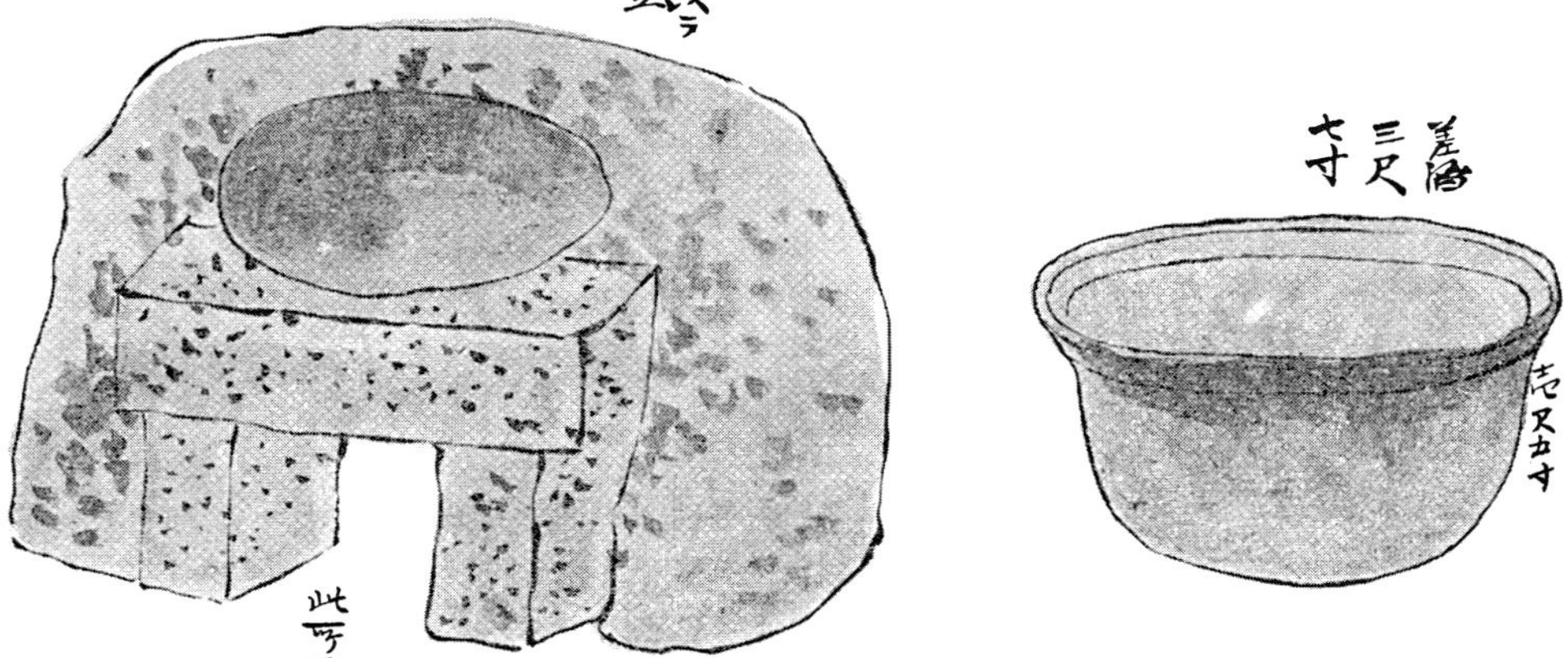

魚油製器械

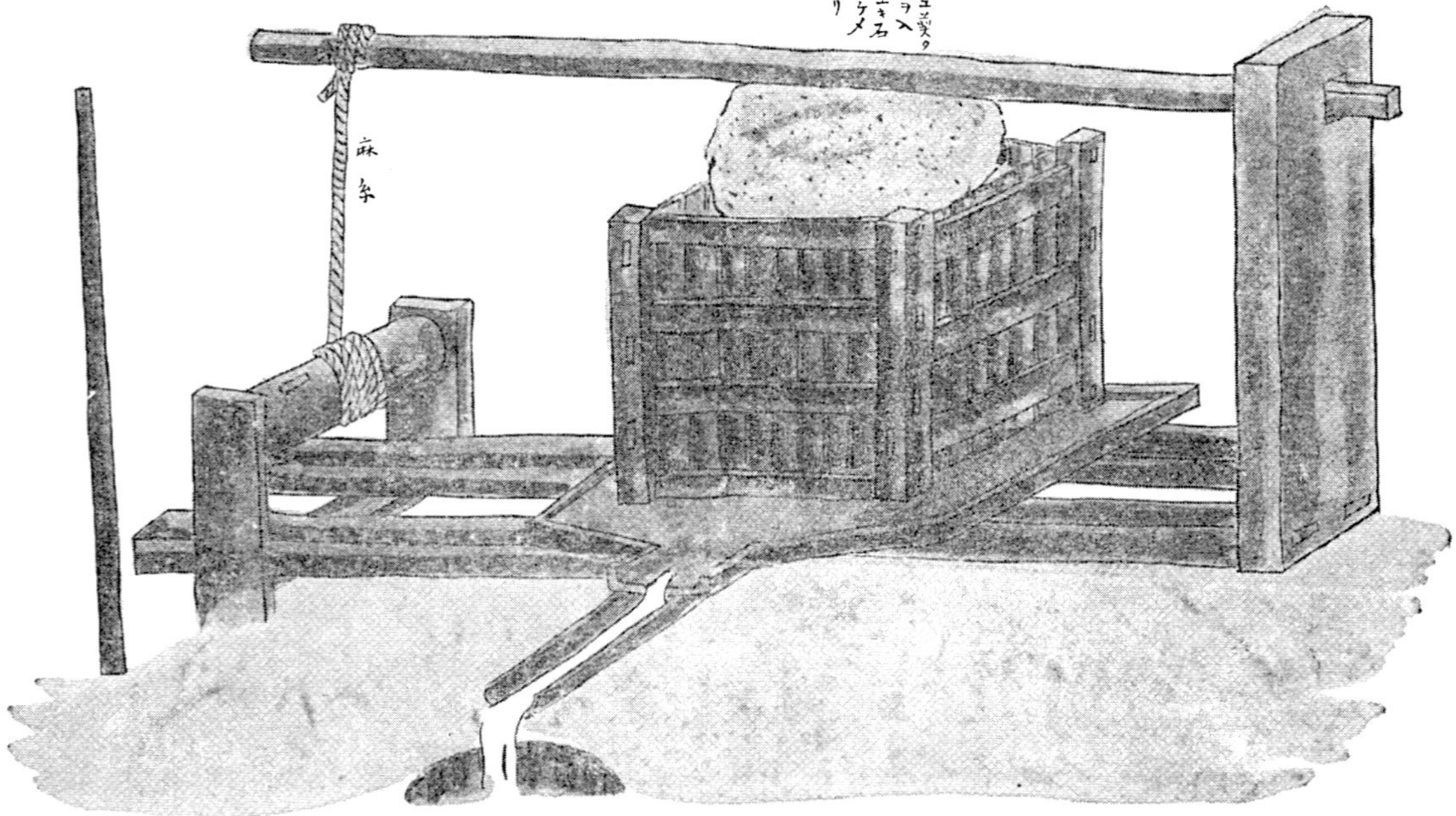

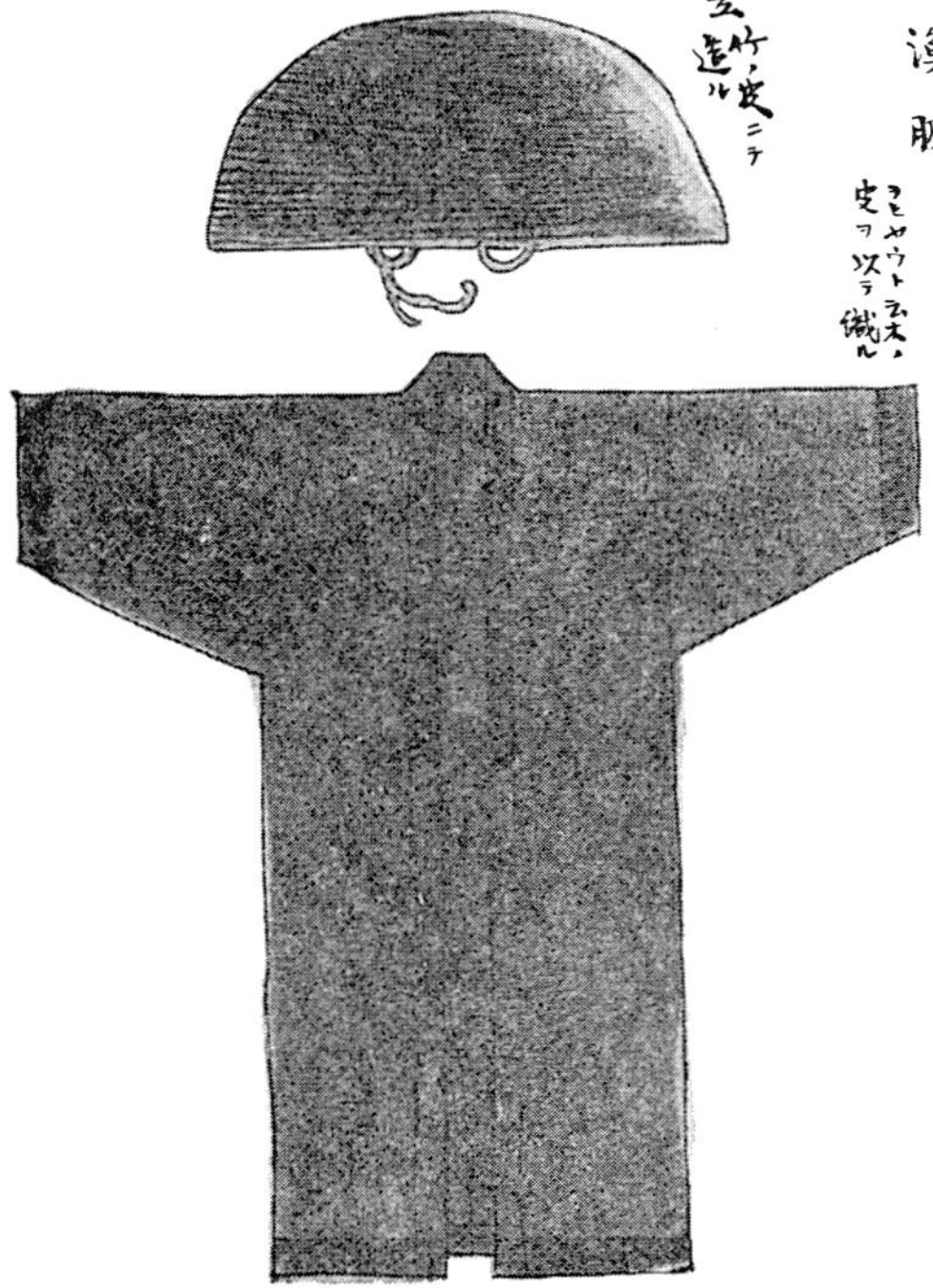
笠 竹ノ皮ニテ造ル
漁服 アツシ
ヲヒヤウト云木ノ皮ヲ以テ織ル
山谷伯

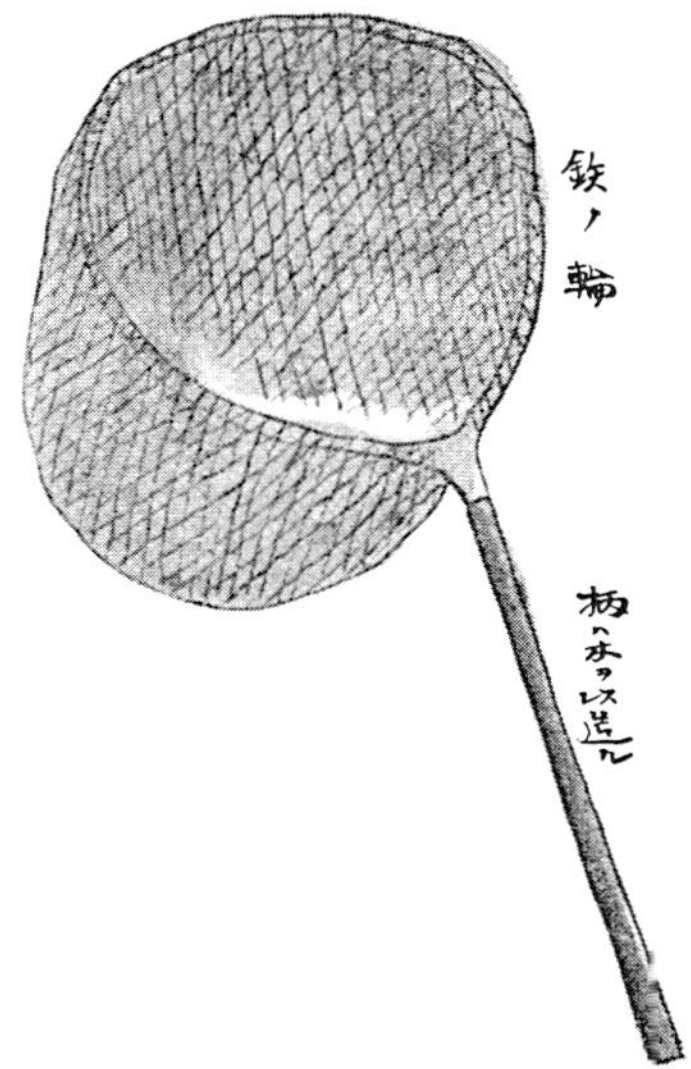
揚網
煮タル鰯ヲ鍋ヨリ上ル網ナリ
鉄ノ輪
柄ハ木ヲ以テ造ル

手袋
木綿ニテ造リ
綿ヲ入ル
漁具
蓑
山脊泊
海草ニテ造ル
長裁尺九寸
中裁尺三寸
海艸ヲ以テ造ル
腰ミノ

海鼡 ハツサク

尻澤辺村

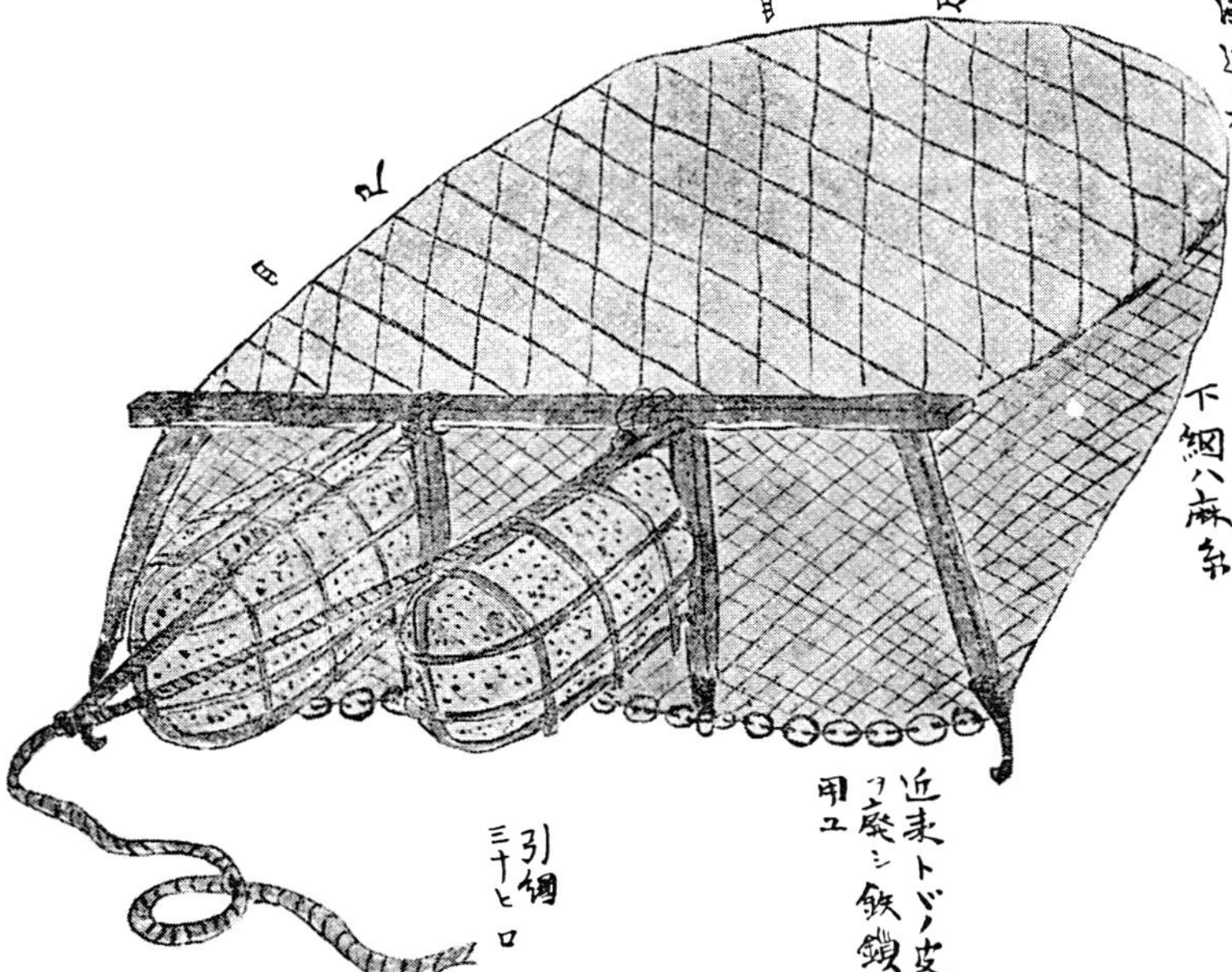

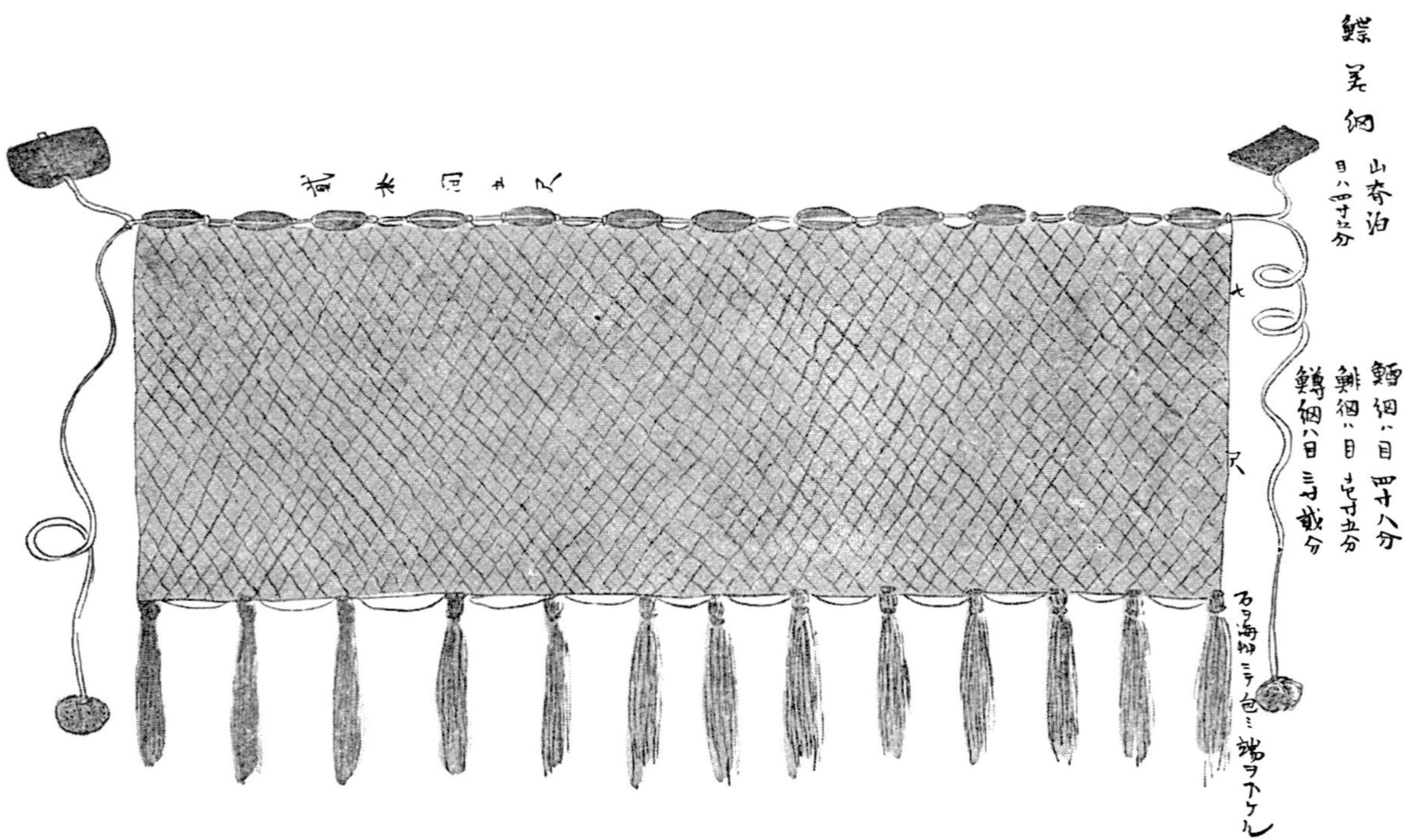

鰶差網
山奇泊
目ハ四寸五分
貳拾間五尺
七尺
鰮網ハ目四寸八分
鯡網ハ目壱寸五分
鱒網ハ目三寸弐分
石ヲ海草ニテ包ミ端ヲ下ケル

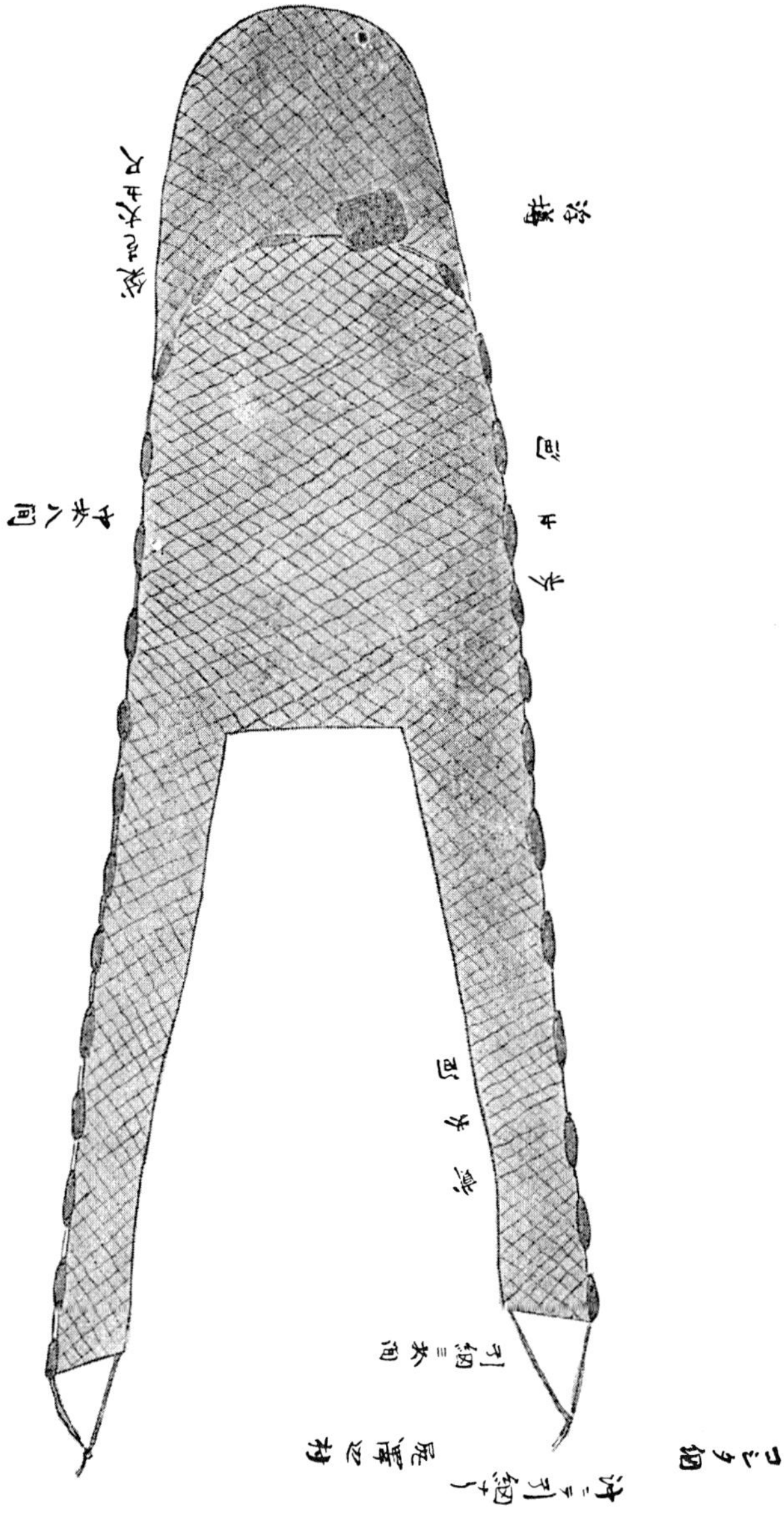
コシタ網
沖ニテ引網ナリ
尻屋辺村
浮樽
中巾八間

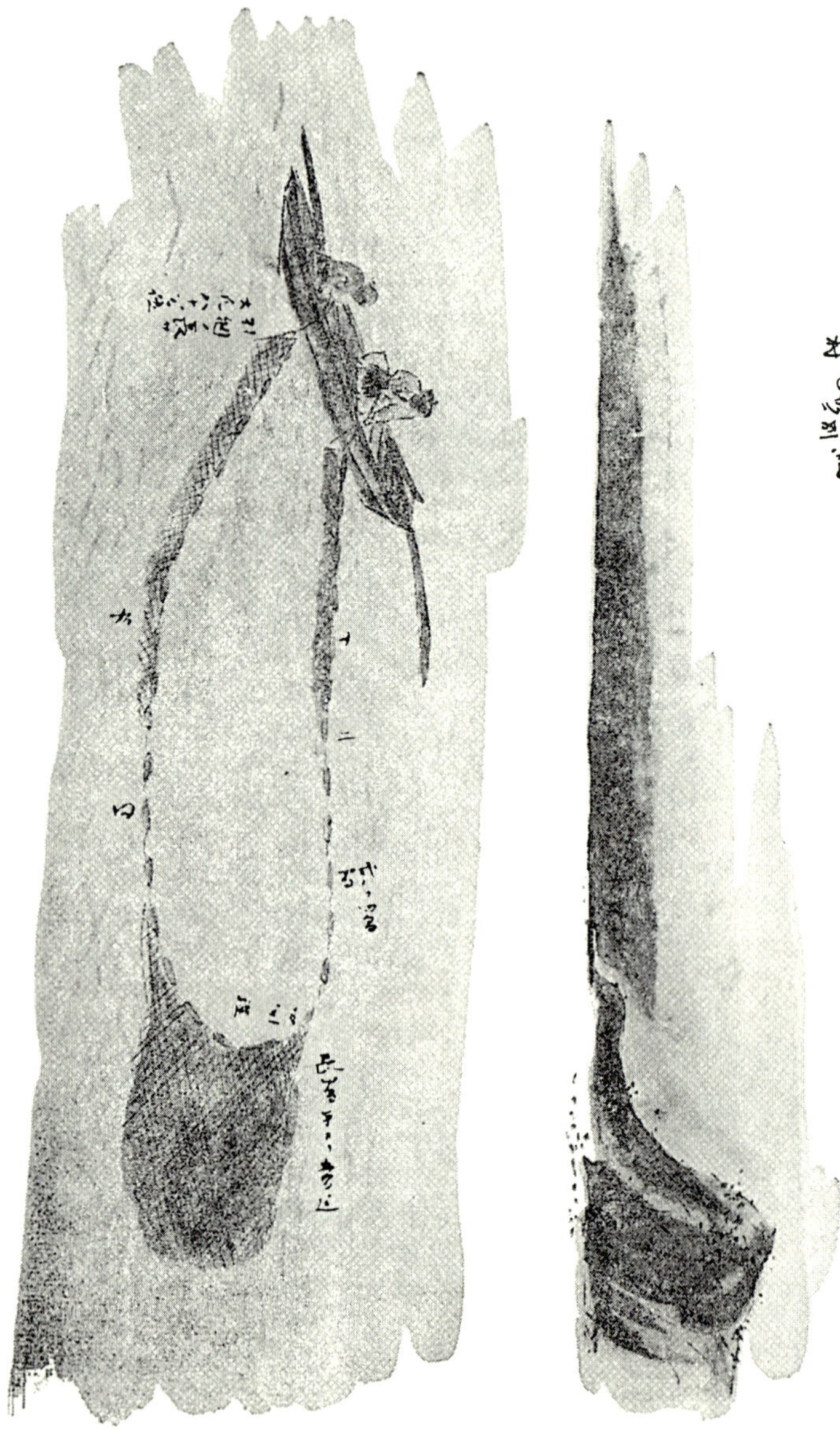

手綴網、引鉤ト掛刎書迄ヒナレ形かナルあり 尾澤辺村

鯥アブラコ釣針 尾澤辺村

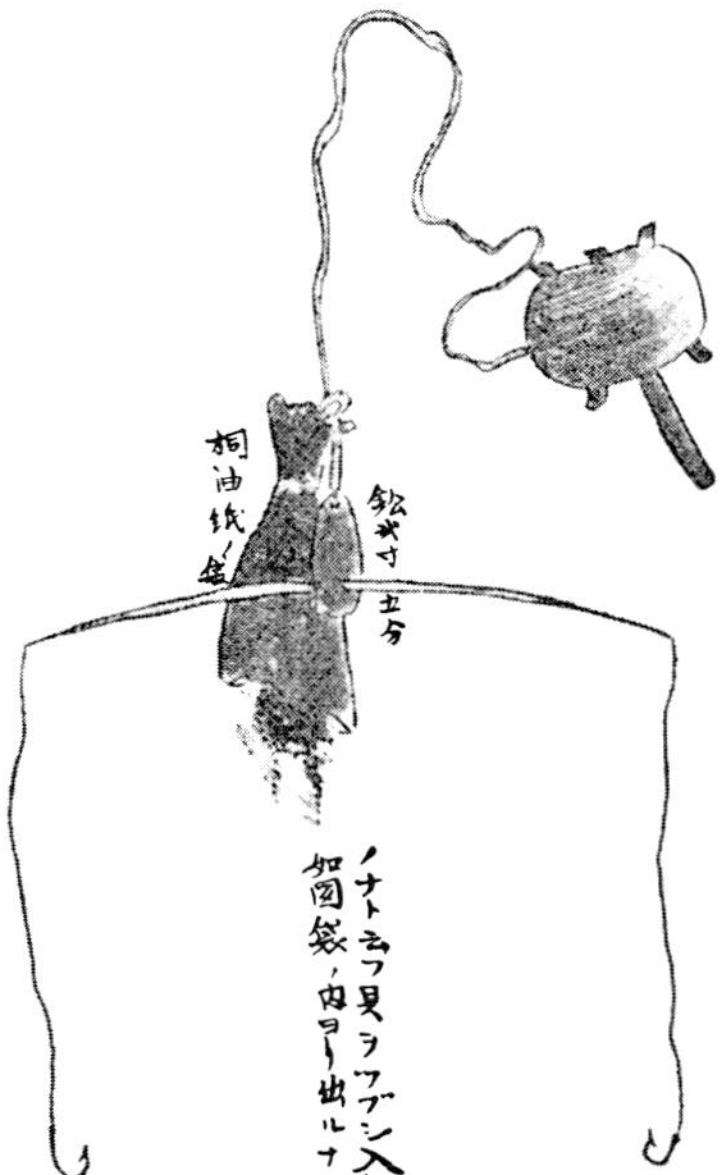

鯥釣針 久遠郡

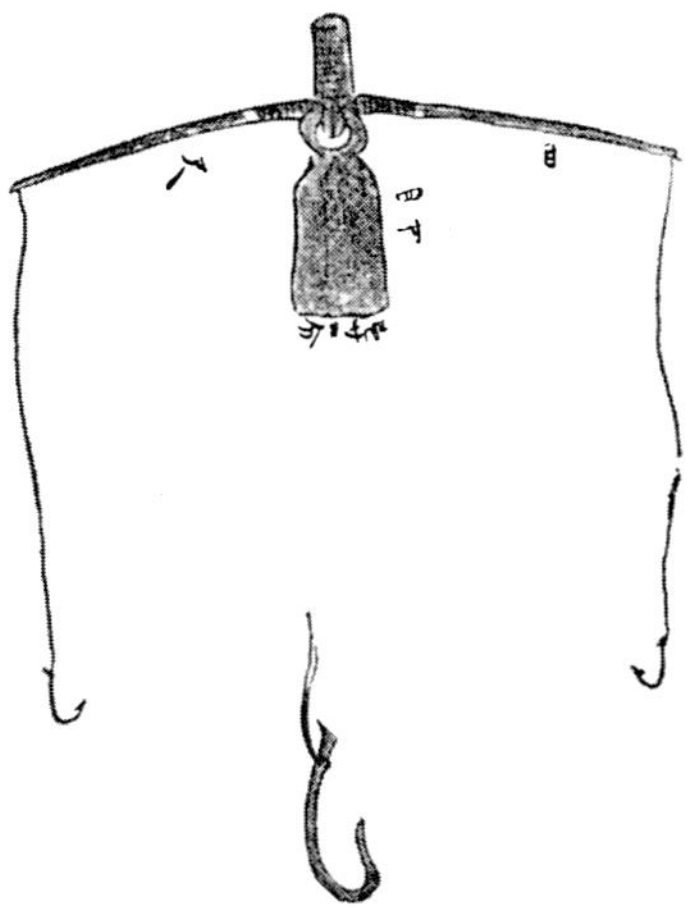

ヤマテ　吉岡村

藻魚アブラコ其他雑漁ニ用ユ

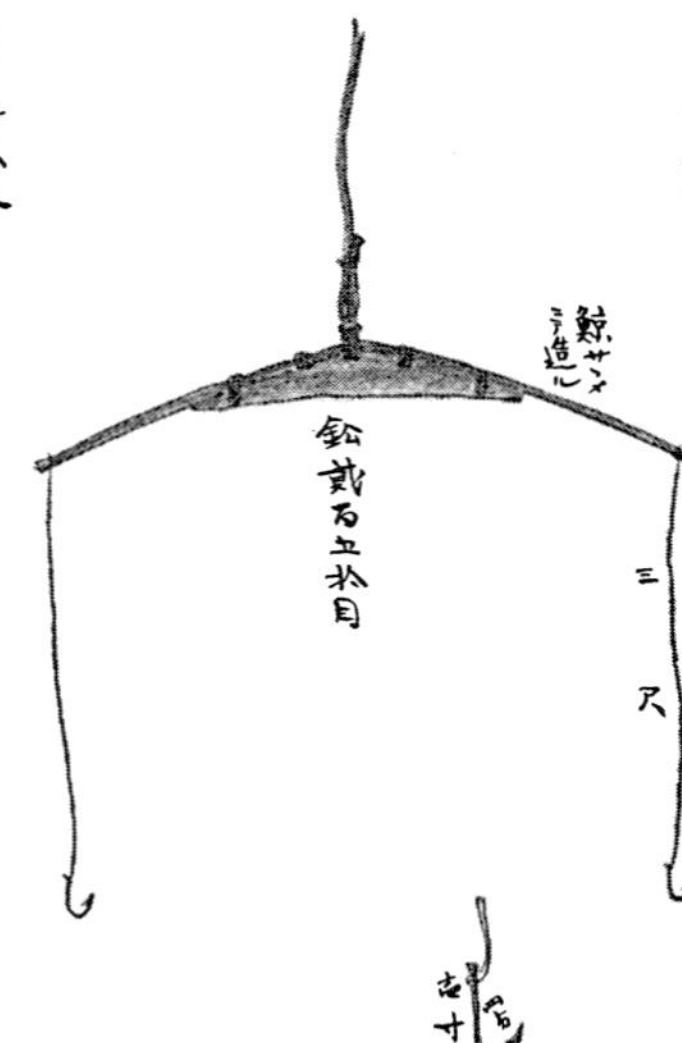

コロタ縄　針弐本　同村

ツイアブラコヲ釣ル

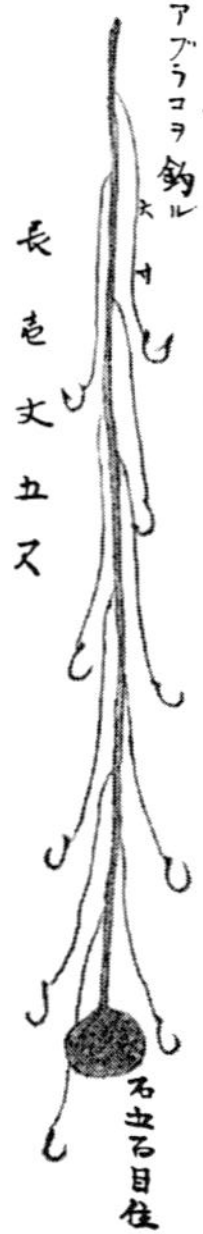

藻魚釣ヤマテ

縄長百尋余

此山手とうカラ用ユ

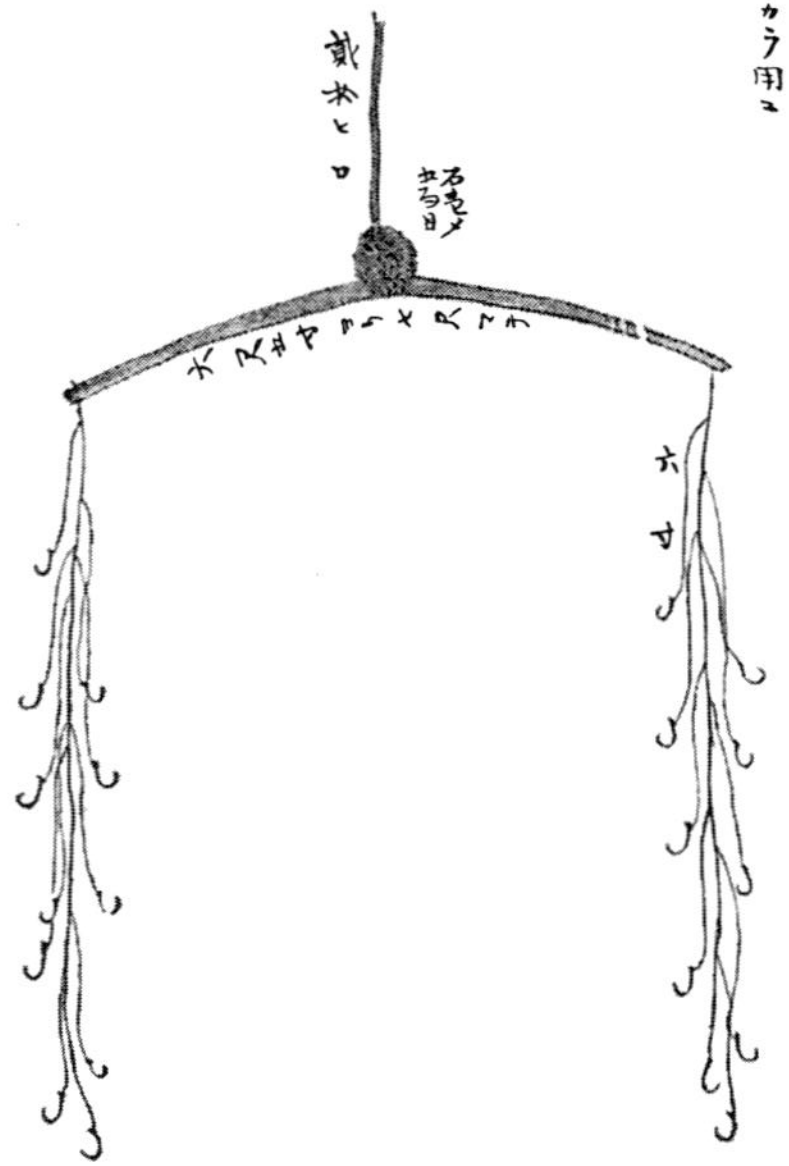

置針 ゴロタ縄ト云

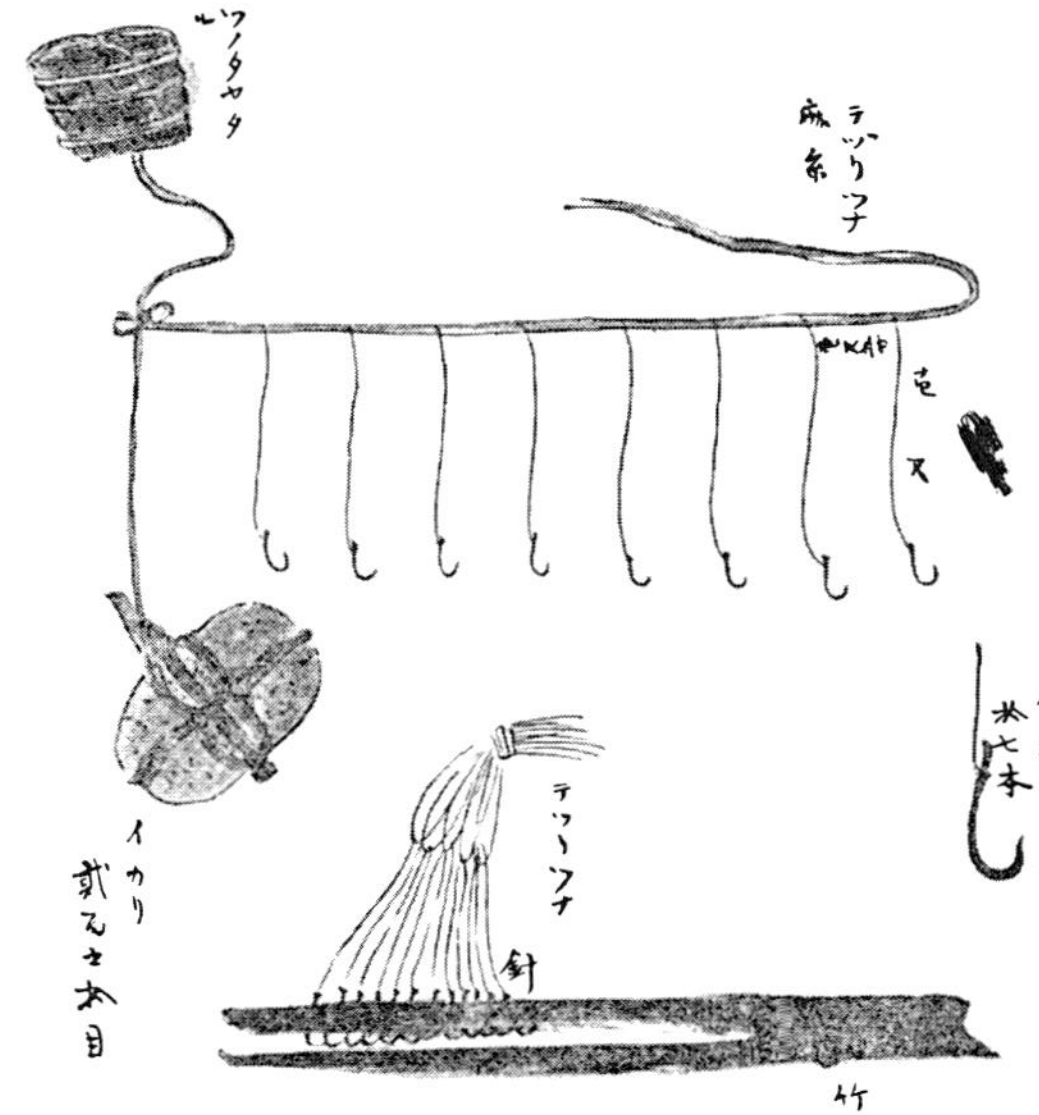

置針 尾澤辺村

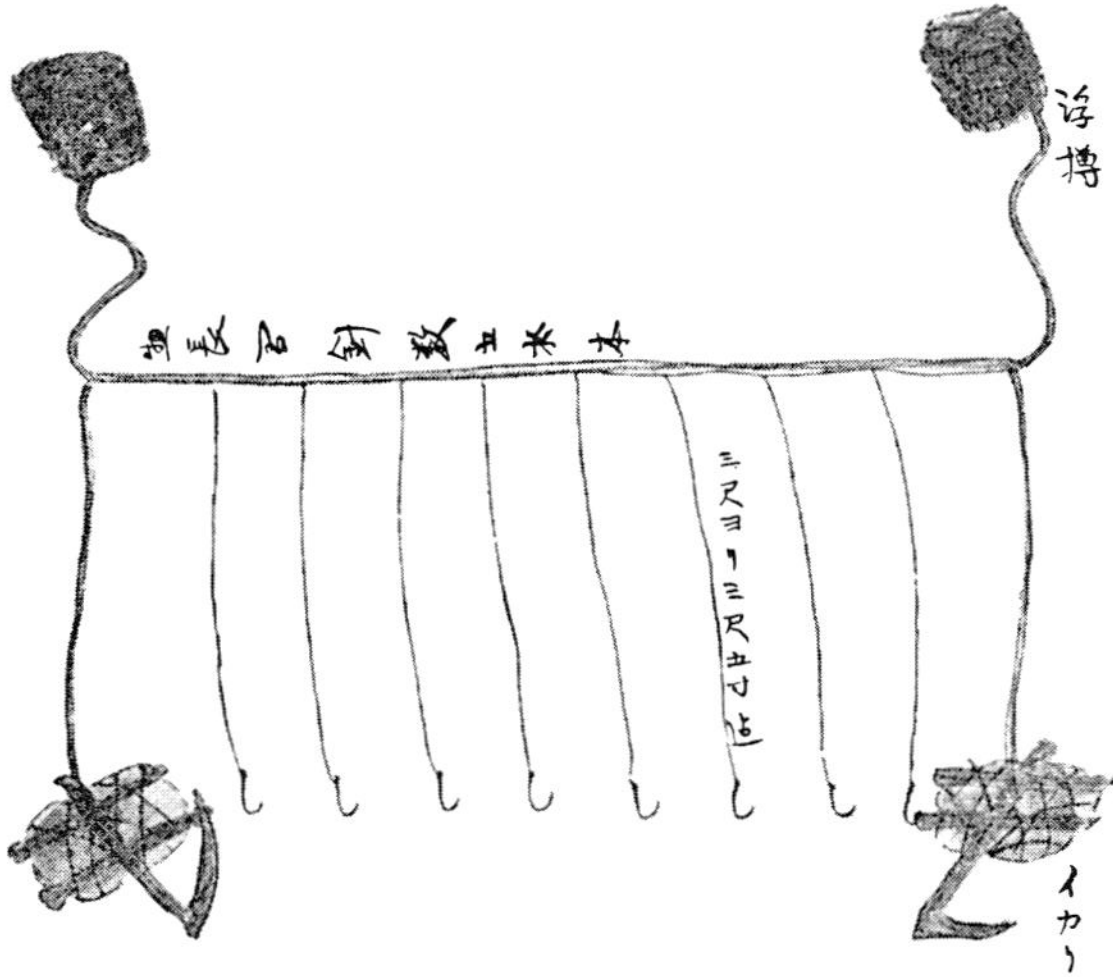

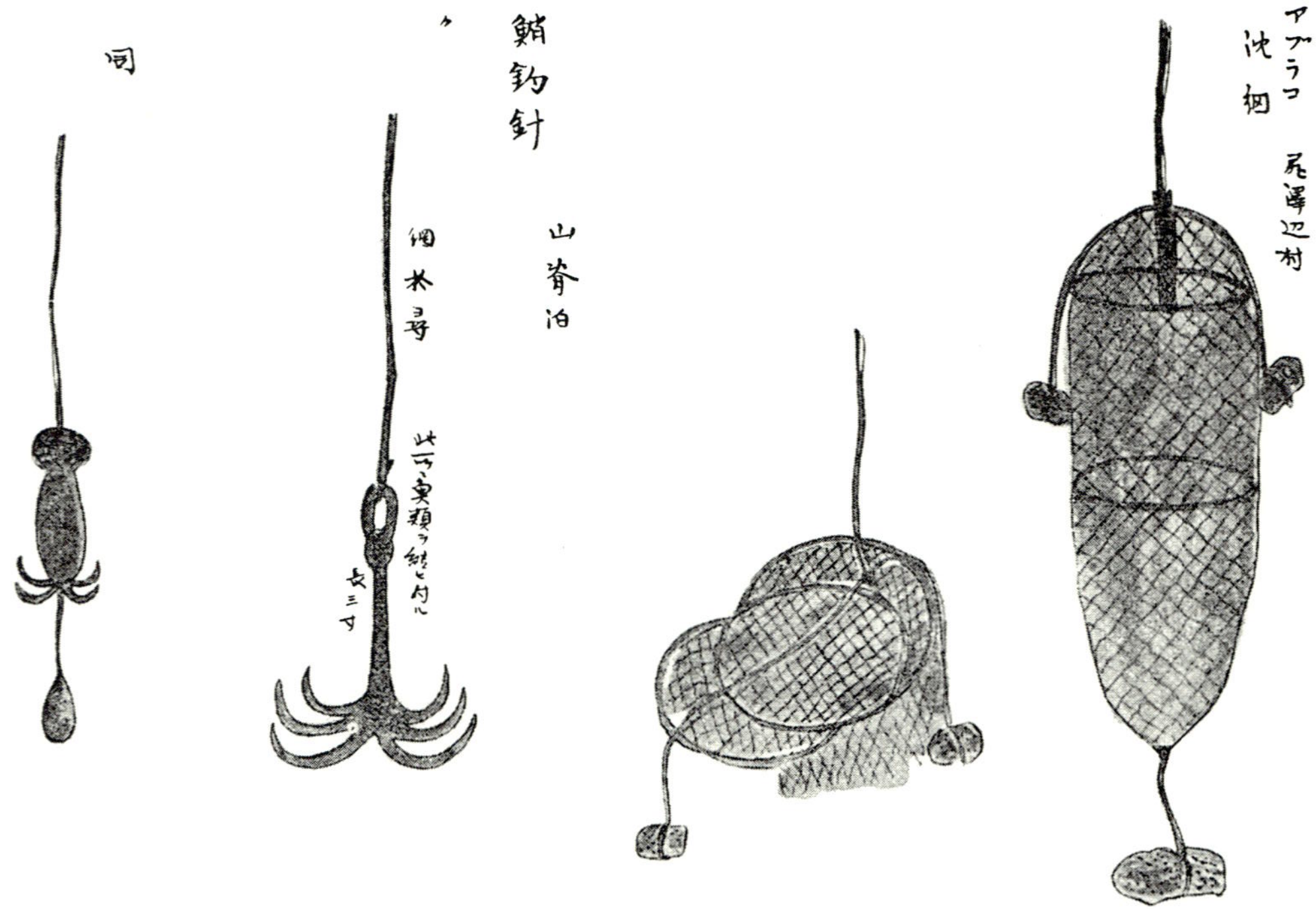
アブラコ
沈網
尾澤辺村
鮹釣針
山脊泊
細米尋
此方へ魚類ヲ結ヒ付ル
長三寸
同

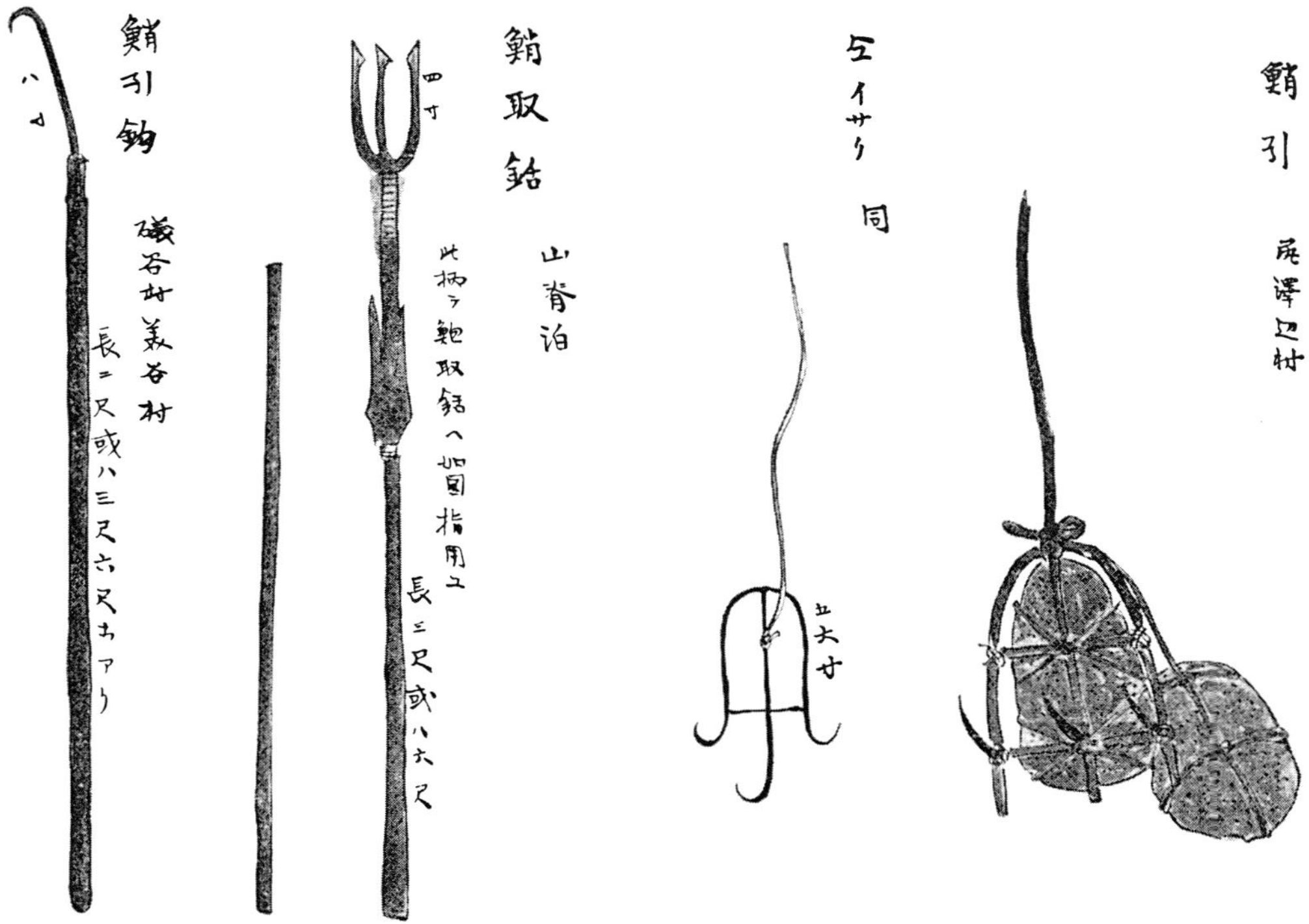

鮹引
尾澤辺村
乞イサリ
同
五六寸
鮹取鉆
山背泊
此柄ヲ鮑取鉆ヘ如図指用ユ
長三尺或ハ六尺
四寸
鮹引鉤
磯谷村美谷村
長ニ尺或ハ三尺六尺モアリ
八寸

鮹穴鈷　福山

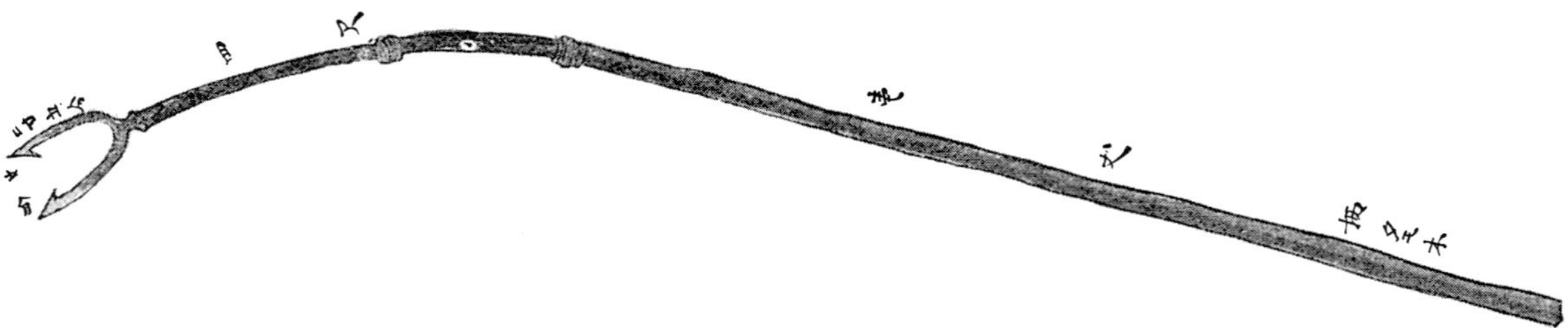

同鈷　木古内村

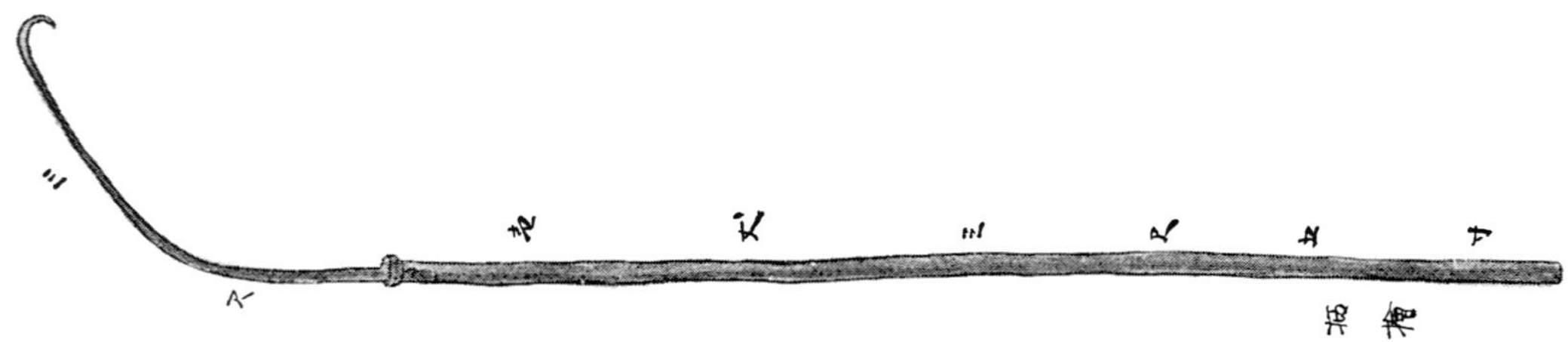

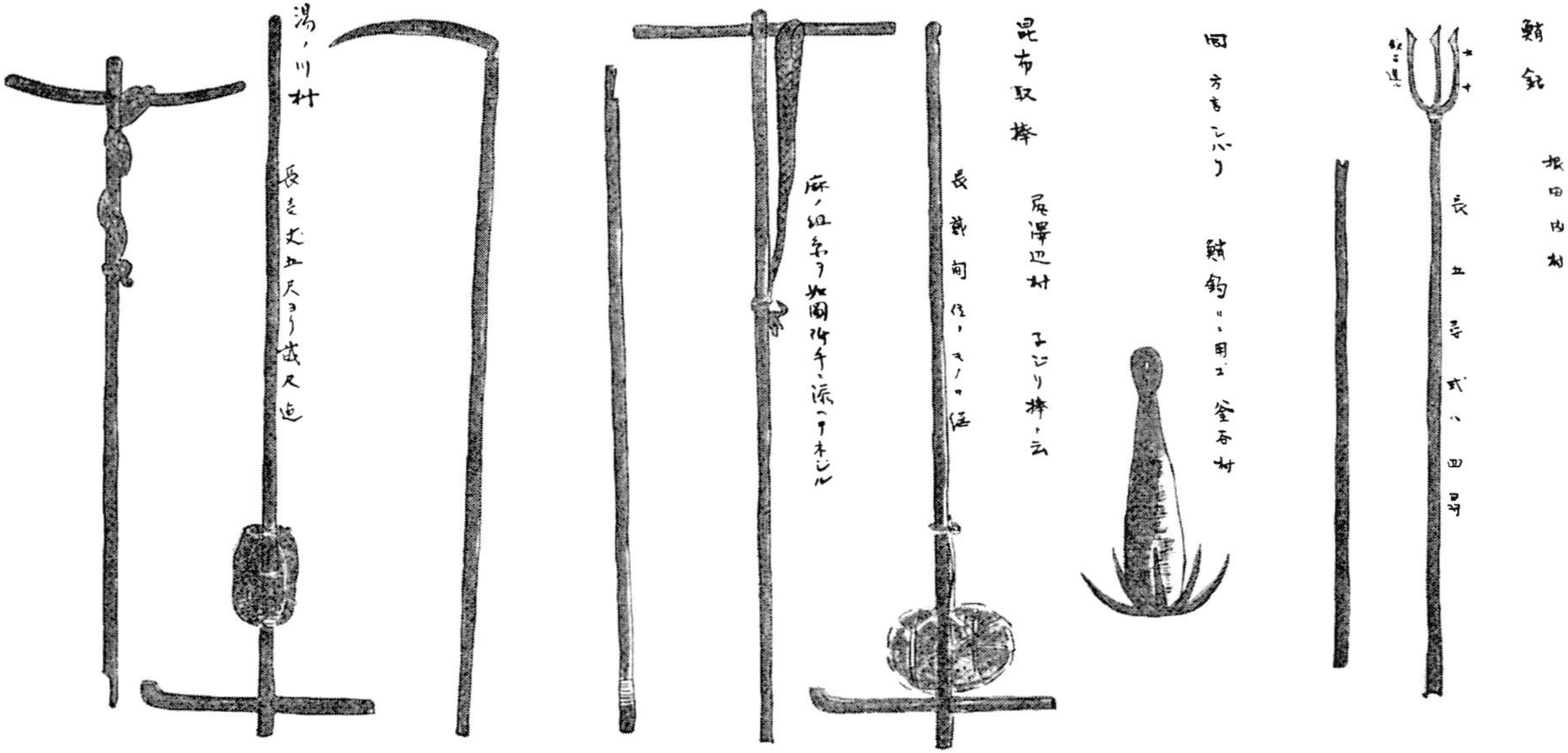
鮹銛
根田内村
同
鮹釣ニ用ユ 釜谷村
昆布取棒
ネジリ棒ト云
麻ノ組糸ヲ如図竿手ニ添ヘテネジル
湯ノ川村
長さ丈五尺ヨリ弐丈迄

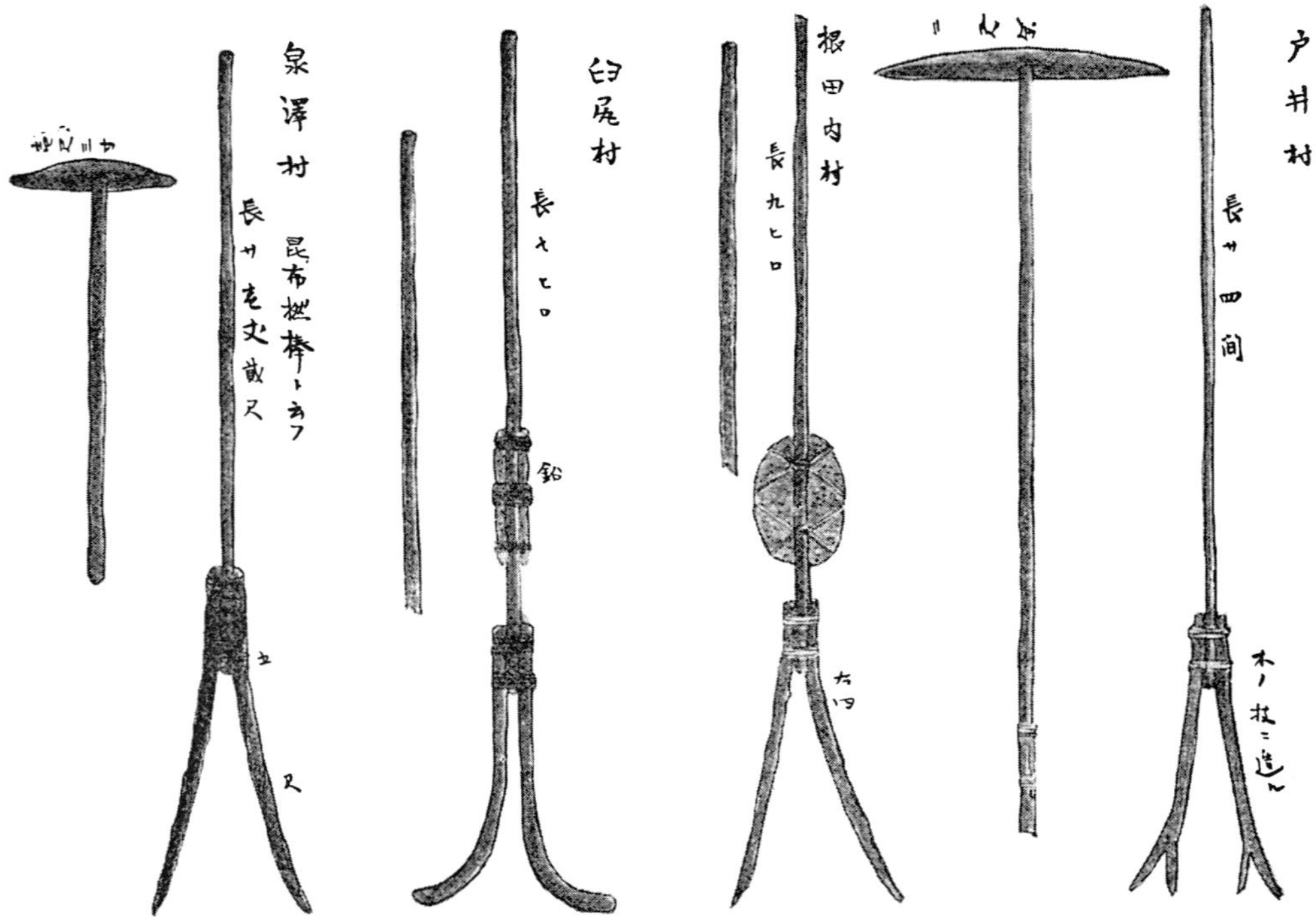

戸井村
長サ四間
木ノ枝ニ造ル
根田内村
長九ヒロ
臼尻村
長七ヒロ
鉛
泉澤村
長サ壱丈弐尺
尺

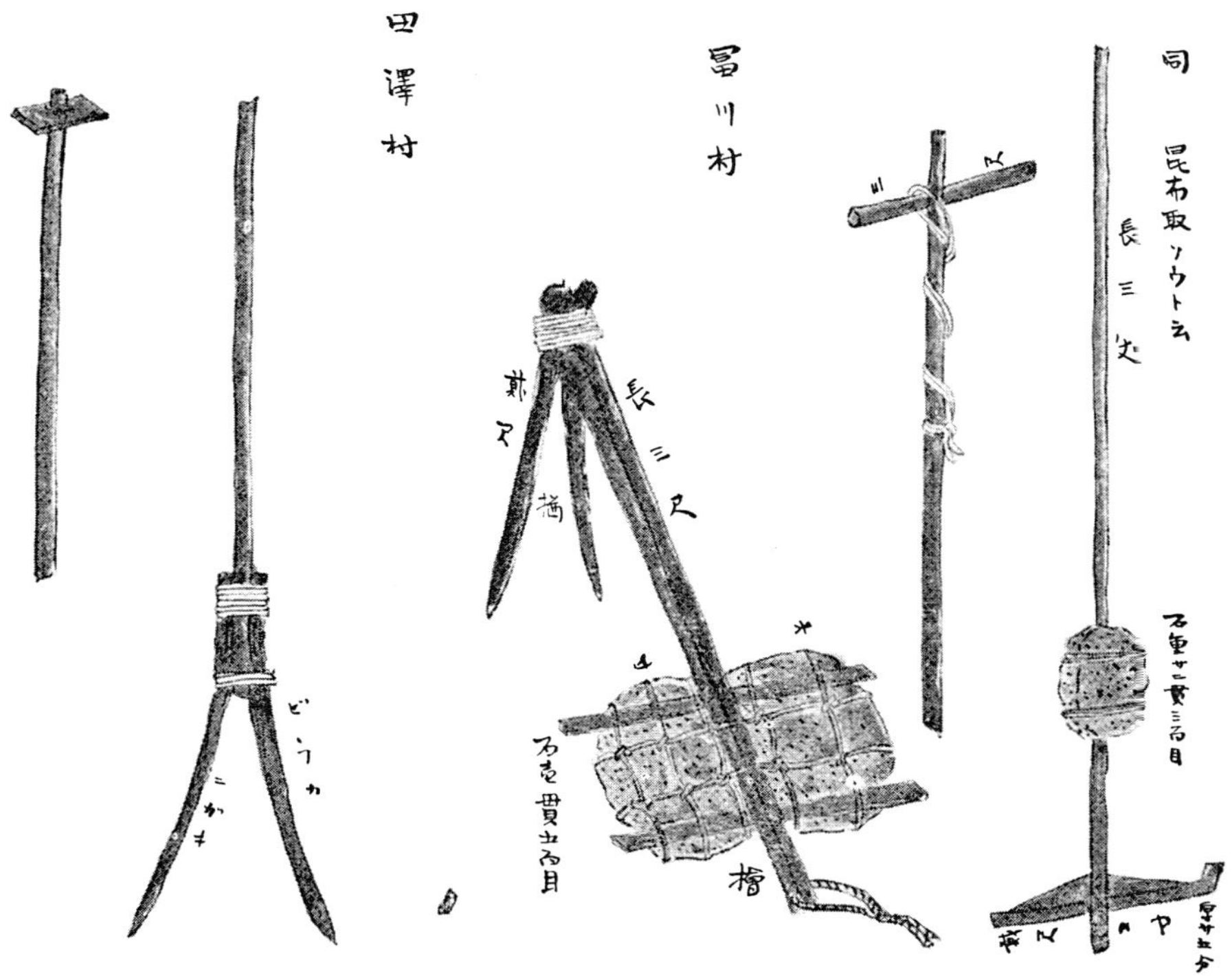
同
昆布取ソウト云
長三丈
冨川村
長三尺
田澤村
石重一貫五百目

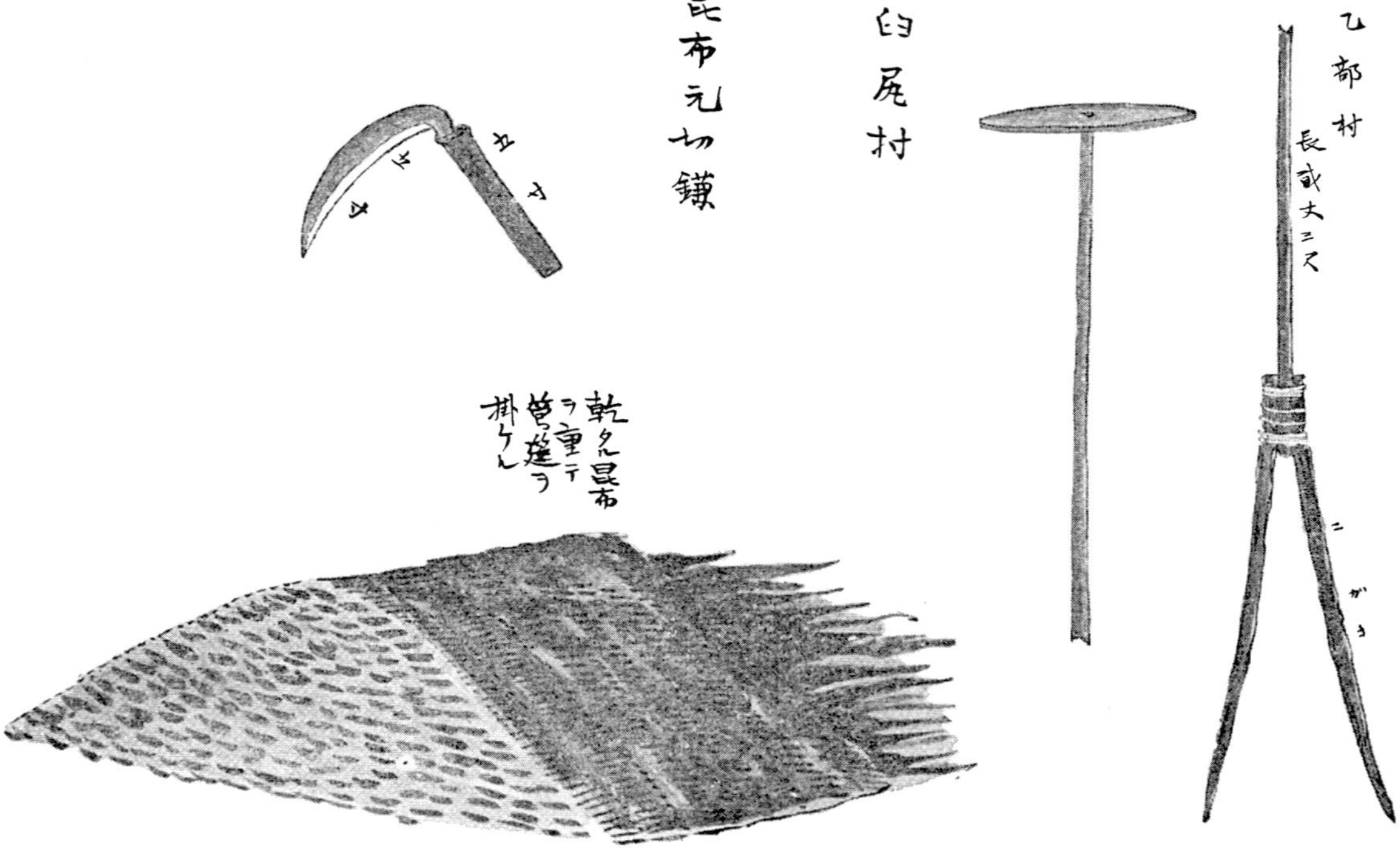
乙部村
長弐丈二尺
臼尻村
昆布元切鎌
乾タル昆布ヲ重テ笘篷ヲ掛ケル

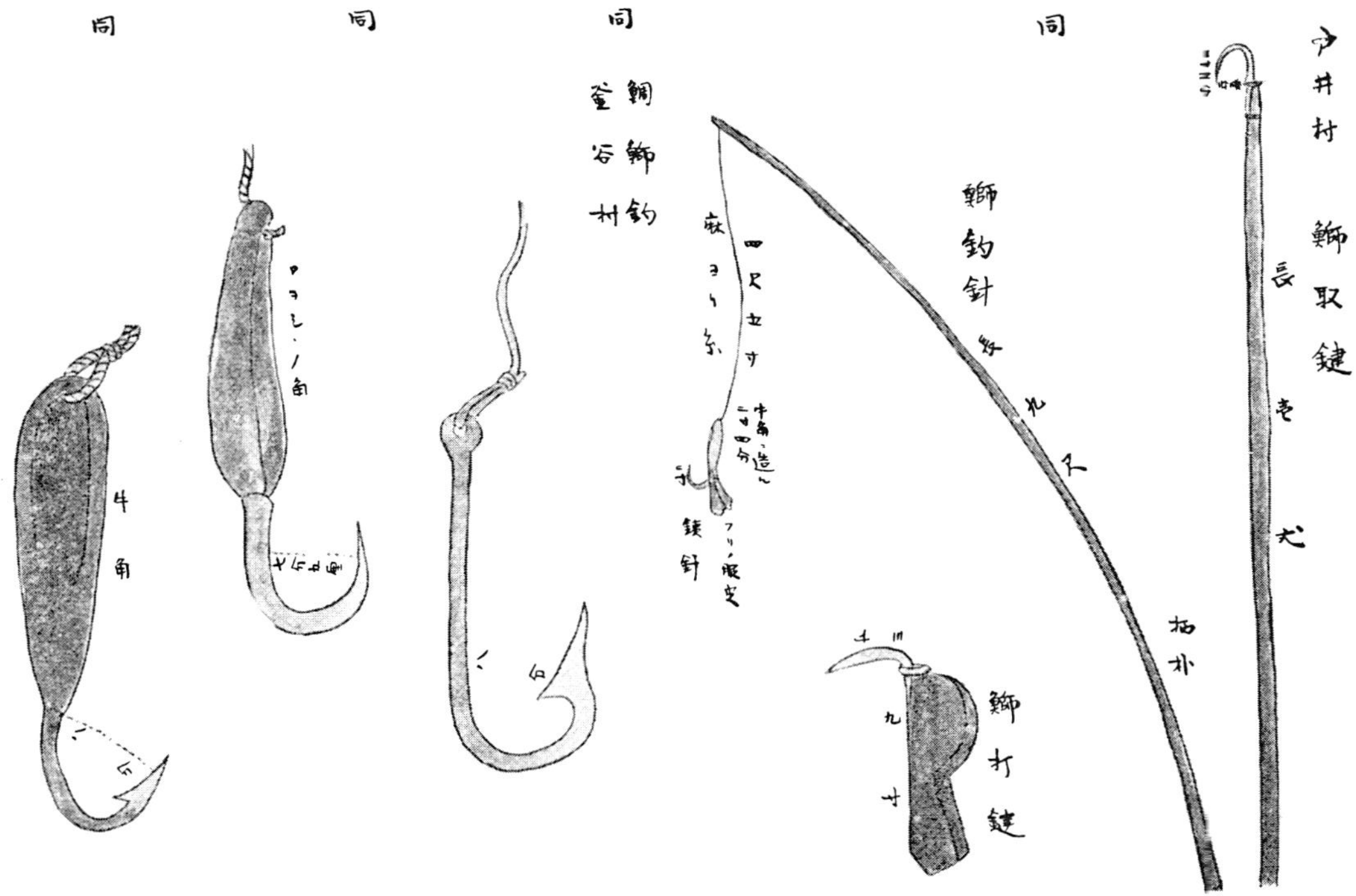
戸井村
鰤取鍵
長壱丈
同
鰤釣針
竿九尺
鰤打鍵
九寸
同
麻ヨリ糸
四尺五寸
銅
鰤釣
釜谷村
同
八分
同
同
牛角

鮪立網
尾九部村
袋惣長大拾間
巾七間
入口間ノ船
袖網長百間
重リ石
重リ石
網ノアバ縄
十本ヨリ縄

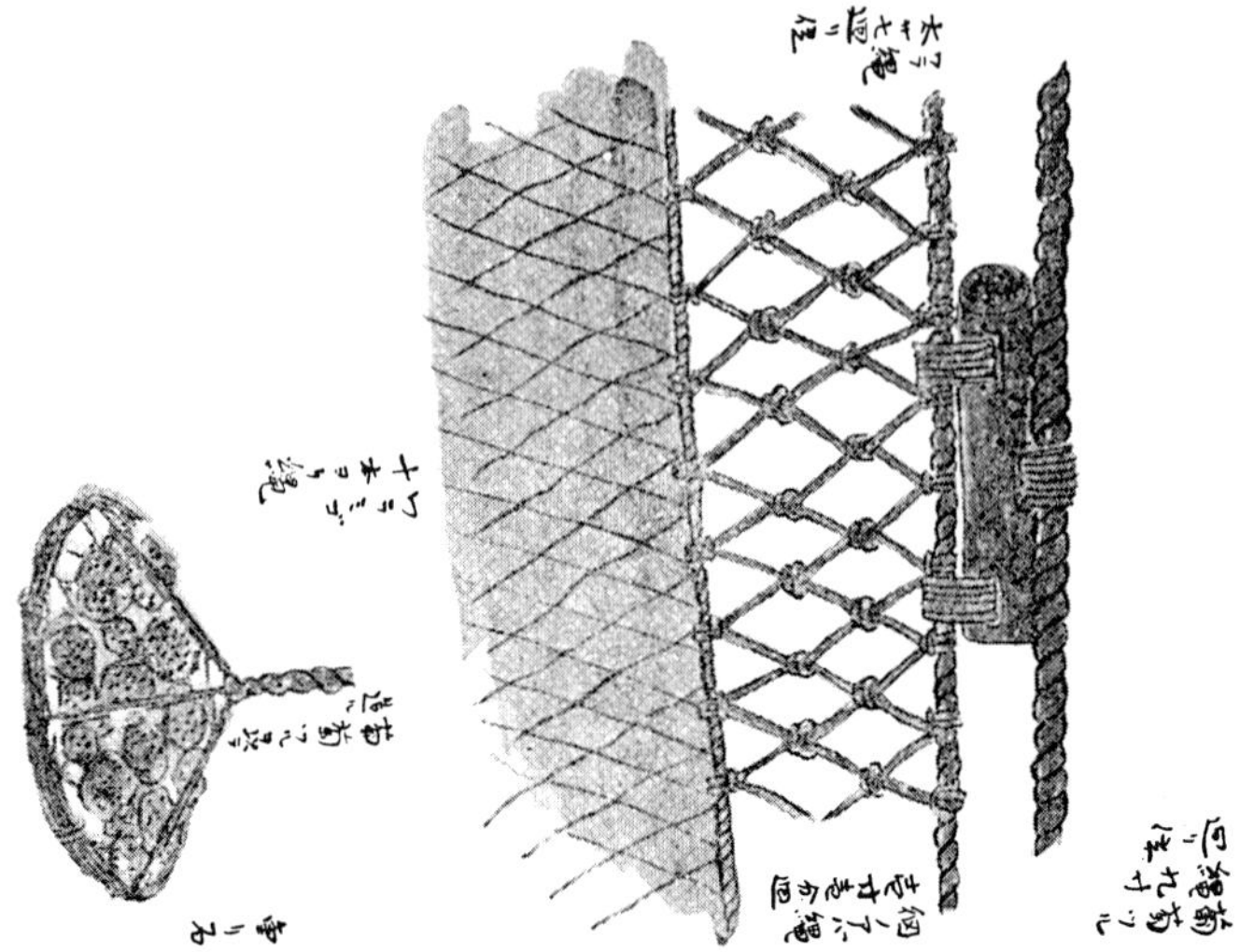

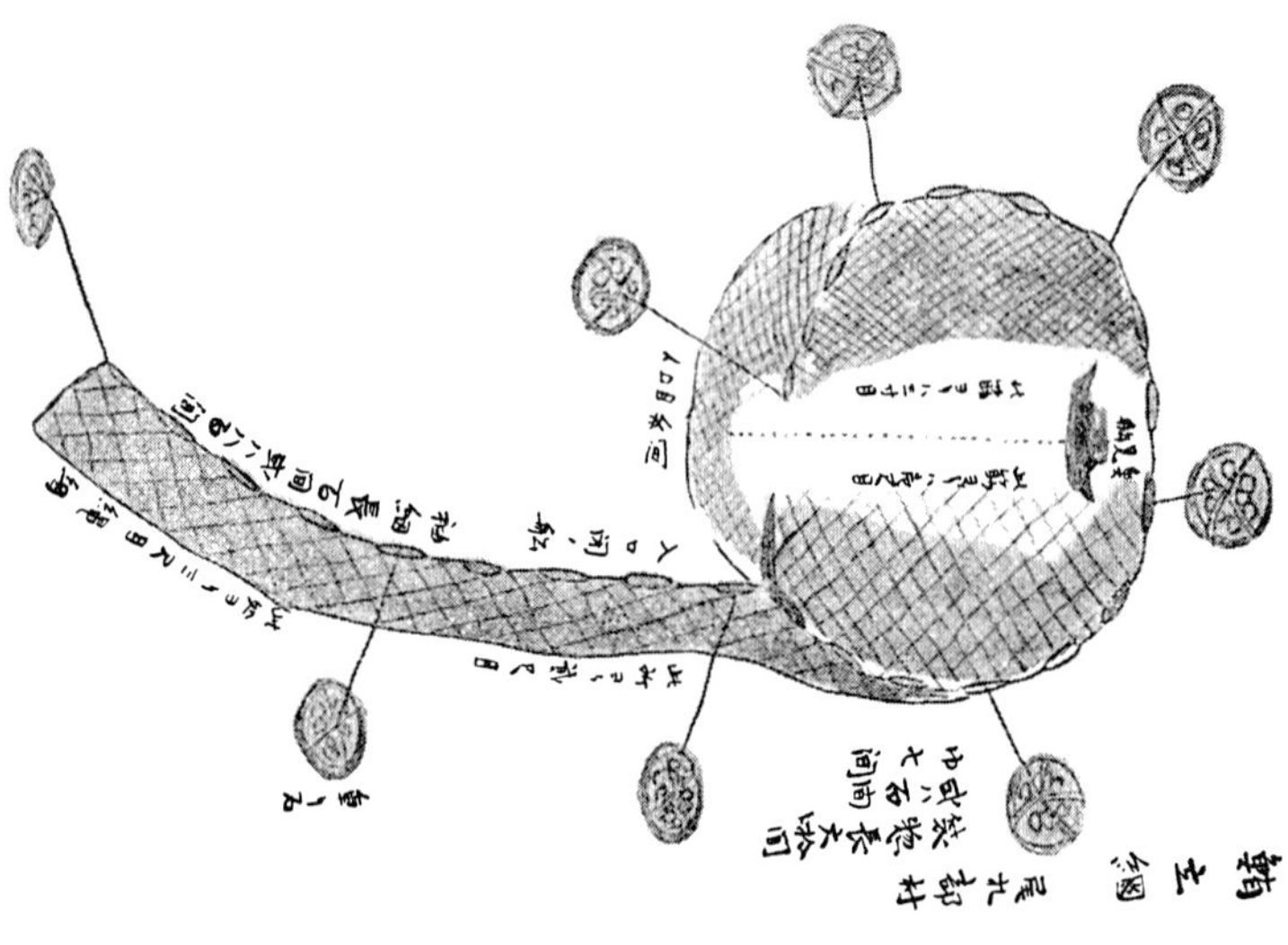

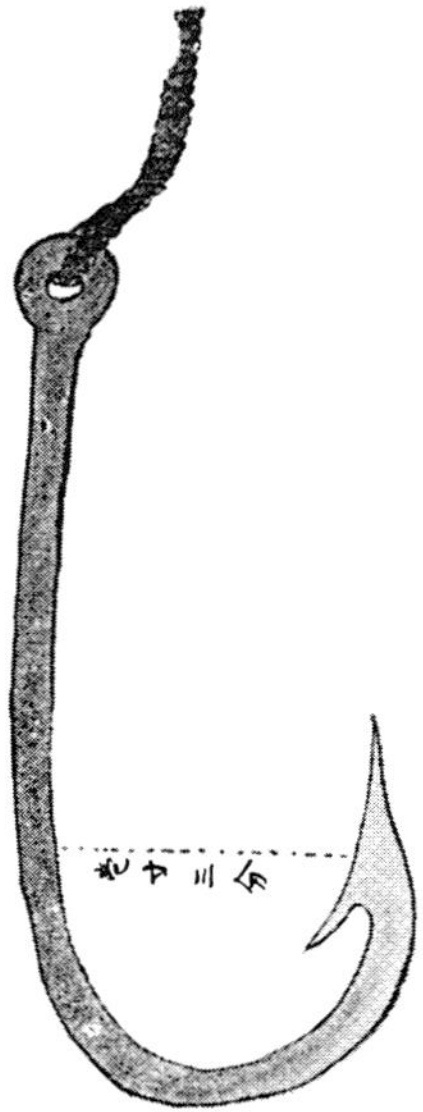

金鎗魚釣　釜谷村

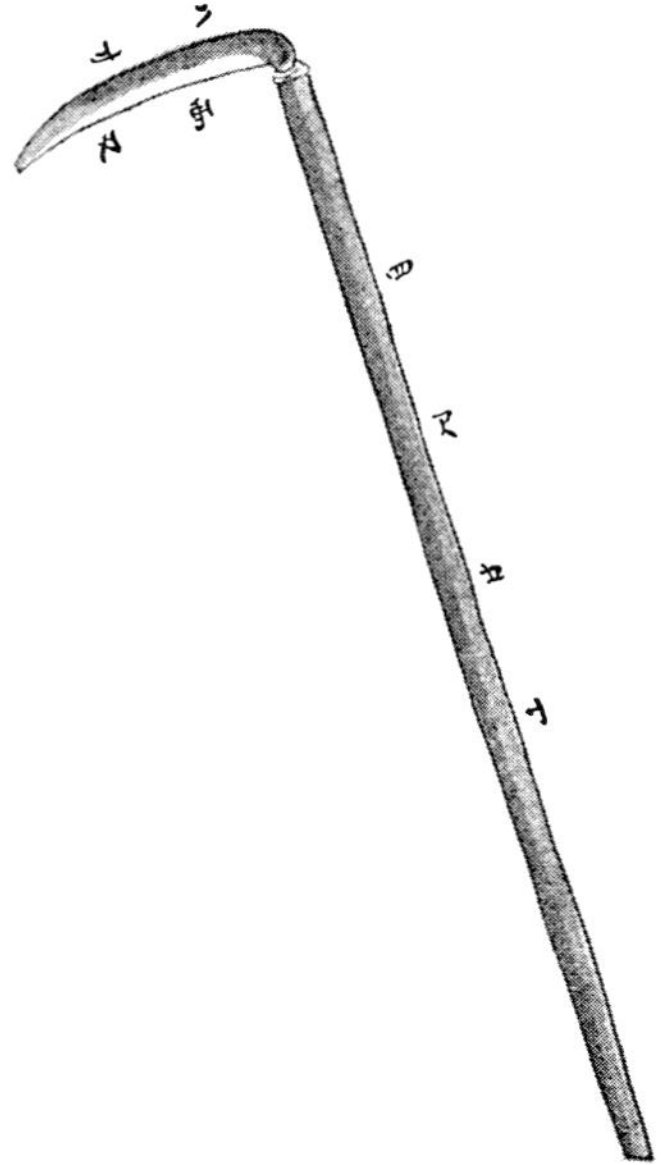

鮪割鎌　円方

鱈釣長縄　臼尻村

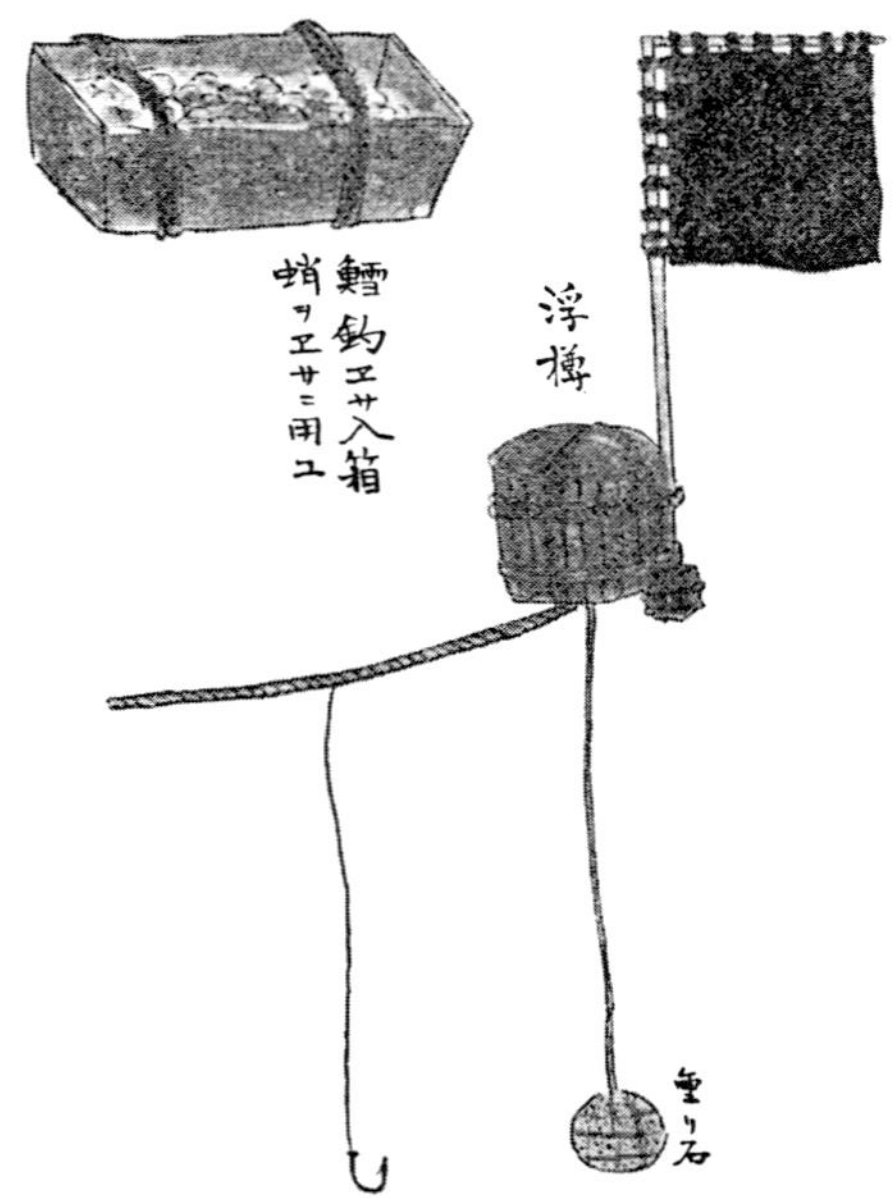

同　釣針入莚　同村

根田内村鱈釣針臼尻村同様ナリ
壱枚ニ付百五拾ヒロ針百本附ル
針ト針ノ間七尺五寸ツヽ碇ハ木ニテ造ル

持符船壱艘ニ付
此縄籠拾入ナリ
三人ノリ組

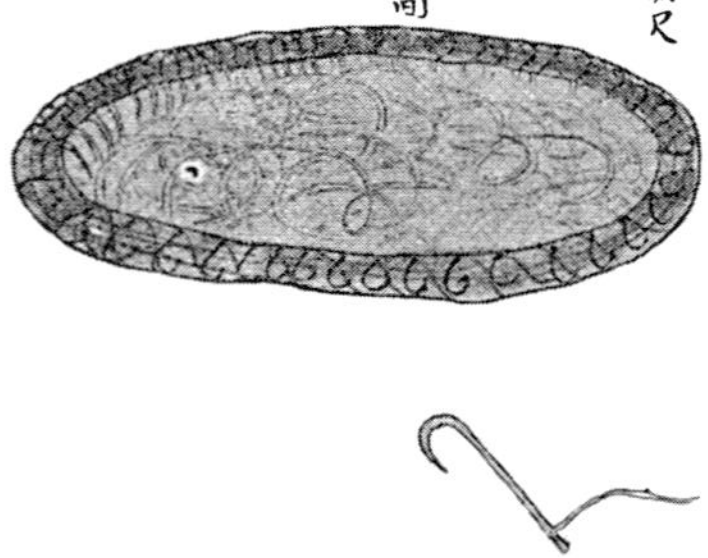

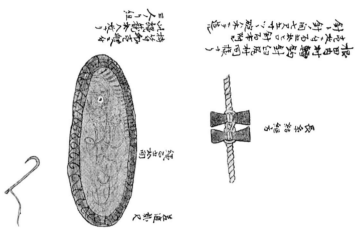

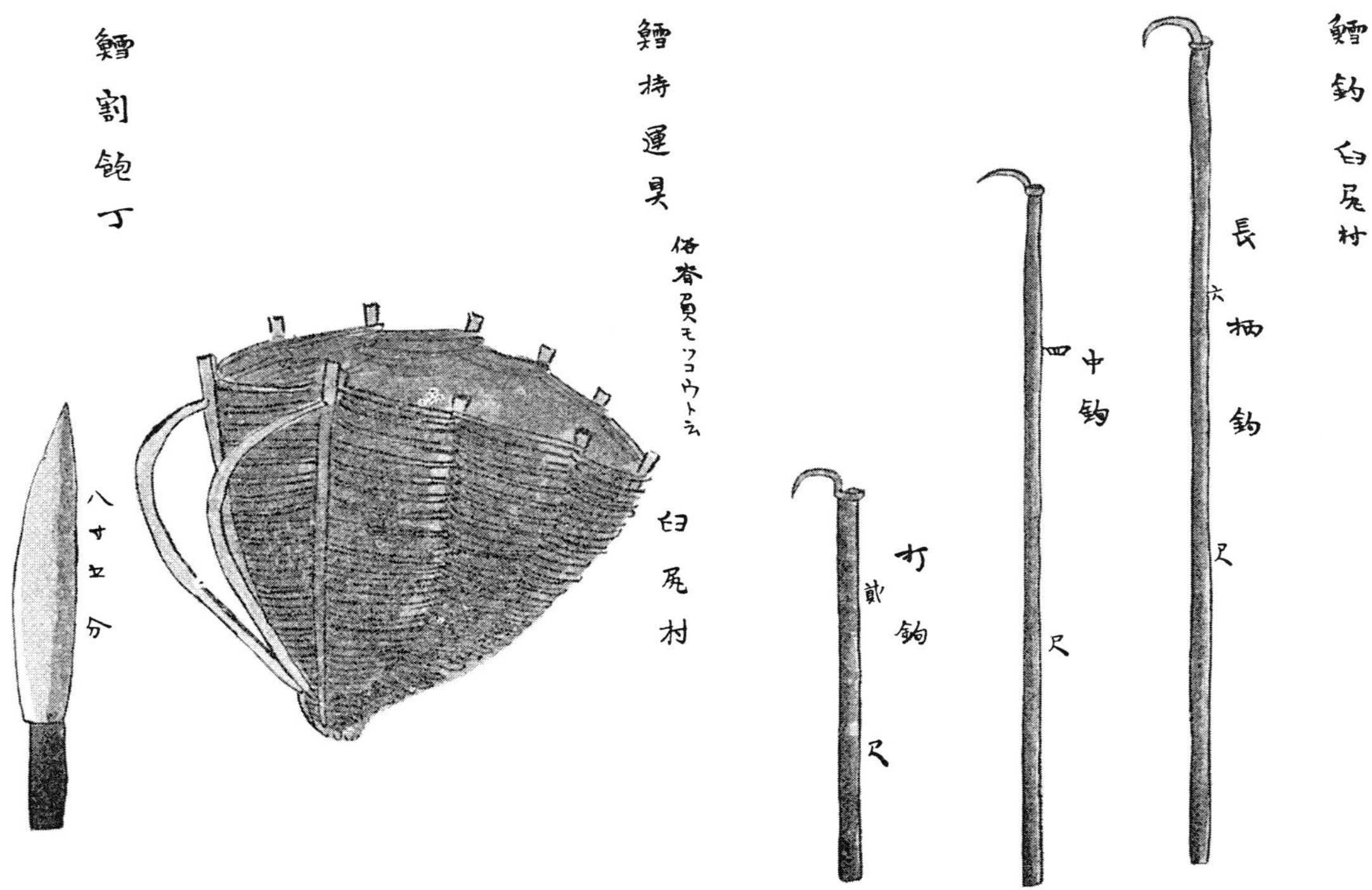
鰤釣 臼尻村
長柄鈎 六尺
中鈎 四尺
打鈎 貳尺
鰤持運具
俗沓負モッコウト云
臼尻村
鰤割鉋丁
八寸五分

鰹乾納屋ノ圖

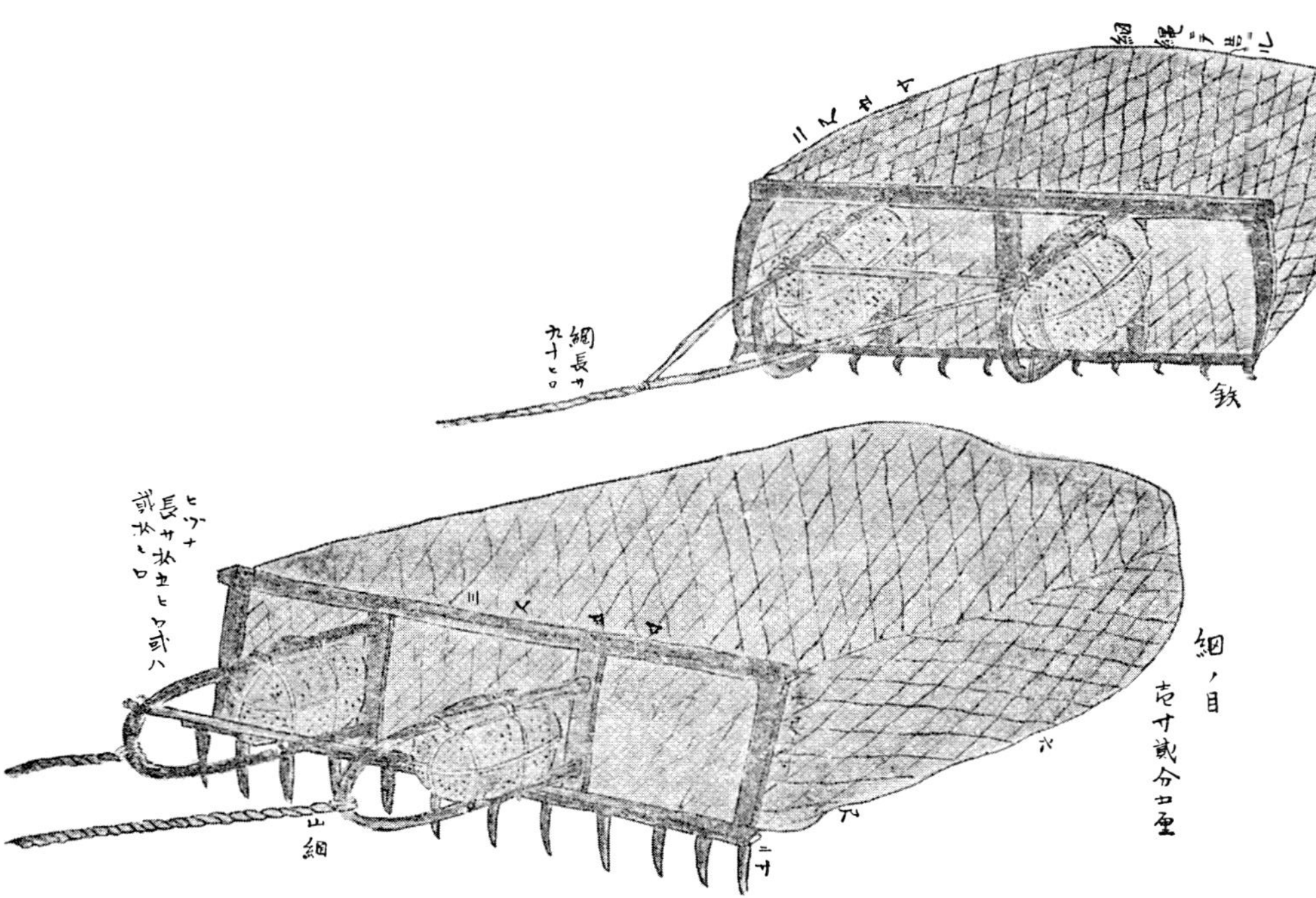

帆立貝ハツサク　砂原村

同　太田村

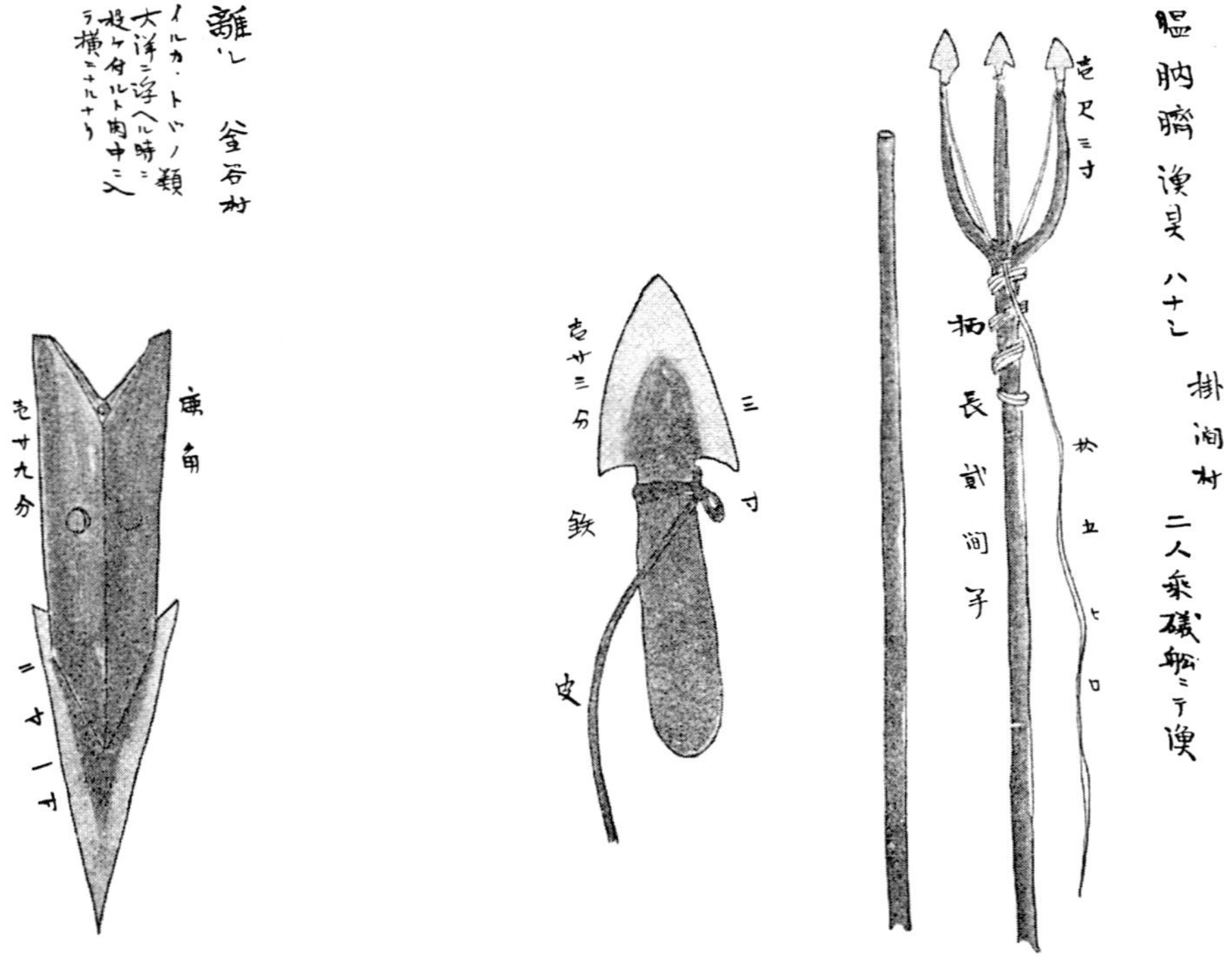
膃肭臍漁具 ハナレ 掛澗村 二人乗磯舩ニテ漁
壱尺三寸
柄長弐間半
五ヒロ
壱寸三分
三寸
鉄
皮
離レ 釜谷村
イルカ・トドノ類大洋ニ浮ヘル時ニ投ケ付ルト肉中ニ入テ横ニナルナリ
鹿角
壱寸九分
二寸一寸

附録二

鮦鰹魚捕魚之記 安房浦

鮦魚漁ハ總房三州ノ地外洋ニ属スレ漁場ハ能テ此漁業ヲ営マザルハナシ而メ安房ノ各浦上總ノ夷隅浦等ハ最モ盛ンニシテ九十九里浦銚子浦之レニ亜ク捕魚ハ釣漁多クシテ網ハ稀ナリ暴風怒濤ノ日ニ非サルヨリハ尋風銀浪少シク雨アルモ漁事ニ妨ケアルヿナシ漁船ハ長サ貳間若シクハ三間余ノ小船ニシテ竹簀筵苫ノ波除ケヲ設ケ漁夫ハ十四五人乃至廿人乗リ組ミ船ニハ鮦魚ノ餌トナルベキ細微ナル魚苗（方言マセ）ノ塩漬トナセンモノヲ貯フ又鮦漁ハ生餌ヲ用フルが故ニ期ニ先タチ棒受網ヲ以テ鰮魚ヲ獲捕シ（棒受漁コマセ漁ハ別ニ図解ヲ製シ次号ニ掲記スルヲ以テ是ニ省略ス）船中一方ノ舷ニ添ヘテ方形ノ餌飼器ヲ設ケ船舷ヨリ小穴ヲ穿チ絶ヘズ潮水ヲ疏通シテ鰮魚ヲ生畜シ

農商務省

陸地ヲ距ル通常拾八九町若シクハ三四里乃至十二三里内外ノ大洋ニ漕ギ出シ船長令ヲ下シテ帆ヲ下ロシ先ツ羣魚擬刺ノ所ヲ占シ海中ニコマセヲ撒布スレバ鮦魚附テ之レニ集ル次ニ生鰮ヲ取ツテ放散スレバ鮦魚ハ倍々踊リ集リ其餌ヲ争ヒ喰フヲ見テ凡貳丈許ノ釣棹ニ糸ト鈎トヲ付ケ生鰮ノ死セザル様鰮ノ頭部俗ニヱラト名ツクル処又ハ尾端等ヲ鈎ノ鐵ニ刺シ之レヲ水中ニ投ジテ釣獲ス日霽風軟ニシテ海貼スルノ片ハ鈎影明晣ナルヲ以テ魚為メニ餌ニ付カズ故ニ方言（カイヘラ）ト称シ杓子状ノモノ又藁ヲ竹竿ノ先ニ束ネタルモノ等ニテ頻リニ海水ヲ攪亂シテ飛沫ヲ鈎ニ濺キ以テ雨験ニ到ルノ状ヲナシ緡糸鈎影ヲシテ鮦魚ニ覚ラレサラシム斯クスル片ハ果シテ之ヲ追ヒ来リ乍餌ヲ喰フモノナリ因テ速ニ之レヲ釣獲ス故ニ風雨ノ片ハ此態

ヲ為サズシテ可ナリト云此際暫クモ猶豫ノ暇ナク引キ上ケ〳〵一顧ニ數十尾ヲ獲ル實ニ瞬息ノ間ニアリ

又一法ニ魚ノ多ク群集スルトキハ長サ壹丈ニ三尺ノ竹幹ニ三尺許ノ糸ヲ垂レ牛角ト魚皮トヲ以テ烏賊形ニ擬造シ尾端ニ鈎ヲ結ヒ付ケ之レヲ以テ海面ヲ左右ニ運轉シ或ハ喩喝シ或ハ飛游スルノ狀ヲナセバ鮰魚欺カレテ海底ヨリ躍リ之ヲ含ムヤ否ヤ速ニ引キ揚ケテ魚ヲ獲ルナリ此際魚ノ舩舷ニ觸ルレバ釣ニ別レテ水中ニ踊脫ス故ニ此漁事ハ釣夫ノ工拙ニヨリテ漁收ニ著シキ多少アリト云

又鮰魚ノ遠ク餌ヲ遂テ群ヲナシ勇進シ来ルトキハ自カラ躍ツテ舩中ニ飛入リ其勢ヒ人力ノ能ク防グベキニアラズ甚シク寄集スルニ至ツテハ殆ト舩ヲシテ沈壓セシム故ニ漁人速ニ其進路ヲ窺ヒ急ニ舩ヲ漕キ避ルヿアリ

小鮰鯷魚漁

小鮰鯷魚漁法ハ長壹間五尺若シクハ貳間許ノ舩壹艘ヲ使用シ漁夫ハ五六人ヨリ七八人ニ止リ陸ヲ離ルヽヿ凢拾丁ヨリ壹里以内ノ沖合ニ漕出シ漁器ハ竹竿ニシテ繒糸ハ細キ麻糸ヲ用フ之レヲ方言（高山）ト唱ヘ麻苧三線ヲ撚リ合セ長サ壹尺五六寸程ナル竿頭ニ結ヒ鈎ヲ付シ生鰮ヲ餌トナシ小鮰魚ノ寄集スルヲ視テ舩ヲ止メ之ヲ海ニ投ジテ魚ヲ獲ルナリ又鮰魚ノ群集スルヿ夥メテ多ケレバ方言（鰹釣角）ヲ以テ釣ルヿヲ得ベシ其漁具漁法共ニ大鮰魚ト只大小ノ異アルノミ

漁期并漁場

漁業季節ハ毎歳四五月頃ヨリ十月ノ末マデヲ專ラトシ方向ハ南又ハ辰巳ニ定メ陸ヲ距ルヿ廿町以上十里内外ノ洋

沖ニテ漁獵ス

鯛鰹魚釣竿

釣竿ハ唐竹ノ長サ壹丈七尺ヨリ貳丈許ニシテ直ナル竹幹ヲ撰リ火ヲ以テ焙リ之レヲ矯正シ用フ又方言鰹竹ト唱シ鰹釣角ニ用フルモノハ長サ大凡九尺許ニ作ル

全釣鈎

釣鈎ハ鐵線ヲ以テ造ル長サ凡壹寸貳三分量目三匁乃至四匁ヲ通常トス

綸糸

綸糸ハ麻苧ヲ以テ製ス其長サ

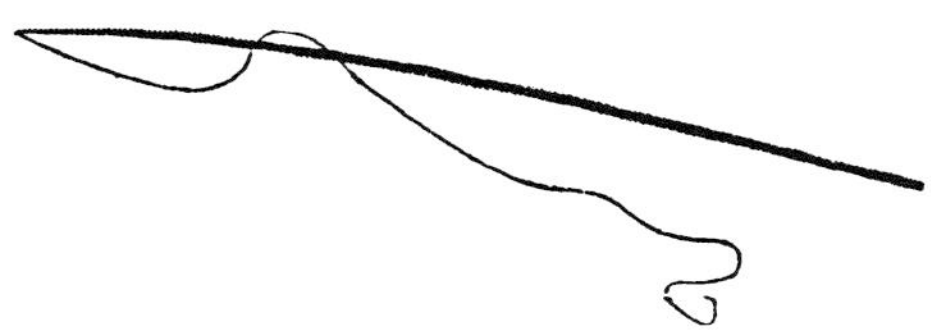

漁用形甫

壱丈五六尺ニシテ鈎ニ附接スル処凡壱尺程ノ間ハ藍色若クハ紺色ニ染メ鈎糸ヲシテ鯛魚ニ覚ラレサラシム

鯛鰹魚釣具 方言鰹釣角

鰹釣角ハ牛角若シクハ鹿角等ヲ以テ半月形（俗ニ蒲鉾ナリ）トナシ長サ貳寸三分許ニ製シ河豚ノ腹皮ヲ剥ギテ板面ニ帖シ日ニ乾燥シ之レヲ長サ凡五分程（俗ニ短冊形）ニ寸断シテ角ノ中心ニ挿夾シ中ニ真鍮ヲ以テ製シタル曲鈎ヲ付シ又一方ノ端ニハ丸キ小穴ヲ穿チ方言（引田）ト称スル麻苧ヲ撚リ合セ穴ヘ通シテ之レヲ結ス又背面ニ図スル処ノ如キ白鶏ノ羽毛数枚ヲ以テ鈎鈎ヲ包ミ之レヲ牛角ニ附着シ河豚ノ皮ヲ以テ巻キタルモノアリ用法ハ共ニ異ナルナシ牛角ハ良品ヲ撰リ用フト雖モ就中其色薄クシテ茶褐色ナルヲ貴ビ釣夫等深ク之レヲ愛蔵ス故ニ其價モ順ツテ廉ナラズ該角一個ニシテ金貳円以上若シクハ三四円ニ至ルコトアリ鹿角ハ大和ノ奈良安藝ノ厳島等ノ如キ鹿多キ地ニテ多年渓間ニ落角シ雨露ニ晒白シタル

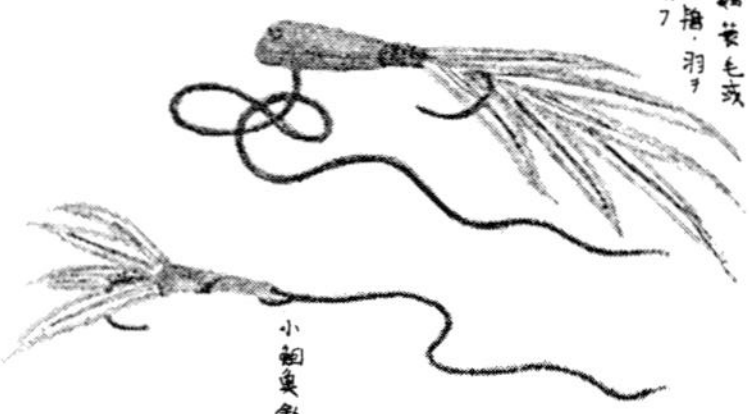

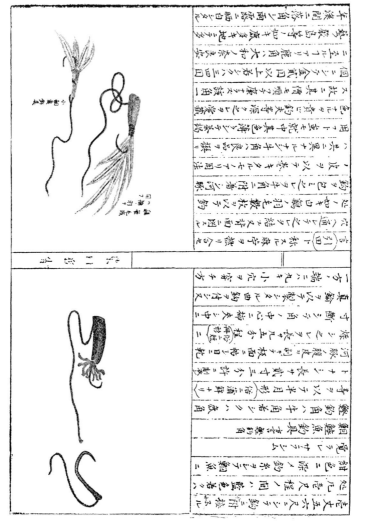

モノヲ最良トス

真鍮鈎并縉糸

鰹釣角ニ用フル処ノ真鍮鈎ハ重量三匁ニシテ長サハ曲尺壱寸ニ造リ縉糸ハ麻苧ヲ以テ製シ長サ三尺五寸ヲ通常トス

カイベラ

甲乙共ニ方言カイベラト称シ甲ハ大竹ヲ以テ杓子形ノモノヲ作リ細キ竹ノ柄ヲ付ケ乙ハ藁ヲ図ノ如ク束ネ俗ニタワシノ如ク製ス共ニ水ヲ動揺セシメ縉糸釣影ヲ魚ニ悟リ知ラシメザル為メニ用ノ

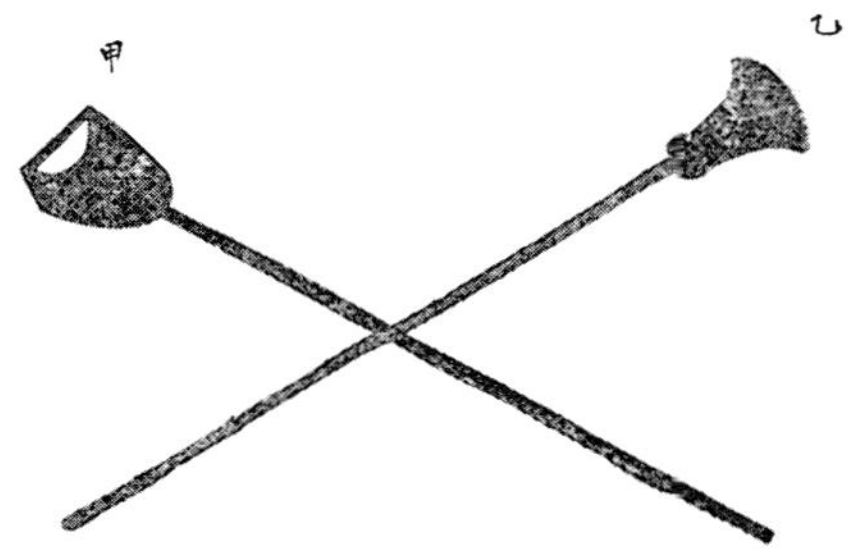

餌飼桶

餌飼桶ハ杉材ヲ以テ作リ鮑鮭魚ノ餌トナルベキ生鰮ヲ入ル、器ニシテ壱艘ニ大凡七八個ヲ具ヘ之レヲ各釣夫ニ配当シ船底ノ餌飼器ヨリ生鰮ヲ匙ヒテ此桶ノ中ヘ入ルナリ

大攩網（オホダマ）

大ダマハ鰮魚ヲスクヒ入ル、具ニシテ柏擬苧ノ木ニテ作リ図ノ如ク網嚢ヲ編付セシモノナリ

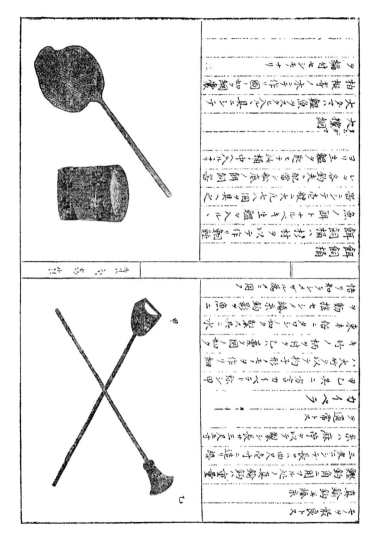

小趧網

耘ダマモ大ダマト全ジク鰮魚ヲ趧ヒトルノ具ナリ

農商務省

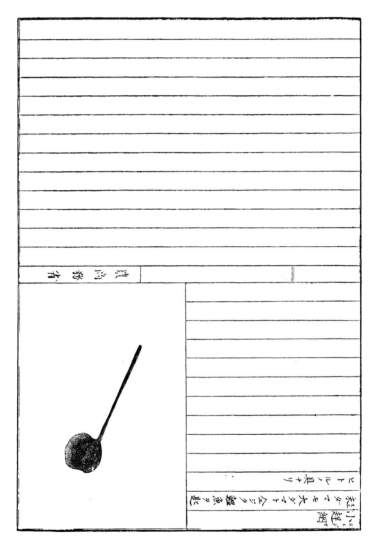

安房浦鯛鰹魚釣之圖

■岩波オンデマンドブックス■

日本近代漁業経済史 上

1957年1月10日 第1刷発行
1995年10月18日 第3刷発行
2014年8月8日 オンデマンド版発行

著者 羽原又吉（はばらゆうきち）

発行者 岡本 厚

発行所 株式会社 岩波書店
〒101-8002 東京都千代田区一ツ橋 2-5-5
電話案内 03-5210-4000
http://www.iwanami.co.jp/

印刷／製本・法令印刷

ISBN 978-4-00-730127-8 Printed in Japan